普通高等教育专业教材

废纸清洁制浆造纸技术

Cleaning Pulping-papermaking Technology for Recycled Paper

万金泉　王　艳　著

中国轻工业出版社

图书在版编目（CIP）数据

废纸清洁制浆造纸技术 = Cleaning Pulping-papermaking Technology for Recycled Paper / 万金泉，王艳著. -- 北京 ：中国轻工业出版社，2025. 8.
（普通高等教育专业教材）. -- ISBN 978-7-5184-5645-1

Ⅰ. TS749

中国国家版本馆 CIP 数据核字第 20258BL065 号

责任编辑：林　媛
策划编辑：林　媛　杜宇芳　　责任终审：腾炎福　　封面设计：锋尚设计
版式设计：致诚图文　　责任校对：刘小透　晋　洁　　责任监印：张京华

出版发行：中国轻工业出版社（北京鲁谷东街 5 号，邮编：100040）
印　　刷：三河市万龙印装有限公司
经　　销：各地新华书店
版　　次：2025 年 8 月第 1 版第 1 次印刷
开　　本：787×1092　1/16　印张：17. 25
字　　数：442 千字
书　　号：ISBN 978-7-5184-5645-1　定价：65. 00 元
邮购电话：010-85119873
发行电话：010-85119832　010-85119912
网　　址：http：//www. chlip. com. cn
Email：club@ chlip. com. cn

241062J1X101ZBW

前　言

废纸是制浆造纸的主要原料之一，已占我国造纸工业原料的70%以上。对废纸进行回用可以降低对原生植物资源的需求，减少污染和环境压力，实现造纸工业的可持续发展。但是废纸纤维与原生植物纤维相比，纤维会因多次回用发生衰变导致成纸性能下降，同时，废纸浆的成分更为复杂，含有许多杂质，如油墨、胶黏剂、填料等，对制浆造纸过程造成影响。本书围绕清洁生产技术对造纸主业的应用进行研究，包括酶促脱墨、酶促打浆、酶促漂白以及酶促纤维改性等，并详细介绍了与上述技术相关的工艺参数、影响因素、纤维质量、纸浆性能及涉及的一些机制问题。

本书结构和内容安排大致如下：

第1章　绪论。本章主要介绍了我国造纸工业的背景、造纸植物纤维原料、废纸造纸、制浆造纸清洁生产的提出以及其重要意义，说明了造纸工业清洁生产的现状，并提出了废纸造纸的技术问题。

第2章　废纸纤维的结构特性及对清洁生产的影响。目前已有对再生纸浆纤维结构和强度方面的研究，但从纤维形态和纸张性能方面与高得率浆进行对比的相关研究则较少。本章主要说明了国产废纸、进口废纸浆和高得率浆在纤维形态和纸张性能的差异，为造纸企业在面对“废纸零进口”新局势下，为选择合适的造纸原料以期实现清洁生产提供一定参考。

第3章　废纸绿色环保脱墨技术。生产脱墨浆是废纸纤维回收利用的一个重要途径。目前，国内大多采用的是碱性脱墨技术，而其中的添加剂往往会引起脱墨废水污染负荷的增加，对于含较多机械浆的废纸在碱法脱墨过程中易发生“碱变黑”现象，大大影响成纸质量。与传统的化学法脱墨相比，中性脱墨和H_2O_2脱墨具有成本低、污染小、油墨去除率高等优点，生物酶法脱墨浆具有游离度高、白度高和残余油墨量低的优点。本章介绍中性脱墨、H_2O_2脱墨以及不同酶法脱墨方式对纤维性能的影响，从而为提升废纸纤维的使用品质提供基础理论依据。

第4章　废纸浆的低碳酶促打浆技术。打浆是制浆造纸过程中非常重要的一个环节，通过打浆机与纤维之间的摩擦实现纤维的分离、散开，以便于后续的制浆和造纸操作，是通过物理作用改变纤维的形态来改善纤维成纸的物理强度，其中直纤维含量高的纸浆会有更高的拉伸强度。本章选取纤维素酶、木聚糖酶对旧瓦楞箱纸板（OCC）浆料进行预处理打浆，探究了不同生物酶对OCC浆料的打浆性能的影响。

第5章　清洁少污染的酶促废纸浆漂白技术。漂白是废纸制浆过程中重要工艺之一，其目的是去除颜色，提高纸浆的白度和白度稳定性以适应不同纸张的要求。传统的含氯漂白由于废水中含有大量有毒和强致癌性物质，对环境和人类造成巨大的危害，因此逐渐被各种ECF和TCF漂白技术所取代。近年来随着生物技术的迅速发展，多种酶逐渐被引入到漂白流程中，并且成为目前应用最为广泛的漂白方法之一。本章主要介绍了漆酶、木聚糖酶等对漂白的促进效果。

第6章　酶改性提升废纸纤维性能技术。物理方法和化学方法虽然能够在一定程度上改善废纸浆的回用性能，但会对废纸纤维本身的强度带来损伤，且物理方法一般需要投加新设备，加大生产成本，化学方法需要添加大量化学药品造成环境污染，增加污染处理成本。生物技术作为一种前沿科学技术，因其对纤维损伤非常小且反应条件温和，不会给环境带来二次污染，能显著改善纤维性能而广泛运用于造纸行业。本章主要探究了漆酶、漆酶与不同酶协同、改性的漆酶对废纸纤维的改性促进作用，还初步探究了漆酶改性作用的机制。

本书由国际木材科学院院士、华南理工大学制浆造纸工程国家重点实验室教授、博士生导师万金泉教授、王艳副教授著，其中第1、3、4、5章由万金泉教授执笔，第2、6章由王艳副教授执笔，全书由万金泉教授统稿。本书的撰写还得到了华南理工大学制浆造纸工程国家重点实验室、中国造纸学会、中国造纸协会、中国造纸研究院、广州造纸集团有限公司、山东泉林纸业有限公司等单位大力支持和帮助。书中的相关研究工作也先后得到国家自然科学基金、国家重点研发计划、教育部博士点基金等科研项目的资助，华南理工大学马邕文教授、李壁副教授、李佳豪硕士研究生等也为本书的资料收集和编辑做了大量的工作。在此，向他们表示衷心的感谢。

同时，由于废纸清洁制浆造纸技术涉及多个学科领域，书中难免存在不足之处或纰漏，恳请广大读者批评指正。

最后，希望本书能为推动我国废纸清洁制浆造纸新技术的应用，促进造纸行业的可持续发展贡献一份绵薄之力。

作者

2025年2月

目　　录

1 绪 论

1.1 造纸工业技术的发展

造纸业是国民经济中重要的基础原材料产业，其产品广泛用于文化、教育、科技、包装、装潢、工农业生产、国防建设和人民生活等各个领域。纸张的消费水平是衡量一个国家经济和文明程度的重要标志。纸的低成本和易获取性使得书籍、教材和其他学习资料的制作和散发变得更加容易，极大地推动了教育的普及和知识的传播，为文学创作和文化繁荣提供了重要的基础。文学作品的保存和扩散变得更容易，鼓励了文人学士的著述热情，为人类的精神生活贡献了丰富的文化遗产。纸币的产生使得货币交易更加便捷和普遍，促进了商业的繁荣和经济的发展。纸张的轻便和便宜性也为商业文件、财务账目和商业信函的记录和传递提供了优良的材料。

造纸术是中国古代四大发明之一，其发明和改进对人类文明的发展产生了深远影响。造纸术最早可追溯到西汉时期，当时中国已经有了麻质纤维纸，但质地粗糙、数量少且成本高，不普及。到了东汉时期，蔡伦总结了西汉以来用麻质纤维造纸的经验，改进了造纸术，采用树皮、麻头、破布、旧渔网等为原料造纸，使得纸张的质量有了显著提升，并逐渐得到普及，现代造纸工业界及学界普遍认可蔡伦为造纸术的发明者。造纸术的基本原理是将植物纤维（如树皮、麻等）经过浸泡、捣碎、漂白等过程，形成纸浆，然后将纸浆平铺在筛网上，通过脱水、压平、干燥等步骤，最终形成纸张。工艺流程大致可分为备料、制浆、抄造和后期处理四个阶段。

到了唐宋年间，造纸开始使用树皮、稻草等原料。这些材料进一步扩大了造纸原料的来源，使得造纸技术更加普及。

传统的造纸行业属于“两高一资”型产业，即产业的发展和生产过程伴随着高污染、高能耗和高资源消耗现象。在近现代早期，由于森林资源的相对匮乏和技术的限制，中国造纸工业曾长期依赖草浆作为主要的原料来源。草浆主要由稻草、麦草等农业废弃物制成，具有来源广泛、成本低廉的优点。然而，草浆造纸也面临着诸多挑战，如生产过程中废液排放量大、污染严重、产品质量相对较低等问题。此外，随着环保意识的提高和环保政策的收紧，草浆造纸逐渐受到限制和淘汰。

近 100 年来，木材逐渐成为造纸的主要原料。木材纤维形态好，易于制造高质量的产品，且生产效率高，易于污染治理，便于运输和保存。目前，全世界 94% 的纸浆都来源于木材。得益于生产工艺等的进步，现代造纸产业逐渐开始向环境优良、资源节约等方向转型。某些发达国家的造纸行业已经基本实现了绿色可循环发展。为了解决造纸原料紧缺和环保问题，林纸一体化逐渐成为现代造纸工业的重要发展方向。林纸一体化是将林、浆、纸三个环节整合在一起，让造纸企业担负起造林的责任，自己解决木材原料问题，发展生态造纸。这种模式不仅有助于解决造纸原料的供应问题，还能促进林业的发展，增加森林植被，改善生态环境。同时，林纸一体化也是实现循环经济、绿色环保的重要途径。在中国，一些有实力的造纸企业已经实践林纸一体化模式，并取得了显著成效。

随着环保意识的进一步提高和废纸回收技术的进步，废纸回收利用率逐年提升。废纸造纸不仅有助于节约自然资源，减少环境污染，还能有效降低生产成本，提高经济效益。在全球范围内，废纸造纸已成为造纸工业的重要组成部分。在中国，废纸消费量巨大，且废纸回收率逐年提高，为废纸造纸行业的发展提供了有力支撑。

自进入21世纪以来，我国部分地区相继出台了一系列关于化工、制浆、造纸等领域的环保政策和法律法规标准，造纸工业各项指标有了明显改善。然而受限于自身条件，造纸行业与世界先进水平相比仍有较大差距。冶金工业、有色工业、水泥工业、电力工业、造纸工业等是我国当下重点耗能行业，同时制浆造纸工业又属于轻化工领域中能耗偏高的工业类型。2018年制浆造纸行业能耗超过5040万t标准煤，约占全国工业能耗总量的1.7%。与其他产业类型相比，制浆造纸企业能源成本占直接生产成本的35%左右，远高于平均10%左右的其他产业，在制浆造纸企业中仅次于各类型原材料的总成本。

随着我国纸产品生产加工技术的革新，我国各类型纸产品在产量不断增加的同时，总能耗未出现显著增加，且单位产品能耗逐渐呈下降趋势，然而仍远低于国际先进水平。自2008年至今，我国制浆造纸行业万元产值新鲜水用量一直处于下降状态，表明我国制浆造纸行业对高耗水量控制能力正逐渐增强。然而，研究发现当下我国造纸工业新鲜水消耗量占我国工业系统整体新鲜水用量的6.8%以上，与造纸行业在我国工业系统产值总量中的占比（不超过1.8%）水平差距很大。同时，2015年至今我国制浆造纸行业废水排放量虽较自身之前而言有所下降，但仍居全国所有行业产业首位。碳排放方面，我国目前制定了世界上最为严格的碳排放标准，欧盟关于漂白硫酸盐木浆碳排放的标准限值为8~25kg/t，而我国仅为最高5kg/t。但从全国所有制浆造纸企业的角度来看，有相当数量的中小型造纸企业并没有足够的条件与技术来满足我国制定的相关标准以及地方政府制定的更为严格的地方标准，导致部分企业无以为继或为应对废水达标而产生了大量的运行成本，影响了造纸行业的发展。

近现代的造纸工业在原料方面经历了从草浆到林纸一体化、再到废纸造纸的演变过程。这一变化不仅反映了造纸工业对原料供应稳定性和环保性的追求，也体现了技术进步和产业升级对造纸工业发展的推动作用。未来，随着环保标准的不断提高和技术的不断创新，造纸工业将继续向更加绿色、环保、可持续的方向发展。

我国造纸业在发展过程中，随着造纸原料的不断发展，造纸装备制造及生产工艺技术也相应地取得了重大突破，淘汰落后产能政策的实施使我国现有造纸先进产能比例进一步提高。同时，清洁生产技术取得了成效，国内造纸化学品的发展、大型高速纸机的引进和开发，木浆和废纸利用率的提升，都大大降低了造纸用水量和污染物排放，造纸废水治理技术也逐步成熟。

1.2 造纸工业清洁生产

1993年，我国政府开始逐步推行清洁生产工作，并启动了一系列推进清洁生产的项目。目前，全国绝大多数省、自治区、直辖市都先后开展了清洁生产的培训和试点工作，通过实施清洁生产，普遍取得了良好的经济、环境和社会效益。根据对开展清洁生产审核的企业调查和统计，推行清洁生产以后，企业废水排放量平均削减40%~60%，COD排放量平均削减率约达 40%，工业粉尘回收率达 95%左右。实施清洁生产，从源头治理污染，不但可以降低末端处理污染设施建设费和运行费，而且可以有效控制污染物的排放，同时节约资源、减少污染、降低成本，提高了企业综合竞争能力。近年来，清洁生产工作已得到政府的重视。在立法方面，把推行清洁生产纳入有关的法律和规划中。国家颁布和修订的《中华人民共和国大气污染防治法》《中华人民共和国水污染防治法》《中华人民共和国固体废物污染防治法》和《淮河流域水污染防治暂行条例》等，都将实施清洁生产作为重要内容，明确提出了通过实施清洁生产，防治工业污染。2002 年颁布的《清洁生产促进法》更表明了全国的清洁生产工作已走上法制化的轨道。"十一五" 以来，我国在造纸行业大力推行节能减排理念，取得了非常显著的成效，各种先进技术和设备的应用使废水排放量减少了 40%以上，废水中重金属离子的含量也有了明显的下降，而且每吨纸张消耗的原材料用量更少，企业生产能力也有了大幅度的增强，已经接近世界领先水平，这些都标志着我国造纸工业迈进了全新的发展时期。

2017 年国务院出台《禁止洋垃圾入境推进固体废物进口管理制度改革实施方案》以来，由党中央国务院领导下的生态环境部会同海关总署、商务部和发展改革委等 14 部门组成的"禁止洋垃圾入境推进固体废物进口管理制度改革部际协调小组" 积极推进政策的实施，废纸作为主要固废的组成部分亦受到较大影响。2019 年生态环境部会同有关方面起草的《中华人民共和国固体废物污染环境防治法（修订草案)》中明确指出"2020 年年底前国家逐步基本实现固体废物零进口"。在这一大环境下，国内废纸原料在制浆造纸工业中所占比重逐年增加。

根据中国造纸协会编制的《2019 年中国造纸工业年报》数据显示，2019 年中国纸浆消费总量为 9609 万 t，比上年增长 2. 36%，其中废纸浆消耗量 5443 万 t，占纸浆消耗总量的 56%，其中进口废纸制浆占 10%，国内废纸制浆占 46%。2018 年固废政策实施以来，由于外废进口逐年减少，我国废纸制浆量有下降趋势，这也造成了部分造纸原料的短缺及生产成本的提高。随着垃圾分类政策的实施，我国废纸回收率明显上升，2019 年已达到 5244 万 t，同比增长 5. 64%，废纸的回收率已经达到 49%，但与发达国家 70%以上的回收率相比还有很大的发展空间。

近 10 年来，造纸行业已累计淘汰落后产能 4000 余万 t，造纸行业通过技术进步、应用先进装备及淘汰落后产能，产业集中度的提高，为资源的利用率提高以及环境治理的进步提供了有效的保障，国际上先进的造纸技术和装备集聚中国，目前行业 70%以上产能的技术和装备水平达到国际先进甚至领先水平。现代的造纸工业已经发展成技术密集型产业，行业包含多个技术领域。体现在高技术含量，高度自动化、超高的制造精度和材料要求，并正在向信息化、数据化、智能化方向发展。近 10 年来我国针对植物资源高值化利用、造纸过程节能减排、纸张材料的功能化应用等方面展开了多项科技计划重点项目的研究，包括国家科技支撑计划项目、"863" 计划项目、自然科学基金项目等，研究项目超过 80 项，同时，各省级科技主管部门和企业也设立了大量的制浆造纸领域技术研发项目。

随着经济高质量发展和人民日益增长的美好生活需要，给造纸工业发展指明了方向，也提供了可持续发展的广阔空间。我国国家政策、全球造纸产业结构等因素使得我国造纸行业在过去很长一段时间里形成的发展方向倾向于利用废纸纤维（即回收废纸）进行制浆造纸。中国作为世界最大的废纸消耗国，根据中国造纸工业年鉴数据显示，我国国内废纸回收量、国外废纸进口量等均居高位。同时，考虑到我国严格的排放限制、环境保护等相关政策，高消耗、高产能的生产现状更加严格要求我国造纸行业朝低污染、低能耗、低碳排的方向发展。废纸作为世界公认的环境友好型造纸原料，已经成为各国造纸行业争相布局的资源之一。我国出台的一系列废纸禁令对世界废纸流动格局产生了深远影响，中国废纸进口量逐年迅速下降，东南亚等国已经逐渐取代中国成为新的世界废纸加工厂。

在清洁生产的号召下，现代造纸工业已形成了具有天然的绿色属性和循环经济特征的产业。造纸原材料主要是由天然或回收的植物纤维等可再生资源制成，制浆原料大量使用林业采伐剩余物、板材加工剩余物、废弃农业秸秆，制糖工业废甘蔗渣和回收废纸等废弃物。目前我国造纸工业主要原料中有77%的原料来源于各类固体废弃物，有约20%的能源来源于固体废物，有90%以上的制浆化学品来源于过程产生的固体废物。目前，造纸使用的原料和生产过程排放的固态、气态、液态废物基本是可回收循环利用，现已基本形成了完整的资源可循环、低能耗、低排放、可实现自然界碳循环的绿色工业体系。

如今，世界各国均高度重视废纸资源的利用，废纸的回收率和利用率逐年增长。伴随着废纸处理带来的形形色色的问题和困难，相应的新工艺、新技术、新设备也相继出台，处理废纸的技术不断改进和完善，用废纸浆制成的纸和纸板的质量和品种也逐年增长。废纸的制浆造纸技术取得了快速的发展。

1.3 废纸造纸的意义

当前，国家大力强调节能减排，倡导发展循环经济，加强环境保护，要求各行业积极推行清洁生产，实施可持续发展。在造纸行业中，处理与发展废纸回收利用，对合理使用废纸纤维资源、缓解造纸原料供应不足、降低能源消耗以及减轻污染都有十分重大的意义。

废纸纤维作为我国重要的造纸纤维原料，主要分为旧瓦楞箱纸板（OCC）、混合办公室废纸（MOW）、旧报纸（ONP）和旧杂志纸（OMG）。在废纸的回收利用中，废纸制浆是应用最为广泛的途径，废纸经过分拣后，进行碎浆、浮选、粗筛、脱墨、除杂、精筛、热分散、漂白、成形、压榨、干燥、卷纸等一系列的过程制备成纸浆，经过这些流程，最终能将废纸纤维应用于各种纸产品中。

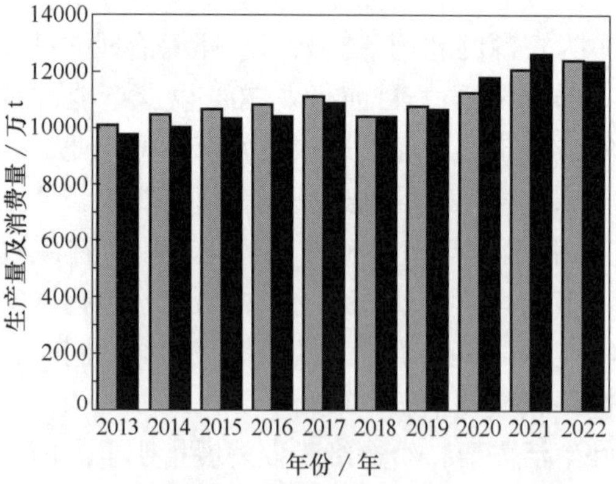

图 1-1　2013—2022 年纸及纸板生产和消费情况

根据中国造纸协会在2023年最新发布的《中国造纸工业2022年度报告》可知，我国制浆造纸企业2013—2022年纸及纸板生产和消费情况，如图1-1所示，2022年全国纸及纸板生产量达到12425万t，较上年增长2.64%，其生产量年均增长率为2.32%，消费量年均增长率为2.67%，可见我国对纸制品的消耗需求非常大。同时，制浆造纸工业还是一个高原料消耗的行业，一般的造纸过程都是采用天然的植物纤维原料，而随着人们对环境需求日益增长，保护森林树木的意识提高，原料紧缺的问题将限制着制浆造纸工业的继续发展。因此对废纸纤维进行回收是解决制浆造纸工业原料问题的重要方法之一。

造纸工业是典型的流程工业，也是世界第四大能源密集型工业部门。造纸工业能耗占世界工业总能耗的近 5%。作为造纸大国，中国每年消耗大约 1.5×106GJ 的能源用于生产纸浆和纸制品。虽然 1t 纸制品的平均能耗从 45MJ（2000 年）下降到 33MJ（2015 年），但仍有 15%~45%的节能空间。随着造纸工业的快速发展，如何有效、清洁地利用废纸已经成为一个热门话题，从传统的低质量的包装纸到高附加值的高质量的高档文化用纸，废纸的使用范围在不断扩大，这意味着提升废纸的回收利用质量已成为当务之急。

2021 年 2 月，国务院办公厅发布《关于加快建立健全绿色低碳循环发展经济体系的指导意见》，加快实施造纸行业绿色低碳循环发展的生产体系，健全绿色低碳循环发展的流通体系和绿色低碳循环发展的消费体系，加快基础设计绿色升级，构建市场导向的绿色技术创新体系。作为高能耗、高碳排行业，造纸业亟须在不影响正常生产的情况下加快实现绿色可持续化转型。清洁生产技术的快速发展有利于造纸行业在提高能效的同时，减少生产过程中产生的大量碳排放。随着严格的环保政策及强制性标准的实施，大中型造纸企业大多凭借资金引入先进造纸设备和资源管理系统、推进装置升级和工艺创新，我国部分制浆造纸企业的清洁生产水平已实现了世界先进，但仍存在众多中小型造纸企业技术和清洁生产水平国内落后的局面。由于不同地区的政策以及不同造纸企业生产情况的不同，清洁生产技术繁多，如何有效利用清洁生产技术实现节能降碳成为造纸企业关注的重点。

当今世界环境日趋恶化，人们的环保意识不断增强，不再单单追求当代人的自身利益，提出绿色可持续发展战略，包括经济持续发展、生态持续发展、社会持续发展。废纸的回收利用是造纸绿色可持续发展的重要一环，从可持续发展角度出发，造纸绿色可持续发展是很有意义的事情。

（1）节约造纸纤维原料

在当前木材的应用范围逐渐扩大，而造纸工业日益发展的情况下，占造纸工业纤维原料比重约 95%的木材原料日趋紧张。我国木浆占造纸原料的比重（含进口木浆）在 2000 年才占 16%，到 2005 年达到 20%。不仅比重不大，而且要维持该水平已经很困难。

特别是 1998 年夏季，我国长江、嫩江等流域发生了有史以来的特大洪水以后，我国政府采取断然措施，对一些江河上游省份宣布了封山育林、严禁砍伐的指令，并已付诸实施。养息森林，改善生态环境将成为我国的长远决策。此外，我国造纸木材量仅占总伐木量的 8%，而英国占 30%，加拿大占 55%，瑞典占 63.8%。可见我国造纸木材资源已经处于一个危急状态。

回收废纸利用废纸纤维，不仅可以满足制浆能力，变废为宝，而且废纸纤维造纸的原料成本比木浆少 30%~50%。生产 1t 本色化学浆需 $4m^3$ 多的木材，生产 1t 漂白化学浆需 $5m^3$ 的木材，而生产 1t 纸或纸板仅需 1.3t 废纸。从这个角度计算 1t 纸可代替 $3\sim4m^3$ 的木材，因此废纸纤维资源被认为是“城市森林”。充分利用好废纸纤维，可以显著减少对新木材等原材料的需求，从而减少对森林资源的砍伐，有助于保护生态环境和生物多样性。

（2）节约投资

在浆纸不平衡的情况下，为提高浆的产量可以投资提高制浆能力，最经济的方法是利用废纸制浆。众所周知，一般情况下，在造纸行业的投资中，制浆部分所占比大于抄纸部分 20%~50%，如加上化学品回收和废水治理部分，投资所占比重则更大。而同等规模的废纸浆可低约 30%。

一般来讲，建立一套 150~200t/d 的磨木浆生产线与同等规模的回收废纸漂白浆生产线，二者的投资比例大致为 1：0.88。建设一条 30～50t/d 的回收纸漂白浆生产线，投资估计 350 万～400 万元（不计土建）；而建设同等规模的带三段漂白的漂白化学浆生产线，其投资约为 1200 万元（不计土建）。即使是全部采用国外引进设备，一套日产 75t 浆的回收纸生产线的全部投资为 1500 万元人民币。而建成同等规模的化学浆生产线，采用国产设备的投资也需 3000 万元人民币。

（3）节约能源

废纸纤维进行回收处理时，加工成浆所需的能源消耗较低，主要是减少了蒸煮工序，节约了烧碱等化学药品的消耗。废纸纤维抄纸只需经过轻微打浆，甚至有些可以不经过打浆直接抄纸。

由表 1-1 可以看出，废纸浆制浆造纸电耗低于其他浆种，同时废纸浆制浆造纸的耗水量之低，更是其他浆种所无法比拟的。虽然废纸浆的再生漂白仍然需要不少化学药品，但与植物纤维原料制化学浆相比，其投入仍然要低，再加上水耗、电耗、汽耗的降低，可见废纸浆造纸属于典型的清洁生产工艺，废纸纤维的造纸的成本远低于原生纤维的成本，所以废纸纤维在市场竞争上占有非常有利的地位。

表 1-1　几种原料制浆能耗的比较情况

项目	水耗/(m^3/t 浆)	电耗/(kW·h/t 浆)	汽耗/(t/t 浆)
漂白草浆	235	567	2.35
漂白木浆	128	758	3.26
回收纸浆	56	432	2.52

（4）减轻污染

造纸工业是高工业污染行业，对环境的污染主要体现在废水的排放。根据国家生态环境部统计，2021 年全国造纸行业废水排放总量为 23.7 亿 t，而全国工业废水排放总量约为 70.5 亿 t，占比约 30%，其中化学需氧量（COD）排放量为 33.5 万 t，占全国工业 COD 排放总量的 23.2%。减少造纸工业水污染是我国造纸行业面临的重大难题，2015 年国家在《水十条》中明确对造纸工业排水安全提出更加严格的要求。废纸的循环利用能够有效解决造纸行业环境污染，因为废纸制浆不经过蒸煮，可避免因制浆产生的黑液难处理带来的水污染，减少废水处理成本，同时废纸脱墨废渣经浓缩后可以与煤掺杂在一起进行锅炉燃烧发电。因此，废纸纤维的循环利用对造纸工业的绿色可持续发展具有重要意义。

废纸制浆的耗水量仅为 50m^3/t 浆，是其他原料制浆的 1/4～1/2，所以排出的废水量很小，废水污染负荷也大大减轻。例如，一般硫酸盐法制浆废液的 BOD_5 负荷为 350～400kg/t 浆，碱法草浆废液的 BOD_5 负荷也达到 300～350kg/t 浆，而废纸浆废液的 BOD_5 仅为 20～30kg/t 浆；漂白稻草浆废液的 COD_{Cr} 负荷为 938kg/t 浆，而废纸造纸废水的 COD_{Cr} 仅为 62kg/t 浆。可以看出，废纸浆的污染负荷比化学浆有大幅度降低，废水治理难度及投资减少，为达标排放创造了条件。此外废纸制浆基本上没有大气污染，回收利用废纸本身也是治理废纸对环境的社会公害。

（5）助力实现“双碳”目标

2020 年 9 月中国明确提出 2030 年“碳达峰”与 2060 年“碳中和”目标。碳达峰指二氧化碳排放量在某一时点达到最大值，之后进入下降回落阶段，碳达峰是实现碳中和的前提条件，尽早地实现碳达峰可促进碳中和的早日实现。碳中和是指一段时间内，企业、团体或个人测算直接或间接产生的温室气体排放总量，通过植树造林、海洋吸收、工程封存等自然、人为手段被吸收和抵消掉，实现社会活动二氧化碳相对“零排放”。当前，“双碳”目标已成为国家战略，标志着从工业文明时代迈向生态文明时代的步伐在加快。

实现“双碳”目标，工业领域节能、减碳、减排也是极其重要的一个方面。造纸工业高耗能和高产污的特点，必然是“双碳”工作关注的重点。相比使用原生木材制浆造纸，废纸回收再利用避免了从原材料采集到加工成纸浆的多个高能耗、高排放环节，能够减少能源消耗和温室气体排放，是造纸工业的绿色转型、高质量发展和推进产业升级的技术保证和支撑，对“双碳”目标的实现具有显著的促进作用。

1.4 废纸造纸的技术现状和发展

与原生木浆、草浆相比较，废纸浆在回用的过程中产生的问题更加复杂。一方面，废纸的成分较为复杂，除了含有原本的木浆、草浆之外，还含有各类添加剂（如纸张增强剂、施胶剂、表面活性剂等）以及在回用过程中附着的油墨、染料、胶黏物等其他杂质；另一方面，废纸在回用的过程中会不可避免地导致纤维性能下降。废纸再次经过纸页成形过程，使纤维强度受损、纤维长度减小、润胀程度减弱、纤维间结合能力降低，导致重新成纸后，纸张物理强度性能下降，同时废纸存在的油墨等杂质，还会降低纸张的白度、亮度等光学性能。在生产过程中，还会产生大量的阴离子垃圾，增加白水处理和回用的难度。

1.4.1 废纸纤维回用

1.4.1.1 废纸纤维回收现状

由中国造纸工业 2018 年度报告可知，2018 年我国总共回收废纸 4964 万 t，废纸回收率为 48%，低于世界平均水平。造成我国废纸回收率低的原因主要是因为我国废纸回收制度体系不完善，我国对废纸分类采用的标准主要为《GB/T 20811—2018 废纸分类技术要求》，该《要求》对废纸种类、含杂量、水分含量的要求较为宽松，与欧美发达国家对废纸分类的标准相比有一定差距。其次，没有建立专门及成规模的废纸回收站点，从居民手中到收集点间要经历数次转手倒卖，造成废纸质量下降且增大回收成本。在行业标准混乱和缺乏有效监管的条件下，很难出现实力雄厚的大型废纸供应商，这对我国的废纸回收利用是不利的。

根据中国造纸协会统计，2022 年全国废纸浆消耗量高达 6430 万 t，是全国浆料消耗总量的 57%，相比去年增长了 2.59%。图 1-2 可以看到，随着 2017 年禁止进口国外废纸浆后，我国制浆造纸企业对国内的废纸回收率逐渐提高，2022 年国内回收废纸总量为 6585 万 t，废纸回收率为 53.1%。

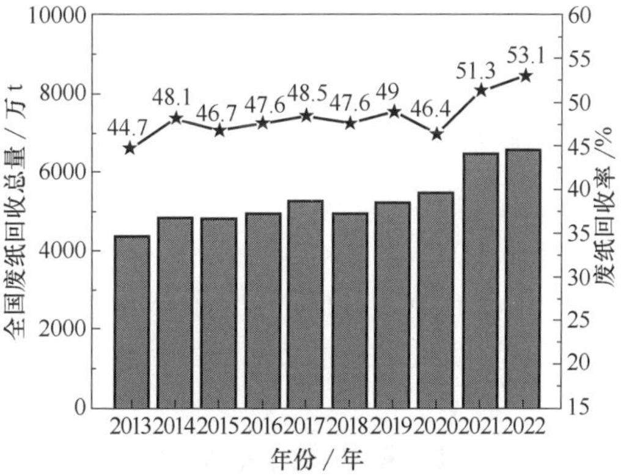

图 1-2 2013—2022 年国内回收废纸总量及利用情况

同时在双碳（碳达峰和碳中和）、双控（能源消耗总量和强度双控）大背景下，更需要在解决进口废纸短缺问题的基础上尽可能做到可持续发展的要求。严格执行污染物排放标准并制定废纸回收优惠政策，催促全民环保，加强垃圾分类工作实施。积极完善相应的回收系统与回收政策标准，制定一系列税收优惠政策来鼓励全民使用国产废纸。

废弃纸制品回收再利用不仅能创造出新价值还能降低环境污染。提高群众的废纸回收意识，制浆造纸企业可以通过网络宣传、举办相关活动等手段来达到宣传目的，使消费者了解废纸回收的意义与价值，通过提高废纸回收的价格来积极引导群众废纸回收力度。企业需采取多种措施，积极拓宽纤维原料结构，从海内外寻找新的纤维来源，如开发高得率浆进行代替以及通过改变供货模式以浆块、浆板等方式进口再生纤维。还可通过控制废纸质量、优化废纸回用工艺以及改进废纸制浆设备等手段，尽可能地改善国产废纸纤维性能的强度和质量。

1.4.1.2 纤维性能衰变

与原生纤维相比，废纸纤维在循环回用过程中纤维性质发生了较大变化。废纸在回用过程中一般要重复打浆、脱水、干燥等过程，纤维润胀能力下降，纤维间结合能力降低，抗张强度、耐破强度等纤维强度性能下降导致纤维产生品质衰变，衰变后的废纸纤维在再次润胀时不能恢复到原有润胀能力，纤维脆性增加、可塑性降低，使得废纸纤维在使用3次后就不能再重新生产新的纸张。此外，回用过程中纤维部分游离羟基通过氢键相互结合使得部分非结晶结构形成新的结晶结构，一个个小的结晶区互相结合形成一个更大的结晶区，使纤维结晶度上升造成不可逆纤维性能衰变的产生。纤维性能衰变的具体表现是纤维表面细胞塌陷，润胀能力下降，纤维结构更加紧密，韧性降低，挺度增加，纤维性能衰变随着废纸浆回用次数的增加而增强，且这种变化是不可逆的，从而使成纸物理性能下降。

目前大多数学者认为纤维性能衰变是由挤压和干燥脱水造成的，并提出了许多纤维性能衰变的机理。

(1) 不可逆的孔关闭机理

植物细胞壁在增厚的过程中，并不是整个细胞壁都均匀增厚，其未增厚部分的细胞壁在显微镜下像个孔，一般称为纹孔（即细胞壁孔）。相邻的两个细胞往往成对出现纹孔，纹孔形状是原料固有的特征，在蒸煮中对化学药品的渗透也有一定作用。

根据细胞壁增厚的情况纹孔可分为单纹孔和聚缘纹孔两种类型。并且，由于相邻细胞中的纹孔是成对存在的，故相邻细胞的纹孔就形成了三种类型的组合：具缘纹孔对、半具缘纹孔对、单纹孔对。具缘纹孔由纹孔托、纹孔膜、纹孔缘、纹孔口构成。纤维细胞与纤维细胞相连的纹孔称为具缘纹孔，纤维与木射线相连的为单纹孔，也称交叉场纹孔。纹孔在纤维或导管上排列的方式是鉴别纤维原料各类的主要根据。

纹孔缘和纤维细胞壁一样由初生壁和次生壁构成，纹孔缘的微纤维围绕着纹孔口成环状及辐射状排列。纹孔膜为一层很薄的薄膜状组织，纹孔托上的微纤维为网状排列。单纹孔则不具纹孔缘和纹孔托。

此机理认为，纤维本身存在着一些空隙，同时在制浆过程中随着木质素和半纤维素的溶出，形成一些孔隙和裂缝。在纸页干燥过程中，伴随水的去除这些孔隙和裂缝形成不可逆的封闭，这些孔隙和裂缝的关闭导致回收纤维保水值下降，润胀性下降。目前表征细胞孔壁的测试方法，有溶液排阻法、反向排阻层析法、NMR核磁共振法、低温氮吸附法等。

(2) 纤维细胞壁的重组机理

该机理认为木材纤维细胞壁由纤维素、半纤维素和木素组成，在制浆过程中，半纤维素和木素部分溶出，形成一个润胀的细胞壁。在纸页干燥过程中，纤维之间的键力很大，能使纤维细胞壁中的两个或更多的结晶区结合，形成一个大的结晶区，从而导致一个大的水不能润胀区，使回收纤维的润胀性下降，纤维柔软性下降，纤维变脆，纸张性能下降。有学者发现用核磁共振研究硫酸盐浆的纤维性能衰变，发现纤维内部有共结晶的现象，为这一机理提供了有力的证据。

（3）纤维表面半纤维素失去效应

半纤维素的损失也可能是由于纤维保水值和结合强度下降的原因。半纤维素能帮助纤维结合，是浆中所有化学物质中吸湿性最强的。由于冲洗或者化学转化导致半纤维素的去除对浆性能可能产生副作用，使得纤维润胀性能和结合潜能下降。有学者认为回用对纤维柔软性和表面性能的影响可能是由半纤维素的损失引起的，通过研究含不同化学成分的再生纤维，发现再生纤维的强度损失与半纤维素和木素的脱落有直接的关系，同时再生纤维的纤维素结晶指数也发生了相应的变化。

此机理认为在碱性制浆和打浆过程中，都会有半纤维素（戊糖）沉积在纤维上，这些半纤维素沉积物能提高纸张的强度，但在纸页干燥过程中，高温使半纤维素损失或转化成糠醛聚合物，使纤维表面的润胀性下降，纤维表面的结合强度下降，导致纤维强度降低。

（4）半纤维素-木聚糖作用机理

一些学者通过对铁杉浆进行研究发现，纸张在回收后的物理性能变化与浆中的木聚糖含量呈线性关系，与木素没有明显的关系。得出了半纤维素特别是木聚糖的含量在纸的回收过程中起主要作用，与木素的含量关系不大的结论。他认为对于一个木聚糖含量高的浆，木聚糖分子使纤维素微细纤维保持疏松状态，当再润胀时，这些纤维仍能恢复到原来的柔软状态，回收纸保持原来的强度。对于一个半纤维素含量少的浆来说，半纤维素脱去时留下的空穴由水分子填充，在水润胀状态下这些纤维仍具有柔软性，但当纸页干燥时，水分子的蒸发使微细纤维塌陷，氢键结合在一起，这样纤维变硬，当再润胀时，水很难进入到这些微细纤维之间，导致保水值下降，纤维之间成键能力下降，强度降低。但有人通过对含不同化学成分的回收浆研究，认为回收纤维的强度损失与半纤维素和木素的脱除没有直接的关系，回收纤维的纤维素结晶指数也没有增加。

（5）回收纤维表面极性自由能的损失机理

用动力接触角测定仪（Dynamic Contact Angle）对回收浆纤维表面的化学变化进行研究，发现回收使纸表面的非极性自由能增加，相应的极性自由能减少，但总的自由能保持不变。

浆在形成纸时纤维表面逐渐失去了电子接收和给予能力。回收纤维再润胀时，纤维表面呈酸性，且酸性逐渐增强。这种变化是由回收纤维表面羟基的减少引起的。极性自由能的降低，导致回收纤维表面结合能力下降，保水值下降，回收纸强度降低。通过研究发现，细胞壁皱缩有两个过程：一是纤维细胞壁的空穴和空隙的脱水引起皱缩，另一个是纤维的微细结构失去结合水时，引起纤维细胞壁强烈皱缩。纤维细胞壁的皱缩与纤维性能衰变没有明显的直接关系，但会导致回收纤维润胀能力下降。用聚焦激光扫描图谱仪（CLSM）研究回收再抄成纸中的纤维之间成键能力，回收纤维的润胀性降低，导致了回收纤维再抄成纸的未成键面积增加，致使回收再抄成纸的强度下降。通过对回收纸的成键面积和成键的剪切强度的研究，发现回收纸抗张强度的下降主要是由纤维与纤维之间键强度的下降造成的，成键面积的减少起主要作用。

（6）细胞壁模型机理

回收纤维的纤维性能衰变的机理可用一个细胞壁模型解释，如图 1-3 所示，该模型描述了一个全部脱去半纤维素和木素，细胞壁中只剩下纤维素的细胞壁。

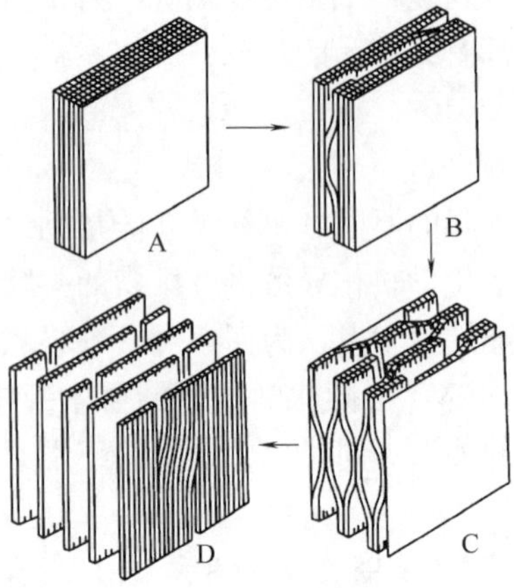

图 1-3 细胞壁模型

木材在制浆过程中，随着木素和半纤维素的脱除，纤维成润胀状态，当原浆抄成纸页时，经挤压干燥，微细纤维紧紧结合在一起，形成氢键，当回收纸疏解分散润胀时，微细纤维间的氢键只能部分打开，无法重新润胀至 D 状态，可能仅能润胀至 B 状态，润胀性下降，孔隙变小，使强度下降。因此，寻找抑制废纸纤维回用过程中性能衰变的方法，改善纤维润胀能力及化学试剂可及度以提升废纸纤维成纸的物理性能及光学性能已经成为用好废纸造纸亟待解决的重中之重。

此模型还可以用来解释机械浆和高得率浆没有纤维性能衰变的现象，在木材和高得率浆中，细胞壁的状态为润胀状态，但微细纤维之间有木素和半纤维素形成晶格，并不只是水。这个晶格能可逆的进行干燥、润胀。在干燥过程中还能阻止纤维素表面接触形成氢键，它使整个细胞壁能可逆的进行干燥、润胀过程，因此高得率浆没有纤维性能衰变的现象。

原生植物纤维在造纸过程中一般要经历漂白、涂布两大过程，且在印刷加工过程中还要添加油墨、填料等，这些过程都会为纸张引入杂质。因此，造纸所用到的废纸是一个除了有纤维组分外还含有大量细小组分和胶料、填料、油墨等杂质的混合物。因此在废纸纤维再利用过程中，需要在碎浆阶段采用机械与化学法相结合的技术手段去除废纸中的胶料、油墨、填料等杂质，同时还要防止在碎浆和脱墨阶段油墨的分离、沉积、再分离、再沉积的发生，最后得到废纸浆再回用于生产。因此，为了使废纸纤维能够更好地回用于生产，需要研发新技术来抑制废纸纤维回用过程中的纤维衰变。

1.4.1.3 影响废纸纤维性能衰变程度的因素

（1）制浆方法

不同的制浆方法，纤维性能衰变的程度不同。低得率浆回用时，纤维容易发生性能衰变，即机械浆纤维性能衰变程度比化学浆轻。机械浆纤维细胞壁中含有木质半纤维素胶，干燥时能够阻止纤维素表面的接触。并且机械浆纤维木质素含量多，孔隙少。而木质素属于憎水性物质，所以原机械浆纤维润胀程度轻，回用后的纤维性能衰变程度小。化学浆由于木质素的脱除而形成很多孔隙，并且充满了水。在压榨和干燥过程中，纤维因脱水而发生许多不可逆的变化。另一方面，机械浆细小组分多，而纤维性能衰变主要是发生在细小纤维上。因此随着纤维的回用细小组分不断流失，表现为浆中的纤维性能衰变程度小。目前对机械浆纤维性能衰变研究较少，但从现有的研究成果来看，机械浆纤维有限度回用对纤维强度有正面影响。

（2）抄造环境

湿压榨脱水引起的性能衰变称作“湿性能衰变”。对许多浆而言，固含量为 40%~70% 时便会发生湿性能衰变。湿性能衰变主要表现在纤维壁形态的变化，如纤维细胞压实、压溃等。湿性能衰变的机理可能主要是孔隙的不可逆封闭。

用^{1}H 和^{2}H 核磁共振（NMR）研究压榨和干燥过程中纤维细胞壁中孔隙的变化，发现干燥或者压榨使纤维失水时，纤维中的孔尺寸减小，孔尺寸分布变窄，干燥或者压榨到同一含水率时，纤维中的孔尺寸分布相差不大，但当低含水率时，干燥造成的孔尺寸减小多。利用核磁共振研究硫酸盐浆在湿压过程中纤维之间和纤维中的孔关闭，发现在纸页的湿压过程中，许多孔关闭，再润胀时，还能重新打开。

随着压榨压力的增大，纤维性能衰变也越严重，在相同的压力下，反复压榨也降低了纤维的润胀能力。湿压榨时，随着压力的增大和压榨时间的增长，纤维胞腔压溃、孔隙发生不可逆封闭，并且纸页水分减少，从而影响纤维的性能衰变程度。特别是纸页干度超过 35%时压榨对性能衰变的影响更大。

抄纸的 pH 同样会影响纤维性能衰变程度。研究表明：含羧基的浆中如果酸性基团以离子形式存在，干燥时的纤维性能衰变程度会降低。pH 对未漂 KP 浆纤维性能衰变有很大影响，而对羧基含量少的漂白浆无任何作用。酸性环境下干燥的浆在再润湿后，碱处理可以恢复部分润胀能力，降低纤维性能衰变程度。

干燥过程发生的性能衰变称之为“干性能衰变”。干燥过程中纤维失水造成了细胞腔的塌陷，发生了不可逆的变化，纤维中羟基形成氢键结合，再进行疏解润胀时，纤维的润胀性下降，强度降低。细胞腔塌陷通常用塌陷指数 CI 表示，公式如下：

$$CI = \frac{A}{A_0} \tag{1-1}$$

式中 A——纤维处理或压溃后的细胞腔横切面积

A_0——纤维处理或压溃前的细胞腔横切面积

研究表明干燥温度对纤维的性能衰变有很大影响，温度越高，纤维的性能衰变越严重。干性能衰变除了与干燥温度有关外，还与干燥时间有关，干燥时间越长，性能衰变越严重。

湿纸页的干燥对成纸的结构与性能有很大的影响。在干燥过程中，升温的快慢，干燥温度的高低，纸页所受牵引力的大小及干毯压紧的程度均对成纸结构及性能产生影响。一般来说，在干燥过程中，如缓慢升温，则湿纸页中的水分蒸发得较慢，更有利于纸页在干燥过程中的收缩，从而，使成纸的结构紧密，强度高，透明度高。所以在生产高透明度、高紧度的纸种时，往往采取缓慢的升温方式，且干燥最高温度较低。反之，如快速升温，则成纸的结构疏松，孔隙率高，透气度大，成纸强度低。生产透气度高，吸收性强的纸通常采取这种升温方式，且干燥最高温度较高。

(3) 回用次数

随着废纸回用次数的增加，浆料中细小纤维组分增多。细小纤维在造纸过程中会影响纸机的运行，如留着、滤水、白水回收系统、助剂功效和干燥速度等。细小纤维的留着率是一个复杂的变量，受多种因素影响，包括生产条件（如打浆度、滤水速度、浆-网速比和纸机车速）、纤维尺寸分布、离子间相互作用力、pH、纸料中的电荷量和助留剂的加入状况等。

有研究表明，虽然回用次数增加对纤维长度和细小纤维含量的总体影响不明显，但纤维的结晶度、微晶尺寸和微晶横截面积会发生变化，导致纤维性能的衰变。例如，经过五次回用后，纤维的保水值减少，抗张指数、撕裂指数和耐破指数均有所下降。

回收纤维的性质随着回收次数的增加逐渐下降，第一次回收时，回收纤维的变化最大。以后每次的变化逐渐减少，最后趋于平稳。一般认为纤维经过 5 次回收后，已不能再利用了。

(4) 纤维化学组分对再生植物纤维品质衰变的影响

制浆工序后纤维中主要化学组分的含量会发生变化。研究表明纤维化学组分含量的变化会对再生植物纤维性能产生一定的影响。有学者对半纤维素含量变化对再生植物纤维的回用性能的影响进行了研究，提出随着半纤维素含量的降低回用纸张性能下降。存在于纤维素微原纤间的半纤维素本身具有润湿性，可以防止微细纤维在干燥过程中相互靠近，有助于保留纤维弹性从而抑制回用纤维品质的衰变。机械浆和化学浆在回用中强度性能不同是由于纤维内的木质素相对含量不同引起的。研究者通过选择性改变半纤维素的含量与木质素的含量，探究了不同半纤维素含量和木质素含量的纤维在循环回用过程中纤维保水值、结晶度以及成纸性能的变化情况，发现半纤维素含量与再生植物纤维成纸性能的变化有明显的线性相关性。较高含量的半纤维素可以缓解回用过程中再生植物纤维成纸性能的损失。同时发现木质素对再生植物纤维性能的影响很小。木质素含量与纤维的保水值、结晶度与成纸性能的变化没有明显的线性相关性。

1.4.2 废纸脱墨

油墨粒子的去除是废纸利用的关键步骤之一。从废纸中脱除油墨粒子的方式主要有两种：一种是洗涤法、浮选法或者浮选洗涤相结合的方法脱除油墨粒子，另一种是利用筛选及离心净化的作用脱除油墨离子。这两种脱墨方式的原理各不相同。浮选法主要是利用润湿性能的不同来去除油墨粒子，对粒径在 10~100μm 的油墨粒子具有最佳脱除效果。洗涤法能使杂质在水洗过程中通过孔道而除去，有效地去除粒径 10μm 以下的油墨粒子。筛选是通过粒子的挺度和大小的不同来分离杂质。离心净化则主要是根据比重的不同来分离出油墨粒子。生产过程中具体采用哪一种方式，要取决于油墨粒子从纤维上剥离后的尺寸分布情况，同时还与油墨的组成、回收纤维的性质、需去除的杂质及纸浆的用途等息息相关。

目前国内脱墨工艺主要为洗涤法、浮选法以及洗涤浮选相结合的方法。这三种方法的前段离解、熟化工序基本一样，只是纸浆和油墨颗粒分离方法不一样。具体采用何种方式，是单一还是组合，取决于剥离后油墨粒子的尺寸分布，同时还与回收纤维的性质、油墨的组成、需除去的杂质及纸浆的用途等密切相关。

1.4.2.1 洗涤法

洗涤法为最早使用的传统方法。洗涤法是将纸浆重复的稀释和浓缩，在脱墨化学品的作用下，油墨、填料及一些细小纤维随洗涤水被过滤出去。主要是在碎浆阶段通过水力碎浆机和脱墨剂的作用，尽可能使油墨粒子的粒径减小至 10μm 以下，并进行乳化、溶解和尽可能地分散油墨，最终产生最佳的洗涤效果。

洗涤法的简单工艺流程是：废纸→碎解→加药脱墨→疏解→洗涤→纸浆，典型的洗涤设备一次可除去 85%的油墨。从理论上讲，经过反复洗涤，可除去 99%的油墨，其基本原理是通过筛板或筛网对纸浆悬浮液进行筛选，水夹带着油墨颗粒被除去，纸浆纤维得以保留。为了获得良好的脱墨效果，洗涤法工艺要求油墨颗粒的尺寸越小越好。在生产实际中，若油墨粒子在 1~10μm，洗涤效果最好，粒子尺寸大于 40μm，则可被阻留在纤维层中，粒子尺寸小于 1μm 时，则易被纤维重新吸附，降低洗涤效果。

洗涤法能将细小纤维和填料有效地从废纸浆中除去，洗涤法具有设备简单，操作方便，工艺稳定，投资低于浮选法，脱墨浆强度性能较好，质量较高的优点，其灰分去除率可多达 95%。但同时也存在耗水量大，浆得率低及废水处理负荷大的特点，故目前在我国中、小型造纸厂多用此法。

1.4.2.2 浮选法

浮选法是利用纤维、填料及油墨等组成的可湿性不同的一种分离方法。在浮选法中，废纸经水力碎浆机碎浆后，通过脱墨剂的作用，适当凝聚剥离的油墨粒子，再向纸浆中送入空气，产生气泡，使油墨粒子吸附在气泡上并随气泡上浮至水面形成泡沫层，然后将其除去。因此，起泡性好、对油墨分散效果好的表面活性剂如高碳醇聚氧乙烯醚、脂肪酸聚氧乙烯醚和脂肪酸皂复配得到的脱墨剂，常用于浮选法脱墨中，破坏油墨与纸纤维之间的结合力，使油墨从纤维上脱落，并通过机械搅拌产生气泡，使油墨颗粒附着在气泡上上升到纸浆表面，从而实现油墨与废纸纤维的分离。浮选法脱墨工艺流程一般包括：

废纸→预筛选→高浓水利碎浆机→锥形除渣器→圆网浓缩机→高浓漂白机→造纸车间。

在浮选法中，废纸经水力碎浆机碎浆后，通过废纸脱墨剂的作用，使剥离的油墨适当汇聚，即油墨粒子尽可能处于 10μm 到 100μm 的范围内，使之吸附于浮选器产生的泡沫上然后除去。同时，也要尽可能使剥离的油墨不再附着于纤维上，而且不让纸浆附着在气泡上。而浮选的最佳浓度，目前认为以采用 0.9%~1.1%为佳。浮选法除去油墨粒子的优点是纤维流失少、纸浆得率可高达 85%~95%，使用脱墨剂量小，废水易于治理。缺点是纸浆白度较低，一般使原纸白度降低 11%~15%，灰分含量较高，故不能生产薄纸及灰分含量低的纸种。另外浮选设备复杂、昂贵，工艺条件要求较严格，动力消耗较多。

1.4.2.3 浮选洗涤法

由于回收利用的废纸其油墨成分及特性较为复杂，仅用浮选或洗涤除去所有的油墨和其他杂质是不可能的。浮选脱墨的作用机理是去除太小的不能用缝筛和离心分离器除掉的油墨粒子，以及那些太大的不能通过洗涤清除的粒子。洗涤是清除最小的油墨粒子的最为有效的方法，其中的缝筛和离心分离器适于清除大的油墨粒子。因此，仅仅使用单一的浮选或者洗涤的脱墨方法，废纸浆中油墨粒子都很难除尽。近年来发展了浮选与洗涤相结合的脱墨工艺，其工艺路线如下：

高浓碎浆→圆筒筛粗筛浆→高浓除渣器除渣→浮选机浮选脱墨→洗涤脱水→净化筛选→漂白→纸机浆池。

采用浮选洗涤法，废纸经水力碎浆机碎浆，在废纸脱墨剂作用下，浮选出较大的油墨粒子（10~100μm），洗涤掉较小的油墨粒子（<10μm），从而达到除尽油墨的目的。由于经过浮选和洗涤两道工序，综合了浮选法和洗涤法两种脱墨方式的优点，使纸浆质量高、灰分去除率高，同时耗水量和废水处理负荷适中，因此目前采用国产设备及脱墨剂的纸厂大都采用这种工艺，以改善单一方式所产生的不足。

总的来说，由于洗涤法设备简单，投资小，一般的小纸厂如果用水限制不大，都采用此法，而大部分的中型企业都采用浮选与洗涤相结合的工艺，经过两道工艺处理，可相互弥补不足，浆的白度较高。

近些年研究人员又发明了一些新型的脱墨方法，如蒸汽爆破法脱墨、超声波法脱墨、溶剂法脱墨、附聚法脱墨和生物酶法脱墨等，这些方法常与洗涤法、浮选法以及洗涤浮选相结合这三种工艺相结合，进一步提升了脱墨的效率。

1.4.2.4 蒸汽爆破法脱墨

蒸汽爆破法用于废纸回收已有 30 多年的历史，但以前因间歇操作而受到制约。为此 BC（Black Clawson）和 Recoupe 回收技术开发公司开发了新蒸汽爆破技术，使得该工艺变成了连续式废纸处理工艺，使该项技术得到更广的应用，适用于旧瓦楞箱纸板（OCC）、混合办公废纸（MOW）和旧报纸（ONP）等废纸的脱墨。

该工艺是采用一个同轴给料器，通过往复式缸体将废纸压成塞状，然后连续进入高压蒸汽室。蒸汽室中的螺旋输送装置再将料塞送入高温空气压缩区，物料在蒸汽室中的停留时间是可变的。废纸料塞通过蒸汽室后，在螺旋输送机和放料阀的作用下，瞬间减压，产生爆破，使废纸解离成纤维，同时将油墨分散。该法的主要优点在于可不加或少加化学品，同时也能解决一些废纸回收中的难题，如塑料热熔物、蜡、松香以及传真纸和复印纸等，它对难分散的材料（如激光、静电印刷油墨）十分有效。它在成本效率、环境保护，以及对废纸的广泛适应性上具有独到之处，但经蒸汽处理后，成纸的白度和物理强度有所下降。

1.4.2.5 超声波法脱墨

这种脱墨技术由美国 SUNY-ESF（State University of New York Environmental Science and Forest，纽约州立大学环境科学与林业学院），位于 Syracuse 市的 Turai 和 Teng 以及加利福尼亚州立大学 Long beach 的 Naimpally 两个研究小组研究成功。超声波脱墨机理是基于物质分子将会在声波传播方向上发生纵向震动。如果发生在液体中，那么周期性的压力变化将导致液体发生空穴作用，或形成直径约为 0.1～0.2mm 的细小气泡。当气泡受到超声波作用时，它不断吸收因超声波持续的压缩和膨胀产生的能量，最终使得气泡破裂。当气泡破裂时，将能量传递给它附近的介质，比如废纸纤维，这个能量产生以下两种作用：使油墨粒子松弛，并从纤维表面移开，还可使油墨粒子自行碎解。

超声波法常常适用于含有高光泽聚合物油墨的纸和纸板，如杂志封面、广告、宣传册等。超声波处理的特点是对过程温度不敏感，减少或者不需添加脱墨化学品，降低成本，减轻废水污染。此外，超声波处理产生了细纤维化作用，改善了纸浆的机械性能和物理强度，在脱墨和提高纸张性能（抗张强度、耐破度、伸长率）方面都取得了令人满意的效果。

1.4.2.6 溶剂法脱墨

随着新的印刷技术的发展，新型油墨不断出现，印刷的颜色、光泽性和牢固性也在不断地提高，这些新型油墨的出现使得废纸的脱墨变得越来越困难。比如用于静电复印油墨和激光打印的油墨，它们不同于一般的油基油墨，在脱墨过程中树脂不能皂化，很难为碎解转子的剪切力碎化，所以脱墨困难，造成混合办公废纸的回收率很低，使用价值大打折扣。而溶剂法脱墨技术以其独特的特点，克服了传统脱墨方法的局限，达到很好的脱墨效果。溶剂法脱墨是利用溶剂代替水将废纸中的油墨、石蜡、树脂及其污染杂质溶解除去，该技术只用溶剂不用水或用少量水。早在 20 世纪 30 年代以氯代烃作为溶剂的方案就曾被提出过。由于办公废纸及复合加工纸的大量出现，废纸中的脱墨难度加大，人们对溶剂法脱墨技术又有了新认识。20 世纪 80 年代末，美国的河滨纸业公司（River-side）和日本的 Tagonoura Sanyo 公司成功地使用了溶剂法处理涂蜡的纸张、纸杯、复合的纸张、牛奶盒等。日本、美国已有工厂用三氯乙烯和乙烷作为溶剂进行废纸脱墨，溶剂回收率分别为 99%和 90%。目前发现可用的溶剂有丙酮、三氯乙烯、四氯乙烯、苯、甲苯、二甲苯、四氯化碳等。1995 年加拿大安大略省 Manuvin 公司发明了一种新的溶剂脱墨法，这种脱墨法用的是丁氧基乙醇（Butoxyethanol）的水溶液，其作用原理基于丁氧基乙醇的水溶液在 pH 为 11 时是良好的脱脂剂，它能将废纸中的静电复印油墨、激光打印油墨、涂塑油墨和胶黏剂等从废纸中分离出去。实验结果表明，这一方法可用于旧报纸、旧杂志纸、混合办公废纸的脱墨。

溶剂法脱墨的主要优点有设备简单、流程短、投资少，脱墨生产费用比常规方法要节省一半，且适用废纸类型的范围较广，易于除去油性及树脂类载色体油墨，不会产生难处理的废水。目前溶剂法脱墨技术主要在美国及日本少数工厂中应用，国内还没有工厂采用这种技术。我国华南理工大学制浆造纸国家重点实验室已对该技术进行了一定研究，效果显著。由于溶剂法脱墨技术的种种优点，不久的将来这种技术定会为国内厂家所采用。

1.4.2.7 生物酶法脱墨

酶是一种由氨基酸构成其主体的蛋白质，在脱墨过程中起着生物催化剂的作用。目前，用于脱墨研究的酶有脂肪酶、酯酶、果胶酶、淀粉酶、半纤维素酶、纤维素酶和木质素降解酶等，多数情况下是将几种酶混合使用。关于酶的脱墨机理，有学者认为，油墨与纤维间的结合点具有较大的应力，酶优先作用于这些区域，使油墨和纤维间的连接变得松弛，使油墨与纤维易于分离。但也有学者认为，由于机械剪切力的作用，使油墨在纤维上突起，然后酶作用于这些突起部位，使油墨与纤维分离。此外，酶作用于纤维表面的细纤维，使纤维表面变得光滑，在机械力作用下油墨易于分离。

有研究表明，木聚糖酶可以辅助废纸进行脱墨，使废纸纤维的得率提高，残余油墨和返黄值下降。利用木聚糖酶负载的基于生物质基脱墨剂（XBD）由棕榈酸、椰子油酸、松香和木聚糖制备而成，在木聚糖酶用量 15%（质量分数）条件下，浮选后的废纸纤维亮度为 60.2%ISO，有效残余油墨浓度 223mg/kg。采用木聚糖酶与超声和微波处理相结合的脱墨方式处理 ONP 浆，有效残余油墨浓度（ERIC）降低了 47.9%，同时亮度提升了 21.6%。与传统的脱墨剂化学脱墨相比，当木聚糖酶用量在 1U/g 时可以达到相同的脱墨效果，且酶脱墨后废纸浆的滤水性能和返黄程度均得到改善。

生物酶脱墨使用面广，与传统的脱墨方法相比，酶法脱墨比常规脱墨更有效，化学品消耗少或不用化学品，对环境无污染，从而降低能耗，产生废水少，而且由于不需使用大量的 NaOH，纸浆的白度可有 4%~5%的提高，同时对于传统化学药品难以脱墨的办公废纸的脱墨亦有良好的效果，而且浆料白度高、滤水性好、强度性能好。目前，虽然可以使用大量低成本的脱墨用酶，但要生产大量特殊的工业用酶，需投入较高的费用进行纯化。如果增加酶的使用量并提高发酵和提纯技术，就有希望降低成本，从而使得酶法脱墨技术得到更加广泛的应用。

1.4.3 废纸打浆

废纸回收分选后，针对不满足成纸要求的废纸浆会进行打浆处理。废纸浆在打浆前需要进行离解、除渣和筛选。对废纸浆进行打浆的目的，是为了使已经经过抄纸过程的废纸纤维重新成为适和抄纸的浆料。通过对废纸纤维进行打浆处理，使废纸纤维得到更好的润胀和分丝帚化，提高废纸纤维成纸的强度。但是由于废纸纤维长度相较原浆纤维较短，细小纤维较多，因此在废纸打浆过程中要尽量让废纸纤维发生分丝帚化，减少纤维机械切断。

对旧瓦楞箱纸板（OCC）纸浆进行高浓打浆，结果表明在一定范围内，随着打浆程度增加，OCC 纸浆成纸的断裂长、耐折度、撕裂指数均持续提高，分别提高 35.75%、162.36%和 20.65%，打浆后 OCC 纤维出现了明显的分丝帚化现象和切断现象。

对废旧瓦楞箱纸板纸浆进行打浆处理，发现经过打浆处理后 OCC 纤维的溶胀能力得到显著的提高，表现为纤维保水值大幅提高。

对 KOCC 进行 Valley 打浆预处理，结果说明经过 Valley 打浆后，KOCC 的纤维保水值、纤维游离度和成纸物理强度均得到提高，但是纤维的长度有所下降，因此废纸打浆需要控制在合适的范围内。

1.4.4 废纸浆漂白

漂白是造纸过程中的一个重要环节，其目的是去除纸浆中的色素和杂质，提高纸张的白度和亮度。

传统的化学漂白技术主要依赖于氧化性漂白剂（如氯气、次氯酸盐、过氧化氢等）来破坏纸浆中的木质素和有色物质结构，从而提高纸浆的白度。随着化学工业的发展，化学漂白技术得到了不断改进和优化，例如多段漂白工艺的应用、漂白剂的复配使用等。

在废纸浆漂白剂种类方面，20 世纪 80 年代以前的含氯漂剂主要有次氯酸钠和次氯酸钙，无氯漂剂有过氧化氢和连二亚硫酸钠，到 20 世纪 90 年代，二氧化硫脲才被使用。因为在 20 世纪 80 年代以前，以回收废报纸为主，脱墨废纸浆中含有一定量的木质素，只有过氧化氢和连二亚硫酸钠适合作漂白剂。随着废纸利用量的增加，用于废纸漂白的漂剂用量也在大幅度地增加。从过氧化氢用量的增大趋势和废纸利用率的变化情况看，过氧化氢在纸浆及废纸浆中的地位非常重要。据估计，目前用于制浆的过氧化氢用量的 60%是用于废纸浆漂白。

1.4.4.1 过氧化氢漂白

过氧化氢是最常用的废纸浆氧化性漂白剂，过氧化氢漂白具有无污染、白度稳定性好和纸浆得率高等优点。过氧化氢是一种无色液体，具有很强的氧化性。在水中分解成水和氧气，其化学方程式为 $2H_2O_2 \rightarrow 2H_2O+O_2$。这种分解反应释放出氧气气泡，所以过氧化氢有时也被称为活性氧漂白剂。

活性氧能够破坏染料分子的结构，使其失去吸收光线的能力，从而呈现出无色状态。这种氧化作用是通过活性氧与发色基团中的双键或芳香环发生反应来实现的。在这个过程中，活性氧会与染料分子中的双键或芳香环上的氢原子结合，形成羟基或过氧基，从而破坏了染料分子的结构，使其变得无色。

过氧化氢在纸浆漂白中的作用主要是改变木质素中有色基团的结构，使之变成无色基团，并在一定程度上使之溶出。所以过氧化氢被广泛地用于废纸浆的漂白，而对于要求木质素尽可能溶出的化学浆漂白，过氧化氢多用于终段，来最后改变各种发色基团的结构，以稳定纸浆白度。

目前，过氧化氢已是生产 ECF 和 TCF 浆的关键化合物。过氧化氢可用于单段漂白，中间段脱木质素或终段漂白等，其氧化性比次氯酸盐温和得多，与碳水化合物反应只使其损失很少的黏度。当过氧化氢用于漂白终段时，会大大改善半漂浆的白度，甚至对全漂浆的白度也有明显的提高，特别是漂白浆白度稳定性好。如氧脱木质素加臭氧漂经螯合处理后，再用过氧化氢终漂，白度可以达到 90%ISO，而对其强度无明显影响。

近年来过氧化氢漂白技术有了新的进展，如加入活化剂氨基氰、双氰氨、二环氧丙酮等。加入合适的酶也可以强化过氧化氢的漂白效果。还有一种高温压力过氧化氢法，加入氧气强化传质过程，抑制过氧化氢的无效分解。尽管用过氧化氢漂白在一定白度下，木质素含量较高，但这种纸浆在热老化方面，比臭氧或常规含氯漂白浆具有较好的白度稳定性。而它的价格在不断下降，在无氯漂白剂中，过氧化氢作为主力军的地位越来越显得重要。

过氧化氢是非挥发性水溶液，起漂白作用的主要是氢过氧阴离子 HOO^- 的亲核作用，所以在过氧化氢漂白中，应保证足够的 HOO^- 浓度，减少过氧化氢的无效分解，其工艺参数的控制尤为重要。

产生的氢过氧阴离子 HOO^- 离子是一种极强的亲核试剂，它可以进攻木质素中吸收可见光的发色基团，作用于碳碳双键和残余木质素或者醌式结构，特别是共轭羰基结构的木质素，使木质素的发色基团消失。木质素在常规过氧化氢漂白条件下的反应如下。

(1) 过氧化氢与木质素侧链上的羰基和双键的反应

在过氧化氢漂白条件下，过氧化氢会氧化木质素侧链上的羰基和共轭双键，改变结构或将侧链碎解，从而提高纸浆白度。如图 1-4 和图 1-5 所示

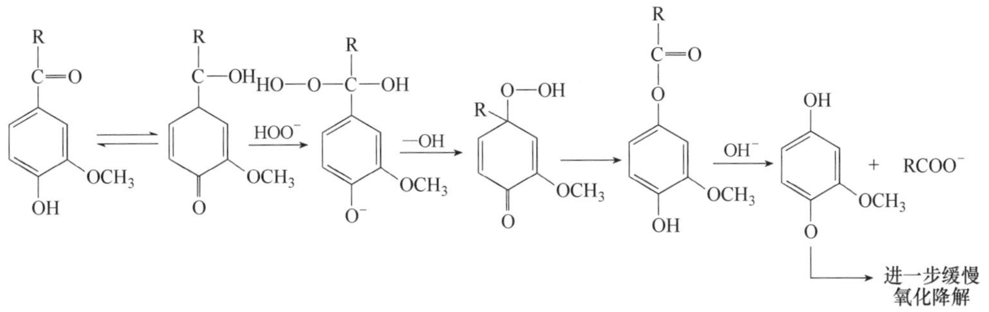

图 1-4 过氧化氢与木质素侧链上的羰基的反应

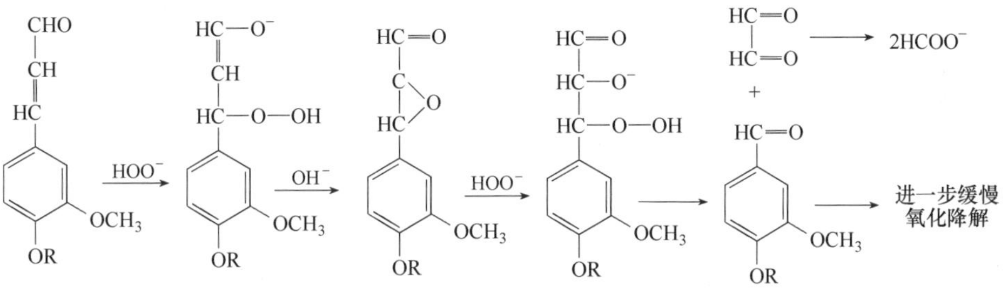

图 1-5 过氧化氢与木质素侧链上的共轭双键的反应

(2) 过氧化氢与木质素结构单元苯环的反应

苯环是木质素的结构单元，其本身无色，但在蒸煮过程中会形成有色的对醌和邻醌结构。过氧化氢与木质素结构单元的反应，实质上就是破坏醌式结构使其成为其他的无色结构的反应，使苯环氧化开裂最后形成一系列二元羧酸和芳香酸，增加纸浆白度。如图 1-6 所示。

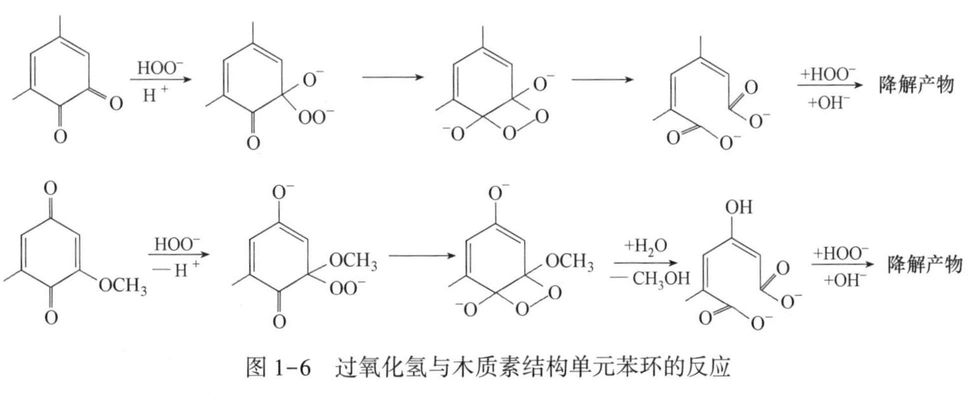

图 1-6 过氧化氢与木质素结构单元苯环的反应

伴随碱用量的增加，氢过氧阴离子的浓度增加，但是，当 pH>11.6 时，氢过氧阴离子会进一步促使过氧化氢反应生成氧气和水，方程式如下：

$$HOO^- + H_2O_2 \longrightarrow H_2O + HO^- + O_2$$

在碱性条件下，还会发生碱催化的自由基链反应，如下：

$$HO^- + H_2O_2 \longrightarrow H_2O + HOO^-$$

$$HOO^- + H_2O_2 \longrightarrow H_2O + HO\cdot + O_2^-\cdot$$

$$HO\cdot + O_2^-\cdot \longrightarrow HO^- + O_2$$

在纸浆的过氧化氢漂白体系中，植物纤维原料本身含有一定量的过渡金属离子，并且在制浆造纸过程中因设备磨损，生产用水和化学试剂的使用也会带来一定量的过渡金属离子。过渡金属离子很容易引起过氧化氢的分解，如下：

$$M + H_2O_2 \longrightarrow M^+ + HO + HO$$

$$M^+ + HOO^- + HO^- \longrightarrow M + O_2^-\cdot + H_2O$$

$$M^+ + O_2^-\cdot \longrightarrow M + O_2$$

$$O_2^-\cdot + HO\cdot \longrightarrow O_2 + HO^-$$

过渡金属离子催化作用速度大约比碱高 1000 倍。在碱性条件下，即使是微量的过渡金属离子也会加速过氧化氢分解，降低漂白效率。

在酸性条件下和无杂质存在时，过氧化氢是相当稳定的。锰、铜、铁、钴等过渡金属离子会催化分解过氧化氢并产生自由基。虽然一定量的自由基有促进脱木质素的作用，但这些自由基会引起过氧化氢的无效分解，影响过氧化氢的漂白效率，并导致碳水化合物的降解。因此，浆中存在的金属离子对过氧化氢漂白性能起着重要的作用。

在温和条件下进行过氧化氢漂白，过氧化氢与碳水化合物的反应并不重要。但在过氧化氢漂白过程中，过氧化氢分解生成的 HO·和 HOO·都能与碳水化合物反应。HOO·能将碳水化合物的还原性末端基氧化成羧基，HO·既能氧化还原性末端基，也能将醇羟基氧化成羰基，形成乙酮醇结构，然后在热碱溶液中发生糖甙键的断裂。若漂白条件强烈（例如高温过氧化氢漂白），又没有有效地除去浆中的过渡金属离子，漂白过程中形成 HO·过多，碳水化合物会发生严重降解。碱土金属离子，如 Mg^{2+}、Ca^{2+}，能与过渡金属离子形成络合物而钝化过渡金属，减少过氧化氢的无效分解并保护碳水化合物。因此，在过氧化氢漂白前必须有效地除去浆中的过渡金属离子。

制浆造纸过程中，结垢经常出现在剪切、温度或 pH 出现较大幅度变化的位置，如磨盘、洗浆网表面、喷头、泵、浆管等部位。一般情况下，在过氧化氢漂白过程添加一定量的硅酸钠，对漂白过程中的 pH 可以起到缓冲作用，钝化过渡金属离子，减少过氧化氢的无效分解，提高过氧化氢的漂白效率，增加纸浆白度。但是硅酸钠会发生聚合或是与纸浆中的 Ca^{2+}、Mg^{2+}等非过渡金属离子反应产生硅酸盐沉淀，造成设备的结垢，进而影响制浆造纸生产过程的正常操作甚至停机。设备结垢还会增加化学品的消耗，降低产率，缩短设备寿命等。另外，为了环境及经济效益，制浆造纸生产用水的循环回用率不断提高，造成非过渡金属元素富集，设备结垢的可能性增加。

广泛采用乙二胺四乙酸（EDTA）和二亚乙基三胺五乙酸（DTPA）作为过氧化氢漂白的螯合剂。但传统的螯合剂 EDTA 和 DTPA 生物降解性较差，在水环境中较难降解，在漂白废液中难以去除，且容易吸附到固体物质上。另外，螯合剂用于纸浆金属离子去除会增加漂白废液中总氮含量，还有可能将金属离子或者是毒性较大的重金属离子从固体物内重新转移到溶液系统中，延伸有毒金属的危害范围及周期。

1.4.4.2 连二亚硫酸钠漂白

连二亚硫酸钠是最常用的废纸浆还原性漂白剂，但不稳定，容易分解。对于连二亚硫酸钠的漂白机理，当前的科学研究结果表明，连二亚硫酸钠漂白纸浆时，$S_2O_4^{2-}$ 根中的三价硫被氧化成 HSO_3^- 根中的四价硫，主要是利用此还原性来提高废纸浆的白度。而连二亚硫酸钠提高纸浆白度主要通过其对纸浆中木质素以下几个方面的作用来实现的：减少木质素侧链 α 和 β 碳位置上的末端饱和羰基；还原醌型结构为无色的酚衍生物；还原松柏醛结构及黄酮型的有色成分；破坏异丁香酚和查尔酮的环共轭双键；使纸浆中的 Fe^{3+} 还原成 Fe^{2+}。

它的功能不是去除木质素，而是还原破坏木质素的发色基团结构，因此在连二亚硫酸钠漂白过程中，浆料中的木质素得到了最大限度的保留。连二亚硫酸钠能还原纸浆木质素中的苯醌结构、松柏醛结构，使之变成无色的产物，$Na_2S_2O_4$ 本身则被氧化成为亚硫酸氢盐。亚硫酸氢盐本身也能破坏与苯环共轭的双键。

连二亚硫酸钠漂白一般多用于过氧化氢之后的第二段漂白，用于漂去过氧化氢漂白中无法除去的黄色，进一步提高纸浆白度，一般其提升能力在 8%ISO～10%ISO，但是由于连二亚硫酸钠漂白过程中 $S_2O_4^{2-}$ 根很容易被氧化分解，产生一些如硫代硫酸钠等副产物，降低了漂白药品的浓度，并且产生的副产物很容易对漂白设备造成腐蚀，限制了连二亚硫酸钠的应用。同时，生成的亚硫酸氢钠迅速分解出二氧化硫，产生刺激性气味。因此，减少浆料中氧的浓度和连二亚硫酸钠与空气的接触时间是提高连二亚硫酸钠漂白效果的重要途径。由于设备投资省、操作简单、漂白成本低等，因而被广泛应用。

1.4.4.3 生物酶法漂白

传统的含氯漂白由于废水中含有大量有毒和强致癌性物质，对环境和人类造成巨大的危害，因此逐渐被各种 ECF 和 TCF 漂白技术所取代。近年来随着生物技术的迅速发展，木质纤维素降解真菌以及酶逐渐被引入到漂白流程中，并且成为目前应用最为广泛的漂白方法之一。

（1）半纤维素酶

利用半纤维素水解酶提高 KP 浆的可漂性这一创意是由 Viikari 在 1986 年首次提出的。用半纤维素酶处理阔叶木浆和针叶木浆，可分别节约有效氯 20%～25%和 15%～20%。目前用于助漂的半纤维素酶主要有木聚糖酶的甘露糖酶。木聚糖酶似乎对所有类型的纤维都有助漂作用，木聚糖酶可用于纸浆在氯气、二氧化氯、臭氧、氧及过氧化氢等的漂前预处理段。而甘露糖酶的有效性则取决于纤维的种类。目前认为由于其表面含有较少的再沉积木聚糖和甘露糖，甘露糖酶能提高改良或连蒸浆的可漂性。

（2）漆酶

漆酶是一种含铜的多酚氧化酶，主要产生菌是 *T. versicolor*。1990 年发现如果有低相对分子质量的化合物作为氧化还原介质时漆酶能氧化非酚型木质素结构。有人提出，漆酶在氧气存在的条件下，能将介体转化成共介体，这种共介体由于尺寸较小，能够渗透进入纤维，与木质素反应，这种脱木质素的机理是基于自由基的形成。

将漆酶应用于生物漂白近年来取得了很大的进展。K. Poppius-Levlin 等利用漆酶/HBT 系统对松木的 KP 浆和氧漂 KP 浆脱木质素，发现无介体存在时，漆酶既不能脱除木质素，也不能对木质素进行聚合或解聚；在介体 HBT 的作用下，漆酶能够降解木质素，使残余木质素的摩尔质量减小；同时木质素的酚羟基减少、羰基和羧基增加，对后续漂白过程起到活化木质素的作用。付时雨等利用白腐菌 *P. conchatus* 固体培养产生的漆酶，在介体 NHA 的作用下处理尾叶桉的 KP 浆，再经过过氧化氢漂白，纸浆的卡伯值降低 56%，白度可达 81% ISO；而且，在漆酶漂白时加入表面活性剂可以增加木质素的溶出，提高纸浆的白度并且对于提高漆酶的稳定性也有好处。喻力等分析了漆酶/介体体系（LMS）系统和木聚糖酶在漂白流程中作为前后漂段或在同一段中使用时对漂白效果的影响，发现 LMS 系统和木聚糖酶同时或前后处理蔗渣 KP 浆，都能在一定程度上提高纸浆的漂后白度和强度，说明生物漂白不但能提高纸浆的白度，而且可以改善漂白的选择性。

（3）锰过氧化物酶

锰过氧化物酶是一种包含有血红素的糖蛋白酶。由于它的氧化还原电势较低，只能氧化酚型木质素结构。在某些螯合剂如有机酸、草酸、丙二酸等的作用下，能将 Mn（Ⅱ）氧化成 Mn（Ⅲ），然后与有机酸螯合，该螯合形式的氧化态 Mn（Ⅲ）能氧化降解纸浆中的酚型木质素结构。Arbeloa 等认为木质素过氧化物酶对未漂 KP 浆进行处理有利于后续的化学漂白。周学飞等利用木质素过氧化物酶与过氧化氢协同作用对硫酸盐浆进行漂白，漂后浆的白度比未经酶处理的浆白度上升 16%ISO；而且，木质素过氧化物酶处理后纸浆的发色基团、助色基团减少，木质素被降解活化，为后续过氧化氢漂白提供了有利的条件；漂白废液的色度和 COD 有所下降。总之，木质素过氧化物酶在漂白中的作用还有待进一步的考证。

（4）木聚糖酶

木聚糖酶本身并不能漂白纸浆，其一般是通过改变纤维的化学结构来辅助漂白。对于木聚糖助漂的机制一般认为有以下几种：a. 木聚糖酶可以直接催化降解纤维表面上蒸煮过程中吸附沉积的木聚糖，使得后续漂白阶段漂液与木质素接触面增大，有助于木质素的脱除。b. 木聚糖酶可以作用于木质素-碳水化合物复合体（LCC）结构并使其断开连接，从而有助于这部分的木质素脱除，有利于漂液与木质素接触。c. 木聚糖酶通过降解纤维中的木聚糖，使纤维疏松，有利于纤维细胞壁形成孔隙，有助于木质素溶出。

有学者研究木聚糖酶助漂顺序对牛皮纸浆成纸白度的影响，结果表明，过氧化氢漂白前后添加木聚糖酶较仅过氧化氢漂白纸浆的白度都有所提升，与木聚糖酶预漂白相比，过氧化氢漂白后进行木聚糖酶处理可溶解较少的木质素和发色基团，并使这些物质的碱溶性降低。用木聚糖酶预处理废纸浆后进行两段碱抽提，再用二氧化氯（EDED）漂白，研究结果表明，与对照组相比，废纸纤维漂白浆手抄片的耐破指数提高 50%，纸浆卡伯值下降，白度提高 20%，同时有效减少了化学漂剂的添加量。用木聚糖酶预处理桉树混合硬木工业牛皮纸浆，发现木聚糖酶预处理后纸浆白度提高 1.5%，这一变化可能是由于去除了与可及表面木聚糖相连接的发色基团结构。

1.4.5 废纸纤维改性

1.4.5.1 物理方法

打浆作为制浆造纸过程中重要的工序，是利用打浆机的机械剪切力和纤维间挤压摩擦力对纤维进行疏解和适度切断，使纤维分丝帚化，从而使纸浆有较好的润胀性能和挠曲性，促进纤维间更好的结合。张学良等研究显示，以硫酸盐桉木浆为原料多次回用来模拟废纸纤维回用过程，使用 PFI 打浆机对其进行处理，三次回用纤维纸浆抗张指数分别提高 39.90%、27.77%和 18.90%，纤维润胀性得到改善，一次回用纤维和三次回用纤维保水值分别增加 32.06%和 37.7%，但随着回用次数的增加，打浆对提高植物纤维回用性能的作用逐渐减弱。Seth 在研究中发现，纤维的卷曲指数、扭结指数和细小纤维含量是影响纸张强度性能的重要因素。有研究人员发现打浆使废纸浆中细小纤维含量上升，成纸拉伸强度和断裂长度随打浆时间延长而增加，纤维保水值提升，纤维细胞壁孔隙结构得到改善，平均孔径增加。利用实验室浮选装置对回用纤维进行处理，在浆料平均损失 8%的情况下，废纸纤维重新抄造成纸后抄片的强度特性平均提升 12%，大胶黏物含量减少 20%。废纸纤维回用前进行超声波预处理，可辅助废纸纤维中油墨的有效脱除，同时也有研究表明，废纸纤维超声波预处理后成纸纸张密度高，拉伸强度和亮度也明显提升，有效地提升了废纸纤维的质量。

压榨是一种通过物理作用达到增加纤维之间接触的方法，通过增大接触提高纤维之间的键合面积，进而提高纸张的各项物理强度。对麦草浆和针叶木浆进行压榨处理，结果表明经过多次压榨后两种纸浆的纤维保水值均有明显下降，且成纸的抗张和耐破指数均有增加。

纤维的筛分处理是指根据纤维长度的不同，对其进行纤维筛分处理，这避免了长纤维的断裂，可以提高纤维的物理强度，同时可以为后续的处理提供更好的纤维特性。有研究人员分别对低浓磨浆后的纤维进行分级处理然后再进行磨浆处理，发现可以保证纤维长度的同时促进长纤维之间的结合，还降低了生产能耗。对硫酸盐溶解浆进行分级处理，将长纤维、中纤维、短纤维分级（LF、MF、SF），发现经过筛分后得到的 LF 纤维处理后具有更好的反应活性，对纤维素酶的吸附能力最大，且 LF 纸浆黏度大幅降低。对混合办公室废纸（MOW）进行分级处理，分级处理后得到的长纤维成纸的各项物理强度均优于短纤维成纸的物理强度。

1.4.5.2 化学方法

化学预处理提升废纸纤维性能的常用方法有 NaOH 预处理、Na_2CO_3 预处理和碱性氮磷盐预处理等。另外，含有羧基、羟基、氨基、环氧基等活性基团的高分子聚合物如淀粉衍生物、甘油、聚丙烯酰胺等通过与纤维中羧基和羟基结合，借助这些高分子聚合物的大分子结构在纤维间起到搭桥作用，从而使得纤维间结合更加紧密。由学者通过 1-烯丙基-3-甲基咪唑氯盐（AMIMCl）、1-丁基-3-甲基咪唑氯盐（BMIMCl）和乙基-3-甲基膦酸二甲酯盐（EMIMDMP）三种离子液体对旧杂志纸（OMG）浆进行预处理，其中 EMIMDMP 效果最好，在 80℃的条件下，废纸纤维成纸后纸张抗张指数、撕裂指数和耐破指数分别提高了 32.45%、46.47%和 56.95%。通过研究阳离子苯乙烯马来酰亚胺树脂（SMA）处理对废纸纤维成纸性能的影响，发现 SMA 显著改善了纸张的湿强度，破裂强度和撕裂强度，并具有良好的掉毛率和亮度。

利用化学法处理废纸浆时常用的化学物质是 NaOH，作为一种强碱，NaOH 可以很好地对纤维表面进行润胀，使纤维粗糙度、比表面积增加，从而有助于打浆。有学者研究 NaOH 对 OCC 浆纤维回用性能的影响，结果表明，OCC 经 NaOH 预处理后可以提升纤维的亲水性，提高纤维间的结合强度，成纸强度显著提升且能够降低打浆能耗。有学者研究了 NaOH 预处理对废纸纤维性能的影响，结果发现经 NaOH 预处理后废纸浆的游离度和纸张强度得到明显提升。

酸法处理纸浆是利用酸类物质如硝酸、硫酸、甲酸等，对纤维素中的木质素、半纤维素进行溶解，同时促进纤维的分离。对杨木浆进行硝酸法处理制浆，结果表明，硝酸法制浆可以有效提高杨木浆的制浆得率，同时杨木浆的白度由于木质素的脱除而得到明显的提高，纸浆硬度也有所改善。羧甲基纤维素钠（CMC）是阴离子型纤维素醚，良好的乳化分散性和固体分散性等特点使 CMC 广泛运用于造纸工业中，其结构如图 1-7 所示。CMC 能够在打浆过程中减少纤维的切断，促进纤维分丝帚化，增加纤维的羧基含量从而显著改善纤维的衰变。有研究发现，废纸浆经羧甲基化处理后，成纸抗张指数、撕裂指数、耐破指数均得到提升，且低取代度的废纸浆的回用品质要优于中、高取代度的废纸浆。Nelson 对纤维进行羧甲基化研究发现，羧甲基化处理可以明显提高纸浆润胀性能，并总结出羧甲基化机理。

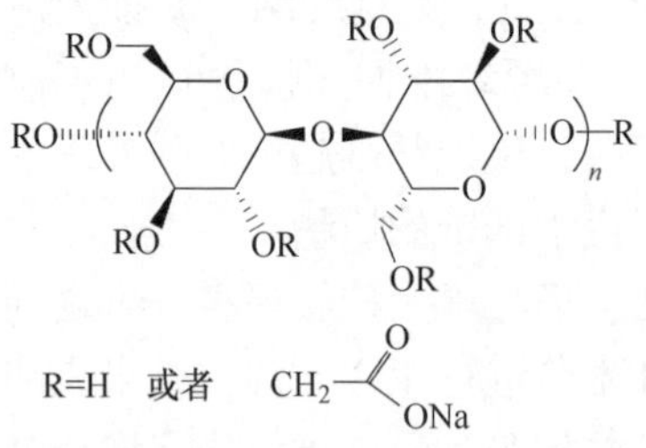

图 1-7 羧甲基纤维素钠的结构式

(1) 碱浸渍制得碱纤维素

$$C_6H_{10}O_5OH+NaOH \longrightarrow C_6H_7O_2(OH)_2 \cdot ONa$$

(2) 醚化反应

$$[C_6H_7O_2(OH)_2 \cdot ONa]_n+nClCH_2COONa \longrightarrow [C_6H_7O_2(OH)_2O \cdot CH_2COONa]_n+nNaCl$$

1.4.5.3 生物酶法

由上述叙述可知，物理方法和化学方法虽然能够在一定程度上改善废纸浆的回用性能，但会对废纸纤维本身的强度带来损伤，且物理方法一般需要投加新设备，加大生产成本，化学方法需要添加大量化学药品造成环境污染，增加污染处理成本。生物技术作为一种前沿科学技术，因其对纤维损伤非常小且反应条件温和，不会给环境带来二次污染，能显著改善纤维性能而广泛运用于造纸行业。采用生物酶预处理废纸浆可以显著提升纤维的润胀性能，降低打浆能耗，有效去除纤维中的油墨粒子，提高再生纸的成纸强度。常用的生物酶有纤维素酶、半纤维素酶、漆酶、脂肪酶和木聚糖酶等。

研究发现利用纤维素酶预处理混合办公废纸可以显著改善纸浆的滤水性能，长纤维的数量增加，抗张指数和撕裂指数得到提升，混合办公废纸纤维性能衰变程度下降。有研究人员通过研究纤维素酶处理与打浆的组合方式对办公废纸浆回用性能的影响，先打浆后用纤维素酶处理，在打浆度相同的情况再生纸的耐破指数和裂断长增加，撕裂指数有所下降；先用纤维素酶预处理再进行打浆能够明显促进打浆效果，随着酶用量的增加，成纸的紧度、耐破度、裂断长增加。有研究表明，纤维素酶能够有效脱除 ONP 浆的油墨粒子且提升纤维白度，SEM 形貌图显示酶处理后纤维表面原纤化明显，纤维间紧密交联使比表面积增大，导致纤维间氢键的形成从而提升成纸强度性能。采用纤维素酶协同漆酶/介体体系对旧新闻纸进行脱墨，与单独的酶脱墨相比，纤维素酶协同漆酶/介体体系脱墨能够有效降低残余油墨浓度，白度分别提升 3.8%和 2.4%，裂断长与撕裂指数显著提升。

生物酶法改性纤维不仅能加强强度性能，还能提高其疏水性。传统上有两种方法可提高木材原料的疏水性：化学方法和热处理技术。化学方法包括硅化合物的使用、疏水性油的渗透、防水剂（蜡、油、天然或合成树脂）的应用以及含有疏水性稀释液的木材黏合剂的应用，随着环境保护和节约能源思想深入人心，这些化学方法逐渐被淘汰；虽然通过半纤维素的热降解作用可以增加疏水性，但会大幅降低机械性能如抗张强度，也不是提高木质纤维素疏水性的理想方法。

对于以上化学方法和热处理技术的缺点，酶处理方法应运而生。Suurnakki 等研究者发现漆酶/没食子酸十二酯体系处理热磨机械浆可以提升成纸的抗水性，主要原因是没食子酸十二酯中有疏水性基团。有研究表明，通过漆酶嫁接氟苯酚、DA 和 DHA 等低相对分子质量化合物到木质素大分子上，可以提高木质纤维素原料的疏水性，主要原因是氟苯酚、DA 和 DHA 嫁接到木质素大分子上后，附着在纤维素表面上，疏水性基团可增大水与纤维之间的接触角。木质素的整体结构很难得到，使用木质素模型物来模拟反应过程是许多研究者通用的方法，紫丁香丙三醇-β-愈创木基醚和愈创木丙三醇-β-愈创木基醚是使用比较广泛的模型物。由于空间位阻效应，漆酶催化氧化木质素和低相对分子质量化合物按 1∶1 发生耦合反应，表明氟分子通过 5-5 连接键共价耦合到木质素模型物愈创木丙三醇-β-愈创木基醚上，4-O-5 连接键共价耦合到木质素模型物紫丁香丙三醇-β-愈创木基醚上，增加木质纤维素的抗水性能，反应过程如图 1-8、图 1-9 所示。

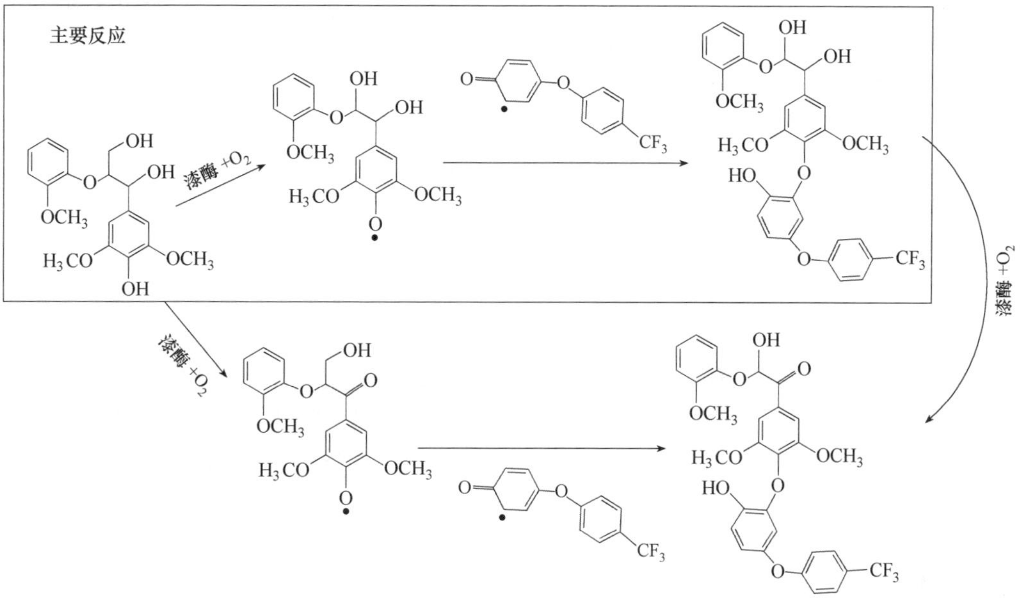

图 1-8　漆酶催化模型物（紫丁香丙三醇-β-愈创木基醚）与氟苯酚反应机理

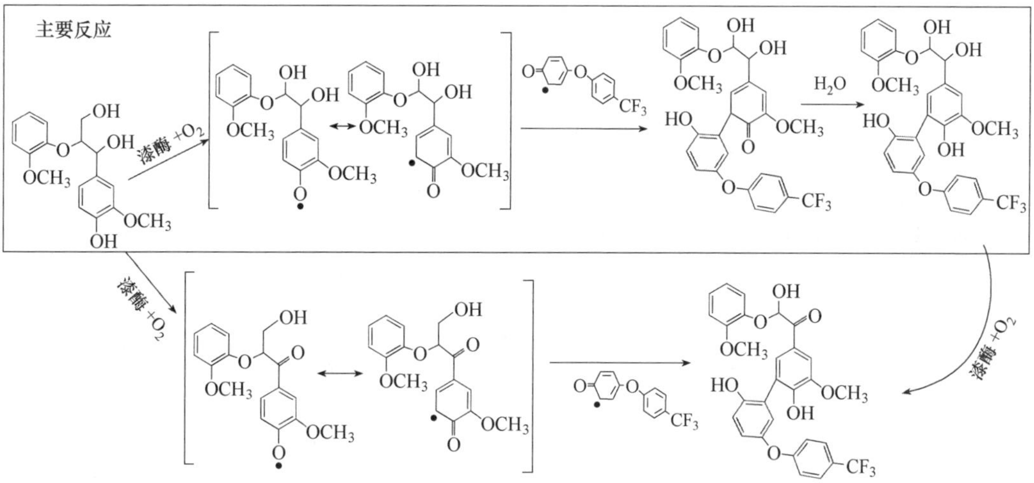

图 1-9　漆酶催化模型物（愈创木丙三醇-β-愈创木基醚）与氟苯酚反应机理

生物酶法还能提高纸张的抗氧化和抗菌性。纸浆中的木质素或纤维表面上的木质素在漆酶的催化作用下，可以与壳聚糖发生反应，使抄造后的纸张具有一定的抗氧化性和抗菌性。壳聚糖的抗氧化性可以用许多机理来解释，其中之一就是壳聚糖具有自由基消除特性，通过 C_2 上的—NH_2 作用，壳聚糖可以抑制各种自由基活性。其中某些研究中对壳聚糖对氢氧自由基 HO · 有消除作用做了推断性解释，说明消除作用源于以下一种或几种原因：一是壳聚糖中的羟基可通过氢脱除反应与 HO · 发生反应，从而清除体系中的 HO · ；二是 HO · 可与体系中—NH_2 反应形成稳定的大分子游离基；三是—NH_2 先与体系中的 H 反应形成—NH^{3+}，然后再与 HO · 通过加成反应生成铵，达到清除体系中的 HO · 目的。壳聚糖对微生物具有抑制作用机理尚未知晓，目前被广泛接受的机理是：壳聚糖中的—NH_2 与 H^+ 作用形成

—NH^{3+}，使其自身带有正电性，当带有正电性的壳聚糖与革兰氏阴性细菌相互作用时，可改变细菌的膜结构，增加细胞膜的渗透性，影响细菌正常的新陈代谢，最终导致细菌的死亡；对于革兰氏阳性菌，经漆酶和壳聚糖处理后的纸浆抄造的纸张，可在其表面形成具有保护作用的脂多糖膜，抑制了此类菌的“附着”。

有研究者发现，漆酶催化连接具有抗菌性能的苯酚型分子处理未漂白硫酸盐浆生产包装纸，可抑制革兰氏阳性金黄色葡萄球菌和革兰氏阴性大肠杆菌在纸页表面的存活率，阿魏酸和对苯二酚可有效抑制枯草杆菌和金黄色葡萄球菌，抗菌性能是由于羟基基团和碳酸基团。

生物酶技术的应用在减少生态环境的污染，改善纸浆特性以及木质纤维素综合利用方面显示出巨大潜力。生物酶处理相较于化学预处理和物理处理有明显的优势，一是生物酶本身具有专一性和选择性且反应条件相对温和，不会对纤维造成较大损伤，二是生物酶处理不需要新的设备投入，在减少污染的同时也降低了造纸的能耗。三是随着酶生产技术的重大进步，生物酶市场价格已经下降，生物酶使用在成本方面更具经济价值。常用的制浆造纸工业生物酶有纤维素酶、木聚糖酶、漆酶、果胶酶、脂肪酶和锰过氧化物酶。

参考文献

[1] 中国造纸协会. 中国造纸工业 2022 年度报告. 中国造纸协会内部资料，2023.

[2] Demirbaş A.. Estimating of structural composition of wood and non-wood biomass samples [J]. Energy Sources, 2005, 27 (8): 761-767.

[3] Arin G., Demirbas A.. Mathematical modeling the relations of pyrolytic products from lignocellulosic materials [J]. Energy sources, 2004, 26 (11): 1023-1032.

[4] 张灿灿. 复合酶体系提升再生纤维回用性能的研究 [D]. 广州：华南理工大学，2023.

[5] 杨淑慧. 植物纤维化学 [M]. 3 版. 北京：中国轻工业出版社，2005.

[6] 裴继诚. 植物纤维化学 [M]. 5 版. 北京：中国轻工业出版社，2020.

[7] Yaman S.. Pyrolysis of biomass to produce fuels and chemical feedstocks [J]. Energy conversion and management, 2004, 45 (5): 651-671.

[8] 万金泉，马邕文，王艳. 造纸纤维性能衰变抑制原理与技术 [M]. 广州：广东科学技术出版社，2014.

[9] 郑程，杨敏，董树杰. 废纸造纸建设项目的环境影响评价分析与探讨 [J]. 环境与发展，2020, 32 (3): 26-27.

[10] 袁龙婷，万金泉，马邕文，等. 打浆过程纤维性能和微晶结构的变化研究 [J]. 造纸科学与技术，2013, 32 (1): 5-10.

[11] 孟庆林，万金泉，马邕文，等. 不同脱墨方式对纤维形态及超分子结构的影响 [J]. 高分子材料科学与工程，2013, 29 (06): 96-100.

[12] 沈洋奇. 不同漂白方式对二次纤维性能影响的研究 [D]. 广州：华南理工大学，2012.

[13] 王金然. 纤维素酶/天冬氨酸体系提升混合办公废纸纤维回用性能的研究 [D]. 广州：华南理工大学，2020.

[14] 陈樱珈. 果胶酶协同漆酶/谷氨酸体系提升 OCC 造纸性能的研究 [D]. 广州：华南理工大学，2022.

[15] 陈玲，胡雨沙，李继庚，等. 中国造纸工业清洁生产技术发展现状分析 [J]. 中国造纸，2022, 41 (S1): 27-33.

[16] 张学良，万金泉. 打浆过程对再生植物纤维回用品质的影响 [J]. 中华纸业，2009, 30 (8): 31-35.

[17] 姚俊，王平. 盘磨机磨盘间隙的测量与调节方法 [J]. 中国造纸，2012, 31 (1): 67-71.

[18] Gaquere-Parker A. C, Ahmed A, Isola T, et al. Temperat effect on an ultrasound-assisted paper de-inking process [J]. Ultrasonics Sonochemistry, 2009, 16 (5): 698-703.

[19] Tatsumi D, Higashihara T, Kawamura S, et al. Ultrasonic treatment to improve the quality of recycled pulp fiber [J]. Journal of Wood Science, 2000, 46 (5): 405-409.

[20] Savitha S, Sadhasivam S, Swaminathan K. Modification of paper properties by the pretreatment of wastepaper pulp with grapHium putredinis, Trichoderma harzianum and fusant xylanases [J]. Bioresource Technology, 2009, 100 (2): 883-889.

[21] Lin X. J, Wu Z. M, Zhang C. Y, et al. Enzymatic pulping of lignocellulosic biomass [J]. Industrial Crops and Products, 2018, 120: 16-24.

[22] Zuo Y, Saville B. A. Efficacy of immobilized cellulase for deinking of mixed office waste [J]. Journal of Pulp & Paper Science, 2005, 31 (1): 3-6.

[23] Nathan V. K, Kanthimathinathan S. R, Rani M. E, et al. Biobleaching of waste paper using lignolytic enzyme from Fusarium equiseti VKF2: a mangrove isolate [J]. Cellulose, 2018, 25 (7): 4179-4192.

[24] Savitha S, Sadhasivam S, Swaminathan K. Application of Aspergillus fumigatus xylanase for quality improvement of waste paper pulp [J]. Environmental Pollution and Toxicology Bulletin, 2007, 78 (3-4): 217-221.

[25] Liu M, Yang S, Long L. K, et al. The Enzymatic Deinking of Waste Papers by Engineered Bifunctional Chimeric Neutral Lipase-Endoglucanase [J]. Bioresource, 2017, 12 (3): 6812-6831.

2 废纸纤维的结构特性及对清洁生产的影响

面对废纸资源的紧缺，造纸行业多措并举，提高国产废纸回收力度，改进国产废纸浆的回用性能、开发高得率浆以及变换进口废纸纤维的方式来弥补原料缺口。

纤维结构是影响植物纤维制浆造纸的重要因素，目前已有对再生纸浆纤维结构和强度方面的研究，但从纤维形态和纸张性能方面与高得率浆进行对比的相关研究则较少。本章介绍国产废纸、进口废纸浆和高得率浆在纤维形态和纸张性能上的差异，为造纸企业更好地利用废纸纤维制浆造纸提供指导。

2.1 废纸纤维的微观形态

结构是性能的基础，性能是结构的表现，结构的变化必然导致性能的变化。纤维的回用性能的变化依赖于纤维的微观结构的变化。总的来说，目前国内外植物纤维微观结构与造纸性能的关系研究主要是以非木材纤维的回用性能和变化机理为主。对废纸纤维性能的研究主要体现在制浆造纸工艺的研究上，特别是着重在宏观上认识问题的现象和结果，比如大多数研究者主要从纤维保水值、细胞壁孔隙结构等方面入手。这些研究使人们初步认识植物纤维在再生过程中的衰变，但尚不能够从理论上深入解释植物纤维衰变的机理。只有从植物纤维的微观结构上认识纤维衰变的机理问题，才能找到有效抑制纤维衰变的方法。

纤维在微观结构上可以分 3 层：

单分子层：纤维素单分子即葡萄糖的高分子聚合物由葡萄糖基通过 β 苷键联结成纤维素二糖单元再形成均一聚糖的线性高分子

超分子层：自组装的结晶的纤维素晶体。研究认为植物纤维的超分子结构既不是完全晶态的也不是完全无定型态的而是半结晶的。所以植物纤维的超分子结构的主要特征是部分结晶和部分取向。研究表明超分子结构中的结晶部分及无定型部分都是决定纤维素性质的重要方面。

原纤结构层：纤维素晶体和无定型纤维素分子组成的基原纤等进一步自组装的各种更大的纤维结构以及在其中的各种孔径的微孔等。

纤维的形态和结构在一定程度上决定着纸张质量的好坏，纤维的长度与纸页强度性能指标有着密切关系。为了更好地了解国产废纸、美废 12# 和高得率浆纤维的微观形态以及它们之间的不同，利用偏光显微镜和纤维质量分析仪进行纤维形态观测和结构测定，处理方法如下：

国产废纸浆：将瓦楞箱纸板剪切成 $<15mm\times15mm$ 的尺寸大小，在室温下浸泡 12h，将泡好的废纸浆在打浆机中进行疏解、打浆，浆浓为 2%左右，后通过筛分仪去除杂质，完成后用浆袋过滤收集浆料，平衡水分 24h 以上备用。

美废 12# 废纸浆：美废 12# 旧瓦楞箱纸板废纸浆在水中浸泡 12h，将泡好的废纸浆在打浆机中进行疏解、打浆，浆浓为 2%左右，后通过筛分仪去除杂质，完成后用浆袋过滤收集浆料，平衡水分 24h 以上备用。

高得率浆：将浆料在水中进行浸泡 12h，后进行疏解、打浆处理，浆浓为 2%左右，用浆袋过滤收集浆料平衡水分 24h 以上备用。

3 种浆料的纤维形态图见图 2-1，纤维长度分布见表 2-1，纤维的质量分析见表 2-2。

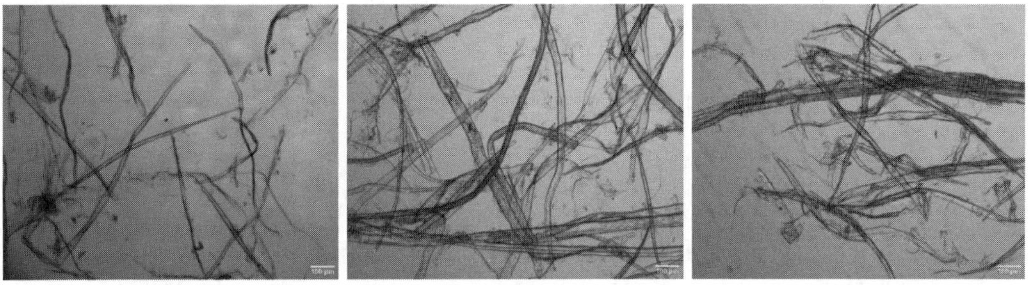

(a) 国产废纸　　(b) 美废12#　　(c) 高得率浆

图 2-1　不同浆料的纤维形态图

国产废纸浆纤维细小狭长，纤维表面光滑；相对于国产废纸浆，美废 12#纸浆纤维较宽且长，纤维表面分丝帚化现象明显；高得率浆纤维则较短且粗，纤维断口较多，存在部分分丝帚化的现象，这与表 2-1 和表 2-2 纤维质量分析的数据相吻合。

表 2-1　不同浆料的纤维长度分布

废纸种类	长度分布频率/%		
	细小组分（≤0.45mm）	中等纤维组分（0.45~1.00mm）	长纤维组分（>1.00mm）
国产废纸	23.2	52.0	24.8
美废 12#	16.3	34.0	49.7
高得率浆	29.7	55.8	14.5

表 2-2　不同浆料的纤维性能分析

废纸种类	质均长度/mm	纤维宽度/μm	粗度/(mg/m)	分丝帚化长度比/%	细小纤维面积比/%
国产废纸	0.841	20.6	0.1077	2.571	12.17
美废 12#	1.267	25.3	0.1543	3.380	7.33
高得率浆	0.662	25.1	0.1487	2.835	14.37

国产废纸和高得率浆中等纤维组分含量较多，长纤维组分较少，其中高得率浆更少些，而美废 12#纸浆则长纤维组分较多，接近 50%，细小组分仅为 16.3%（表 2-1）。高得率浆是以阔叶木为原料，化学预处理过程磺化程度较低，经强烈的机械磨浆，纤维长度变短。国产废纸原料来源较复杂，且可能经过多次回用，经过多次机械作用，使其短纤维分布更多；美废 12#含有一定比例的针叶木原料，且回用次数较少甚至没有经过回用，纤维长度保持较高数值。

美废 12#的质均长度最长，高得率浆最短；在纤维宽度、粗度和分丝帚化长度比方面，美废 12#最优，国产废纸浆最差；高得率浆纤维较短，属于原生纤维，未经过回用，具有较高的纤维粗度，所采用的化学预处理可使纤维发生部分或充分润胀，具有一定的分丝帚化能力，但细小纤维含量较高（表 2-2）。高得率浆与国产废纸在纤维长度分布、分丝帚化方面具有一定的相似度，如要达到国产废纸的纸张性能，应通过化学预处理对纤维进行充分的润胀，降低对纤维长度的损伤、改善纤维长度分布、减少细小纤维组分，从而提高其造纸性能。

2.2 废纸纤维强度分析

2.2.1 不同纤维的抗张强度的对比

对3种不同浆料的纤维本身强度进行分析，结果见表2-3。由表2-3可知，3种纸浆的干-零距抗张指数相差不大，美废12#略优，但高得率浆和国产废纸的湿-零距抗张指数低于美废12#（低21%左右），干-零距抗张强度是表示纤维强度和纤维间结合力之和的大小，纸样润湿后会破坏纤维间氢键的结合，因此，湿-零距抗张强度更能体现纤维本身强度。3种纤维原料纤维本身强度性能比较，美废12#纤维强度性能更优，国产废纸和高得率浆还不能达到对进口废纸的替代。

表2-3　零距抗张强度分析

种类	定量/(g/m^2)	干-零距抗张强度/(N/cm)	湿-零距抗张强度/(N/cm)	干-零距抗张指数/(N·m/g)	湿-零距抗张指数/(N·m/g)
国产废纸	81.6	95.3	72.4	117	88.7
美废12#	85.2	108.9	95.7	128	112
高得率浆	83.2	97.9	72.8	118	87.5

2.2.2 纤维的晶体结构分析

对3种浆料进行XRD检测，结果如图2-2所示。3种浆料均显示出典型的纤维素I衍射峰，其中国产废纸与美废12#出现其他峰，利用jade软件进行单峰查询，与$GaCO_3$标准卡片相符合。如图2-3所示，说明国产废纸中含有一定的碳酸钙，其余的杂峰可能是由于废纸本身的杂质或者溶液缓冲液的影响。根据经验结晶指数（CrI）计算公式，计算得出国产废纸、美废12#、高得率浆的结晶指数分别为76%、72%和68%。国产废纸的结晶指数高于美

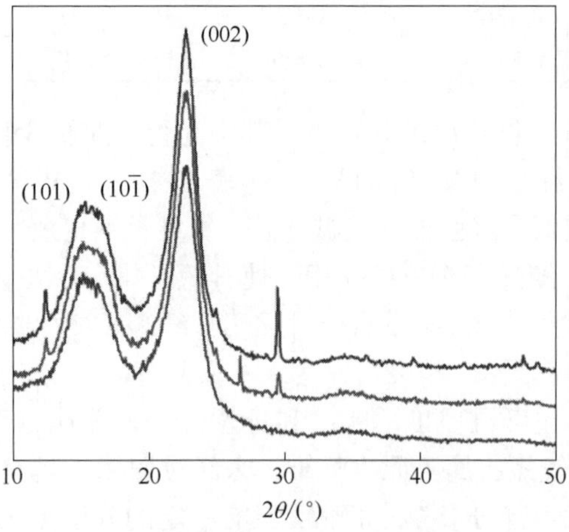

图2-2　不同浆料的XRD光谱（由上向下依次为国产废纸、美废12#、高得率浆）

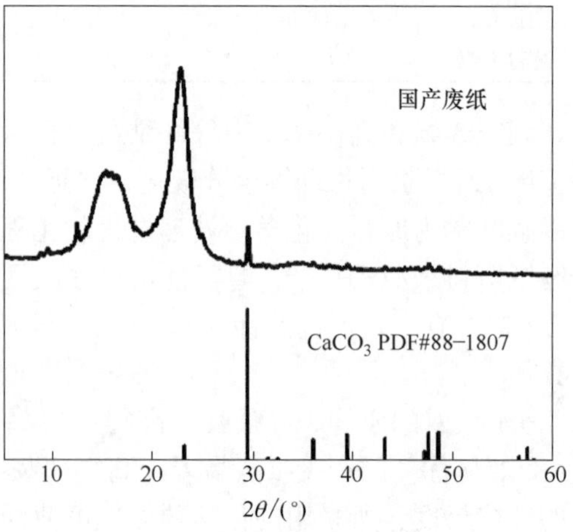

图2-3　国产废纸与$GaCO_3$标准卡片的XRD谱图对比

废 12#和高得率浆，纤维结晶区比例较高，影响纤维吸水润胀性能，进而影响纤维本身的强度性能。

保水值是表征纤维润胀水化程度的指标，反映纤维结合力的大小。由表 2-4 可知，美废 12#纸浆保水值最高，高得率浆略高于国产废纸浆。由纤维形态分析可知，美废 12#纸浆长纤维分布较多，且分丝帚化长度比高，有助于纤维润胀，提高纤维间的结合能力。国产废纸浆和高得率浆由于纤维较短，纤维之间接触面积较少，纤维间结合力较差，国产废纸纤维结晶指数高，纤维润胀能力较差，而高得率浆经过化学预处理，纤维部分润胀，因此保水值较高些。

表 2-4　　不同浆料的保水值和灰分的分析

浆料类型	保水值/%	灰分/%
国产废纸	120	15.5
美废 12#	150	5.5
高得率浆	131	0.6

灰分是表示原料中无机物的总量，主要由纤维本身的灰分和外加助剂的灰分组成。由表 2-4 可知，高得率浆的灰分仅为 0.6%，国产废纸的灰分接近是美废 12#的 3 倍，因含量差异较大对灰分中的钙元素和硅元素进行检测，结果如表 2-5 所示。与美废 12#相比，国产废纸的钙元素含量高于美废 12#3339mg/kg，硅元素含量高 18324mg/kg，国产废纸的硅元素含量远高于美废 12#，可能是因为国产废纸的原料含有部分非木材原料的原因；与上述 XRD 的检测相结合，国产废纸灰分中钙元素含量高可能是因为填料碳酸钙较多的影响。国产废纸较高的灰分含量降低了其回用性能。高得率浆灰分较少，其主要因为在本研究中使用的高得率浆原料是原浆，没有经过实际造纸工艺过程，浆中未含有碳酸钙等填料。

表 2-5　　灰分中 Ca 和 Si 的含量

浆料类型	Ca 含量/(mg/kg)	Si 含量/(mg/kg)
国产废纸	250939	100757
美废 12#	247600	82433

2.3　废纸纤维成纸性能分析

2.3.1　不同浆料的成纸性能

将不同的浆料抄造成手抄片对其纸页性能进行分析，结果如表 2-6 所示。在相同打浆度（24°SR）下，美废 12#纸张的撕裂指数、抗张指数、环压指数和耐破指数均高于国产废纸纸张的，分别提高 44%、12%、10%、27%，高得率浆纸张性能均最低。高得率浆和国产废纸要实现对美废的部分替代，需要进行适当改性，以提高纤维的成形能力和结合性能。

表 2-6　　不同纸浆的纸页性能分析

纸张类型	打浆度/°SR	定量/(g/m^2)	撕裂指数/($mN \cdot m^2/g$)	抗张指数/($N \cdot m/g$)	环压指数/($N \cdot m/g$)	耐破指数/($kPa \cdot m^2/g$)
国产废纸	24	81.4	4.86	32.3	6.33	1.71
美废 12#	24	86.0	7.01	36.0	6.97	2.17
高得率浆	24	78.2	1.32	13.4	6.01	1.12

2.3.2 纤维回用次数对成纸性能的影响

将 3 种不同的纸浆进行回用处理，处理条件保持一致。不同回用次数下 3 种浆料纸张强度性能如图 2-4 所示。由图 2-4 可知，随着回用次数的增加，纸张的各项强度性能均下降。2 种再生纸浆均呈现出 1 次回用后，强度性能下降趋势较大，2~4 次回用下降趋势呈平缓状态。高得率浆的强度性能下降趋势呈平缓状态。

1 次回用后，美废 $12^{\#}$纸张的强度性能下降趋势较大，国产废纸浆则较为缓和，可能是因为美废 $12^{\#}$纸浆的原料多为原浆，纤维本身含量较多，经过第 1 次回用时，纸张经过老化、机械作用后，纤维受到损伤，强度下降程度较大。国产废纸原料复杂，木质素和填料含量较多，纤维含量较少，当再进行回用处理时，纤维受到一定程度的损伤，但仍含有部分木质素和填料，减弱纸张强度性能下降，因此强度性能下降趋势较为缓和。2 次回用后，2 种再生纸浆纸张强度性能下降趋势均趋于缓和。在回用的过程中，纸张再次受到老化、机械作用后，2 种再生纸浆的纤维均受到损伤，纤维性能发生衰变，纸张强度下降，可能是因为美废 $12^{\#}$纸浆本身保水值较高，纤维仍具有一定的润胀能力，纤维间仍有一定的结合力，使得美废 $12^{\#}$纸张强度性能略优于国产废纸。

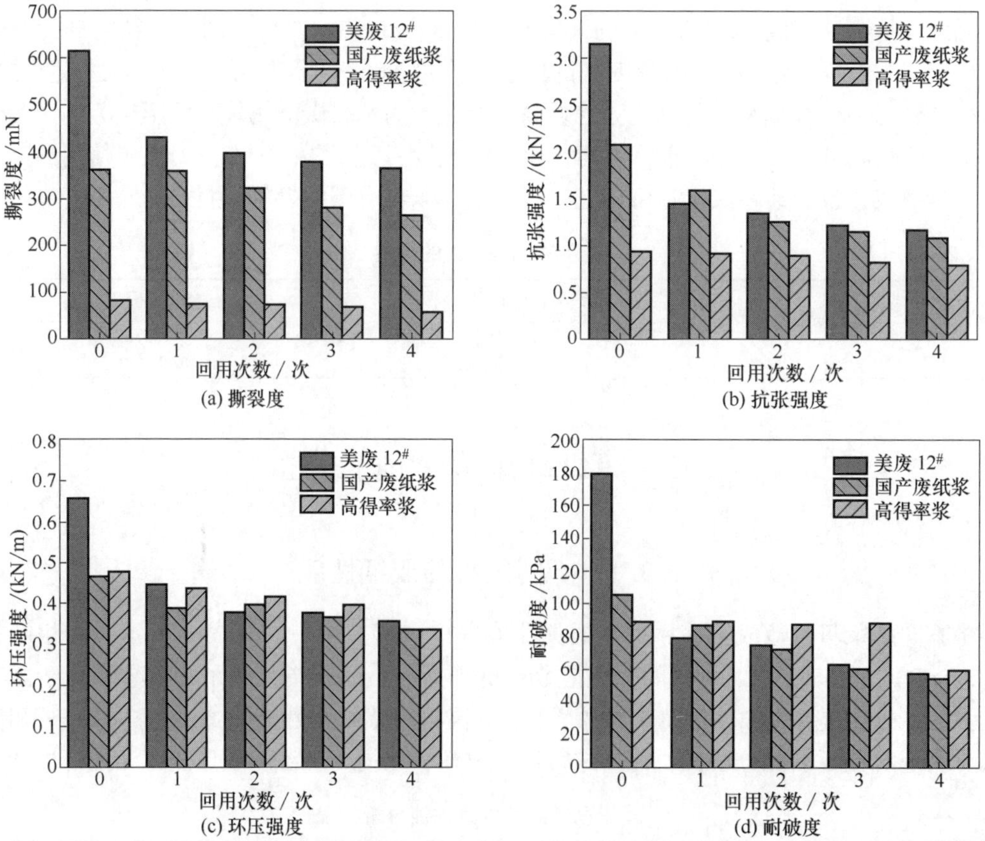

图 2-4 不同回用次数下 3 种浆料纸张强度性能的变化

相比于 2 种再生纸浆，高得率浆多次回用后，强度性能下降趋势较为平缓。经过四次回用后，与原浆相比，撕裂强度和抗张强度分别下降 30% 和 15%，两种强度性能仍明显低于 2

种再生纸浆；环压强度和耐破强度则分别下降30%和24%，但在回用过程中下降趋势较为缓和，可能是因为高得率浆结晶指数低，灰分含量低，纤维仍具有一定的润胀能力，强度性能下降趋势较缓和。在4次回用后，高得率浆纸张的环压强度和耐破强度与2种再生纸浆强度差异不大。

2.4 小 结

① 高得率浆与国产废纸纤维形态分布近似，但纤维长度较短，细小纤维含量较高；干、湿-零距抗张强度性能接近，表明2种纤维的自身强度相差不大，但与美废12#存在较大差距，其中湿-零距抗张指数较美废12#的低21%左右。国产废纸、美废12#、高得率浆的结晶指数分别为76%、72%和68%。

② 国产废纸的灰分为美废12#的3倍左右，灰分中Ca和Si含量均高于美废12#，较高的灰分含量影响废纸的回收利用性能；没有经过实际造纸工艺过程的高得率浆灰分为0.6%。

③ 从纸浆的回用性能来看，美废12#和国产废纸纸浆回用后纸张强度性能呈现较大幅度的下降，高得率浆下降幅度较小。多次回用后，与国产废纸浆比较，高得率浆仍保持较好的环压强度和耐破度。

参考文献

[1] 万金泉. 以创新发展构建我国再生纤维高质量利用的新格局 [J]. 中国造纸, 2021, 36 (03): 1-8.
[2] 中国造纸协会. 中国造纸工业2021年度报告 [J]. 中华纸业, 2022, 43 (09): 8-18.
[3] 张灿灿. 复合酶体系提升再生纤维回用性能的研究 [D]. 广州: 华南理工大学, 2023.
[4] 陈国政, 万金泉, 马邕文, 等. 羧甲基壳聚糖协同漆酶预处理提升OCC浆回用性能的研究 [J]. 造纸科学与技术, 2021, 40 (03): 35-40.
[5] 董俊晶, 万金泉, 马邕文, 等. 螯合剂亚氨基二琥珀酸四钠 (IDS) 在纸浆 H_2O_2 漂白中的应用研究 [J]. 中国造纸, 2018, 37 (06): 15-22.
[6] 杨静, 万金泉. OCC回用处理过程对纤维孔隙结构与纸页强度的影响 [J]. 中华纸业, 2010, 31 (20): 38-42.
[7] 万金泉, 马邕文, 王艳. 造纸纤维性能衰变抑制原理与技术 [M]. 广州: 广东科技出版社, 2015: 27-32.
[8] 张学良, 万金泉. 打浆过程对再生植物纤维回用品质的影响 [J], 中华纸业, 2009, 30 (08): 31-35.
[9] 孙健. 生物酶的改性、复合及其在造纸工艺中的应用 [D]. 济南: 齐鲁工业大学, 2021.
[10] Wang J R, Wan J Q, Ma Y W, et al. Macroscopic and microscopic properties of fibers after enzymatic deinking of mixed office waste paper [J]. Cellulose, 2019, 26: 9863-9875.
[11] 鹿洪亮, 林凯, 于静, 等. 应用零距离抗张强度测试仪评价造纸法再造烟叶的物理性能 [J]. 烟草科技, 2016, 49 (11): 74-79.
[12] 张效林, 迪静静, 李少歌, 等. 不同种类废纸纤维形态及结构特性研究 [J]. 包装工程, 2021, 42 (03): 47-53.

3 废纸绿色环保脱墨技术

进入新世纪以来，随着环保法规的日益严格和技术的不断进步，绿色环保已成为中国造纸脱墨技术发展的主流趋势，中国造纸脱墨技术呈现出多元化发展的趋势。除了传统化学脱墨法外，还出现了中性脱墨、优化的碱法脱墨、生物酶脱墨等多种新型脱墨技术。

中性脱墨是在不添加碱性物质的条件下进行的。它主要通过添加适当的表面活性剂来实现废纸的处理。这些表面活性剂能够渗透到纤维与油墨粒子的界面之间，在机械作用、水力作用以及表面活性剂的多重作用下，有效地去除纤维表面的油墨粒子

酶法脱墨就是利用酶处理废纸，并辅以浮选和/或洗涤，从而除去油墨的工艺技术。其脱墨有两种途径，一种是利用酶直接攻击油墨使油墨降解，如脂肪酶、醋酶等；另一种是通过改变纤维表面或附近的连接键使油墨脱离，并借助洗涤、浮选或两者结合的方法将脱离下来的油墨粒子除去，如纤维素酶、半纤维素酶、木质素降解酶等。

与传统的化学法脱墨相比，生物酶法脱墨浆具有游离度高、白度高和残余油墨量低的优点。更重要的是酶法脱墨可以通过改变酶的组成、用量、处理时间、pH 和添加一些助剂来控制油墨粒子大小分布和形状，所以酶法脱墨可以有效地提高浮选脱墨效果（浮选脱墨以油墨粒子大小为基础），从而能够有效地去除大粒径的、扁平的和刚硬的油墨。许多研究已经表明，纤维素酶和半纤维素酶、淀粉酶、脂肪酶等用于混合办公纸废纸脱墨，可以有效地解决办公废纸难脱墨的问题。几种酶混合作用于废纸脱墨优于单一的酶，可以利用几种酶的协同作用，提高脱墨效果，增强纸的性能。

因此，生物酶在废纸脱墨工程中的应用，不仅可以减轻化学脱墨所造成的环境污染，而且还可以改善纸浆的抄造性能，从而提高产品的产量和质量，对于缓解造纸工业纤维资源的紧张、减轻废纸回收利用所造成的二次污染来说具有重要意义。

本章介绍中性脱墨、优化的碱法脱墨以及生物酶脱墨对纤维性能的影响。

3.1 废纸的中性脱墨

生产脱墨浆是废纸纤维回收利用的一个重要途径。目前，国内大多采用的是碱性脱墨技术，广泛使用的脱墨剂主要有 NaOH、Na_2SiO_3、H_2O_2、EDTA 和某些表面活性剂等。这些化学药品的添加往往会引起脱墨废水污染负荷的增加，对于含较多机械浆的废纸在碱法脱墨过程中易发生“碱变黑”现象，大大影响成纸质量。而近年发展良好的中性脱墨具有成本低、污染小、油墨去除率高等优点，可以说中性脱墨技术是废纸脱墨制浆技术的一个重大进步。

从脱墨剂的研制出发，选用多种非离子表面活性剂和阴离子表面活性剂，探讨其脱墨效果并进行脱墨剂的复配，筛选出最佳脱墨剂。通过正交试验，优选出脱墨剂的最佳应用工艺条件；同时对中性脱墨浆进行保水值检测、滤水性能检测、纤维长度检测以及纸页物理强度检测，重点探讨中性脱墨处理对废纸纤维性能的影响。

3.1.1　单一组分脱墨剂脱墨

脱墨剂是一种能使废纸纤维和油墨分离的化学品或生物制品。它的主要作用是破坏油墨对纸纤维的黏附力，使油墨从纤维上剥离并分散于水中。脱墨剂对纸上油墨起着润湿、渗透、乳化、分散、增溶、洗涤等一系列作用，这通常是几种表面活性剂的复配综合作用。

表面活性又称界面活性剂，是能使两种液体间、液体—气体间、液体—固体间的表面张力（或界面张力）显著降低的化合物。表面活性剂的分子结构具有两性：一端为亲水基团，另一端为疏水基团。表面活性剂具有渗透、乳化分散、洗净作用。

非离子表面活性剂如脂肪醇聚氧乙烯醚硫酸钠、酚聚氧乙烯醚、异构醇醚与脂肪酸甲酯乙氧基化物系列，以及阴离子表面活性剂如十二烷基苯磺酸等都是常见的脱墨剂成分。它们能够有效地帮助溶剂渗透到墨水中，加速墨水分子的解离。如图 3-1 所示为表面活性剂示意图。

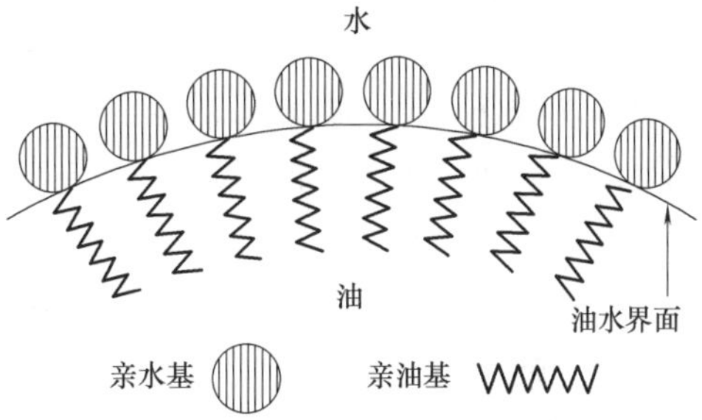

图 3-1　表面活性剂示意图

为了得到效果好的脱墨剂，首先应当优选出脱墨效果较好的单一表面活性剂，以便进行多组分脱墨剂的复配。在相同操作条件下，用单组分表面活性剂进行 ONP 中性浮选脱墨实验，将其结果与不添加任何表面活性剂的空白实验做对比。通过脱墨浆白度、残余油墨浓度来考查各表面活性剂的脱墨效果，优选出较佳的单一表面活性剂。单一组分表面活性剂的脱墨效果如表 3-1 所示。

表 3-1　单一组分表面活性剂的脱墨效果

脱墨剂	白度/%ISO	ERIC/(mg/kg)	脱墨剂	白度/%ISO	ERIC/(mg/kg)
AES	49.0	630.15	TX-10	49.3	542.47
油酸钠	47.8	748.08	TW-80	49.9	541.42
ABS	48.5	597.87	A-20	48.6	626.40
OP-10	50.8	526.31	6501	50.7	502.51
AEO-9	50.0	594.19	空白	46.6	814.16
JFC	48.1	619.22			

注：ERIC 为有效残余油墨浓度（Effective Residual Ink Concentration）。

与空白实验相比较，加入表面活性剂后各脱墨浆白度均有一定的提高，残余油墨浓度变小，表明所选表面活性剂均有一定的脱墨能力，能够有效地促使油墨粒子的脱落和去除。这主要是因为表面活性剂使水的表面张力下降，促进纸页润湿，使得纤维与纤维之间、纤维与油墨的结合力降低，在机械作用配合下，油墨粒子从纤维上脱离下来分散在浆液中。

单独使用阴离子表面活性剂的纸浆白度平均提高 1.83%，这是由于阴离子表面活性剂的洗涤、去污能力强，而润湿、渗透、乳化能力弱；单独使用非离子表面活性剂的纸浆白度平均提高 3.03%，这是因为非离子表面活性剂可以降低脱墨体系中溶液的表面张力，提高脱墨溶液的润湿及渗透能力，因此可以更好地润湿废纸纤维上的油墨层，并渗透到油墨层的内部，进而软化油墨，削弱油墨粒子之间的联接，同时在机械作用的协助下，已经软化了的油墨便可以更好地从纤维上被剥离下来。同时，各种非离子表面活性剂具有不同的分子结构及相对分子质量，决定了它们在各种性质（润湿能力、渗透能力、乳化能力等）上的差异。这种性质上的差异又必然决定了它们在废纸脱墨过程中表现出不同的脱墨性能，因此实验中所得纸浆白度有差异存在。在使用单一表面活性剂时，非离子表面活性剂要比阴离子表面活性剂的脱墨效果好，这与它较强的润湿、渗透、乳化能力有关。

3.1.2 双组分脱墨剂脱墨

在脱墨剂的实际生产应用中，仅使用单一表面活性剂的很少，常常是将几种表面活性剂以及一些助剂复配成高效的脱墨剂，复配过程中加入一些助剂能提升其脱墨性能。复配体系成功的关键是利用表面活性剂之间的良好的协同效应。也就是说，某复配体系的性能好，并不等同于其中各组分的性能好，而是代表各组分性能之间的协同配合好。在离子型和非离子型表面活性剂复配体系中，离子表面活性剂和非离子表面活性剂在溶液中可形成混合胶束，产生协同增效作用，提高表面活性，降低表面活性剂用量。选择添加适量的无机金属盐，可以明显改变脱墨分散体系的参数如 Zeta 电位、接触角吸光率和透射率，有助于保持脱除油墨粒子的较佳胶体化学环境，从而有利于取得较好的浮选脱墨效果。添加少量极性有机物可使表面活性剂在水溶液的表面张力下降以及降低临界胶束浓度，这有助于提高表面活性剂活性从而提升脱墨性能。

从表 3-1 可以看出单一组分脱墨剂不能取得理想效果，于是我们选择进行双组分脱墨剂的复配。从单一组分脱墨剂的脱墨实验中选择出两种优良的阴离子表面活性剂：Y1：脂肪醇聚氧乙烯醚硫酸钠（AES）；Y2：十二烷基苯磺酸钠（ABS）；以及 4 种优良的非离子表面活性剂：F1：酚聚氧乙烯醚（OP-10）；F2：脂肪醇聚氧乙烯醚（AEO-9）；F3：吐温-80（TW-80）；F4：椰油酸二乙醇酰胺（6501）。将以上的表面活性剂分别以不同的原料组合成双组分脱墨剂进行脱墨实验，共得到 15 种脱墨剂配方，如表 3-2 所示。

表 3-2　　双组分脱墨剂的脱墨效果

序号	脱墨剂	白度/%ISO	ERIC/(mg/kg)	序号	脱墨剂	白度/%ISO	ERIC/(mg/kg)
1	Y1+Y2	51.5	527.12	9	Y2+F4	52.1	541.43
2	Y1+F1	51.8	506.38	10	F1+F2	51.7	490.70
3	Y1+F2	52.1	500.42	11	F1+F3	49.8	534.34
4	Y1+F3	50.5	562.83	12	F1+F4	50.5	489.86
5	Y1+F4	52.2	481.59	13	F2+F3	49.8	525.99
6	Y2+F1	50.1	586.81	14	F2+F4	49.5	546.84
7	Y2+F2	50.5	539.01	15	F3+F4	48.9	572.01
8	Y2+F3	49.5	604.07				

对比可以看出，两种表面活性剂复配后脱墨效果要比单一表面活性剂好，这可能是因为双组分表面活性剂之间产生了良好的配伍性。同时，不同类型表面活性剂复配出的脱墨剂比同类型表面活性剂复配出的脱墨剂有更好的脱墨效果，这说明不同种类的表面活性剂按照不同的形式进行组合能提高脱墨效果，两种不同的表面活性剂混合后，两种分子之间发生了相互作用，阴离子表面活性剂分子插入到胶团中，使非离子表面活性剂吸附膜变得较结实，温度对它的影响减弱，而使浊点升高。同时因两种表面活性剂分子中碳氢链之间的疏水作用，较容易形成胶团，使混合后溶液的 CMC 值下降。最终的结果使得两表面活性剂产生协同增效作用，提升了表面活性，改善了脱墨效果。而同系列表面活性剂经复配后，所形成的混合

液可作为同系物混合物，它们是由一类具有相同结构的极性基或非极性基组成，仅在链长上有一些差别，不能很好地提升表面活性剂的表面活性，达到很好去除油墨的能力。

3.1.3 三组分脱墨剂脱墨

双组分脱墨剂实验中，表面活性剂之间发挥出良好的相互作用和协同效应。在相同的条件下，我们继续深入研究三组分脱墨剂的复配及其脱墨效果。选择脱墨效果最好的两组双组分脱墨剂配方，分别加入另外一种非离子表面活性剂，进行三组分脱墨剂的复配，并考察各脱墨剂的脱墨效果。脱墨剂配方及其脱墨效果如表 3-3 所示。

表 3-3 脱墨剂配方及其脱墨效果

序号	脱墨剂	白度/%ISO	ERIC/(mg/kg)	序号	脱墨剂	白度/%ISO	ERIC/(mg/kg)
1	Y1+F4+F1	54.5	475.35	4	Y2+F4+F1	53.8	463.25
2	Y1+F4+F2	55.7	419.51	5	Y2+F4+F2	54.0	467.58
3	Y1+F4+F3	53.1	450.69	6	Y2+F4+F3	53.5	455.27

三组分脱墨剂的脱墨效果要比双组分脱墨剂的脱墨效果好，其中以脂肪醇聚氧乙烯醚硫酸钠（AES）、椰油酸二乙醇酰胺（6501）、脂肪醇聚氧乙烯醚（AEO-9）三种表面活性剂复配出的脱墨剂效果最佳（表 3-3）。这可能是由于随着脱墨过程中表面活性剂的增加，表面活性剂之间的相互作用增多，协同效应变强，表面活性剂与油墨粒子的相互作用也增强，更加有利于油墨的脱除，使脱墨作用更完全，得到的脱墨浆白度更高。

3.1.4 不同配比条件下脱墨剂脱墨

为充分发挥各表面活性剂协同脱墨作用，将 AES、6501、AEO-9 这三种表面活性剂分别以不同的质量配比复配成脱墨剂对 ONP 进行中性浮选脱墨。不同配比脱墨剂用于 ONP 脱墨效果见表 3-4。

当阴离子表面活性剂组分含量较高时，脱墨浆白度高、ERIC 小，脱墨效果更为理想。这是因为阴离子型表面活性剂有很好的去污性能，其发泡性好，泡沫稳定。而当非离子表面活性剂组分含量较高时，脱墨效果甚至有下降的趋势。这可能是由于非离子表面活性剂具有强烈分散油墨的性能，使油墨粒子分散并乳化在纸浆中，产生的泡沫较少，从而增加浮选难度。当表面活性剂（Y1∶F4∶F2）质量比为 2∶1∶1 时，脱墨效果最好，白度达到 56.3% ISO，ERIC 为 399.23mg/kg。

表 3-4 不同配比脱墨剂用于 ONP 脱墨效果

品质比（Y1∶F4∶F2）	白度/%ISO	ERIC/(mg/kg)	品质比（Y1∶F4∶F2）	白度/%ISO	ERIC/(mg/kg)
1∶1∶1	56.0	412.39	3∶1∶1	56.0	394.58
2∶1∶1	56.3	399.23	1∶3∶1	55.4	423.59
1∶2∶1	55.8	403.48	1∶1∶3	55.8	426.59
1∶1∶2	56.1	428.69			

3.1.5 中性脱墨最佳应用条件

针对中性脱墨剂［脂肪醇聚氧乙烯醚硫酸钠/Y1∶椰油酸二乙醇酰胺/F4∶脂肪醇聚氧

乙烯醚/F2（2∶1∶1）］进行正交实验。选取脱墨温度、脱墨时间、脱墨剂用量（本文脱墨剂用量均为相对于绝干浆质量）和浮选时间为 4 个主要因素，进行正交实验。选定白度作为中性浮选脱墨过程中的主要评价指标，探讨脱墨条件对脱墨效果的影响。

根据表 3-5 分析，对脱墨效果影响程度从大到小依次为：脱墨剂用量>脱墨时间>浮选时间>脱墨温度。

表 3-5　　正交实验设计及数据处理

序号	脱墨温度/℃	脱墨时间/min	脱墨剂用量/%	浮选时间/min	白度/%ISO
1	30	30	0.5	10	53.0
2	30	40	1	20	56.1
3	30	50	1.5	30	56.6
4	30	60	2	40	55.9
5	40	30	1	30	55.5
6	40	40	0.5	40	55.9
7	40	50	2	10	55.7
8	40	60	1.5	20	55.9
9	50	30	1.5	40	55.8
10	50	40	2	30	56.7
11	50	50	0.5	20	55.5
12	50	60	1	10	55.9
13	60	30	2	20	55.4
14	60	40	1.5	10	55.1
15	60	50	1	40	55.8
16	60	60	0.5	30	54.4
K1/4	55.40	54.93	54.70	54.93	—
K2/4	55.75	55.95	55.83	55.73	—
K3/4	55.98	55.90	55.85	55.80	—
K4/4	55.18	55.53	55.93	55.85	—
极差	0.8	1.02	1.23	0.92	—

3.1.5.1　脱墨温度对脱墨浆白度的影响

在脱墨时，提高温度可以更好地软化废纸纤维、油墨，使废纸浆更容易吸水，进而更好地减弱油墨粒子之间及油墨粒子与纤维之间的联接，同时提高温度还可以增强脱墨剂中表面活性剂的表面活性、提高脱墨液的润湿及渗透能力，进而促进油墨粒子从纤维上的剥离。但当温度过高时，白度有下降的趋势，这主要是受到脱墨剂的活性影响。而最佳的温度是接近脱墨剂的浊点时，脱墨剂能发挥出最大的活性，从而达到最好的脱墨效果。结果表明当温度达到 50℃ 时，白度达到最高值为 55.4%ISO。图 3-2 表示了脱墨温度分别为 30℃、40℃、50℃、60℃ 时脱墨温度对白度的影响。

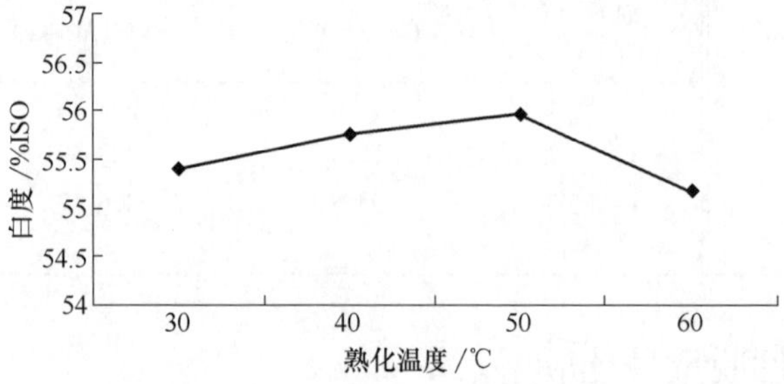

图 3-2　脱墨温度与白度关系直观图

3.1.5.2　脱墨时间对脱墨浆白度的影响

进行适当的熟化，有利于脱墨剂的乳化、分散等作用的发挥，同时脱墨剂有足够的时间与纸浆中的油墨粒子作用，有利于油墨从纤维上的剥离，提升脱墨效果。但随着脱墨时间的延长，脱墨浆的白度开始下降，这主要是因为随着脱墨时间的进一步延长，降低了脱墨浆液的发泡力和泡沫的稳定性，使许多的油墨粒子重新沉积在纤维上及纤维细胞腔内，不利于油墨粒子和纸浆纤维的分离，从而影响成纸的白度。结果表明当脱墨时间为40min时，中性脱墨浆的白度最高，说明此时ONP脱墨效果最好。图3-3表示了脱墨时间分别为30min、40min、50min、60min时脱墨时间对白度的影响。

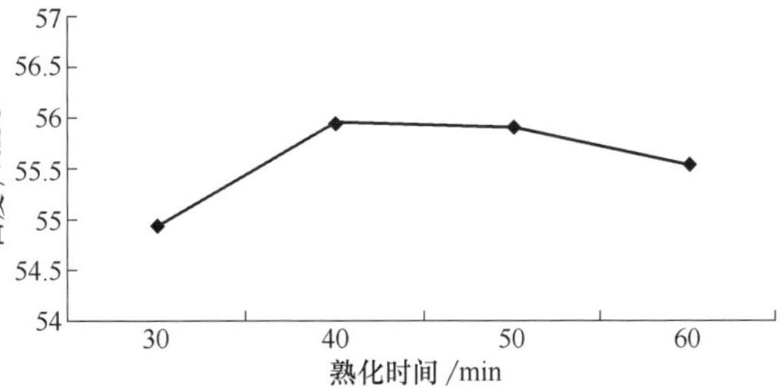

图3-3　脱墨时间与白度关系直观图

3.1.5.3　脱墨剂用量对脱墨浆白度的影响

在中性脱墨中，脱墨剂是产生良好的废纸脱墨效果的主要根源。在其他因素不变的情况下，当脱墨剂用量发生变化时，体系内的脱墨剂的浓度就会发生变化，脱墨剂所产生的润湿、渗透、乳化、分散等作用也会随之而发生变化，从而脱墨效果也随之而变化。

随着脱墨剂用量的增加白度越来越高。这是因为随着脱墨剂用量的增加，脱墨体系内脱墨剂的浓度逐渐提高，纸浆悬浮液的表面张力随之而降低，脱墨溶液的脱墨能力增加。在本次实验中当脱墨剂用量达到1%后，随着脱墨剂用量的增加，白度的提升很小，综合考虑成本问题，结果表明脱墨剂的最佳用量为1%。图3-4表示了脱墨剂用量分别为0.5%、1%、1.5%、2%时脱墨剂用量对白度的影响。

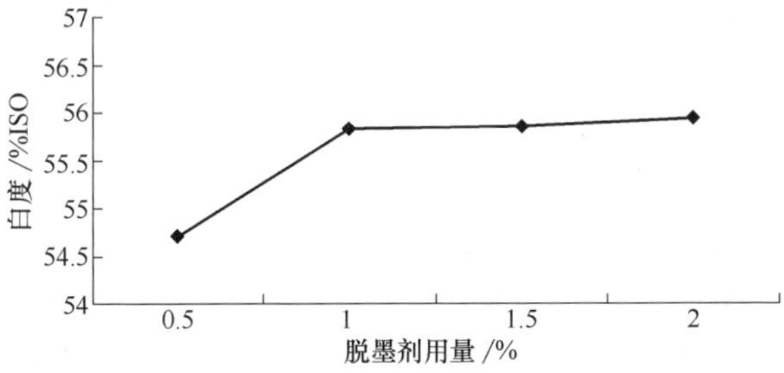

图3-4　脱墨剂用量与白度关系直观图

3.1.5.4　浮选时间对脱墨浆白度的影响

由实验结果可以看出，在浮选的开始阶段脱墨浆的白度随着时间的延长提高很快，但是当浮选时间达到20min后，脱墨浆的白度随着时间的延长变化已不再很大。这是因为在浮选前期，废纸悬浮液中油墨浓度大，泡沫吸附的油墨粒子多，更多的油墨粒子随着泡沫被浮选除去，所以脱墨效果会显著提高。但当浮选时间超过20min以后，白度的提升值很小，这主要是因为随着浮选时间的延长，油墨粒子的浓度越来越低，在相同空气流量的情况下，吸附到泡沫上的油墨粒子也越来越少，纤维流失却逐渐严重。出于节能方面的考虑，最终确定最佳浮选时间为20min。图3-5表示了浮选时间分别为10min、20min、30min、40min时浮选时间对白度的影响。

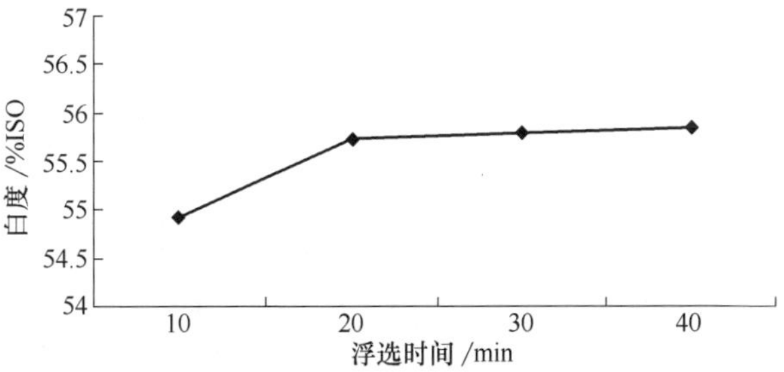

图3-5　浮选时间与白度关系直观图

3.1.6 中性脱墨处理对废纸纤维性能的影响

在前部分实验的基础上，选择中性脱墨白度最佳工艺进行 ONP 浮选脱墨实验：脱墨温度 50℃，脱墨时间 40min，脱墨剂用量 1%，浮选时间 20min。对整个脱墨过程中纸浆物理强度、打浆度、保水值和纤维长度变化进行对比。实验结果如表 3-6 及表 3-7 所示。

表 3-6　中性脱墨浆与新闻纸原浆性能比较

浆料	白度/%ISO	ERIC/(mg/kg)	撕裂指数/(mN·m^2/g)	耐破指数/(kPa·m^2/g)	抗张指数/(N·m/g)	打浆度/°SR	保水值/%
新闻纸原浆	46.52	731.43	6.57	1.2	21.71	43	1.62
中性脱墨浆	53.70	351.37	6.68	1.27	22.96	28	1.49

由表 3-6 可以看出，在中性脱墨白度最佳工艺条件下，ONP 中性浮选脱墨有着良好的脱墨效果：白度增值为 7.18%ISO，残余油墨含量从 731.43mg/kg 下降到 351.37mg/kg，这说明实验所选用的脱墨剂以及脱墨工艺条件用于 ONP 中性浮选脱墨是可行的。

经中性脱墨工艺处理后，纸浆的打浆度从 43°SR 下降到 28°SR，这表明纸浆的滤水性能得到很大改善，这将有利于纸页的加工成形。这可能是由于油墨的去除使得纤维的表面更加光滑，从而改善滤水性能。在纸浆强度上各项指数均得到提升：撕裂指数、耐破指数、抗张指数分别提高了 1.7%，5.8%，5.8%，这主要是由于油墨的去除使得纤维之间的结合力加强。这也表明中性浮选脱墨不仅能提高纸浆的滤水性能，同时也能提升纸浆强度，这在实际工业生产中是一个巨大的优势。从表 3-6 中我们还可以看出，经中性脱墨后纸浆的保水值从 1.62 下降到 1.49。纤维的保水值能间接反映纤维的湿润性，这说明经过中性脱墨处理后，纤维的湿润能力都有下降，这可能是由于纤维性能衰变的发生引起的。

中性脱墨使得纤维的长度缩短，平均长度、数均长度、重均长度分别下降了 5.1%、3.3%、1.5%，细小纤维含量增加了 17%（表 3-7），这表明中性脱墨对纤维长度影响并不是很大。这主要是因为中性脱墨处理并未对纤维进行直接分解，但油墨的去除可能会释放出一部分细小纤维，最终使得纤维长度和细小纤维含量发生变化。

表 3-7　中性脱墨浆与原浆纤维长度变化

脱墨方式	平均长度/mm	数均长度/mm	重均长度/mm	细小纤维(<0.2mm)	
				P/%	W/%
新闻纸原浆	0.59	1.22	1.95	19.84	3.2
中性脱墨浆	0.56	1.18	1.92	23.21	3.89

注：P—细小纤维质量分数；W—细小纤维干质量。

3.2 优化的废纸碱法脱墨

碱法脱墨是目前世界上大多数废纸脱墨工厂仍常用的脱墨方法，特别是在我国，大部分的造纸科研单位和工厂还是以碱性脱墨为主。该方法是在水力碎浆机中加入脱墨化学药品，使印刷油墨在物理和化学方法的共同作用下，从纤维表面分离出来，并根据油墨粒子的大小和状态，选用不同的后处理方法使之从浆料中除去。

脱墨过程中需要使用很多化学品，大部分脱墨化学品是常规的化工商品，如碱、双氧水和氯化钙。也有一些是比较复杂的，如表面活性剂和聚合物。每种化学品都有其特定的功能，分别起着润胀、油墨脱除、湿润、抗再沉积、分散、絮凝、附聚、氧化还原发色基团等作用。表 3-8 是几种碱法脱墨中常用化学品的使用。

表 3-8　　主要脱墨化学品

化学品名称	应用范围	化学品名称	应用范围
过氧化氢	水力碎浆机,漂白	甲脒亚磺酸	漂白
氢氧化钠	水力碎浆机,漂白	分散剂	洗浆机、浆料制备
硅酸钠	水力碎浆机,漂白	复合脱墨剂	水力碎浆机、浮选、洗涤
螯合剂	水力碎浆机,漂白	连二亚硫酸钠	漂白
表面活性剂	水力碎浆机,浮选,洗涤	胶黏物控制剂	碎浆机,浆池,浆料制备
附聚剂	水力碎浆机、除渣器	澄清聚合物	澄清池

在废纸脱墨过程中，工艺条件的变化以及不同脱墨化学品的使用都会严重影响到废纸纤维的性能变化。在使用固定脱墨剂的条件下，对旧新闻纸碱法脱墨进行工艺条件优化。选择具有代表性的 5 个因素进行实验，分别为 NaOH 用量、H_2O_2 用量、Na_2SiO_3 用量、脱墨剂用量、脱墨温度。通过单因素实验法得出一组白度最佳脱墨工艺条件，并探讨优化的碱法脱墨对废纸纤维性能的影响。

3.2.1　NaOH 用量对纤维及成纸性能的影响

3.2.1.1　NaOH 用量对脱墨效果的影响

随着氢氧化钠用量的增加，白度呈现先上升后降低的趋势，在用量为 2%时，白度为最大值，残余油墨含量达到最小值（图 3-6）。当用量为 2%和 3%时，白度以及残余油墨含量变化不大，因此，氢氧化钠用量选定为 2%。

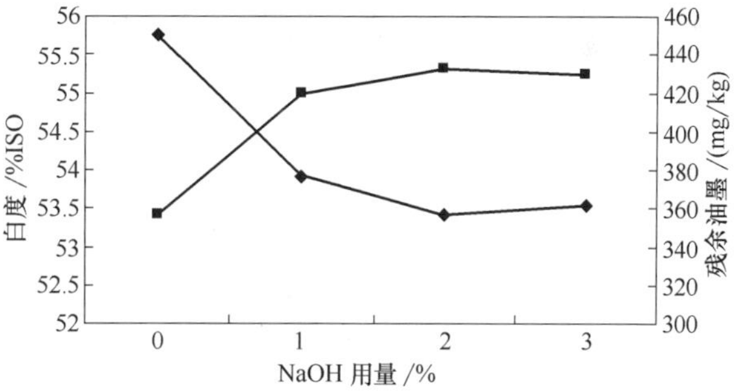

图 3-6　NaOH 用量对脱墨浆白度和残余油墨含量的影响

在脱墨过程中加入 NaOH 主要用来调节 pH，以促进油墨中的树脂皂化或水解。我国新闻纸印刷油墨的连结料主要以矿物油（高沸点煤油）、酚醛改性松香树脂和醇酸树脂为主，氢氧化钠可以对其进行皂化，使油墨与纤维很好地分离。同时，氢氧化钠又是良好的润胀剂，有助于松动牢固油墨层及分裂油墨膜，从而促使油墨粒子与纤维分离。此外，氢氧化钠为过氧化氢提供了碱性漂白环境，有利于脱墨浆白度的提高。但另一方面脱墨体系碱性过大可能会对废纸中木质素生成的发色基团产生影响，使脱墨浆的色度增加，从而不利于白度的提高。因此，氢氧化钠的用量要适度，应在足够而适宜的碱性条件下实现油墨树脂的充分皂化和水解，恢复纤维的弹性，并结合过氧化氢的应用，尽量减少发色基团的形成。

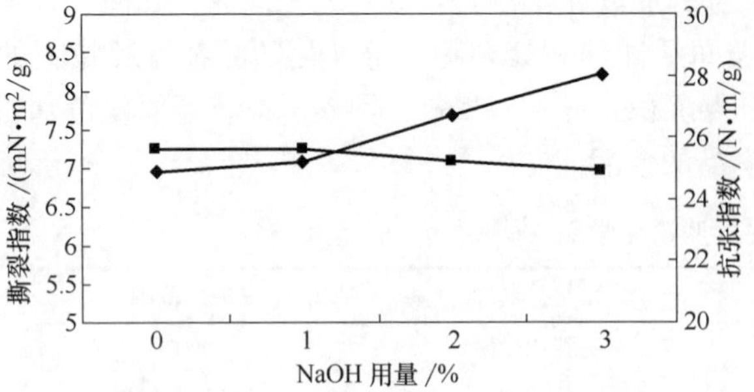

图 3-7　NaOH 用量对脱墨浆抗张指数和撕裂指数的影响

—■— 撕裂指数　—◆— 抗张指数

3.2.1.2　NaOH 用量对成纸性能的影响

成纸的抗张指数随着氢氧化钠用量的上升而显著增加，但是撕裂指数却略有下降（图 3-7）。成纸抗张强度的增大充分体现了氢氧化钠增强再生纸强度的优点，这可能是 NaOH 的使用能使干燥的纤维内部敞开，或在纤维细胞壁内的酯键被水解，总之，经氢氧化钠处理后，增加了纤维结合力同时也增加了纸张的强度。

3.2.2　脱墨剂用量对纤维及成纸性能的影响

在实际脱墨过程中，往往要根据废纸种类、印刷油墨特性来寻找与之相配的表面活性剂以求获得最佳的脱墨效果。脱墨剂是废纸处理过程中非常重要的化学品，其性能的好坏将直接影响废纸纤维的质量。

3.2.2.1　脱墨剂用量对脱墨效果的影响

随着脱墨剂用量的增加，旧新闻纸脱墨浆的白度先升高后降低，残余油墨含量逐渐降低（图 3-8）。在脱墨过程中，脱墨化学品具有极其重要的作用：一些药品使纤维及油墨渗透、润湿、脱落，促使纤维表面上结合的油墨离解、分离；另一些药品使脱落的油墨粒子乳化、分散，使之洗净或产生凝集、捕集的功用，使之浮选脱除。不同的药品在过程中起着协同的作用，其中脱墨剂又是极为关键的环节。选用浮选法脱墨，浮选法脱墨是向纸浆中送入空气，产生气泡，使油墨粒子吸附在气泡上，并随气泡上浮至水面形成泡沫层然后倾泻流出，因此要求脱墨剂不仅应具有良好的皂化、润湿、渗透、乳化、分散能力，还应具有较强的起泡、浮选以及油墨捕集能力。由图可知，白度并不能随着脱墨剂用量的增加而无限上升，当用量超过 0.5%以后，白度甚至开始下降，这说明脱墨剂用量在 0.5%时油墨粒子已基本去除。故脱墨剂用量以 0.5%为宜。

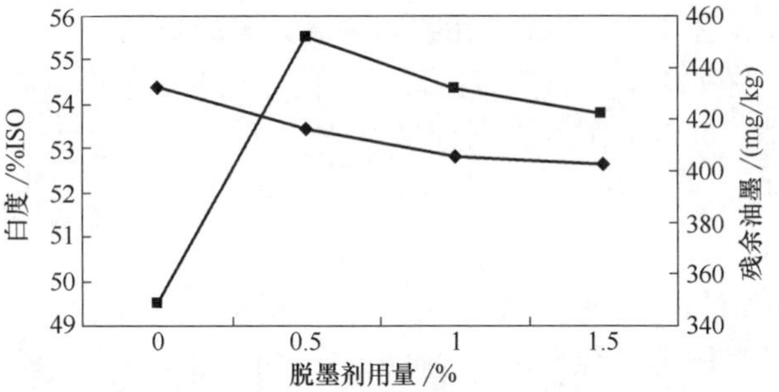

图 3-8　脱墨剂用量对脱墨浆白度和残余油墨含量的影响

—■— 白度　—◆— 残余油墨

3.2.2.2　脱墨剂用量对成纸性能的影响

随着脱墨剂用量的变化，撕裂指数、抗张指数均变化很小（图 3-9）。这是因为脱墨剂的主要组分是表面活性剂，表面活性剂在脱墨过程中可以用作分散剂、捕集剂、润湿剂等，其分子的一端为疏水基，另一端为亲水基，疏水基团将会与油墨、油脂和赃物结合在一起，而亲水的一端仍滞留在水中，最终将纤维与油墨分离。在整个脱墨过程中，脱墨剂并没有作用于并分解纤维，因此脱墨剂的用量对纤维的影响很小，从而对纸张强度性能影响也很小。

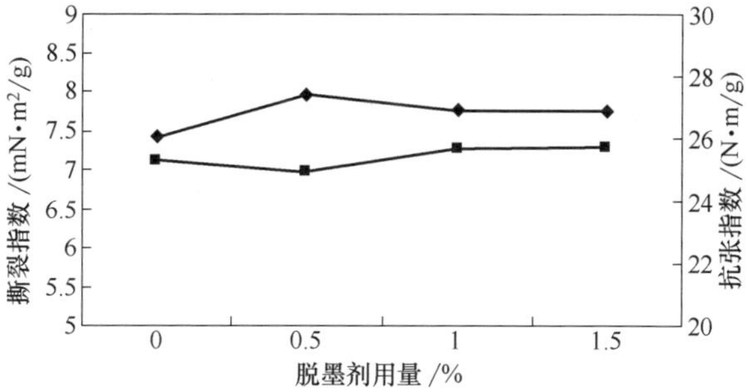

图 3-9 脱墨剂用量对脱墨浆抗张指数和撕裂指数的影响

—■— 撕裂指数 —◆— 抗张指数

3.2.3 Na_2SiO_3 用量对纤维及成纸性能的影响

硅酸钠作为一种表面活性剂，具有降低溶液表面张力的能力。这使得水能够更容易地渗透到废纸纤维中，提高润湿效果，有助于油墨颗粒的分散和脱除。

另一方面硅酸钠分子具有亲水性和亲油性，能够在油墨颗粒表面形成一层水化膜，降低油墨与纤维之间的黏附力。这种水化膜的作用使得油墨颗粒更容易被水相分散，从而便于后续的洗涤或浮选过程将油墨从纤维上分离，并能防止油墨颗粒重新沉积到纤维表面上。

3.2.3.1 Na_2SiO_3 用量对脱墨效果的影响

Na_2SiO_3 用量对脱墨浆白度和残余油墨含量的影响如图 3-10 所示，废新闻纸脱墨不加硅酸钠时，纸张白度为 52.21% ISO，残余油墨含量为 455.27mg/kg；而当添加硅酸钠以后，纸页的白度达到 54.51% ISO，残余油墨含量为 412.02mg/kg；可见在废新闻纸的碱法脱墨过程中，硅酸钠的作用显著。

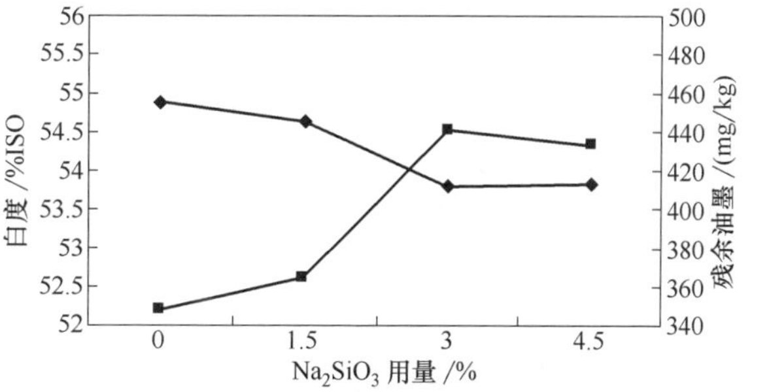

图 3-10 Na_2SiO_3 用量对脱墨浆白度和残余油墨含量的影响

—■— 白度 —◆— 残余油墨

随着硅酸钠用量的不断增加，纸张白度不断提高，残余油墨含量不断下降。这主要是因为它能络合体系中的重金属离子，尤其是那些能分解过氧化氢的金属离子，从而起到稳定过氧化氢的作用环境；同时硅酸钠还是润湿剂，能减低液体的表面张力，起着分散的作用，从而防止脱落下来的油墨颗粒重新沉积到纤维表面。在脱墨过程中，硅酸钠可以作为一种表面活性剂，具有分散、润湿、皂化及缓冲等多种作用，能与其他化学药品协同起到对油墨粒子的皂化脱除作用从而提高白度。但当其用量过高时，其水解产生的大量的 OH^- 阴离子使得纸浆中发色因子增多，导致白度下降；当硅酸钠用量超 3%时，脱墨浆白度略有下降。故硅酸钠最佳用量为 3%。

3.2.3.2 Na_2SiO_3 用量对成纸性能的影响

纸张的抗张指数随硅酸钠用量的增加有所上升，但变化不大，撕裂指数随着硅酸钠用量的增加先降低再出现上升，变化值很小。这是因为硅酸钠在脱墨过程中，可以形成聚合硅酸盐离子对油墨离子具有较强的悬浮分散能力，它具有抗再沉积性和对油墨微粒的吸附性，而

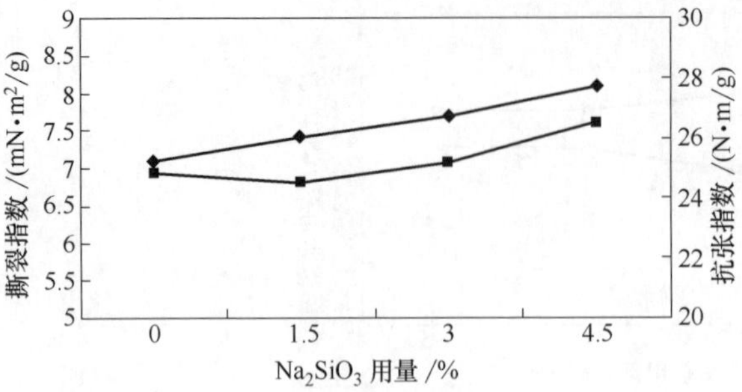

图 3-11　Na_2SiO_3 用量对脱墨浆抗张指数和撕裂指数的影响

—■— 撕裂指数　—◆— 挤张指数

且能促进油墨的剥离和纤维的润胀分散，使得纤维之间的结合力加强。同时，由于硅酸钠也能起到一定的皂化作用，使纤维更加柔韧，进一步加强纤维间的结合力，改善纸页性能。见图 3-11。

3.2.4　H_2O_2 用量对纤维及成纸性能的影响

目前的研究人员认为过氧化氢的作用存在两种观点。一种认为过氧化氢是作为漂白剂使用以提高纸浆的白度；另一种认为它主要是对在碱性条件下含机械浆废纸产生的发色团起脱色作用。

3.2.4.1　H_2O_2 用量对脱墨效果的影响

随着脱墨过程中过氧化氢的用量增加，脱墨浆的白度逐渐增加，但当过氧化氢用量超过 2%以后，白度增加趋缓，而残余油墨含量的降低并不明显（图 3-12）。

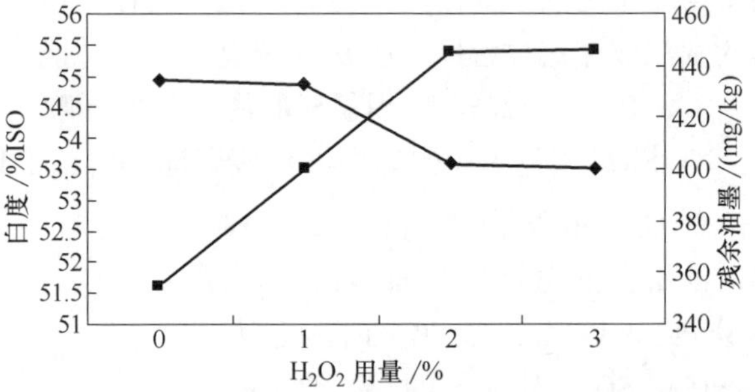

图 3-12　H_2O_2 用量对脱墨浆白度和残余油墨含量的影响

—■— 白度　—◆— 残余油墨

过氧化氢在废新闻纸脱墨过程中主要起漂白脱色的作用，对油墨的脱除贡献很少。过氧化氢是一种应用广泛的漂白剂，脱墨过程中加入过氧化氢可提高纸浆的白度。过氧化氢在碱性环境下，生成的 HOO^- 离子是活性漂白剂，它可与浆料的发色基团反应，使浆料发色基团减弱或变为无色。但另一方面，当体系有着 Mn^{2+}、Cu^{2+}、Fe^{3+} 等众多金属离子以及过高的 pH 和温度时，过氧化氢将会发生副反应产生氧而不是 HOO^- 离子，过氧化氢的副反应将会影响漂白效率，导致最终的浆料白度降低。这也就是为什么脱墨过程中往往需要加入硅酸钠、络合剂等的原因。随着过氧化氢用量的增加，脱色效果增强，但是当用量过高（大于 2%时）其效率下降。所以在脱墨过程中使用过氧化氢的效用是不高的。这主要是由于存在的油墨和杂质会影响漂白的效果，实际生产中浮选脱墨后专门设有高浓漂白工序对纸浆进行最终漂白，综合生产成本与白度考虑，过氧化氢用量以 2%为宜。

3.2.4.2　H_2O_2 用量对成纸性能的影响

纸张的抗张指数随着过氧化氢用量的上升而略有增加，撕裂指数几乎没有变化，这说明在脱墨过程中过氧化氢只是起到脱色作用，对纤维性能没有任何影响，对纸张性能的影响也很小（图 3-13）。

3.2.5　脱墨温度对纤维及成纸性能的影响

脱墨温度是脱墨工艺条件的重要参数。若温度过高，浆料中的杂质易碎解，且使浆料返黄，也使胶黏物黏附在纤维上；若温度过低，将降低化学品的活性，减慢反应速度，油墨颗粒难于从纤维上脱落。

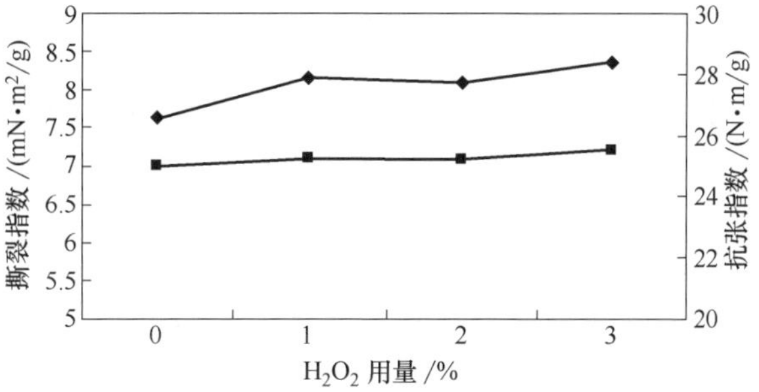

图 3-13 H_2O_2 用量对脱墨浆抗张指数和撕裂指数的影响

3.2.5.1 脱墨温度对脱墨效果的影响

脱墨时的温度常常可以分为两种：低温脱墨、高温脱墨。低温脱墨温度一般为 40～60℃，高温脱墨温度一般为 80～90℃。脱墨温度对脱墨效果有很大的影响，在脱墨过程中适当提高温度可促使油墨的软化和分散，并可加速化学反应，有利于油墨的脱除；但脱墨温度过高，又会因为热诱导效应的存在使得脱墨浆白度下降，最终影响成纸白度。

当脱墨温度小于 60℃时，纸浆白度随着脱墨温度的升高而增强，残余油墨含量减少；但随着脱墨温度的继续升高纸张白度开始略有下降。废纸脱墨过程中脱墨温度越高，纤维越易吸水润胀，柔软性越好，有利于油墨与纤维结合力的降低，并可促进油墨膜的软化，加快脱墨反应，有利于油墨的脱除。但温度过高时，受到烧碱的影响，浆料中的杂质易被碎解，且使浆料返黄，也使胶黏物溶化黏附在纤维上难于脱墨。对于旧新闻纸，由于机械浆含量较高，脱墨温度应该不易过高，否则将引起脱墨浆变黄，白度下降，且能耗也增加。故脱墨温度以 60℃为宜。

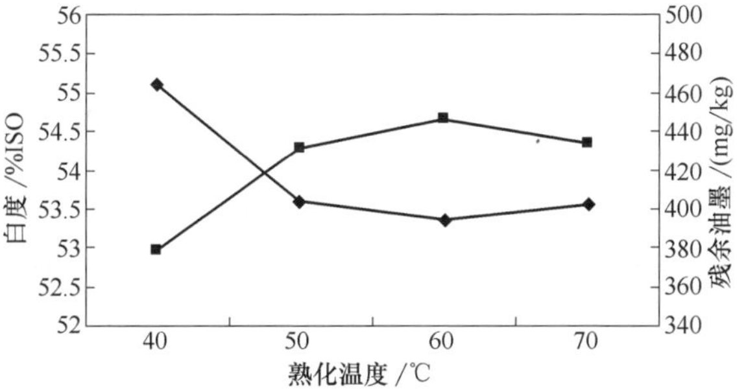

图 3-14 脱墨温度对脱墨浆白度和残余油墨含量的影响

3.2.5.2 脱墨温度对成纸性能的影响

成纸的抗张指数随着碎浆温度的上升而增加，撕裂指数几乎没有变化不受碎浆温度的影响。纸张抗张强度的增大可能是由于温度的提升，使纤维在脱墨过程中得到更好的软化，同时油墨颗粒的去除，使得纤维间的结合更加紧密，从而增强了纤维间的结合力，进一步使得纸页的抗张指数增大。而在脱墨过程中脱墨温度并不能使纤维长度受到影响，所以相对而言，撕裂指数变化很小。

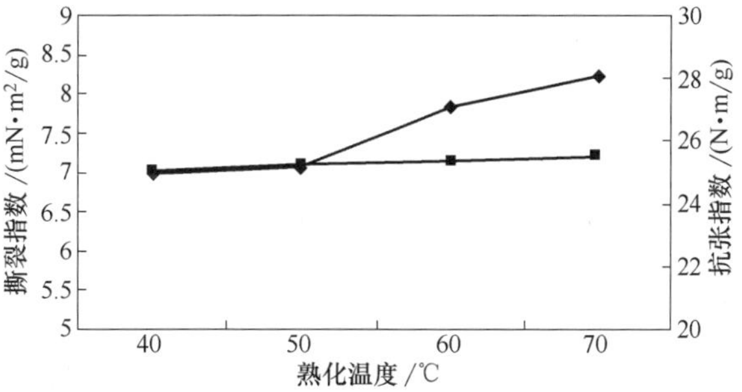

图 3-15 脱墨温度对脱墨浆抗张指数和撕裂指数的影响

3.2.6 优化的碱法脱墨处理对纤维及成纸性能的影响

在前部分实验的基础上，选择白度最佳工艺条件进行 ONP 碱法脱墨实验：NaOH 用量 2%，H_2O_2 用量 2%，Na_2SiO_3 用量 3%，脱墨剂用量 0.5%，脱墨温度 60℃。对整个脱墨过程中纸浆白度的变化以及物理强度、打浆度、保水值和纤维长度变化进行对比。实验结果见表 3-9 和表 3-10。

表 3-9　碱法脱墨浆与新闻纸原浆性能比较

浆料	白度/%ISO	ERIC/(mg/kg)	撕裂指数/(mN·m²/g)	耐破指数/(kPa·m²/g)	抗张指数/(N·m/g)	打浆度/°SR	保水值/%
新闻纸原浆	46.52	731.43	6.57	1.2	21.71	43	1.62
碱法脱墨浆	55.75	341.92	6.83	1.37	23.55	32	1.40

表 3-10　碱法脱墨浆与新闻纸原浆纤维长度变化

脱墨方式	平均长度/mm	数均长度/mm	重均长度/mm	细小纤维(<0.2mm)	
				P/%	W/%
新闻纸原浆	0.59	1.22	1.95	19.84	3.2
碱性脱墨浆	0.54	1.16	1.85	24.16	3.4

在最佳脱墨工艺条件下，ONP 碱法脱墨有着良好的脱墨效果：白度增值为 9.23%ISO，残余油墨含量从 731.43mg/kg 下降到 341.92mg/kg，这说明该脱墨工艺条件用于 ONP 碱法脱墨是可行的。

经碱法脱墨处理后，纸浆的打浆度从 43°SR 下降到 32°SR，打浆度的下降可能是由于油墨的去处使得纤维的滤水性能获得提升，也有部分的原因是因为脱墨过程中碱性化学品的润胀作用，有学者用 NaOH 处理废纸纤维，结果发现 NaOH 的使用可以提高浆的游离度、弹性和强度。同时纸浆强度也得到提升：撕裂指数、耐破指数和抗张指数分别提高了 4%，14.2%和 8.5%，这主要是因为 NaOH 等碱性化学品的加入使得纤维得到更好的润胀，从而提升强度性能。南京林业大学的焦蓉用 NaOH 对废纸纤维进行处理，结果也发现纸页紧度、抗张强度、耐破度都有很大的提高。从表 3-9 中我们还可以看出，经脱墨处理后纸浆的保水值从 1.62 下降到 1.40，纤维的保水值能间接反映纤维的湿润性，这表明经过碱法脱墨处理后，纤维的湿润能力都有下降。

碱法脱墨使得纤维的长度缩短，平均长度、数均长度、重均长度分别下降了 8.5%，4.9%，5.1%，细小纤维含量增加了 21.8%。这主要是因为碱法脱墨过程中碱性化学品能润胀纤维、进攻纤维，最终使得纤维长度和细小纤维含量发生变化。

3.3 废纸的脂肪酶法脱墨

脂肪酶是一种可将动植物油脂、油污分子降解成脂肪酸、甘油及其他不完全水解物的生物催化剂。废纸脱墨过程中加入脂肪酶，可以将印刷油墨连结料中的动植物油脂部分降解，使油墨碎解，颜料散出，再通过浮选和洗涤处理与纤维分离，从而达到有效脱墨的目的，同时在树脂控制方面，脂肪酶也能起到很好的作用。

3.3.1 脂 肪 酶

3.3.1.1 脂肪酶

脂肪酶（Lipase，甘油酯水解酶）隶属于羧基酯水解酶类，能够逐步地将甘油三酯水解成甘油和脂肪酸。脂肪酶存在于含有脂肪的动、植物和微生物（如霉菌、细菌等）组织中。包括磷酸酯酶、固醇酶和羧酸酯酶。脂肪酸广泛地应用于食品、药品、皮革、日用化工等方面。

脂肪酶广泛地存在于动植物和微生物中。植物中含脂肪酶较多的是油料作物的种子，如蓖麻籽、油菜籽，当油料种子发芽时，脂肪酶能与其他的酶协同发挥作用催化分解油脂类物质生成糖类，提供种子生根发芽所必需的养料和能量；动物体内含脂肪酶较多的是高等动物的胰脏和脂肪组织，在肠液中含有少量的脂肪酶，用于补充胰脂肪酶对脂肪消化的不足，在肉食动物的胃液中含有少量的丁酸甘油酯酶。在动物体内，各类脂肪酶控制着消化、吸收、脂肪重建和脂蛋白代谢等过程；细菌、真菌和酵母中的脂肪酶含量更为丰富。由于微生物种类多、繁殖快、易发生遗传变异，具有比动植物更广的作用 pH、作用温度范围以及底物专一性，且微生物来源的脂肪酶一般都是分泌性的胞外酶，主要的发酵微生物有黑曲霉，假丝酵母等。适合于工业化大生产和获得高纯度样品，因此微生物脂肪酶是工业用脂肪酶的重要来源，一般不同来源的脂肪酶特性也不一样并且在理论研究方面也具有重要的意义。

按脂肪酶对底物的特异性可分为三类：脂肪酸特异性、位置特异性和立体特异性。依据脂肪酶的来源不同，脂肪酶还可以分为动物性脂肪酶、植物性脂肪酶和微生物性脂肪酶。不同来源的脂肪酶可以催化同一反应，但反应条件相同时，酶促反应的速率、特异性等则不尽相同，可以催化三酰甘油酯及其他一些水不溶性酯类的水解、醇解、酯化、转酯化及酯类的逆向合成反应，除此之外还表现出其他一些酶的活性，如磷脂酶、溶血磷脂酶、胆固醇酯酶、酰肽水解酶活性等。脂肪酶不同活性的发挥依赖于反应体系的特点，如在油水界面促进酯水解，而在有机相中可以酶促合成和酯交换。

脂肪酶的催化特性在于：在油水界面上其催化活力最大，早在 1958 年 Sarda 和 Desnnelv 就发现了这一现象。溶于水的酶作用于不溶于水的底物，反应是在 2 个彼此分离的完全不同的相的界面上进行。这是脂肪酶区别于酯酶的一个特征。酯酶（EC3. 1. 1. 1）作用的底物是水溶性的，并且其最适底物是由短链脂肪酸（≤C8）形成的酯。脂肪酶是重要的工业酶制剂品种之一，可以催化解脂、酯交换、酯合成等反应，广泛应用于油脂加工、食品、医药、日化等工业。不同来源的脂肪酶具有不同的催化特点和催化活力。其中用于有机相合成的具有转酯化或酯化功能的脂肪酶的规模化生产对于酶催化合成精细化学品有重要意义。

3.3.1.2 脂肪酶脱墨的原理

脂肪酶的天然底物为三酰甘油酯，通过将三酰甘油酯的酯键水解，形成产物为甘油一酯、甘油二酯、甘油以及脂肪酸。脂肪酶在废纸脱墨方面的应用在于其可攻击油墨以及油墨连接料，使油墨与纤维之间的结合力变弱，通过浮选、洗涤的方法使油墨与纤维尽可能分离。矿物油、植物油、合成树脂等干性油一般作为油墨与纤维之间的连接料。同时也会添加一些高等甘油三酯，例如亚油酸、油酸等，防止油墨印刷品沾上杂物质。

而脂肪酶会选择性的攻击连接料和甘油三酯，将油墨分解成小的油墨粒子，随后通过浮选或洗脱彻底分离油墨粒子和纸浆纤维，从而达到脱墨的目的。脂肪酶的催化活性中心是一个三联体结构域，一般是由丝氨酸、组氨酸和谷氨酸或天冬氨酸构成，氨基酸之间通过氢键彼此相连。一般情况下脂肪酶活性中心表面覆盖着由疏水氨基酸残基形成的α螺旋结构，该种结构会保护三联体结构域。当脂肪酶与其对应底物接触时，覆盖三联体的α螺旋结构会打开，催化的活性位点会暴露，该种结构活化了脂肪酶的构象，有利于催化反应的进行。

3.3.2 酶用量对脂肪酶法脱墨的影响

3.3.2.1 酶用量对脱墨效果的影响

生物酶用量大小是影响脱墨效果的关键因素，无论是白度还是残余油墨含量都有一个最佳的酶用量范围。随着酶用量的增加，脱墨浆的白度逐渐升高，残余油墨含量逐渐降低，当酶用量为1.5U/g时，白度达到最大值54.49%ISO，残余油墨浓度为最低值312.12mg/kg。这说明当酶用量在适宜的范围内时，增加酶用量能增加脱墨反应的速度以及程度，提升纸浆的脱墨效果。这是因为增加脂肪酶用量可以加速油墨粒子的碎解，在一定程度上提高了浆料的白度和油墨脱除率。从图3-16也可看出，继续增加脂肪酶的用量则会出现白度下降以及残余油墨含量上升的趋势。

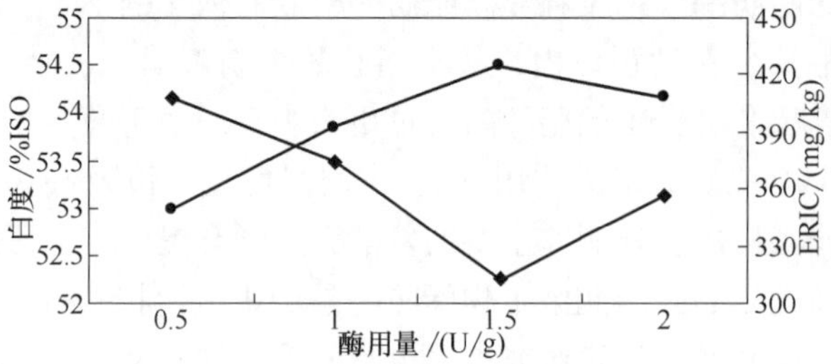

图3-16 酶用量对脱墨浆白度和残余油墨含量的影响

—●— 白度 —◆— 残余油墨

究其原因可能是因为油墨粒子在大量脂肪酶的作用下过度细小化而使其粒径超出浮选法脱除的最佳范围内，容易被纤维重新吸附和夹带，从而给浮选带来困难。或者可能是因为大量的脂肪酶使油墨分散过小，造成极细微油墨数大量增加，形成再沉积，所以应尽可能减少酶用量。一般选择最佳酶用量为1.5u/g。

3.3.2.2 酶用量对纤维长度的影响

因为大量脂肪酶更多的作用于油墨粒子以及细小纤维，以分解油墨载体为主，它对纸浆纤维的降解并无直接贡献，并没有对整体的纤维长度有很大的影响。由图3-16和表3-11看出，在脱墨过程中，随着酶用量的逐渐增加，纸浆白度发生很大的变化，但是纤维的长度，无论是平均长度、重均长度还是重重均长度均发生很小的变化。

表3-11 不同酶用量下纤维长度的变化

酶用量/(u/g)	平均长度/mm	重均长度/mm	重重均长度/mm	细小纤维(<0.2mm)	
				P/%	W/%
0.5	0.60	1.19	1.86	20.48	3.44
1	0.60	1.21	1.95	19.84	3.11
1.5	0.59	1.17	1.84	19.10	3.22
2	0.61	1.21	1.91	19.81	3.01

3.3.3 浆浓对脂肪酶法脱墨的影响

3.3.3.1 浆浓对脱墨效果的影响

浆浓的高低直接影响到酶液的浓度。酶用量一定时，提高浆浓相当于提高酶液的浓度，能降低酶的失活率，有利于脱墨反应向正向进行。此外，在适当范围内保持较高的浆浓也意味着在取得良好的脱墨效果的同时，还可以节省酶的用量，节约成本。

脱墨浆的白度随浆浓的增加而升高，但当浆浓大于12%后，白度开始降低；在低浓时残余油墨浓度（ERIC）均较高，随着浓度的增加ERIC值下降，至浆浓为12%时下降到最低点，之后又逐渐上升，脱墨浆在浆浓为12%时取得白度最高值52.15%ISO，残余油墨浓度最低值387.06mg/kg（图3-17）。这是由于随着浆浓的增加，酶液和脱墨剂的浓度也随之增加，有利于加快反应速度，从而增强脱墨效果，故高浓反应对酶法脱墨很重要；但若将浆浓继续提高则残留油墨浓度上升而白度下降，脱墨效果反而下降，可能原因是浆浓过高，不利于浆料和酶液的均匀混合和相互作用，两者接触不充分因而导致各处反应程度不一，最终导致脱墨效率降低，整体的宏观脱墨效果反而下降。故脂肪酶脱墨过程中的浆浓浓度选择为12%。

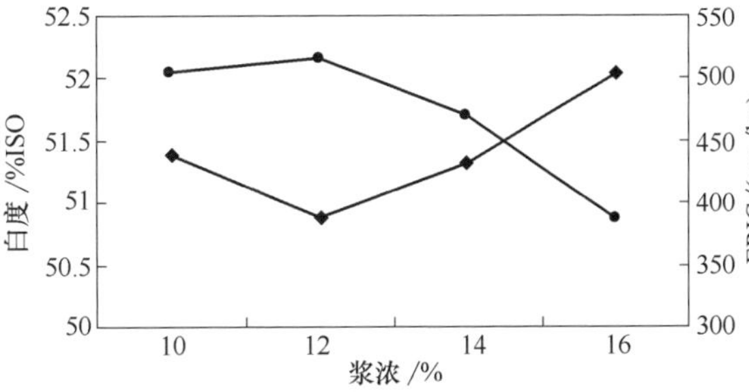

图3-17 浆浓对脱墨浆白度和残余油墨含量的影响

—◆— 白度 —◆— 残余油墨

3.3.3.2 浆浓对纤维长度的影响

脂肪酶在低浓时纤维平均长度、重均长度变化都很小，随着浓度的增加纤维长度慢慢开始下降，细小纤维含量不断上升。这可能是因为浆浓浓度提高实际上是提高了酶在反应体系中的浓度，浆浓越大，酶反应底物浓度越大，酶与底物的接触机会增多，加强了脂肪酶对纤维或者说是细小纤维的微小作用。同时，浓度的提高，可增加纤维与纤维之间的摩擦力、剪切力和揉搓力。最终的综合效果使得纤维长度下降。不同浆浓下纤维长度的变化见表3-12。

表3-12　　不同浆浓下纤维长度的变化

浆浓/%	平均长度/mm	重均长度/mm	重重均长度/mm	细小纤维(<0.2mm)	
				P/%	W/%
10	0.60	1.23	2.01	18.72	3.02
12	0.60	1.22	1.95	19.43	3.10
14	0.58	1.19	1.90	20.34	3.33
16	0.59	1.19	1.89	20.63	3.25

3.3.4 脱墨温度对脂肪酶法脱墨的影响

3.3.4.1 脱墨温度对脱墨效果的影响

温度对脱墨浆的白度和残余油墨浓度有着显著的影响，这主要是因为酶对底物的催化作用受温度的影响很大，正确控制反应温度将是保证酶法脱墨效果的必要途径。从图3-18可以看出，脂肪酶在40℃时获得最佳的脱墨效果，此时白度为最高值52.68%ISO，残余油墨浓度为最低值391.64mg/kg。但当温度超过40℃后，白度开始不断降低，残余油墨浓度不断增大。这主要是由于温度对酶的活性影响很大，温度将从两方面影响着酶催化反应的速率：升高温度必然能增加底物分子的热能，提升反应速率；但较高的温度也会增加酶蛋白本身的热能，促使酶结构的维持作用破裂而导致酶的催化活性降低，从中可以看出升高温度以提高反应速率的总效应是这两个相反效应之间的平衡，因此，酶的活性在一定范围内随温度的升

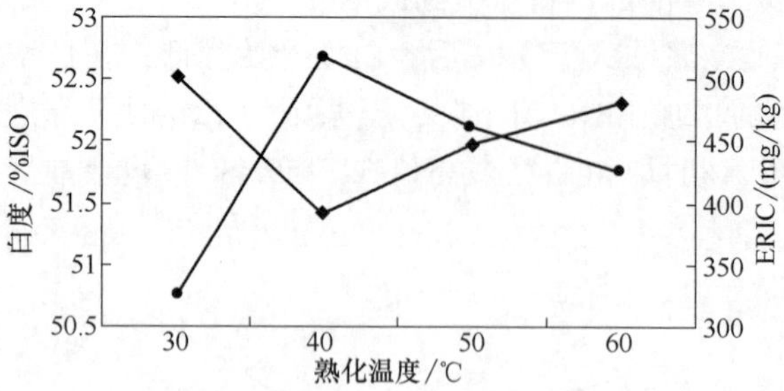

图 3-18　脱墨温度对脱墨浆白度和残余油墨含量的影响

—●— 白度　—◆— 残余油墨

高而升高，但当温度超过酶的最适温度时，反而会降低酶的活性，甚至引起酶的失活，从而导致反应速度降低，脱墨效果下降。从图 3-18 中可以得出脂肪酶的最佳作用温度为 40℃。

3.3.4.2　脱墨温度对纤维长度的影响

在温度的变化过程中，纤维平均长度下降 6.5%，纤维重均长度下降 8%，细小纤维含量上升了 17.7%，这说明整个脱墨过程中，纤维的长度受到一定得降解，这可能是由于脱墨工艺的影响，也有可能是受到脂肪酶的作用效果（表 3-13）。升高温度能增加底物分子的热能，激发出脂肪酶的更高酶活性，加大脂肪酶对油墨的作用面和作用时间，使得纤维与油墨得到更好的分离，使得细小纤维含量增加。

表 3-13　　不同反应温度下纤维长度的变化

反应温度/℃	平均长度/mm	重均长度/mm	重重均长度/mm	细小纤维(<0.2mm)	
				P/%	W/%
30	0.61	1.25	2.01	19.95	3.18
40	0.57	1.15	1.87	21.00	3.49
50	0.58	1.16	1.91	22.48	3.23
60	0.58	1.19	1.73	20.73	3.39

3.3.5　脱墨时间对脂肪酶法脱墨的影响

3.3.5.1　脱墨时间对脱墨效果的影响

随着脱墨时间的延长，白度出现先升高后降低的现象，残余油墨含量则有着相反的趋势。在脱墨时间为 30min 时白度达到最大值 54.48%ISO，残余油墨含量为最低值 317.03mg/kg。但 30min 后随着脱墨时间的增加白度开始下降，这可能是由于在反应初始阶段，脂肪酶反应速度较快，脂肪酶的分解作用使得纤维和油墨粒子得到很好的分离，从而使得白度上升。但脱墨时间过长时，部分酶失去活性，底物中易分解组分减少，从而使酶解速度降低；同时脱墨时间过长，会使油墨粒子过度细小化，不利于浮选过程脱除，也容易造成油墨粒子的“回转”现象以及纤维重新被颜料染色，易使纤维夹带油墨粒子，使得脱墨效果下降。在整个脱墨过程中，根据脱墨浆的白度并结合残余油墨浓度，选定酶处理时间为 30min。

3.3.5.2　脱墨时间对纤维长度的影响

脱墨时间在 40min 以内时，纤维的长度变化很小，细小纤维含量也没有发生很大的变化（图 3-19）。一方面可能是由于反应时间范围选择的比

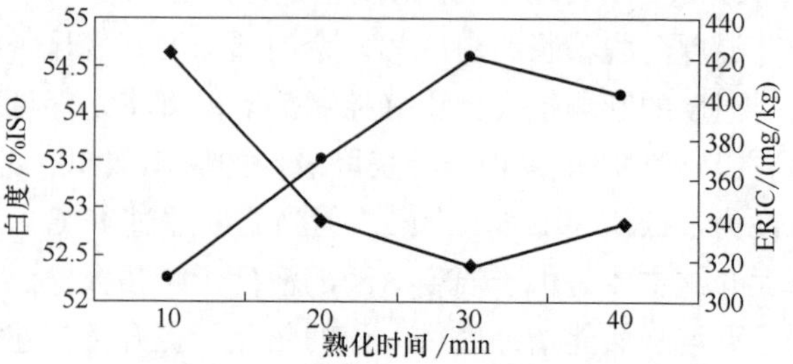

图 3-19　脱墨时间对脱墨浆白度和残余油墨含量的影响

—●— 白度　—◆— 残余油墨

较小，没能看出更远的趋势，另一方面原因可能是脂肪酶本身脱墨方式的原因，最终的结果是脱墨时间对纤维的长度几乎没有影响（表 3-14）。

表 3-14　　不同脱墨时间下纤维长度的变化

脱墨时间/min	平均长度/mm	重均长度/mm	重重均长度/mm	细小纤维(<0.2mm)	
				P/%	W/%
10	0.62	1.23	1.98	19.86	2.93
20	0.60	1.20	1.88	20.71	3.07
30	0.61	1.24	2.00	19.27	2.97
40	0.60	1.20	1.89	20.28	3.05

3.3.6　pH 对脂肪酶法脱墨的影响

3.3.6.1　pH 对脱墨效果的影响

由白度曲线和残余油墨浓度曲线可知（图 3-20），当 pH 在 9~10 时，实验取得最佳的脱墨效果，也就是说实验所采用的脂肪酶的适用 pH 范围在偏碱性条件下能获得较好的脱墨效果。pH = 10 时白度达到最高值 52.36%ISO，残余油墨浓度为最低值 416.39mg/kg。

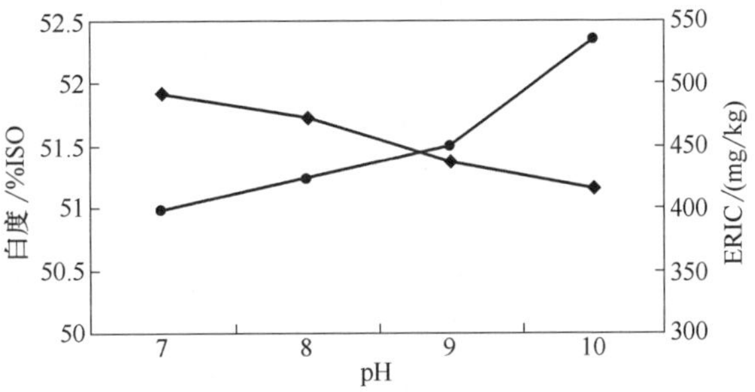

图 3-20　pH 对脱墨浆白度和残余油墨含量的影响
—◆— 白度　—◆— 残余油墨

当降低体系的 pH 时，纸浆白度不断下降，残余油墨含量不断上升。这主要是由于酶的不同生物特性所决定，当它们在最适宜的 pH 下，往往能发挥最好的效果。酶的最佳 pH 也是一个比较敏感的数，最适 pH 的微小偏离会使酶的活性部位发生变化而降低酶的活力，pH 发生较大偏离时则会导致酶蛋白自身的变形。在实验中最适 pH 往往随底物浓度、温度和其他影响因素变化而变，所以它并不是和酶的最稳定 pH 一定相同，实际中酶的最佳 pH 一般都会偏离其最稳定 pH，故对每一种酶在利用其时必须选择其最佳的作用 pH。本试验中脂肪酶脱墨过程中的 pH 选择为 10。

3.3.6.2　pH 对纤维长度的影响

随着体系中 pH 的变化，纤维的平均长度、重均长度以及细小纤维含量发生很小的变化：纤维的平均长度几乎没有变化，纤维的重均长度下降了 3.3%，从中可以看出 pH 的变化对纤维的长度几乎没有影响（表 3-15）。这可能主要是由于所使用的脂肪酶对纤维本身性质所决定，它的脱墨方式只是对油墨的解离，而不是直接对纤维进行降解。

表 3-15　　不同 pH 下纤维长度的变化

pH	平均长度/mm	重均长度/mm	重重均长度/mm	细小纤维(<0.2mm)	
				P/%	W/%
7	0.59	1.21	1.94	21.17	3.55
8	0.58	1.17	1.87	20.97	3.35
9	0.58	1.20	2.00	20.78	3.44
10	0.59	1.18	1.89	20.74	3.53

3.3.7 脂肪酶法脱墨对废纸浆性能的影响

在前部分实验的基础上，选择最佳工艺条件进行脂肪酶法脱墨验证实验：浆浓 12%，脱墨温度 40℃，pH=10，脱墨时间 30min，酶用量 1.5u/g。并对整个脱墨过程中新闻纸原浆与脱墨浆在纸浆物理强度、打浆度、保水值以及纤维长度的变化进行对比。实验结果见表 3-16 及表 3-17。

表 3-16　　酶法脱墨浆与新闻纸原浆性能比较

浆料	白度/%ISO	ERIC/(mg/kg)	撕裂指数/(mN·m^2/g)	耐破指数/(kPa·m^2/g)	抗张指数/(N·m/g)	打浆度/°SR	保水值/%
新闻纸原浆	46.52	731.43	6.57	1.2	21.71	43	1.62
酶法脱墨浆	52.82	408.27	7.13	1.39	24.83	25	1.56

在最佳脱墨工艺条件下，ONP 脂肪酶法脱墨有着良好的脱墨效果（表 3-16）：白度增值为 6.3%ISO，残余油墨浓度从 731.43mg/kg 下降到 408.27mg/kg。打浆度从 43°SR 下降到 25°SR，纸浆滤水性能方面也得到改善，这可能主要有两个方面的原因：纤维表面的微细纤维的去处以及浆料中的细小纤维或小的纤维组分的絮聚。脱墨浆强度也得到提升，撕裂指数、耐破指数和抗张指数分别提高了 8.5%、15.8%和 14.4%，这主要是因为脂肪酶以分解油墨载体为主，不会对纸浆纤维进行降解；同时脂肪酶脱除油墨后能增加纤维之间的接触面积，使纤维间结合力得到部分改善，最终使得强度指标提升。这也表明脂肪酶脱墨处理使得纸浆的滤水性能提高而不引起纸浆的物理强度损失，这在实际工业生产中是一个巨大的优势：可以提高纸机车速以提高生产能力，又可降低网前箱的浓度以提高纸张的匀度并保持良好的机械强度，进而提高成纸的品质。

经脂肪酶法脱墨处理后，纤维平均长度、数均长度和重均长度分别下降了 3.4%，2.5% 和 0.5%，细小纤维含量增加了 7.7%（表 3-17），这表明脂肪酶法脱墨对纤维长度几乎没有影响，能保持很好的纤维形态。这主要是因为所选酶为脂肪酶的原因，脂肪酶以分解油墨载体为主，它对纸浆纤维的降解并无直接贡献，不会影响纤维的长度变化。

表 3-17　　酶法脱墨浆与新闻纸原浆纤维长度变化

脱墨方式	平均长度/mm	数均长度/mm	重均长度/mm	细小纤维(<0.2mm)	
				P/%	W/%
新闻纸原浆	0.59	1.22	1.95	19.84	3.2
酶法脱墨浆	0.57	1.19	1.94	21.37	3.62

3.4 废纸的纤维素酶复合天冬氨酸脱墨

传统的化学法脱墨一般是使用氢氧化钠、硅酸钠和过氧化氢等化学品配合表面活性剂在碱性条件下对废纸浆进行脱墨处理。大量化学药品的使用会增加造纸废水中的 COD 含量，给环境带来不利影响且增加生产成本。另外，对于混合办公废纸来讲，由于它所用的油墨是激光碳粉，主要成分为树脂，通过激光打印或者复印将树脂熔化到纸张纤维上，传统化学脱墨法不能将其皂化，故脱墨效果不佳。纤维素酶能够改善废纸纤维的润胀性能，有目的的作用在纤维与油墨间的连接处，从而减少纤维与油墨粒子的结合，然后在适当的机械力作用下将油墨粒子从纤维表面脱除。有学者利用从黑曲霉中提取的纤维酶对新闻纸进行脱墨的研究中发现，在纤维素酶用量为0.5%时，酶脱墨能够有效降低残余油墨含量，白度达到最大值47.5%ISO，继续添加纤维素酶使得白度下降。

从纤维素酶用量、天冬氨酸用量、反应温度、反应时间和浆浓等方面探讨纤维素酶复合天冬氨酸对MOW脱墨效果的影响。

3.4.1　纤维素酶

3.4.1.1　纤维素酶的组成及分子结构

纤维素酶是一个包含有外切型葡聚糖酶（exo-1,4-β-D-glucanase，EC3.2.1.91，CBH，又称纤维二糖水解酶）、内切型葡聚糖酶（endo-1,4-β-D-glucanase，EC3.2.1.4，EG）、β-葡聚糖苷酶（β-glucosidase，EC3.2.1.21，BG）的复合酶。内切葡聚糖酶吸附到纤维素分子链上攻击纤维素分子链的非结晶区，然后随机水解纤维素链上的β-1,4-糖苷键，截短纤维素链，纤维结构变得松弛产生大量带非还原性末端的小分子纤维素，外切葡聚糖酶作用于短纤维素链的非还原性末端，逐次切下纤维二糖分子，水解纤维素的无定型区和结晶区，β-葡聚糖苷酶将切下的纤维二糖水解为葡萄糖分子。单一内切酶处理纸浆时不能破坏纤维素结晶结构，只是切断纤维素长链让纤维表面变得光滑，单一外切纤维素酶处理纸浆时，可以进入到纤维分子内部攻击纤维结晶结构，但破坏结晶纤维素的能力有限，当外切酶与内切酶二者协同处理时，对纤维素的结晶结构有较好的破坏效应。不同组分对底物的酶解能力不同，纤维素酶的3种组分对不同底物的酶解能力见表3-18。

表3-18　纤维素酶3种组分对底物的酶解能力

酶	底物				
	结晶纤维素	非结晶纤维素	CMC-Na	纤维木质糖类	纤维二糖
内切酶	无	强	强	中	无
外切酶	弱	强	无	中	无
β-葡萄糖苷酶	无	无	无	中	中

真菌和细菌均可以分泌纤维素酶，而真菌具有较强的纤维素酶分泌能力，且大部分能够分泌到细胞外，各组分之间协同作用强，以细菌为载体产生的纤维素酶大部分只能留在细胞内且酶活力较低，由昆虫和植物组织生产的纤维素酶多数不用于造纸工业。一般造纸工业运用的纤维素酶都来自真菌，比较典型的是木酶属、青霉属、曲酶属，其中又以木酶属含有高活力的内切、外切酶而应用广泛。

载体不同生产得到的纤维素酶在分子结构上有所差异。但都含有两种结构域，一个是具有纤维素结合能力的结合域（Cellulose binding domain，CBD），另一个是具有催化功能的催化域（Catalytic domain，CD），这两个独立的结构域在一个糖基化的连接桥Linker的连接下成为一个完整且独立的蛋白质分子。有学者对纤维素酶的分子结构进行了详细研究验证了纤维素酶是由CBD、CD和连接区Linker三部分组成。在对纤维素酶分子结构的研究表明，内切酶的催化域表现为一个开放的裂口，其与纤维素链结合后可以随机切断β-1,4-糖苷键，外切酶的催化域活性部位是一条孔道，通过此孔道完成纤维素与酶催化域的结合，然后沿着纤维素链展开水解反应。后经许多研究学者研究证明，纤维素酶是由一个催化活性的头部（CD）和楔形的尾部（CBD）组成的蝌蚪状分子，分子结构如图3-21所示。

早在1997年就有学者对纤维素结合域进行了研究，结果表明纤维素结合域具有亲水亲脂两亲性的特点，这种两亲性可以使得它能够很好地作用于纤维素的结晶结构，当该结合域吸附到纤维素表面后可以起到疏解纤维素链的功效，使纤维素的反应活性和反应位点得到有效提升。虽然纤维素酶的CBD研究已经取得一定进展，但纤维素酶的确切作用机理仍需进一步研究。

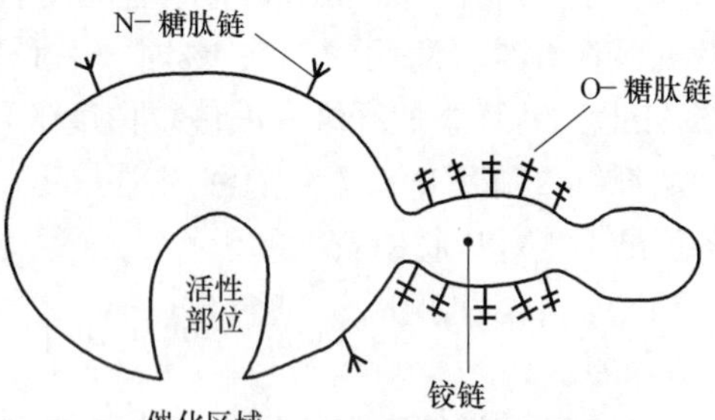

图3-21 纤维素酶的分子结构模型

3.4.1.2 纤维素酶的脱墨机理

(1) 水解说

由于纤维素酶的主要作用是水解纤维素链中的糖苷键，所以从本质上说，纤维素酶的酶法脱墨作用可能与纤维素酶对纸浆纤维中纤维素的部分水解有关。有学者提出废纸碎解后产生的油墨-纤维和纤维-油墨与单独的油墨粒子相比，具有较差的可浮选性。而纤维素酶对油墨-纤维和纤维-油墨中纤维素纤维的水解作用（尤其是前者），可能会大大促进脱墨效率。韩国学者Kim提出，酶只是部分地水解和解聚纤维表面的微纤维，但这一部分水解作用削弱了表面微纤维相互之间的结合，增加了这些微纤维的自由度，因此墨粉很容易地在这些纤维发生分离时被脱除掉。然而，由于纤维素酶的反应性能比较低，那么在一个很低的酶使用量和一个很短的反应时间内，通过纤维素酶的水解作用能够完全移去整个纤维的表面层将是不可能的。

(2) 机械摩擦说

Zeyer根据实验结果提出，机械作用对酶发挥作用是一种前提条件。他们用印有墨迹的棉织物和人造纤维的实验数据表明，两者的脱墨效率均随着摩擦作用的增强而增加。这一结果与织物的酶法洗涤相比的结果是一致的。机械作用可引起纤维表面纤维素链的破坏，使纤维与油墨的结合部位突起，提高了纤维素酶对纤维素的可及度，因此增加了酶对纤维的攻击性，然后通过纤维素酶的水解作用使油墨从纤维上脱落下来。这一机械作用说法也可以解释中度浆浓比低浆浓时的酶法脱墨效果要好的现象。

(3) C_1—C_x 假说与协同说

纤维素是由D-葡萄糖组合而成的高分子聚合物，整个纤维素链上形成的氢键网状结构包覆着许多的结晶区，要想对纤维素进行高效利用则需对其进行预处理破坏纤维素链的结晶区。纤维素酶作为一种混合酶，其对纤维素的降解过程一般都是要由三个组分协同处理纸浆，常见的协同组合方式一般是4种：外切酶协同内切酶，外切酶协同葡萄糖苷酶，纤维素酶的催化域协同碳水化合物模块，纤维素链还原端与非还原端之间的外切酶的协同。正是基于这种组合方式的多样性，纤维素酶在处理纸浆中具有多样性且作用效果显著。

纤维素酶是Seilliere在1906年首次从蜗牛的消化液中提取得到的，到1950年Reese对木酶产纤维素酶进行研究时首次提出纤维素酶作用机理 C_1—C_x 假说，以此来进一步阐述纤维素酶的作用机理。此假说将纤维素酶分为外切酶（C_1 酶）、内切酶（C_x 酶）和β-葡聚糖苷酶（BG），C_1 酶首先攻击纤维素的结晶区，随机破坏纤维素链上的分子间氢键并切断β-1,4-糖苷键，使结晶纤维素转化为 C_x 酶能够作用的无定行纤维素，由 C_x 酶将其水解为纤维二糖，最后由β-葡聚糖苷酶将纤维二糖水解成葡萄糖。

另一种则是由Enari等人提出的顺序作用假说，他们提出纤维素酶在预处理纤维素时先由外切酶（CBHⅠ和CBHⅡ）将纤维素溶解为纤维糊精与纤维二糖，而纤维糊精又被内切酶（EG）攻击分解成纤维二糖，最后由BG将上面的纤维二糖水解为葡萄糖，但顺序作用假说并未取得相关实验证明。图3-22是纤维素酶顺序作用假说示意图。1980年以来，随着生物技术的高速发展，纤维素酶对纤维素的作用方式逐渐清晰，C_1酶和C_x酶被认为是含有多种异构酶的水解酶，因此研究者将C_1酶和C_x酶进行了重新命名，即将纤维素酶分为上述提到的CBH酶、EG酶和BG酶，纤维素酶也由此三种酶协同作用来降解纤维素，也是被大多数研究者所认可的纤维素酶协同说。

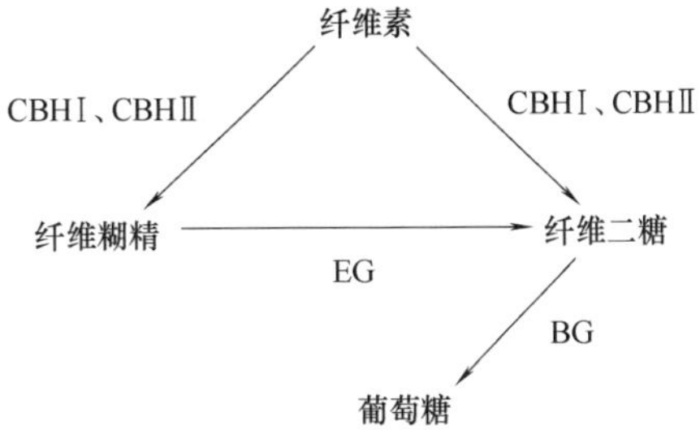

图3-22 纤维素酶顺序作用假说示意图

3.4.1.3 纤维素酶脱墨存在的问题

生物酶技术作为一项前沿技术在制浆造纸行业中得到越来越广泛的应用，生物酶中的纤维素酶更是备受青睐。利用纤维素酶改性废纸纤维可以提高废纸浆的滤水性能、漂白性能及改善废纸的脱墨效果，从而提升废纸纤维的循环利用。

与传统化学法脱墨技术相比，纤维素酶法脱墨可以替代传统方法中使用的化学脱墨剂，使油墨粒子在短时间内从纸浆纤维上脱落下来，从而完成脱墨。纤维素酶法脱墨浆与化学法脱墨浆相比，残余油墨量低、白度高、纤维滤水性能好，且能耗少、基本无污染。油墨粒子的形状和大小分布在酶脱墨过程中可通过改变各影响因素来有效控制，从而提高脱墨效果。

有学者探讨了纤维素酶对混合办公废纸脱墨的工艺条件，结果表明，在纤维素酶用量1.2U/g、反应时间15min、反应温度55℃、浆浓9%、表面活性剂用量0.05%及pH为4.5~5的最佳脱墨工艺条件下，与未脱墨相比混合办公废纸脱墨浆抗张指数提升34.06%，尘埃度降低了68.86%，白度提升2.14%，脱墨效果良好。Ibarra等用纤维素酶/半纤维素酶协同漆酶/介体系统对旧报纸进行脱墨研究，结果表明在最佳脱墨条件下，经脱墨处理的废纸浆白度提高了3%，脱墨效率提高20%，成纸抗张指数与撕裂指数得到提升。

与脱墨工艺的研究相比，纤维素酶法脱墨机理的研究还有待深入。为此，许多研究学者提出了一些纤维素酶脱墨机理的假说，主要有机械协同说、水解说、纤维剥离说、间接作用说和优先进攻说。机械协同说由Zeyer等人提出，他们认为纤维素酶脱墨的前提条件是机械作用，废纸纤维在机械力作用下纤维素分子链被破坏，油墨和纤维的结合部位升高，酶对纤维素的可及度及侵蚀性提高，然后在纤维素酶的水解作用下将油墨与纤维分开。机理模型图如图3-23所示。

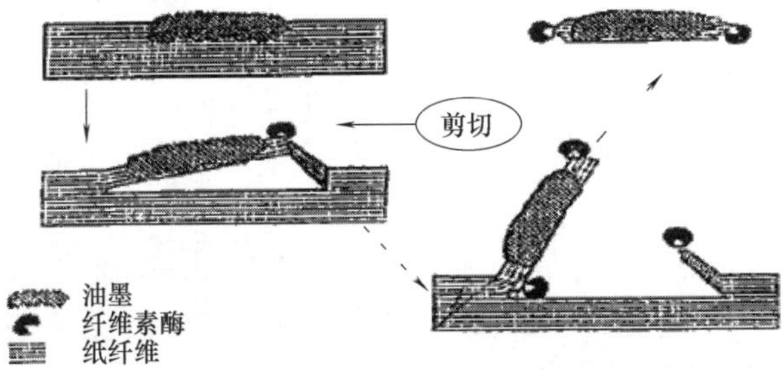

图3-23 机械力作用下纤维素酶的脱墨机理模型图

Franks等人提出的水解说则认为油墨的脱除是依靠纤维素酶对纤维的水解作用，纤维素酶可以有效水解废纸浆中油墨-纤维和纤维-油墨中的纤维素，使油墨粒子在纤维素水解时能够轻易地被除掉。Jefferies提出的间接作用学说则认为纤维素酶在处理废纸浆时只是起到了一种间接作用，水解掉纤维表面的细小纤维，使纤维表面疏松，提高浆料的滤水性能，从而在浮选过程中容易将油墨粒子浮选脱除。

3.4.1.4 纤维素酶复合天冬氨酸的脱墨原理

纤维素酶复合天冬氨酸脱墨的原理主要涉及纤维素酶对纤维素的降解作用以及天冬氨酸作为介体可能对酶促反应产生的促进效果。

天冬氨酸可能作为介体或辅助因子，通过其特定的化学性质或结构特点，促进纤维素酶与纤维素的结合，提高酶的催化效率。虽然天冬氨酸本身并不直接参与纤维素的水解反应，但它可能通过稳定酶的活性构象、调节反应环境的 pH 或提供必要的离子环境等方式，来优化酶促反应的条件，从而增强脱墨效果。

在脱墨过程中，加入纤维素酶复合天冬氨酸后，通过机械搅拌和适当的温度条件，纤维素酶开始作用于废纸浆中的纤维素，同时天冬氨酸发挥其介体作用。随着纤维素的水解和纤维表面的松弛，油墨粒子与纤维之间的连接键被破坏，油墨粒子在机械搅拌的作用下与纤维分离，并通过后续的洗涤或浮选过程从纸浆中去除。

纤维素酶复合天冬氨酸脱墨的具体机制可能因酶的种类、来源、纯度以及反应条件的不同而有所差异。此外，天冬氨酸的用量和反应条件也需要进行优化，以达到最佳的脱墨效果。

从纤维素酶用量、天冬氨酸用量、反应温度、反应时间和浆浓等方面介绍纤维素酶复合天冬氨酸对 MOW 脱墨效果的影响。通过分析脱墨后的白度与有效残余油墨浓度，确定酶体系脱墨的最佳反应条件。

3.4.2 纤维素酶用量对脱墨的影响

酶用量是生物酶废纸脱墨过程中影响脱墨效果的一个关键因素，因此，在纤维素酶复合天冬氨酸脱墨过程中首先确定纤维素酶的最佳用量。其他实验条件控制为：天冬氨酸用量2%（基于绝干浆量），反应温度 50℃，反应时间 60min，浆浓 8%，pH 为 7。酶用量对酶促体系脱墨效果的影响如图 3-24 所示。

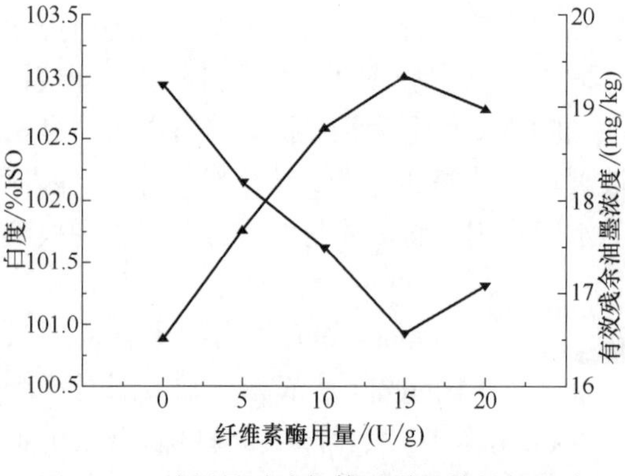

图 3-24 酶用量对酶促体系脱墨效果的影响

—▲— 白度 —▼— 有效残余油墨

随着纤维素酶用量的增加，纸张白度呈现出先增加后下降的趋势，而有效残余油墨浓度则表现出先下降后增加的趋势。在纤维素酶用量为 15U/g 时，纸张白度达到最大值 103%ISO，有效残余油墨浓度有最小值 16.56mg/kg，与未经纤维素酶复合天冬氨酸脱墨处理的对照样相比（白度为 100.88%ISO，有效残余油墨浓度 19.26mg/kg），纸张白度提升了 2.1%，这对于含有高质量的漂白浆的混合办公废纸来讲效果提升显著。

分别依据 TAPPI T567 om-04 和 TAPPI T452 om-02 标准用 Technidyne Color Touch PC CTP-ISO 和 L&W ElrepHo070 白度仪测定 MOW 脱墨浆再生纸的有效残余油墨浓度和白度。并根据式（3-1）计算脱墨效率：

$$脱墨效率=\frac{E_{对照样}-E_{处理样}}{E_{对照样}}\times100\% \tag{3-1}$$

式中 E——样品的有效残余油墨浓度（ERIC），mg/kg

计算可得，在酶用量为15U/g时，脱墨效率为14.02%，脱墨效果良好。这是因为纤维素酶是水解纤维素的专一酶，能够有目的的作用于纤维表面，在脱墨过程中，纤维素酶水解纤维素，破坏纤维素分子链上的应力点，纤维表面变得松弛，并破坏纤维与油墨粒子之间的连接键，在机械搅拌作用下与纤维分离，然后通过浮选过程浮选脱除。当纤维素酶用量过高的情况下，纤维素过渡水解，对成纸的白度性能带来损伤，而油墨粒子在此情况下被打散成很细的点，在浮选过程中会被纤维重新吸附而不能脱除，因此导致有效残余油墨浓度升高，降低脱墨效率。增加纤维素酶用量的同时也会增加生产成本，因此，纤维素酶用量为15U/g为纤维素酶复合天冬氨酸对混合办公废纸脱墨的最佳酶用量。

3.4.3 天冬氨酸用量对脱墨的影响

天冬氨酸作为纤维素酶复合天冬氨酸体系中的介体，其用量对酶促体系改善混合办公废纸脱墨效果具有重要影响。其他实验条件控制为：纤维素酶用量15U/g（基于绝干浆量），反应温度50℃，反应时间60min，浆浓8%，pH为7。天冬氨酸用量对酶促体系脱墨效果的影响如图3-25所示。

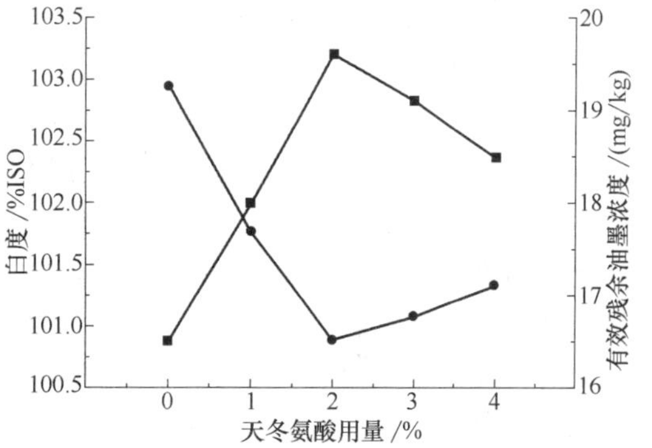

图3-25 天冬氨酸用量对酶促体系脱墨效果的影响

随着天冬氨酸用量的增加，纸张的白度逐渐升高，在天冬氨酸用量为2%时达到最大值103.2%ISO，之后再增加天冬氨酸的用量，纸张白度逐渐下降但仍高于较低用量时的白度，与未经纤维素酶复合天冬氨酸脱墨处理的对照样相比（白度为100.88%ISO，有效残余油墨浓度19.26mg/kg），纸张白度提升了2.4%，提升效果显著。有效残余油墨浓度值刚好相反，随着天冬氨酸用量的增加先下降后缓慢提升，在天冬氨酸用量为2%时有效残余油墨浓度最小为16.51mg/kg，经脱墨效率公式计算可得，在天冬氨酸用量为2%时，脱墨效率为14.28%，脱墨效果良好。这表明在纤维素酶中增加介体可以更加有效地脱除油墨粒子，天冬氨酸含有两个羧基基团，在纤维素酶的作用下纤维表面结构松弛，羧基嫁接到纤维表面增加纤维的润胀性能在搅拌作用下使油墨粒子更容易从纤维上脱落从而在浮选中去除。当天冬氨酸用量过多时，白度不再增加反而有小幅度下降，这可能是羧基含量过多，对纤维改性不明显，且过多的羧基会使纤维表面负电荷有所增加，影响成纸物理性能。因此，天冬氨酸用量为2%为纤维素酶复合天冬氨酸对混合办公废纸脱墨的最佳介体用量。

3.4.4 反应温度对纤维素酶法脱墨的影响

无论是传统化学法脱墨还是生物酶法脱墨，在废纸浆脱墨的整个过程中，油墨粒子除了发生脱落外，还会发生油墨的再次沉积现象，这是一个可逆的过程，控制不当将会给废纸浆脱墨带来很大影响。反应温度对纤维素酶来讲是一个影响酶催化活性的重要因素，在生物酶脱墨过程中发挥重要作用。温度不把控的话最终会使油墨粒子再次吸附到纤维上无法脱除。其他实验条件控制为：纤维素酶用量15U/g（基于绝干浆量），天冬氨酸用量2%（基于绝干浆量），反应时间60min，浆浓8%，pH为7。反应温度对酶促体系脱墨效果的影响如图3-26所示。

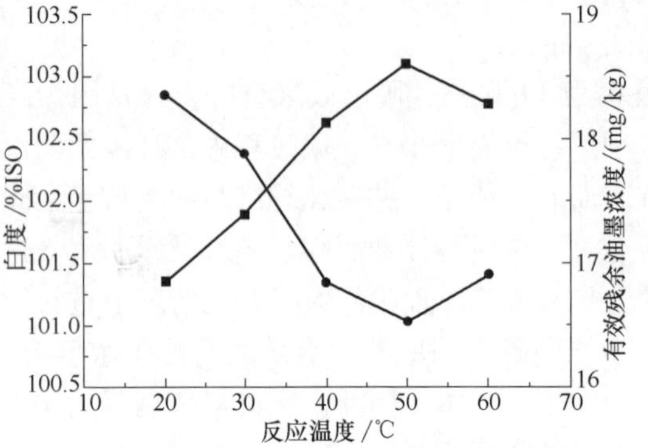

图3-26 反应温度对酶促体系脱墨效果的影响

—■— 白度 —●— 有效残余油墨

在20℃时，纸张的白度和有效残余油墨浓度分别为101.36%ISO和18.35mg/kg，与未经纤维素酶复合天冬氨酸脱墨的纸浆相比，提升效果不明显。随着反应温度的逐渐升高，纸张的白度值先增加后下降，在30~40℃范围白度增幅最大，当反应温度达到50℃时纸张白度达到最大值103.1%ISO，与未经纤维素酶复合天冬氨酸脱墨处理的对照样相比（白度为100.88%ISO，有效残余油墨浓度19.26mg/kg），纸张白度提升了2.2%，与纤维素酶最佳用量时增幅相当，说明在处理过程中纤维素酶与温度是形影不离的。有效残余油墨浓度的变化趋势刚好相反，随着温度的升高，有效残余油墨浓度先降低后略有回升，同样在30~40℃范围油墨浓度降低幅度最大，在50℃达到最小值16.53mg/kg，经脱墨效率公式计算可得，在反应温度为50℃时，脱墨效率为14.17%，脱墨效果良好。这表明反应温度对纤维素酶有重要影响，温度较低时，纤维素酶达不到反应所需的较好的温度点，不能够很好地对纸浆进行脱墨处理，所以在一定范围内提升反应温度能够增加纤维素酶的催化速度，提升脱墨效果，当温度过高时，纤维素酶的催化域和纤维结合域都将遭到破坏使催化活性降低，甚至使纤维素酶失活而不能起作用。因此，50℃为纤维素酶复合天冬氨酸对混合办公废纸脱墨的最佳反应温度。

3.4.5 反应时间对纤维素酶法脱墨的影响

废纸浆脱墨的过程中会发生油墨粒子再次沉积现象，这跟脱墨时间有很大关联。控制好酶处理时间及浮选时间对提升脱墨效果意义重大。在研究反应时间时将其他实验条件控制为：纤维素酶用量15U/g（基于绝干浆量），天冬氨酸用量2%（基于绝干浆量），反应温度50℃，浆浓8%，pH为7。反应时间对酶促体系脱墨效果的影响如图3-27所示。

可见，反应时间从30min延长至40min时，纸张的白度增幅明显，相对应的有效残余油墨浓度降幅明显，在40min时，纸张白度为102.17%ISO，有效残余油墨浓度为17.32mg/kg。随着反应时间的延长，纸张的白度再次增加，到60min时纸张白度达到最大值103%ISO，与未经纤维素酶复合天冬氨酸脱墨处理的对照样相比（白度为100.88%ISO，有效残余油墨浓度19.26mg/kg），纸张白度提升了2.1%，再继续延长反应时间，纸张白度

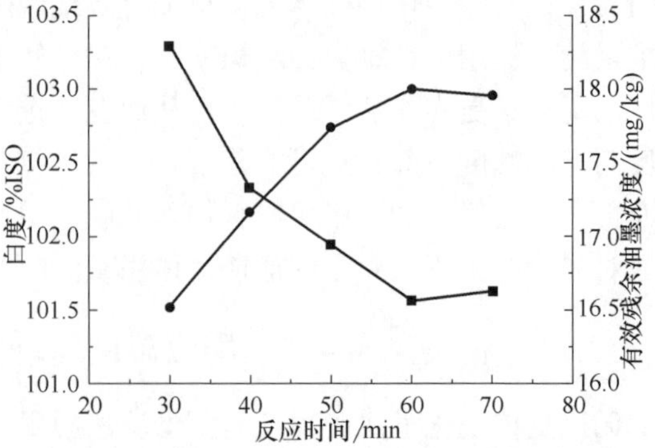

图3-27 反应时间对酶促体系脱墨效果的影响

—■— 白度 —●— 有效残余油墨

变化不明显，基本趋于平缓。有效残余油墨浓度的变化趋势刚好相反，随着反应时间的延长，有效残余油墨浓度逐渐降低，在反应时间为60min时达到最低值16.56mg/kg，经脱墨效率公式计算可得，在反应时间为60min时，脱墨效率为14.02%，再继续延长反应时间，有效残余油墨浓度基本趋于平缓。这表明反应时间对纤维素酶复合天冬氨酸脱墨效果有重要影响，在较低处理时间下，纤维素酶/天冬氨酸脱墨处理不完全，纸张白度和有效残余油墨浓度低，在合理范围内随着反应时间的增加，纤维素酶与废纸浆能够充分反应，使更多油墨粒子从纤维表面脱落，当反应时间过长时，开始脱落掉的油墨粒子会再次吸附到纤维表面而影响脱墨效果。

除此之外，浮选时间不宜过长，本研究控制浮选时间15min，浮选时间过长的话会使纸浆中随泡沫上浮的油墨粒子减少，随气泡流失的纸浆增多，从而使脱墨效果变差。

3.4.6 浆浓对纤维素酶法脱墨的影响

纸浆的浓度对纤维素酶复合天冬氨酸脱墨效果有重要影响，纸浆浓度会影响酶脱墨中酶的浓度，酶脱墨处理时废纸浆浓控制在合理值将会提升脱墨效果。在研究纸浆浓度影响因素时将其他实验条件控制为：纤维素酶用量15U/g（基于绝干浆量），天冬氨酸用量2%（基于绝干浆量），反应温度50℃，反应时间60min，pH为7。纸浆浓度对酶促体系脱墨效果的影响如图3-28所示。

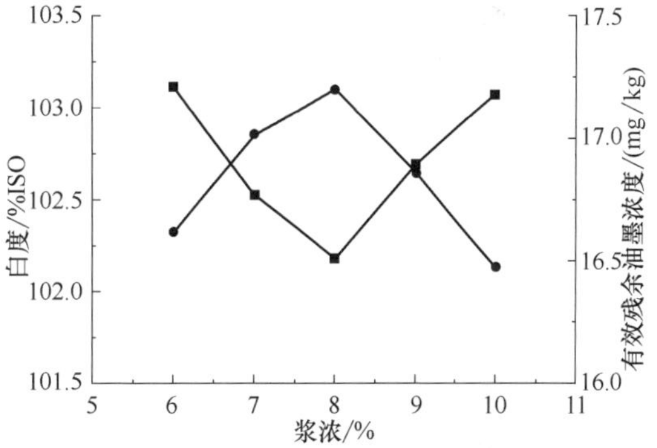

图3-28 纸浆浓度对酶促体系脱墨效果的影响

—■— 白度 —●— 有效残余油墨

纸张的白度和有效残余油墨浓度随纸浆浓度的变化趋势明显。随着纸浆浓度的提升，纸张白度先增加后下降，当纸浆浓度为8%时，纸张白度达到最大值103.1%ISO，与未经纤维素酶复合天冬氨酸脱墨处理的对照样相比（白度为100.88%ISO，有效残余油墨浓度19.26mg/kg），纸张白度提升了2.2%。有效残余油墨浓度的变化趋势刚好相反，随着纸浆浓度的增加，有效残余油墨浓度逐渐降低，在纸浆浓度为8%时达到最低值16.51mg/kg，经脱墨效率公式计算可得，在纸浆浓度为8%时，脱墨效率为14.28%，再继续增加纸浆浓度，有效残余油墨浓度则呈现出上升趋势。当纸浆浓度达到10%的时候，纸张白度降低到最小值102.13%ISO，而有效残余油墨浓度则增加到最大值17.18mg/kg，与8%浆浓相比油墨浓度增加了4.1%。这是因为随着纸浆浓度的增加，自然而然的纸浆中的水分就会减少，水分减少就不能使纤维充分润胀，且在纤维素酶用量一定的情况下，纤维素酶的浓度就会增加，从而导致纤维素酶不能与纸浆充分接触造成不能很好地作用于油墨，因此降低了纸张白度和有效残余油墨浓度。浆浓为6%、7%、8%时都可以使纤维素酶复合天冬氨酸有很好的脱墨效果，但8%时效果最佳，因此，浆浓8%为纤维素酶复合天冬氨酸对混合办公废纸脱墨的最佳纸浆浓度。

3.4.7 纤维素酶法脱墨对废纸浆表面的影响

利用X-射线光电子能谱（X-ray photoelectron spectra，XPS）可以有效分析纤维素酶复合天冬氨酸脱墨处理后的纸浆表面的元素组成。XPS对纸浆表面进行扫描检测时只能检测出 C 元素和 O 元素，H 元素以及油墨中包含的其他杂质元素（Si、S 等）是不能被 XPS 检测出来的。图 3-29 为不同方式处理后的纸浆 XPS 宽谱扫描图，根据扫描图得出的氧碳比（O/C）数据如表 3-19 所示。

经过不同方式处理均可有效去除 MOW 浆中的油墨粒子，且纤维素酶复合天冬氨酸提升效果更加，表明在纤维素酶将纤维表面活化后，纤维上的反应位点增加，天冬氨酸可以更多地接入到纤维上增加羧基含量，提升纤维润胀性能，从而有助于油墨的脱除。由图 3-29 可以明确看到 MOW 浆表面的 XPS 宽谱扫描图上只有 C 元素和 O 元素的特征峰，图中 C1s 峰和 O1s 峰的结合能分别为 531.85eV 和 284.5eV。由表 3-19 可以看到，经过天冬氨酸、纤维素酶与纤维素酶复合天冬氨酸脱墨处理后的 MOW 浆表面的氧元素含量均优于对照样，而碳元素含量均低于对照样。经过计算得到天冬氨酸、纤维素酶与纤维素酶/天冬氨酸处理后的 O/C 分别为 54.39%，57.36% 和 63.83%，分别比对照样的 46.87% 提升了 16%，22.38% 和 36.19%。

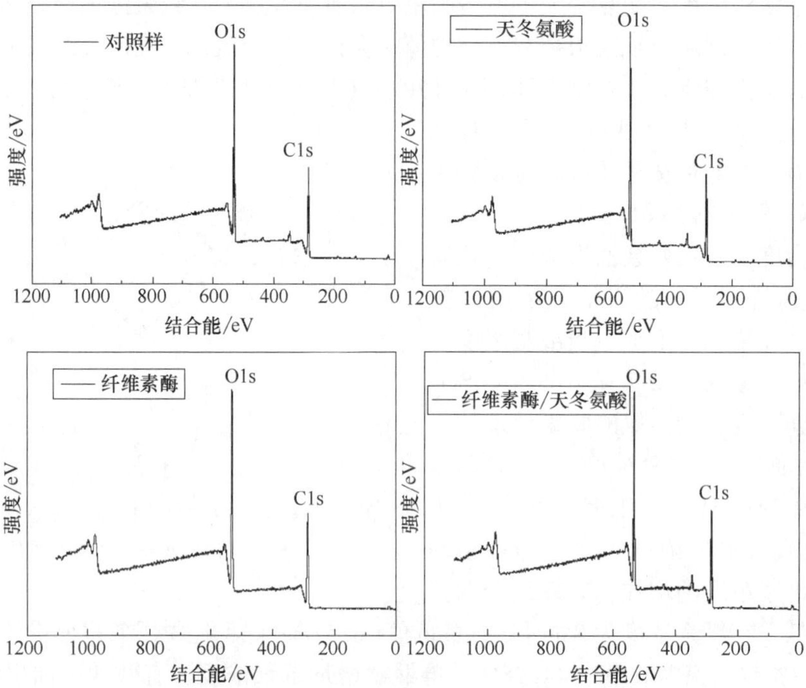

图 3-29　酶处理下脱墨浆的 XPS 宽谱扫描图

表 3-19　　酶脱墨浆的 XPS 数据分析

处理样	O 含量/%	C 含量/%	(O/C)/%
对照样	31.66	67.55	46.87
天冬氨酸处理样	34.98	54.31	54.39
纤维素酶处理样	36.31	63.30	57.36
纤维素酶/天冬氨酸	38.67	60.58	63.83

3.5　废纸的木聚糖酶复合果胶酶协同脱墨

采用改性木聚糖酶协同果胶酶体系对 MOW 进行脱墨研究，通过添加顺序、果胶酶用量、改性木聚糖酶用量、反应温度以及反应时间对 MOW 进行脱墨处理，分析纸张强度性能和脱墨效果，并与传统的化学法脱墨进行对比。

3.5.1 木聚糖酶

3.5.1.1 木聚糖酶的结构与组成

木聚糖酶（Xylanase）是指能够将半纤维素中木聚糖水解成单糖或寡糖的一组酶的总称，主要包括内切 β-1,4-D-木聚糖酶（EC 3.2.1.8）、α-L-阿拉伯糖苷酶（EC 3.2.1.55）、α-D-葡糖苷酸酶（EC 3.2.1.139）、β-D-木糖苷酶（EC 3.2.1.37）、乙酰基木聚糖酶（EC 3.1.1.6）和酚酸酯酶（EC 3.1.1.72）。木聚糖酶主要作用于木聚糖，它通过切割木聚糖分子中 β-1,4-糖苷键，将木聚糖水解成低聚糖或单糖单元。木聚糖酶的作用可以使得纤维素的结构变得松散，提高了纤维素的可加工性，使得纸浆在后续的制浆、打浆和造纸过程中更容易加工。图 3-30 为木聚糖主要结构和木聚糖酶降解机制。

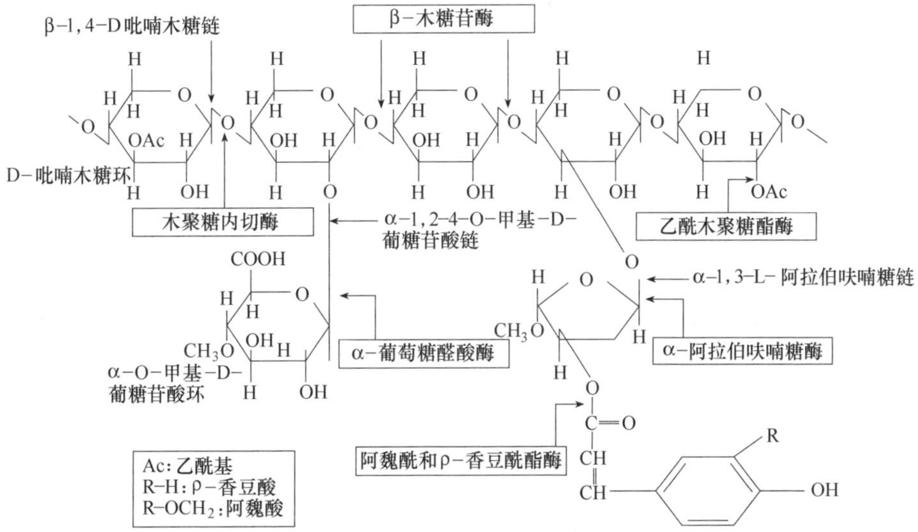

图 3-30 木聚糖主要结构特征及其降解机制

3.5.1.2 木聚糖酶脱墨原理

废纸纤维脱墨通常是使用脱墨剂等化学添加剂在一定机械力（打浆、浮选等）作用下将油墨颗粒同纤维分离，有研究表明，木聚糖酶可以辅助废纸进行酶脱墨，使废纸纤维的得率提高，残余油墨和返黄值下降。有学者利用木聚糖酶负载的基于生物质基脱墨剂（XBD）由棕榈酸、椰子油酸、松香和木聚糖制备而成，在木聚糖酶用量 15%（质量分数）条件下，浮选后的废纸纤维白度为 60.2%ISO，有效残余油墨浓度 223mg/kg。采用木聚糖酶与超声和微波处理相结合的脱墨方式处理 ONP 浆，有效残余油墨浓度（ERIC）降低了 47.9%，同时白度提升了 21.6%。另外有研究发现与传统的脱墨剂化学脱墨相比，当木聚糖酶用量在 1U/g 时可以达到相同的脱墨效果，且酶脱墨后废纸浆的滤水性能和返黄程度均得到改善。

3.5.1.3 木聚糖酶酶活

木聚糖酶发生反应时，木聚糖酶和底物反应的速度会受到温度和 pH 变化的显著影响，如图 3-31 所示。温度过高或者过低都会使木聚糖酶的酶活显著降低，温度为 60℃时，相对酶活最高，在合适的温度下，可以加快酶蛋白分子与底物发生反应，促进酶促反应，但温度过高，会导致酶蛋白失活，降低反应速率。同样，pH 会对酶活性基团产生影响，进而改变酶反应速率，由图 3-31 可知，在 pH=6 时，相对酶活最高，与 pH 对酶活的影响上，温度的影响更为显著。

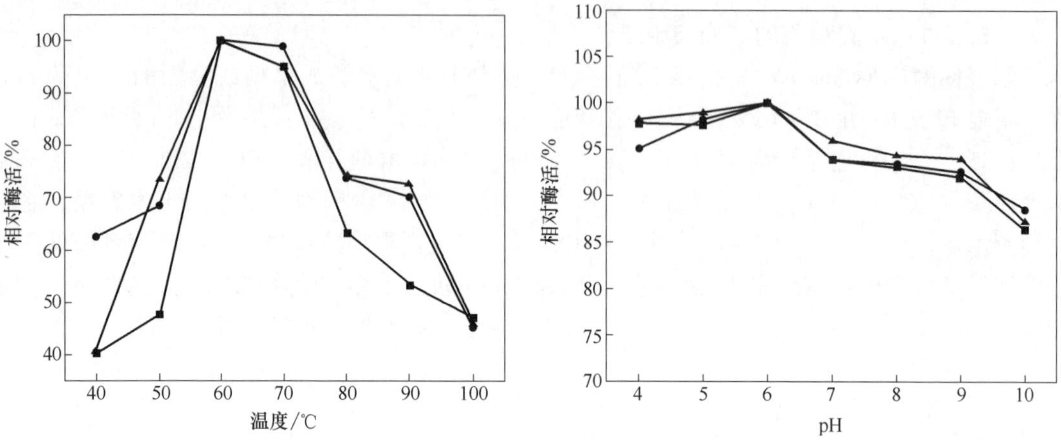

图 3-31　温度、pH 对木聚糖酶酶活的影响

—■— 水聚糖酶　—●— 共价改性　—▲— 非共价改性

木聚糖酶经过改性后，酶活的最佳温度和 pH 均没有发生变化，但是在 50～90℃ 期间，相对酶活提高至 70%～80%，在不同 pH 下，相对酶活也有一定程度的提升，表明木聚糖酶改性后，在高温、高碱的条件下，稳定性提高。因非共价改性方法更为简便，相对酶活较为稳定，选取非共价改性的方法进行处理，最佳温度为 60℃，最佳 pH 为 6，并探索改性木聚糖酶和果胶酶复配体系对纤维回用性能的影响。

3.5.2　果　胶　酶

3.5.2.1　果胶酶的结构与组成

大多数果胶酶由微生物产生，如细菌、霉菌、酵母菌和放线菌，35%的果胶酶来自细菌，55%来自真菌和酵母，应用较多的是芽孢杆菌和曲霉生产的果胶酶。果胶酶是包含降解果胶物质的复杂酶的生物催化剂，它具有多功能性、广泛的底物特异性、可诱导性、稳定性。

果胶分子主链是由不同酯化度的半乳糖醛酸通过 α-1,4 糖苷键聚合而成的多糖链，其侧链通常含有鼠李糖、阿拉伯糖、半乳糖、木糖等，大多存在于纤维细胞壁和胞间层中。果胶酶为多种酶的总称，可以分解果胶物质，主要分为果胶裂解酶、果胶水解酶、果胶酯酶和原果胶酶等，多作用于甲氧基和半乳糖醛酸，其作用机理图如图 3-32 所示。

3.5.2.2　果胶酶脱墨原理

将果胶酶用于废纸浆中进行脱墨，主要是通过果胶酶去除位于纤维胞间层中的果胶质，并脱除附着在纤维表面的抽出物，减少纤维和油墨之间的连接，有助于后续浮选和洗涤法脱墨，多与其他生物酶一起复配使用。有学者研究木聚糖酶和果胶酶对学校混合办公室废纸浆的脱墨作用，结果表明，在与传统脱墨工艺达到相同的纸张光学性能时，可以减少接近 50%化学药品消耗量。将生物酶法与化学法脱墨相结合时，纸浆的耐破指数、撕裂指数和裂断长均得到增加，黏度提高 10.71%，脱墨废水中 BOD 和 COD 含量分别下降 20.15%

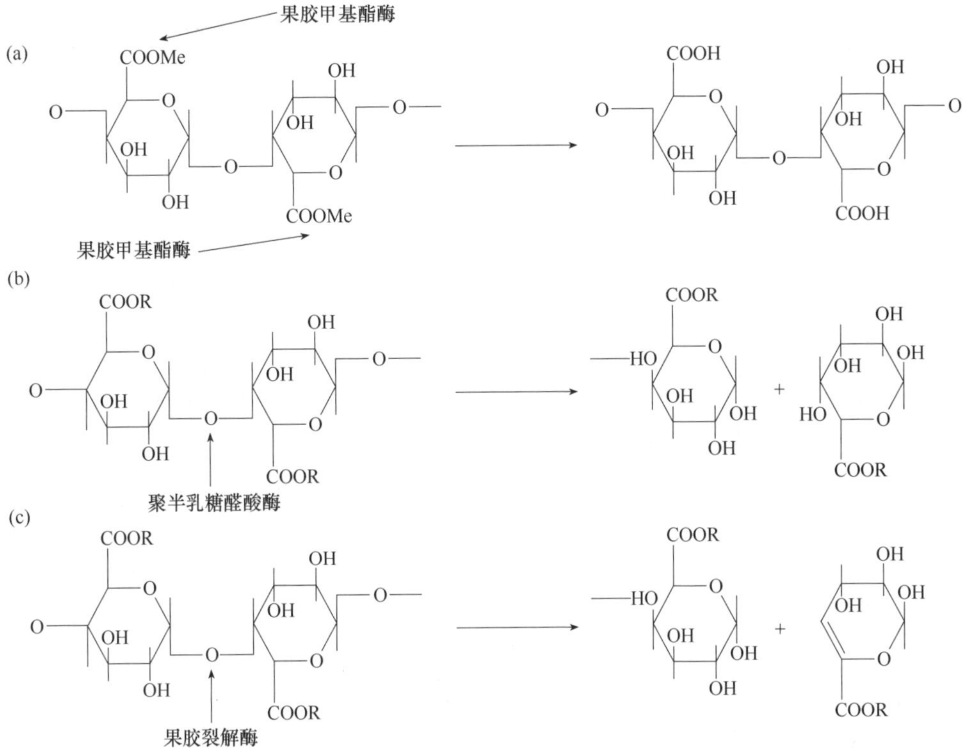

图 3-32 不同类型果胶酶作用机理图

和 22.64%。

3.5.3 复合生物酶最佳工艺条件的探究

3.5.3.1 生物酶添加顺序对酶促体系脱墨效果的影响

采用改性木聚糖酶和果胶酶复合生物酶体系对 MOW 进行回用处理，发现生物酶的添加顺序不同对纸张的物理强度和脱墨效果的影响不同，如图 3-33、图 3-34 所示。优先加入改性木聚糖酶后加入果胶酶复合体系纸张的各项物理强度指数均增加，且有效残余油墨浓度降

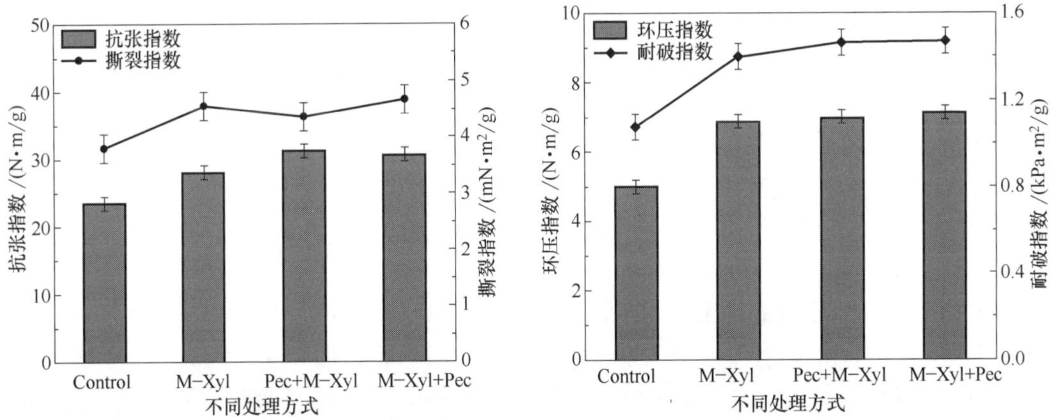

图 3-33 生物酶添加顺序对纤维回用性能的影响

注：Pec+M-Xyl 表示优先加入果胶酶后加入改性木聚糖酶；M-Xyl+Pec 表示优先加入改性木聚糖酶后加入果胶酶。

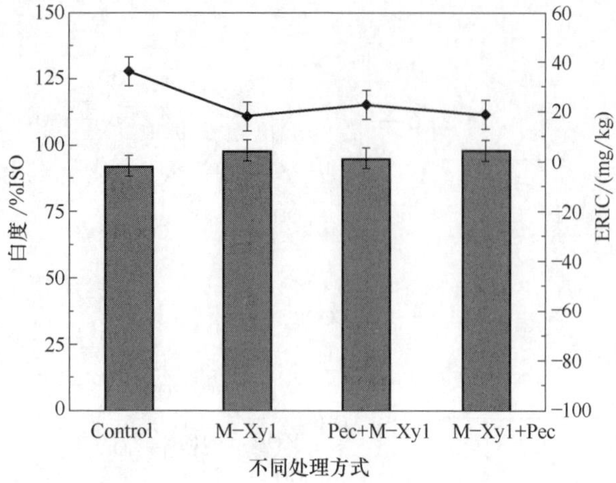

图 3-34　生物酶添加顺序对脱墨效果的影响

白度　ERIC

低，白度值增加。改性木聚糖酶去除纸浆中部分 LCC 结构，纤维结构改变，纤维细胞壁变得疏松多孔，纤维柔软可塑，可以进一步促进果胶酶脱除纤维表面物质，减少纤维与油墨粒子的连接。在脱除油墨粒子、增加纸张白度的同时，进一步提升纸张物理强度性能。而先添加果胶酶后加入改性木聚糖酶纤维回用后，撕裂指数反而下降，有效残余油墨浓度增加。前期添加果胶酶可以脱除纤维细胞壁的果胶质、抽出物以及油墨粒子，暴露出更多的纤维结构，再加入改性木聚糖酶后，纤维吸水润胀，使得纤维重新吸附尚未脱除的油墨粒子，有效残余油墨浓度增加，导致纸张白度值下降。因此为了更好地脱除油墨粒子及增加纸张物理强度性能，采用优先加入改性木聚糖酶后加入果胶酶的复合生物酶体系。

3.5.3.2　改性木聚糖酶用量对酶体系脱墨效果的影响

改性木聚糖酶用量对 MOW 纤维回用强度性能和脱墨效果的影响如图 3-35 所示，其余的条件控制为果胶酶用量 12U/g，果胶酶反应时间 60min，改性木聚糖酶反应时间 60min，温度为 60℃，pH=6。

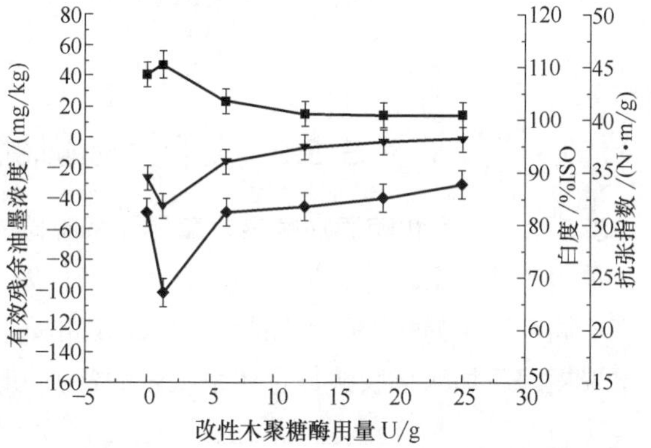

图 3-35　改性木聚糖酶用量对纸张性能的影响

有效残余油墨　白度　抗张指数

当添加少量改性木聚糖酶时，纸张的抗张指数和白度值先降低，后逐渐增加，有效残余油墨浓度先增加后逐渐降低，为了达到较高的纸张强度性能和脱墨效果，并减少成本消耗，综合考虑选取改性木聚糖酶的添加量为 18U/g。当添加少量改性木聚糖酶时，作用于少量的木糖苷键，纤维结构改变不大，没有充分润胀，使得后续添加的果胶酶不能很好的作用于纤维表面，不利于油墨粒子的脱除。随着改性木聚糖酶添加量的增加，纤维中的木糖苷键被打开和 LCC 结构的破坏，使得纤维结构改变，纤维润胀程度增加，促进后续果胶酶脱除纤维表面抽出物以及油墨粒子，有助于浮选脱墨。

3.5.3.3　果胶酶用量对酶促体系脱墨效果的影响

果胶酶用量对 MOW 纤维回用强度性能和脱墨效果的影响如图 3-36 所示，其余的条件控制为果胶酶反应时间 60min，改性木聚糖酶用量 18U/g，改性木聚糖酶反应时间 60min，温度为 60℃，pH=6。由图 3-36 可知，在果胶酶用量不断增加的过程中，纸张抗张指数增加至最高值随后降低，有效残余油墨浓度下降并逐渐稳定，纸张白度先增加后轻微降低。综合考虑，当果胶酶的添加量为 12U/g 时，纸张的抗张指数最高，有效残余油墨最低，白度较高。随着果胶酶的用量增加，可以有效脱除纤维表面抽出物，减少纤维和油墨粒子的连接力，利于后续浮选脱墨过程中油墨粒子的脱除。

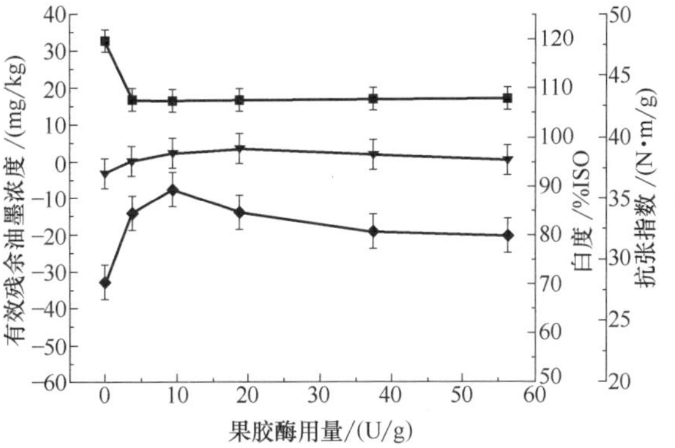

图 3-36 果胶酶用量对纸张性能的影响

—■— 有效残余油墨 —▼— 白度 —◆— 抗张指数

3.5.3.4 改性木聚糖酶反应时间对酶促体系脱墨效果的影响

改性木聚糖酶反应时间对 MOW 纤维回用强度性能和脱墨效果的影响如图 3-37 所示，其余的条件控制为果胶酶反应时间 60min，改性木聚糖酶用量 18U/g，改性木聚糖酶反应时间 60min，温度为 60℃，pH=6。

随着改性木聚糖酶反应时间的增加，抗张指数逐渐增加后降低，残余油墨浓度下降至平缓状态，纸张白度值增加至一定程度趋于平缓，综合考虑，选取改性木聚糖酶的反应时间为 80min。随着改性木聚糖酶反应时间的增加，纤维木糖苷键水解，纤维变得疏松多孔，纤维吸水润胀，促进后续果胶酶脱除纤维表面的抽出物，降低油墨粒子和纤维之间的连接。反应时间过长，抗张指数反而降低，且纸张白度值和有效残余油墨浓度变化不大，避免成本过高，选取改性木聚糖酶的反应时间为 80min。

3.5.3.5 果胶酶反应时间对酶促体系脱墨效果的影响

果胶酶反应时间对 MOW 纤维回用强度性能和脱墨效果的影响如图 3-38 所示，其余的条件控制为果胶酶用量 12U/g，改性木聚糖酶用量 18U/g，改性木聚糖酶反应时间 80min，温度为 60℃，pH=6。

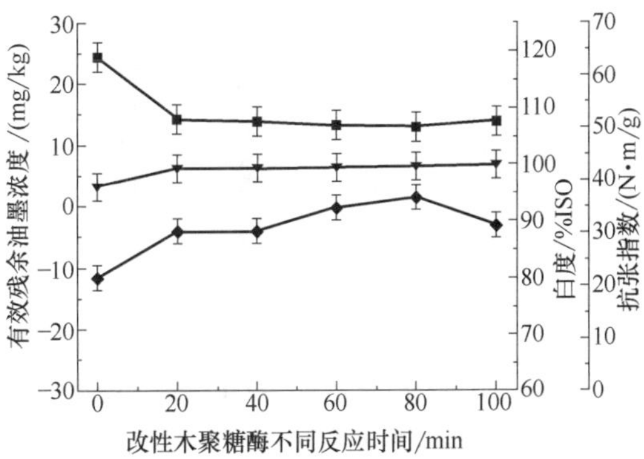

图 3-37 改性木聚糖酶反应时间对纸张性能的影响

—■— 有效残余油墨 —▼— 白度 —◆— 抗张指数

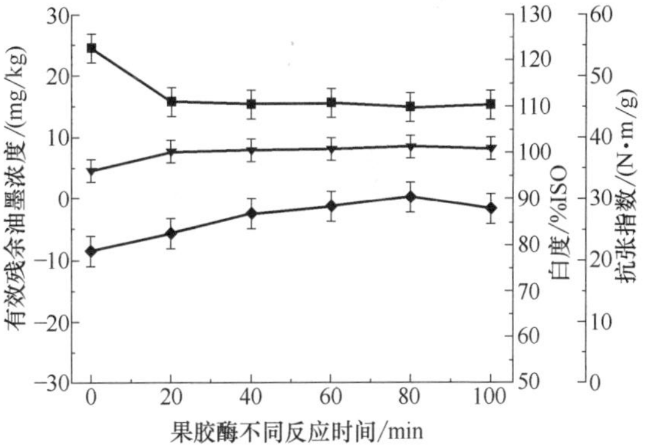

图 3-38 果胶酶反应时间对纸张性能的影响

—■— 有效残余油墨 —▼— 白度 —◆— 抗张指数

随着果胶酶反应时间的延长，纸张的抗张指数先增加至最高值后略微下降，有效残余油墨浓度降低至平缓状态，纸张白度值增加至一定程度趋于平缓，综合考虑，选取果胶酶的反应时间为 80min，果胶酶反应时间的增加，可以有效脱除纤维和油墨粒子之间的结合，进而通过浮选脱墨的方式脱除，降低纸张的有效残余油墨浓度，增加纸张白度和抗张指数。反应时间过长，油墨粒子会借助搅拌棒的机械作用力，重新吸附在纤维上，油墨粒子的脱除效果减弱进而影响纸张强度，因此选取果胶酶的最佳反应时间为 80min。

3.5.4 生物酶法与化学法脱墨对比

为了探究化学法脱墨和生物酶法脱墨效果的对比，对纸张的物理强度、光学性能以及脱墨效果进行对比，如图 3-39、图 3-40 所示。

对木聚糖酶、化学法以及复合酶生物法三种脱墨方式进行比较，脱墨处理方式均在最佳的实验条件下通过间歇式浮选槽进行脱墨，浮选脱墨的处理条件一致。结果表明，化学法脱墨的效果最佳，复合生物酶体系比单一的木聚糖酶的脱墨效果较佳。其中，化学法脱墨处理后纸张白度为 95%ISO，比复合生物酶体系处理后纸张白度高 2%ISO，有效残余油墨浓度均从 32mg/kg 降至 16mg/kg 左右，表明生物酶法和化学法均可以有效地脱除油墨粒子，但复合生物酶体系的白度值要略低一些。

三种不同处理方式脱墨后纸张尘埃度进行对比分析，如表 3-20 所示。由表可知，纸张经过脱墨处理前后，尺寸范围 0.04~0.15mm^2 的油墨粒子所占面积的比例最高，尺寸范围在 0.15~0.40mm^2 以及高于 0.40mm^2 的油墨粒子经过三种不同处理方式脱墨后，几乎全部脱除。与空白样相比，复合生物酶法、化学法处理后尘埃度分别下降 97.9%、96.7%。

对三种不同处理方式脱墨后纸张的物理强度性能进行对比分析，如图 3-40 所示。由图可知，经过脱墨处理后，纸张的抗张指数均得到提升，化学法、木聚糖酶和复合生物酶脱墨后分别提升 18.9%、18.8%和 28.4%；对保水值进行分析，三种不同处理脱墨方法分别提升 6.25%、8.92%、12.50%。由此可见，经过复合生物酶处理后，保水值增加最高，纤维吸水润胀，比表面积增加，促进果胶酶脱除纤维表面抽出物，减少纤维和油墨粒子的连接，后续经过浮选法脱除油墨粒子，从而提升纸张的物理强度。

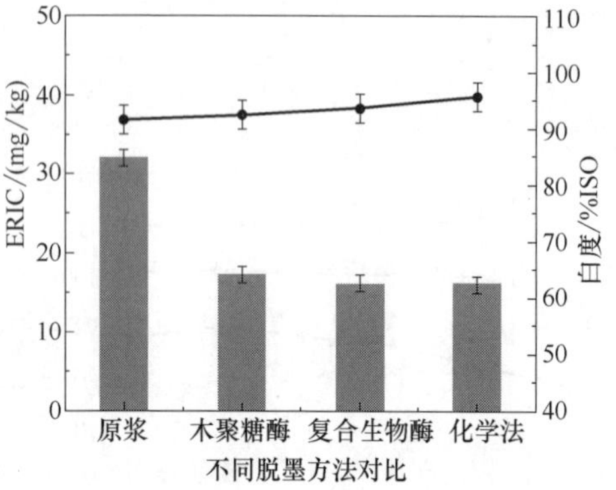

图 3-39 不同脱墨方法纸张光学性能对比

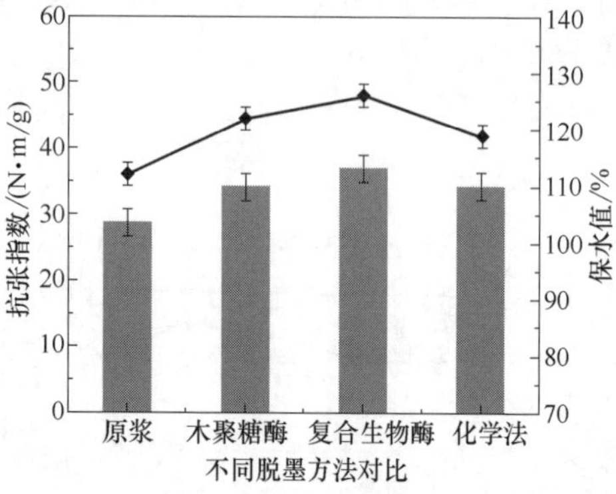

图 3-40 不同脱墨方法纸张物理性能对比

表 3-20 不同处理方式下纸张的尘埃度

处理方式	尺寸范围/mm^2					
	0.01~0.04	0.04~0.15	0.15~0.40	0.4~1	1~5	总计
原浆	1030	48580	3381	285	45	53321
木聚糖酶	30	2267	41	—	—	2338
复合生物酶	16	1086	10	—	—	1112
化学法	29	1632	75	—	—	1736

3.6　废纸的木聚糖酶复合果胶酶协同脱墨作用机理

上一节采用改性木聚糖酶协同果胶酶对 MOW 进行脱墨处理，研究其处理条件的最佳工艺，并与化学法脱墨对纸张物理强度、白度值、保水值以及脱墨效果进行对比分析，表明该复合生物酶体系可以提高纸张物理强度性能、保水值以及脱墨效果，但机理尚不清楚。采用原子力显微镜、扫描电子显微镜对纤维表面进行分析研究，采用低温氮吸附孔径分析、纤维质量分析以及傅里叶变换红外光谱分析方法对改性木聚糖酶协同果胶酶体系脱墨 MOW 提升纸张强度、光学性能以及脱墨效果的机理进行研究。

3.6.1　不同处理方式后纸浆抽出物分析

将果胶酶用于废纸浆中进行脱墨，主要是通过果胶酶去除位于纤维胞间层中的果胶质，并脱除附着在纤维表面的抽出物，减少纤维和油墨之间的连接，有助于后续浮选和洗涤法脱墨，多与其他生物酶一起复配使用。

按国家标准《GB/T 10742—2008 造纸原料　果胶含量的测定》绘制半乳糖醛酸标准曲线如图 3-41 所示。利用咔唑比色法，以半乳糖醛酸的含量表示纸浆中的果胶含量。

由不同处理方式后纸浆中果胶的含量可知（表 3-21），相比于空白样，化学法处理后，纸浆中果胶的含量去除率为 85%，复合生物酶体系处理后，纸浆中果胶含量的去除率为 100%。

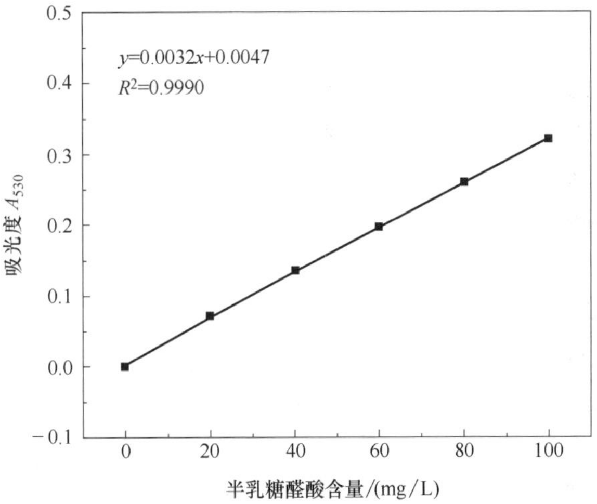

图 3-41　半乳糖醛酸标准曲线
R—线性相关系数，其平方值越接近 1 说明曲线可靠性越高　x—吸光度　y—半乳糖醛酸含量

表 3-21　不同处理方式后纸浆中果胶含量

纸浆样品	果胶含量/%	去除率/%
空白样	1.06	—
化学法	0.16	85
复合酶	0	100

MOW 纸浆经不同脱墨处理后苯醇抽出物含量如表 3-22 所示。与空白样相比，化学法处理后，纸浆中苯醇抽出物的去除率为 21.3%，复合生物酶体系处理后，苯醇抽出物的去除率为 30.8%。综上所述，与化学法相比，复合生物酶体系果胶的去除率高 15%，苯醇抽出物的去除率高 9.5%，由此可见，复合生物体系可以很好地脱除纸浆中的苯醇抽出物以及果胶，降低油墨粒子和纤维的连接力，有利于后续浮选过程中油墨粒子的脱除。

表 3-22　不同处理方式后纸浆中苯醇抽出物含量

纸浆样品	苯醇抽出物/%	去除率/%
空白样	0.94	—
化学法	0.74	21.3
复合酶	0.65	30.8

研究改性木聚糖酶协同果胶酶体系提升废纸纤维脱墨性能的机理，与化学法相比，复合生物酶体系 MOW 浆中果胶的去除率高于化学法 15%，苯醇抽出物的去除率高于化学法 9.5%，表明复合生物酶体系可以更好地脱除纸浆中的苯醇抽出物以及果胶。

3.6.2　纤维特征峰结构分析

经不同脱墨方式后 MOW 纸浆的 FT-IR 光谱图如图 3-42 所示，经过不同方式脱墨处理后，红外光谱图中特征峰的位置没有太大差异，只是相对强度有所变化，表明经过化学法、生物酶法处理后，纤维分子结构无太大变化。

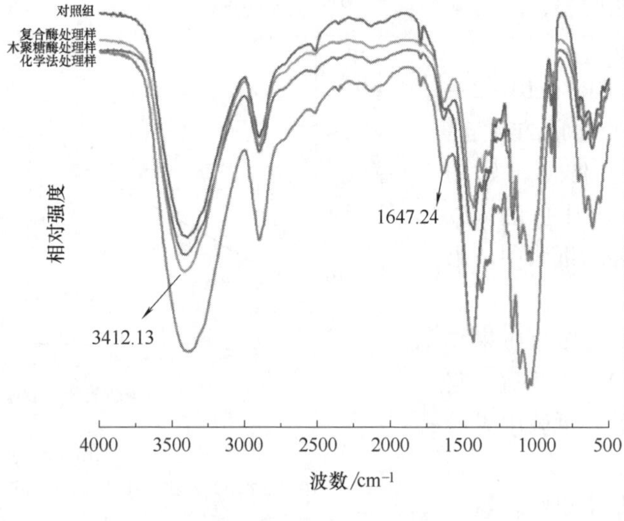

图 3-42　不同脱墨处理 MOW 浆的红外光谱图

不同处理条件下 FT-IR 光谱中峰的吸收强度的变化见表 3-23，其中以 $1429cm^{-1}$ 处的谱带吸收强度作为基线进行对比分析。经过不同处理脱墨后，$3349\sim3406cm^{-1}$ 吸收峰的相对强度均增加，该峰表示为纤维氢键—OH 羟基伸缩振动的吸收峰，其中复合酶处理后相对强度最高，可能是因为经过复合酶体系处理后，表面抽出物和油墨粒子的去除，纤维吸水润胀，暴露出更多的羟基，有利于氢键形成，与纸张物理强度性能的提高相符。$1635\sim1644cm^{-1}$ 表示羧酸，羰基和共轭羰基拉伸振动的吸收峰，经过不同脱墨处理后，其相对强度均增加，其中化学法增加最大，其次为木聚糖酶、复合酶体系。可能是因为复合酶体系处理后，纤维表面抽出物以及果胶质脱除的原因，导致该吸收峰的强度轻微降低。$1373\sim1375cm^{-1}$ 表示纤维/半纤维素聚糖或脂肪族 C—H 弯曲振动，经过不同脱墨处理后，其相对强度均增加，其中化学法增加最大，其次为木聚糖酶、复合酶体系，相比于化学法，因为复合酶体系对部分半纤维素和果胶质的降解，导致其相对强度略低于化学法脱墨处理。

表 3-23　　不同处理条件下 FT-IR 光谱中峰的吸收强度

波数/cm^{-1}	吸收峰归属说明		相对强度			
	木素	纤维/半纤维素	Con	Che	X	M-X/Pec
3349~3406	羟基—OH、芳羟基的 O—H 伸缩振动	氢键缔合的 O—H 伸缩振动	1.68	2.04	2.17	2.46
1635~1644	羧基—COOH，羰基 C ═O 和共轭 C ═O 伸展振动	结合水 H—O—H 弯曲振动	0.28	0.43	0.38	0.35
1429~1430	苯环骨架振动	CH_2 变形振动	1.00	1.00	1.00	1.00
1373~1375	芳羟基 O—H 变形振动	聚糖或脂肪族 C—H 弯曲振动	0.56	0.81	0.78	0.75

3.6.3　纤维氢键和含量的变化

为了进一步探究不同处理方式对纤维氢键的影响，利用 Peakfit 红外光谱分析软件对纤维的氢键的类型和含量进行分析，如图 3-43、表 3-24 所示。其中 3410~3455cm^{-1} 和 3340~3375cm^{-1} 分别代表 O（2）H…O（6）、O（3）H…O（5）模式的氢键，表示为分子内氢键；3230~3310cm^{-1} 代表 O（6）H…O（3′）模式的氢键，表示为分子间氢键，以子峰面积表示不同类型氢键的占比。

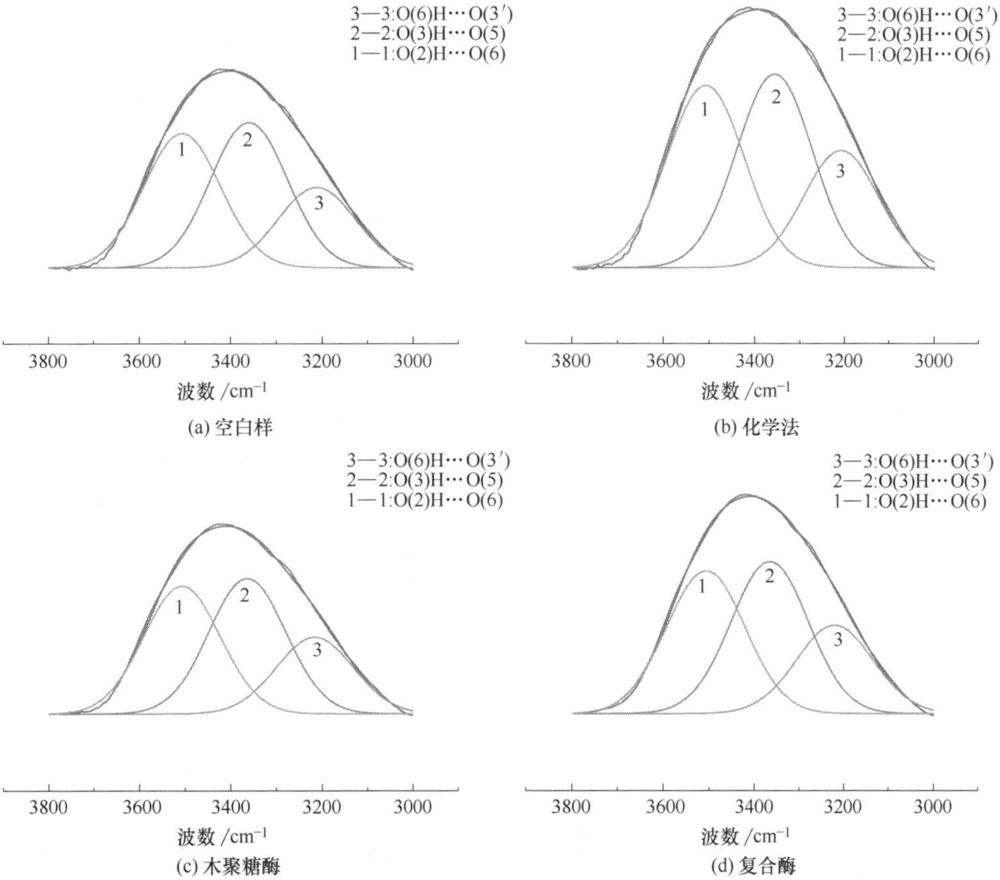

(a) 空白样　(b) 化学法　(c) 木聚糖酶　(d) 复合酶

图 3-43　MOW 浆的红外拟合图谱

经过不同方式脱墨处理后，O（6）H…O（3′）模式氢键的含量均增加（表3-24），表明经过化学法和生物酶脱墨处理后，纤维分子间氢键的比例均增加，其中化学法、木聚糖酶、复合酶处理后分别增加至23.17%、22.64%、23.06%，其中化学法和复合酶体系增加较多。化学法可能是因为油墨粒子的脱除，纤维润胀，纤维间距减小，有利于氢键的形成；生物酶法则是因为木聚糖酶和果胶酶的作用，溶出部分木素和抽出物的成分，纤维比表面积增大，纤维间的连接位点增多，分子间氢键增加，进而提升纸张物理强度。

表3-24　MOW氢键模式相对含量的变化

脱墨纸浆种类	氢键模式	波数/cm^{-1}	百分含量/%
空白样	O(2)H…O(6)	3501	39.41%
	O(3)H…O(5)	3352	39.85%
	O(6)H…O(3′)	3207	20.74%
化学法	O(2)H…O(6)	3510	37.27%
	O(3)H…O(5)	3358	39.56%
	O(6)H…O(3′)	3209	23.17%
木聚糖酶	O(2)H…O(6)	3506	37.57%
	O(3)H…O(5)	3363	39.79%
	O(6)H…O(3′)	3216	22.64%
复合酶	O(2)H…O(6)	3508	37.13%
	O(3)H…O(5)	3326	39.81%
	O(6)H…O(3′)	3221	23.06%

3.6.4　纤维结晶结构分析

不同处理脱墨条件下MOW的X-射线衍射光谱图见图3-44。经过不同处理脱墨后并没有出现新的衍射峰，说明没有改变纤维晶体结构，只是相对强度有所不同。

经过化学法、木聚糖酶、复合生物酶处理后，结晶度依次增加。可能是因为木聚糖酶降解部分半纤维素以及LCC结构，结晶度增加，后续添加果胶酶降解抽出物，导致无定形物质进一步溶出，因此结晶度增加较高。有研究表明，结晶度增加，在一定程度上可提高纸张物理强度，表3-25为不同处理脱墨后MOW浆的结晶度分析。

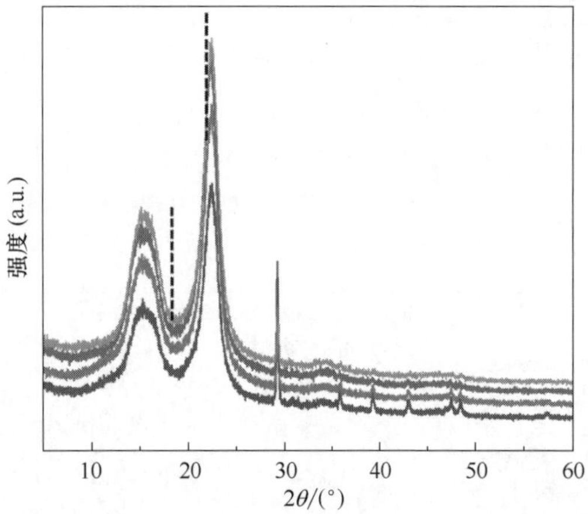

图3-44　MOW浆X-射线衍射光谱图

注：由上向下依次为复合酶、木聚糖酶、化学法和原浆处理。

表3-25　MOW浆纤维结晶度分析

脱墨纸浆种类	原浆	化学法	木聚糖酶	复合酶
结晶度/%	78.41	78.75	79.02	80.09

3.6.5　纤维孔径分析

为了更好地探究不同处理方式脱墨后纸浆纤维内部的变化，利用低温氮吸附法探究了纤维孔隙大小的变化，分别用 BET 比表面积和 BJH 平均孔径尺寸进行表征。由表 3-26 可知，经过不同处理方式脱墨后，纸浆中纤维的比表面积均增加，平均孔径尺寸均降低。从 BET 比表面积的变化进行分析，化学法由于化学药品的“碱润胀”的作用，纤维吸收水分，纤维比表面积增加，经由复合酶处理后，木聚糖酶降解木聚糖以及 LCC 结构，果胶酶脱除抽出物和果胶质，纤维内部结构发生变化，导致 BET 比表面积进一步增加。从 BJH 平均孔径尺寸进行分析，经由不同方法处理后，平均孔径尺寸均轻微降低。可能是因为原浆中含有部分油墨粒子，经脱墨处理后，大量的油墨粒子脱除，纤维之间重新结合，导致纤维平均孔径尺寸略微降低。

表 3-26　纤维平均孔径和比表面积分析

纸浆种类	BET 比表面积/(m^2/g)	BJH 平均孔径尺寸/nm
空白样	2.0155	18.2334
化学法	2.3734	17.7255
复合酶法	2.4019	17.5952

3.6.6 纤维形态分析

利用纤维质量分析的手段探究化学法、生物酶法处理 MOW 脱墨后纤维形态的变化。由表 3-27 可知，与空白样相比，经过化学法、生物酶法脱墨处理后，纤维的质均长度、纤维宽度均增加，扭结纤维的含量、细小纤维的含量均降低，其中细小纤维为纤维长度< 0.45mm 的纤维。

表 3-27　MOW 浆料的纤维性能分析

纸浆种类	质均长度/mm	纤维宽度/μm	扭结纤维含量/%	细小纤维含量/%
空白样	0.766	17.2	60.46	15.2
化学法	0.777	17.3	51.53	14.7
木聚糖酶	0.801	17.3	46.96	14.5
复合酶	0.804	17.5	47.16	14.3

纸浆经过化学法脱墨后，纤维受到一定程度的润胀，纤维宽度、长度轻微增加，扭结纤维含量降低，但是化学药品的使用，会对纤维产生一定的破坏，影响纤维的回用性能。

纸浆经过生物酶法脱墨后，相比于化学法和单一木聚糖酶脱墨处理后，复合生物酶处理后纤维的质均长度以及宽度较高，且扭结纤维和细小纤维含量较低，可能是因为经由改性木聚糖酶协同果胶酶处理后，脱除部分半纤维素，细小纤维含量降低，纤维吸水润胀后，卷取纤维舒展成形，纤维质均长度和宽度略微增加，有助于抽出物和油墨粒子的脱除，进而提高脱墨效果并改善纸张物理强度。

3.6.7 纤维表面形貌分析

利用扫描电子显微镜对不同处理方式脱墨后纤维表面进行分析，如图 3-45 所示。由图可知，与空白样进行对比，经由化学法脱墨处理后，纤维表面仍较为光滑，纤维间有部分分丝帚化以及剥落的现象；经由木聚糖酶处理后，纤维变得饱满，有一些空隙出现，且纤维间出现分丝帚化现象，与木聚糖和 LCC 结构的脱除有关；经由复合生物酶体系脱墨后，在改性木聚糖酶和果胶酶的双重作用下，抽出物和油墨粒子的有效脱除，纤维表面出现剥落现象，纤维间分丝帚化现象明显，有利于提高纤维间的结合力。

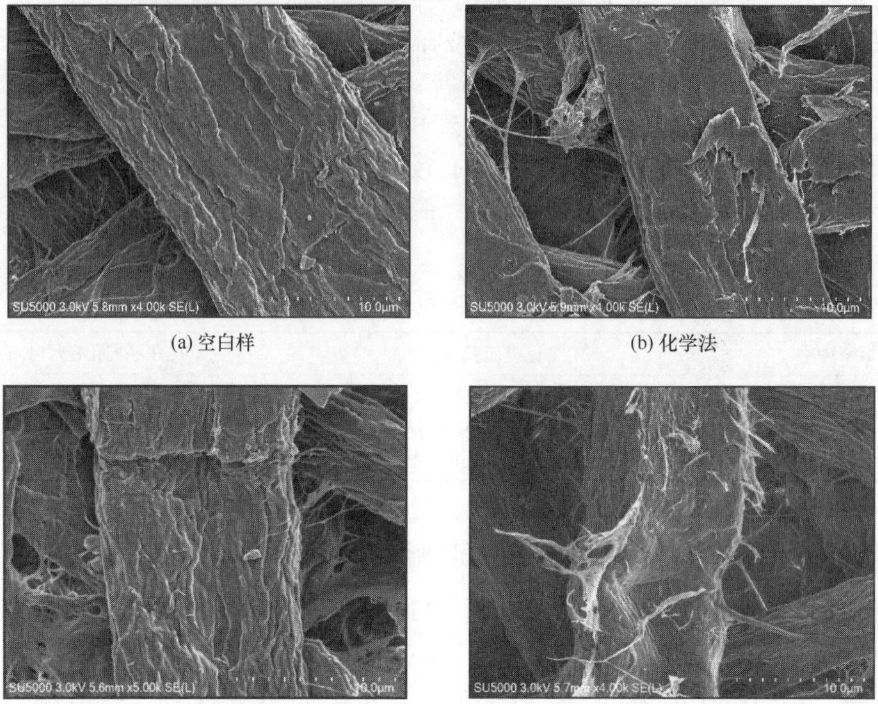

(a) 空白样　(b) 化学法

(c) 木聚糖酶　(d) 复合生物酶

图 3-45　MOW 纤维表面形貌图

为了更好地分析不同脱墨处理后纤维表面结构的变化，利用原子力显微镜轻敲模式（Tapping mode）观察纤维表面纳米结构，如图 3-46、图 3-47、图 3-48 所示。由图 3-46、图 3-47 所示，原浆纤维表面凹凸不平，被一层覆盖物覆盖，且覆盖物外层还有颗粒状的物质，经过化学法脱墨处理后，纤维表面颗粒物质减少，但纤维表面仍有一层覆盖物，可以轻微地看出微细纤维的走向，表明经过化学法脱墨处理后，可以脱除部分抽出物，但纤维表面仍含有部分木质素和抽出物。经过复合生物酶脱墨处理后，纤维表面无覆盖物包裹，微细纤维完全暴露出来，且微细纤维走向清晰，表明经过复合生物酶处理后，可以脱除纤维表面抽出物和木质素，暴露出更多的微细纤维，促进纤维分丝帚化，有利于提高纤维间结合力。

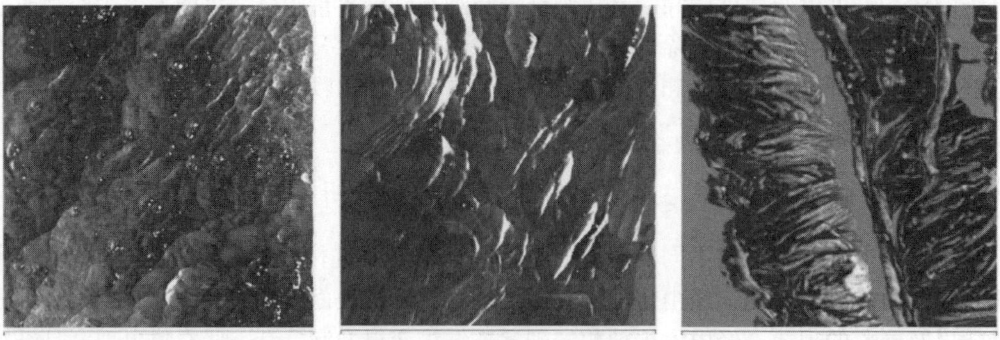

(a) 原浆　(b) 化学法　(c) 复合生物酶法

图 3-46　不同脱墨处理后的纤维表面相位图

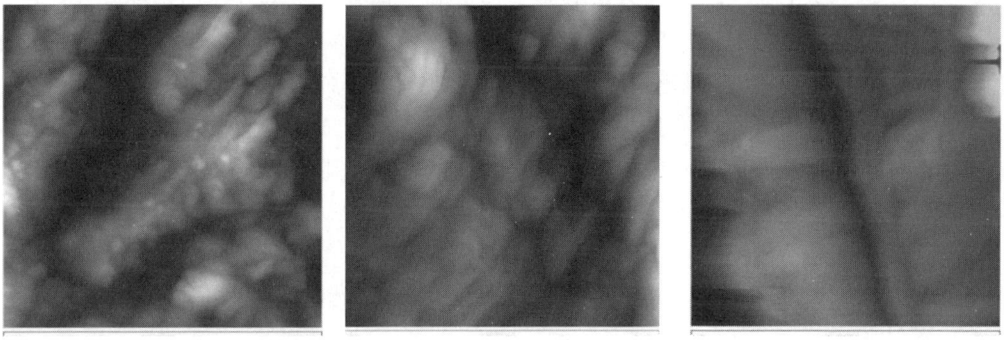

(a) 原浆　　(b) 化学法　　(c) 复合生物酶法

图 3-47　不同脱墨处理后的纤维表面高度图

不同脱墨处理后的 MOW 纤维表面的三维高度图见图 3-48，由图可知未经脱墨处理前，纤维表面高低不平，起伏程度较大，化学法脱墨处理后，起伏程度减缓，而经过生物酶脱墨处理后，纤维表面起伏平缓，表明经过复合生物酶脱墨处理后，改性木聚糖酶和果胶酶的协同作用降解 LCC 结构和果胶质，溶出木质素和抽出物，使纤维表面变得更加平缓。

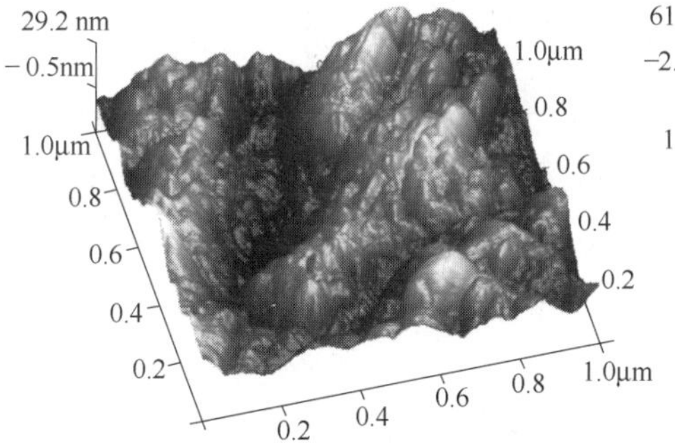

(a) 原浆

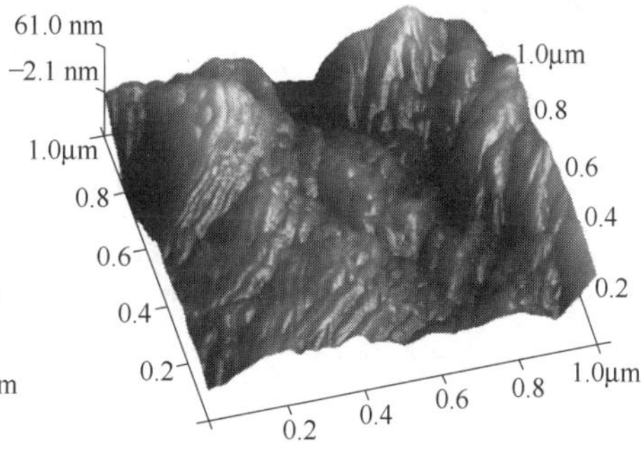

(b) 化学法

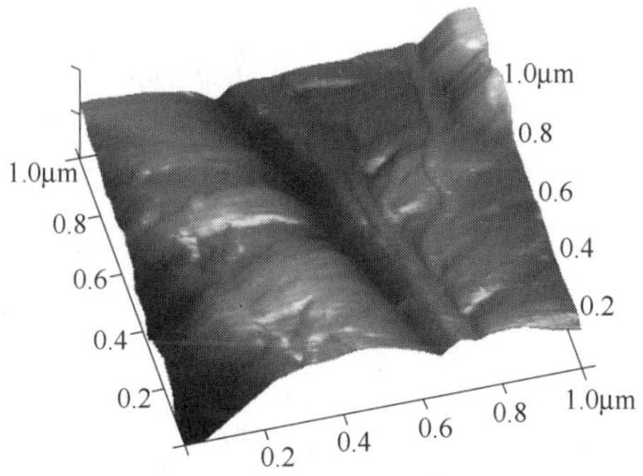

(c) 复合生物酶法

图 3-48　MOW 纤维表面的三维高度图

3.7　不同脱墨方式对废纸性能影响

从前面得出中性脱墨、优化的碱法脱墨和脂肪酶法脱墨均达到良好的脱墨效果，同时纸浆强度、打浆度、保水值等指标均发生变化，这表明三种不同脱墨方式均对纤维性能产生影响。利用现代表面分析技术研究脱墨处理对纤维性能影响的机理；用X-射线衍射（XRD）对纤维结晶度以及晶粒尺寸进行分析；用原子力显微镜（AFM）对脱墨浆的表面形态进行分析；用低温氮吸附法研究纤维孔的变化。

固定碎浆条件以及抄片过程中的各个因素，在前部分基础上选出不同脱墨方法的最佳工艺条件（表3-28）。各种脱墨方法工艺条件如下：

（1）中性脱墨

脱墨温度50℃，脱墨时间40min，脱墨剂用量1%，浮选时间20min。

（2）碱性脱墨

NaOH用量2%，H_2O_2用量2%，Na_2SiO_3用量3%，脱墨剂用量0.5%脱墨温度60℃。

（3）酶法脱墨

浆浓12%，脱墨温度40℃，pH=10，脱墨时间30min，脂肪酶用量1.5u/g。

表3-28　不同脱墨方法对ONP脱墨效果的影响

浆料种类	白度/%ISO	残余油墨含量/(mg/kg)
旧新闻纸原浆	46.52	731.43
中性脱墨浆	53.70	351.37
碱性脱墨浆	55.75	341.92
酶法脱墨浆	52.82	408.27

中性脱墨、碱性脱墨、脂肪酶法脱墨均能起到良好的脱墨效果，白度增值分别为7.18%ISO、9.23%ISO、6.3%ISO，残余油墨含量从731.43mg/kg分别下降到351.37mg/kg、341.92mg/kg、408.27mg/kg，这表明三种脱墨方式中，碱法脱墨效果好于中性脱墨，中性脱墨效果好于脂肪酶法脱墨。

3.7.1　不同脱墨方式对纤维质量的影响

碱性脱墨、中性脱墨以及酶法脱墨处理后，脱墨浆中纤维长度和细小纤维含量如表3-29所示。由表3-29中可以看出，与未脱墨浆相比，经碱性脱墨后，纤维重均长度下降了4.91%，细小纤维含量上升了21.6%，经中性脱墨后，纤维重均长度降了3.29%，细小纤维含量上升了13.1%，酶法脱墨后，纤维重均长度降了2.50%，细小纤维含量仅上升了6.25%。由此可见，经过三种脱墨方式处理后，纤维形态均发生了一定程度的改变，纤维的平均长度下降、细小纤维含量增加，表明脱墨过程纤维有不同程度的损伤，其中碱性脱墨对纤维损伤最大，中性脱墨次之，酶法脱墨最小。

表3-29　不同脱墨方式对纤维长度和细小纤维含量的影响

浆料种类	纤维长度			细小纤维含量(<0.2mm)	
	数均/mm	重均/mm	二重重均/mm	数均含量/%	重均含量/%
未脱墨浆	0.59	1.22	1.95	19.84	3.20
碱性脱墨浆	0.54	1.16	1.85	24.16	3.89
中性脱墨浆	0.56	1.18	1.92	23.21	3.62
酶法脱墨浆	0.57	1.19	1.94	21.37	3.40

针对不同的脱墨方式有不同的解释：

（1）碱性脱墨

碱性化学品一方面使得油墨粒子皂化、水解、加强纤维和油墨润胀，起到分散、脱离油墨粒子的作用，但另一方面高碱度的脱墨环境使纤维表面黏附及分丝帚化的短纤维剥离出来，释放出大量细小纤维，对纤维的结构和形态都产生了一定“损伤”；

（2）中性脱墨

使用的脱墨剂主要由非离子表面活性剂和阴离子表面活性剂复配而成，主要是借助于表面活性剂的渗透、润湿、发泡、凝聚、捕集等作用使油墨粒子与纤维发生润胀、分散，从而促使油墨粒子与纤维分离，同时也会释放出一部分细小纤维，但相对温和的脱墨环境使纤维形态变化较小；

（3）酶法脱墨

实验中选用的脱墨酶对纤维无降解作用，但也可以剥离纤维表面黏附及分丝帚化的短纤维，释放出部分细小纤维，但总的来说，对纤维形态的影响最小。

3.7.2 不同脱墨方式对纤维润胀性能和成纸物理性能的影响

用离心法测定保水值（WRV）表示润胀性能是一个简单易行的方法。保水值与纤维素的超分子结构及聚合状态等内部结构有关，是反映植物纤维品质的一个重要指标。

未脱墨浆、碱法脱墨浆、中性脱墨浆和酶法脱墨浆的保水值分别为 143%、172%、162%、147%。前已述及，脱墨方式对纤维的形态及超分子结构都有不同程度的影响，纤维素的结晶度、002 面微晶尺寸和微晶横截面积均呈下降趋势，说明晶区可反应表面积减小。由于植物纤维的润胀能力主要体现在无定型区，在同样的润胀条件下，纤维的原纤聚集束尺寸越小，越利于水分子到达原纤表面，由于脱墨后纤维无定型区增大，因此纤维的润胀能力有所增强，最终表现为纤维保水值的增加。

不同脱墨方式对成纸物理性能的影响见表 3-30，三种脱墨方式对成纸的各项物理强度均有提升，经碱法脱墨、中性脱墨、酶法脱墨后，成纸的抗张指数分别增加了 26. 3%、-5. 34%、6. 49%，撕裂指数分别增加了 20. 0%、8. 29%、14. 6%，耐破指数分别增加了 20. 7%、1. 09%和-1. 09%。可以看出三种脱墨方式中，碱性脱墨和酶法脱墨均能提高成纸的撕裂强度、抗张强度及耐破强度（不含酶法脱墨）等物理性能，其中碱性脱墨对成纸的物理性能影响较大，而中性脱墨对成纸的各项物理性能的提升较小，甚至对成纸的抗张指数产生不利影响。

表 3-30　　不同脱墨方式对成纸物理性能的影响

浆料种类	抗张指数/(N·m/g)	撕裂指数/(mN·m^2/g)	耐破指数/(kPa·m^2/g)
未脱墨浆	26. 2	2. 05	0. 92
碱性脱墨浆	33. 1+	2. 46	1. 11
中性脱墨浆	24. 8	2. 22	0. 93
酶法脱墨浆	27. 9	2. 35	0. 91

在纤维素酶作用下，纤维素晶体结构部分断裂，增加了纤维的细纤维化，而天冬氨酸又在纤维表面引入羧基，提升了废纸浆的羧基含量，使得纤维的润胀性能得到提升，表现为 WRV 增加。不同处理方式下的纤维保水值如图 3-49 所示。

由图 3-49 可知，在纤维素酶和天冬氨酸处理后纸浆的 WRV 得到提高，且纤维素酶与天冬氨酸在最优条件协同处理下纤维保水值有最大值150%，比空白样上升了36%。纤维的润胀又使得纤维细纤维化程度进一步提高，从而使纤维的比表面积增大并促进纤维间氢键的结合，因此有助于提升成纸的强度性能。这也再次证明纤维素酶与天冬氨酸协同处理可以更好地提升再生纸的强度性能。

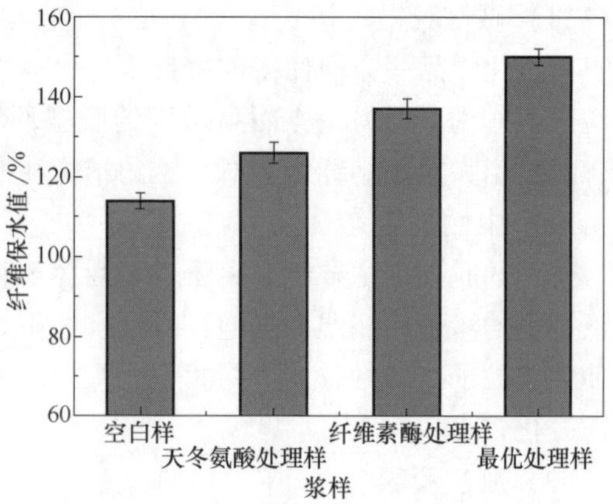

图3-49　不同处理方式下的纤维保水值

3.7.3　不同脱墨方式对纤维聚集态结构的影响

未脱墨浆纤维、碱性脱墨浆纤维、中性脱墨浆纤维以及酶法脱墨浆纤维结晶纤维素 I_{α}、结晶纤维素 $I_{(\alpha+\beta)}$ 和结晶纤维素 I_{β} 的相对含量之和由表3-31可以计算出，分别为41.92%、40.22%、42.50、40.07%，表明纤维三种结晶形态的结晶度基本保持不变，而次结晶纤维素的相对含量均有明显降低，由14.65%分别降低至11.24%、13.29%、13.55%。由此可推断出，经三种脱墨方式处理后，纤维素分子间的聚集态减弱，结晶结构被破坏，其中碱性脱墨作用最大，中性脱墨浆次之，酶法脱墨浆最小，这与XRD测得的结果有很好的一致性。表3-31是通过CP/MAS^{13}C NMR结合光谱拟合得到的纤维样品不同纤维素形态的相对含量。

表3-31　由^{13}C核磁共振图谱计算的纤维素样品的晶型含量

浆种	结晶纤维素含量/%			次结晶纤维素
	I_{α}	$I_{(\alpha+\beta)}$	I_{β}	
未脱墨浆	8.04	24.77	9.11	14.65
碱性脱墨浆	7.54	19.93	12.75	11.24
中性脱墨浆	8.68	22.45	11.37	13.29
酶法脱墨浆	8.41	19.12	12.54	13.55

平均横向基原纤尺寸及基原纤聚集尺寸如表3-32所示，碱性脱墨浆纤维的基原纤尺寸由4.8nm降低到3.8nm，基原纤聚集尺寸也由22.6nm降低到18.5nm，而中性脱墨浆纤维和酶法脱墨浆纤维的基原纤尺寸在4.3nm到4.5nm间相对稳定，与未脱墨浆纤维相比，基原纤尺寸的变化并不显著，基原纤聚集尺寸从22.6nm分别降低至20.3nm、19.9nm，发生了明显的变化。基原纤尺寸及基原纤聚集尺寸的变化影响了可及基原纤表面的相对含量，从表3-32可以看出，经碱性脱墨、中性脱墨以及酶法脱墨后，可及基原纤表面的相对含量从7.86%分别增加至13.26%、9.94%、10.16%。

表3-32　由^{13}C核磁共振图谱C4区光谱拟合得到的定量信息

浆料种类	可及基原纤表面/%	难及基原纤表面/%	基原纤尺寸/nm	基原纤聚集尺寸/nm
未脱墨浆	7.86	13.68	4.8	22.6
碱性脱墨浆	13.26	15.34	3.8	18.5
中性脱墨浆	9.94	13.79	4.5	20.3
酶法脱墨浆	10.16	13.96	4.3	19.9

结合前面所讨论的结晶度变化情况可得到，三种脱墨方式处理过程中，原纤间拉力减小，使得原纤聚集束尺寸降低，纤维素分子间氢键网络减弱，结晶度降低。植物纤维的润胀能力主要体现在纤维的无定型区。对于植物纤维特殊的微观结构，即基原纤聚集形成基原纤聚集束的结构，生成的基原纤聚集束尺寸越小，可及基原纤的表面越大，越能增加纤维素羟基的反应性和可及度。因此，在同样的润胀条件下，纤维的基原纤聚集束尺寸越小，越利于水分子到达基原纤表面。由此可推断出，三种脱墨方式处理过程中，结晶区可反应表面积增大，对纤维素反应的可及度和均一性有一定程度的影响，其中碱性脱墨的效果最显著，中性脱墨次之，酶法脱墨最小。

3.7.4 不同脱墨方式作用下纤维表面化学基团特征

新闻纸主要由富含半纤维素和木质素的机械浆组成，结构中基团的差异可造成宏观白度的差异，因此本研究取少量原浆和脱墨后的中性脱墨浆、碱法脱墨浆、脂肪酶法脱墨浆作红外光谱的测定，分析三种脱墨方式对脱墨处理后纸浆基团的影响。红外光谱图见图 3-50。

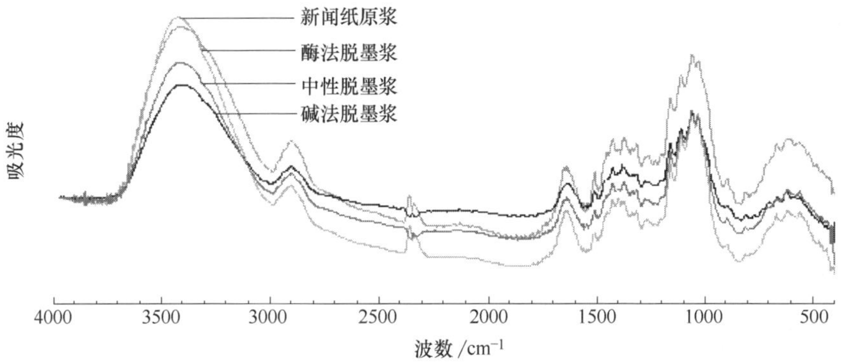

图 3-50 各种脱墨浆的红外光谱图

从红外吸收光谱图 3-50 以及表 3-33 脱墨浆红外光谱吸收峰及其相应的结构归属可以看出，在指纹区的 1000~1200cm^{-1} 处出现纤维素吸收峰，1031~1165cm^{-1} 存在较大吸收峰，表明了一些半纤维素的存在；在 1636cm^{-1} 存在吸收峰，属于木素 C═O 基团的伸展振动吸收峰，表明纸浆可能含有少量木质素，这也说明了浆料中纤维素、半纤维素、木质素的存在。

表 3-33 脱墨浆红外光谱吸收峰及其相应的结构归属

波数/cm^{-1}	谱带归属	波数/cm^{-1}	谱带归属
3421	O—H 伸缩振动	1269	愈创木型 C═O 伸缩振动
2907	CH 和 CH_2 的 C—H 伸展振动	1165	纤维素和半纤维素 C—O—C 反对称桥伸缩振动
1636	木质素 C═O 伸缩振动	1057	纤维素和半纤维素 C═O 伸缩振动
1510	木质素苯环骨架伸缩振动	1031	苯环 C—H 平面变形振动
1424	木质素 CH_2 弯曲振动，纤维素 CH_2 剪切振动	897	半纤维素异头碳(C_1)振动
1372	纤维素和半纤维素 CH_2 摇摆振动		

纤维的木素和半纤维素中含有大量的发色基团和助色基团。由图 3-50 和表 3-34 可知，脱墨浆在脱墨前后的红外光谱特征吸收并没有变化，这表明脱墨浆的化学基本组成没有发生

变化。3414～3433cm^{-1} 的强吸收光带是—OH 的伸缩振动区。与原浆相比，在波数为 3421cm^{-1} 时，脱墨浆的吸光度均有不同程度的减弱，减弱大小强度为：碱法脱墨浆>中性法脱墨浆>酶法脱墨浆>新闻纸原浆，这说明部分助色基团如酚羟基、醇羟基等在脱墨过程中数量有所减少；1619～1644cm^{-1} 的共轭羰基、1267～1270cm^{-1} 的愈创木型羰基和 1509～1512cm^{-1} 的苯环在脱墨后吸收强度也都有减弱，说明这三个主要的发色基团经脱墨处理后数量也有所减少。发色基团和助色基团的减少是浆料白度升高的主要原因，它们的变化情况因不同脱墨方式而不同，这与脱墨实验白度结果一致，白度大小为碱法脱墨浆>中性法脱墨浆>酶法脱墨浆>新闻纸原浆。

表 3-34　各种脱墨浆的红外吸收峰相对强度

波数/cm^{-1}	新闻纸原浆	中性脱墨浆	碱性脱墨浆	酶法脱墨浆
3421	1.87	1.642	1.583	1.646
2907	1.065	1.000	0.989	1.068
1636	0.944	0.882	0.858	0.895
1510	0.865	0.834	0.815	0.84
1424	1.000	1.000	1.000	1.000
1372	1.009	0.989	0.981	0.987
1269	0.929	0.904	0.883	0.905
1165	1.209	1.135	0.775	1.204
1057	1.481	1.416	1.399	1.441
1031	1.42	1.394	1.309	1.403
897	0.8	0.758	0.759	0.788

注：表中的数值为相应波数吸收峰的吸光度与 1424cm^{-1} 的吸光度之比。

在指纹区 400～1424cm^{-1} 出现了脱墨浆的吸收强度减弱，减弱大小依次为碱法脱墨浆>中性脱墨浆>酶法脱墨浆>新闻纸原浆。这可能与脱墨处理后纸浆中纤维素分子间氢键受部分破裂有关，这也证明了脱墨作用会导致纤维素分子结构在一定程度上遭受破坏。在三种脱墨方式中，碱法脱墨破坏作用最大，脂肪酶法脱墨破坏作用最小。

3.7.5　不同脱墨方式作用下的纤维晶体结构特征

经过 100 多年的飞速发展，X-射线结构分析已成为研究材料晶体结构、化学组成与宏观性能之间相互关系的主要探测手段之一。与人的指纹相似，每种晶体都有自己一套独特的 X 射线衍射图谱。而且混合晶体的衍射图谱为各自晶体衍射峰的叠加，互不影响。据此，可以对任意组合的晶体样品定性分析，同时样品中某一物相的 X-射线衍射强度与其在样品中的含量成比例，由此，也可算出待测物象的具体含量。

纤维素的超分子结构常通过测定结晶度、微晶大小、取向度及侧序分布来描述。本文选用与纤维素性质相关的重要参数：结晶度、晶面尺寸来表征纤维素的超分子结构的变化。采用 X-射线衍射法（X-ray）研究。所得 X-衍射谱图如图 3-51 所示，同时对纤维的结晶度以及微晶尺寸进行计算，结果见表 3-35。

四种浆中的纤维素结晶体都是典型的纤维素 I 型晶体，而且都是两相（结晶相和非结晶相）共存的结构，从图 3-51 可以看出。从下往上，002 峰（即 $2\theta=22.5°$）有一定的变化，衍射图中 002 峰衍射强度代表了结晶区的衍射强度。从图中可以看出衍射强度从强到弱依次为：新闻纸原浆>酶法脱墨浆>中性脱墨浆>碱性脱墨浆，所以结晶度从大到小排列应该为：新闻纸原浆>酶法脱墨浆>中性脱墨浆>碱性脱墨浆。

由各种脱墨浆的X-射线衍射分析结果可以看出（表3-35），结晶度大小依次为新闻纸原浆>酶法脱墨浆>中性脱墨浆>碱性脱墨浆，这也验证了X-射线衍射图的猜测。在微晶尺寸上，碱性脱墨浆的微晶尺寸有明显的下降趋势，中性脱墨浆次之，酶法脱墨浆变化最小。这主要是由于它们不同的脱墨方式的对纤维产生不同的影响，同时也表明上述脱墨方式对纤维结晶区是以破坏作用为主。在中性脱墨中，所使用化学品为表面活性剂，它的主要作用是分散油墨，以及防止油墨的再沉淀，所以对纤维的损伤较小；在碱法脱墨过程中，除了表面活性剂的使用，还有NaOH，Na_2SiO_3等化学药品，它们能直接作用于纤维，破坏纤维间的氢键结合造成纤维的润胀变形破坏纤维的结晶区，使得结晶度大大下降；在酶法脱墨过程中，我们使用的脂肪酶，这种酶对纤维几乎没有影响，主要进攻方式为水解油墨载体，使得纤维与油墨分离，对纤维无降解，不会明显改变纤维的结晶区，所以结晶度的变化也很小。

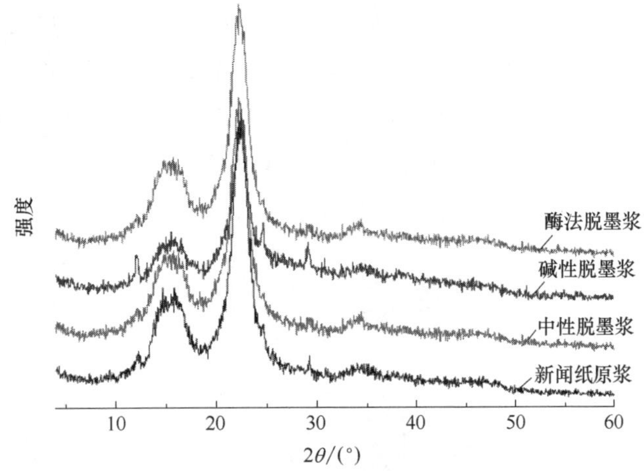

图3-51 各种脱墨浆的X-射线衍射图

表3-35 各种脱墨浆的X-射线衍射分析结果

浆样	晶面	衍射角2θ	L_{hkl}/nm	CrI/%
原浆	101	15.278	5.7	78.4
	$10\bar{1}$	16.526	7.6	
	002	22.302	4.3	
中性脱墨浆	101	15.100	5.5	73.6
	$10\bar{1}$	16.373	7.4	
	002	22.383	4.0	
碱性脱墨浆	101	15.139	4.6	68.8
	$10\bar{1}$	16.313	5.8	
	002	22.559	3.1	
酶法脱墨浆	101	14.899	5.4	77.8
	$10\bar{1}$	16.272	7.3	
	002	22.419	4.1	

3.7.6 不同脱墨方式作用下的纤维形态

原子力显微镜可用于纤维形态的直接观察，进而可以协助观测纤维形态在脱墨反应前后发生的变化。旧新闻纸原浆、碱性脱墨浆、中性脱墨浆、酶法脱墨浆的AFM照片见图3-52。

其中，图3-52（1-A）是旧新闻纸原浆脱墨前原子力显微镜照片，从图3-52（1-A）可看出脱墨前废纸浆纤维细胞壁内有较多形状不规则的杂质，这可能是油墨和废纸本身带有

(1-A) 旧新闻纸原浆等高图

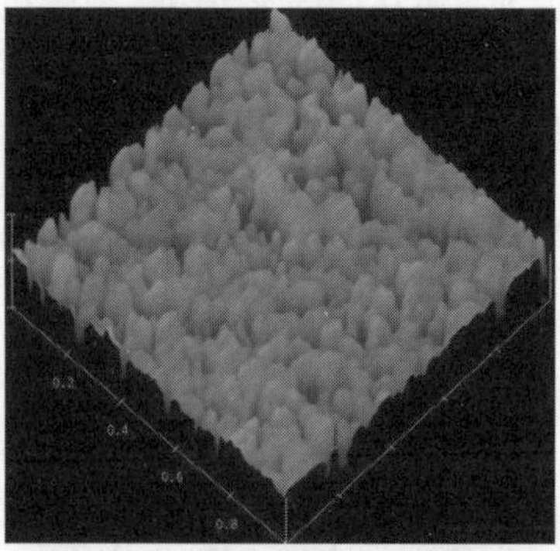

(1-B) 旧新闻纸原浆立体图

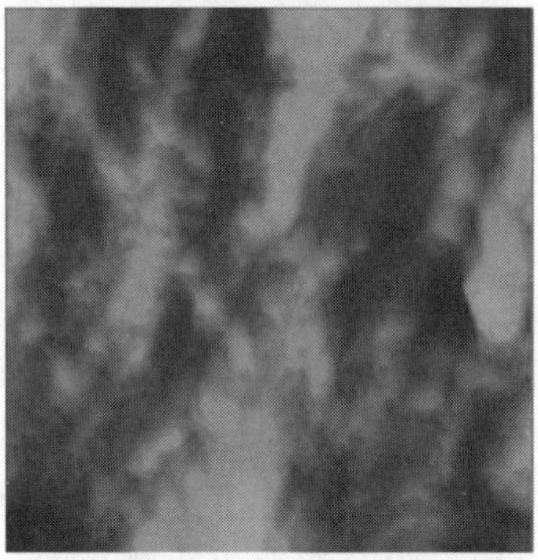

(2-A) 碱性脱墨浆等高图

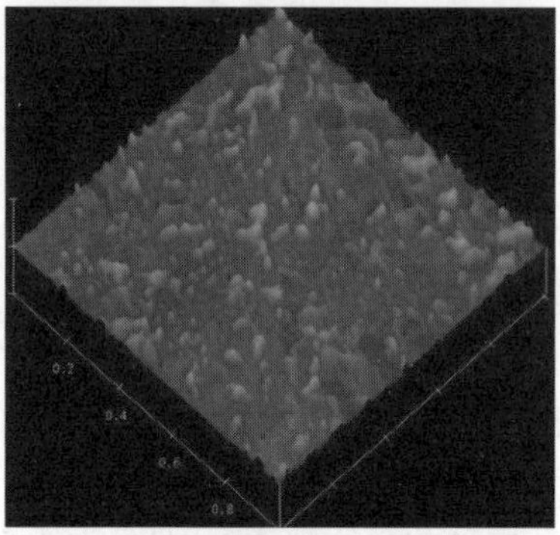

(2-B) 碱性脱墨浆立体图

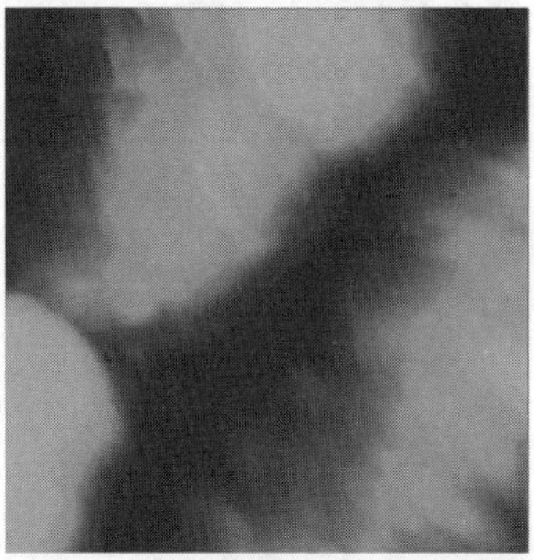

(3-A) 中性脱墨浆等高图

(3-B) 中性脱墨浆立体图

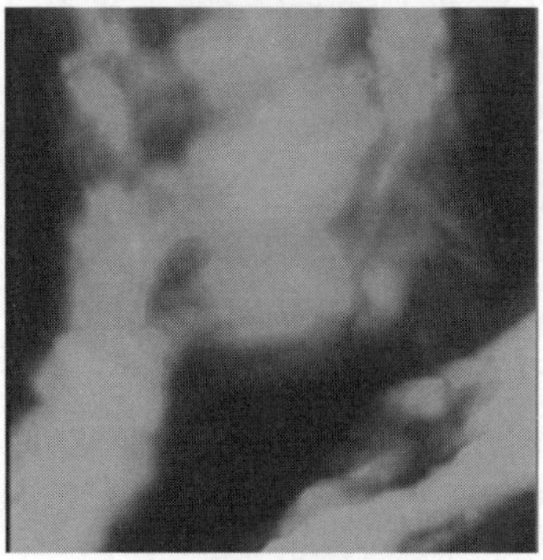

(4-A) 酶法脱墨浆等高图

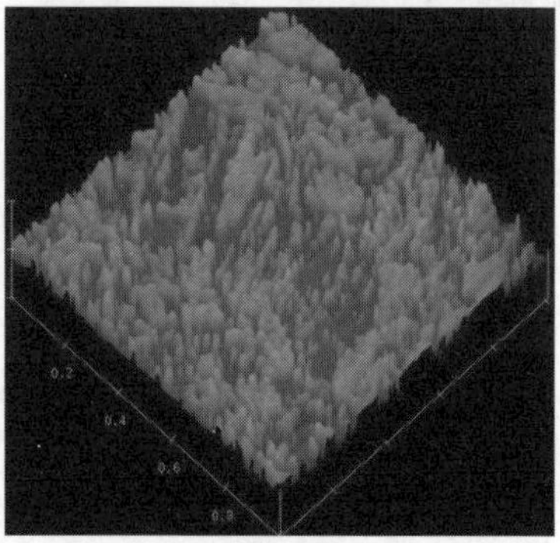

(4-B) 酶法脱墨浆立体图

图 3-52　各种浆料的 AFM 图片（标尺为 1μm）

的造纸填料物质；图3-52（2-A）、图3-52（3-A）、图3-52（4-A）分别是经碱法脱墨、中性脱墨、酶法脱墨后纸浆的原子力显微镜照片。从图3-52中对比可以看出，经脱墨工艺处理后，脱墨浆中形状不规则的杂质较少，这说明不规则的杂质（油墨）得到有效去除，这也就是纸浆白度提高的原因。同时，我们依然可以看到有许多微细颗粒杂质，这些杂质可能是油墨在碎浆和机械搅拌过程被打碎变小沉积在纤维表面，并随着脱墨作用而吸附、透入纤维表面和内部，这些细小油墨并不能完全通过浮选和洗涤去掉，这就导致脱墨后仍然有残余油墨的存在。

图3-52（1-B）、图3-52（2-B）、图3-52（3-B）、图3-52（4-B）分别是旧新闻纸原浆、碱法脱墨浆、中性脱墨浆、酶法脱墨浆的AFM立体图。从图中可以清楚地看出经脱墨工艺处理后纸浆纤维的表面均变得更为光滑，这也就是导致脱墨浆滤水性能提高的原因。纤维的表面变得更为光滑，这可能是由于脱墨作用主要发生在纤维外表面。对四种脱墨浆进行粗度分析，结果显示旧新闻纸原浆、碱法脱墨浆、中性脱墨浆、酶法脱墨浆均方根粗糙度分别为24.85nm、19.03nm、22.26nm、24.32nm，这表明经脱墨处理后纤维表面形态发生了变化，其中碱法脱墨浆纤维表面形态变化最大，而中性脱墨浆和酶法脱墨浆能很好地保持原来的纤维形态，其中酶法脱墨浆更能保持良好的纤维形态，从AFM立体图中我们也可以清晰地看到纤维形态的变化趋势。

3.7.7 不同脱墨方式作用下纤维孔结构特征

根据国际纯粹和应用化学联合会（IUPAC）的定义，多孔材料可分为微孔材料、中孔材料和大孔材料。孔径大于50nm的孔为大孔（macropore），孔径小于2nm的孔为微孔（micropore），孔径介于2nm~50nm的孔为中孔（mesopore）。表3-36是各种浆料纤维的孔分布。

表3-36　各种浆料纤维孔径大小分布

新闻纸原浆		中性脱墨将		碱法脱墨浆		酶法脱墨浆	
孔径范围/nm	孔容/(cm^3/g)	孔径范围/nm	孔容/(cm^3/g)	孔径范围/nm	孔容/(cm^3/g)	孔径范围/nm	孔容/(cm^3/g)
281.2~176.3	0.004923	343.0~186.1	0.005449	342.5~190.5	0.004861	514.5~230.8	0.005763
176.3~92.6	0.010506	186.1~96.2	0.009466	190.5~96.9	0.009619	230.8~107.2	0.010301
92.6~74.6	0.005573	96.2~78.0	0.004431	96.9~77.6	0.004933	107.2~83.0	0.00549
74.6~39.3	0.024546	78.0~40.0	0.022106	77.6~40.1	0.02314	83.0~41.4	0.024513
39.3~26.8	0.024547	40.0~27.1	0.02274	40.1~27.1	0.023462	41.4~27.7	0.024686
26.8~20.4	0.025208	27.1~20.6	0.02326	27.1~20.6	0.024036	27.7~20.9	0.025211
20.4~16.5	0.025845	20.6~16.6	0.023698	20.6~16.6	0.024879	20.9~16.8	0.025994
16.5~13.9	0.026332	16.6~13.9	0.024279	16.6~13.9	0.025247	16.8~14.0	0.026521
13.9~11.6	0.032693	13.9~11.7	0.030189	13.9~11.7	0.031462	14.0~11.7	0.032952
11.6~10.5	0.022471	11.7~10.5	0.020642	11.7~10.5	0.02146	11.7~10.6	0.022636
10.5~8.4	0.058080	10.5~8.4	0.053844	10.5~8.5	0.055789	10.6~8.5	0.058559
8.4~7.0	0.060714	8.4~7.0	0.056088	8.5~7.0	0.058428	8.5~7.1	0.061141
7.0~6.0	0.063099	7.0~6.0	0.0583	7.0~6.0	0.060515	7.1~6.0	0.063793
6.0~5.2	0.065601	6.0~5.2	0.060752	6.0~5.2	0.062975	6.0~5.3	0.065964
5.2~4.6	0.067969	5.2~4.6	0.062686	5.2~4.6	0.065089	5.3~4.6	0.068537
4.6~4.1	0.070245	4.6~4.1	0.064849	4.6~4.1	0.067447	4.6~4.1	0.070816

续表

新闻纸原浆		中性脱墨将		碱法脱墨浆		酶法脱墨浆	
孔径范围/nm	孔容/(cm^3/g)	孔径范围/nm	孔容/(cm^3/g)	孔径范围/nm	孔容/(cm^3/g)	孔径范围/nm	孔容/(cm^3/g)
4. 1~3. 7	0. 072462	4. 1~3. 7	0. 067076	4. 1~3. 7	0. 069629	4. 1~3. 7	0. 073004
3. 7~3. 3	0. 074462	3. 7~3. 3	0. 068814	3. 7~3. 3	0. 071443	3. 7~3. 3	0. 074975
3. 3~3. 0	0. 069876	3. 3~3. 0	0. 064881	3. 3~3. 0	0. 067568	3. 3~3. 0	0. 070825
3. 0~2. 7	0. 080131	3. 0~2. 7	0. 073802	3. 0~2. 7	0. 076668	3. 0~2. 7	0. 080519
2. 7~2. 4	0. 093687	2. 7~2. 4	0. 086187	2. 7~2. 4	0. 088704	2. 7~2. 4	0. 093904
2. 4~2. 2	0. 065807	2. 4~2. 2	0. 061382	2. 4~2. 2	0. 064097	2. 4~2. 2	0. 066789
2. 2~2. 1	0. 029299	2. 2~2. 1	0. 026839	2. 2~2. 1	0. 028015	2. 2~2. 1	0. 029409
2. 1~2. 0	0. 028449	2. 1~2. 0	0. 026125	2. 1~2. 0	0. 027119	2. 1~2. 0	0. 02846
2. 0~1. 9	0. 026840	2. 0~1. 9	0. 024801	2. 0~1. 9	0. 025795	2. 0~1. 9	0. 027008

由孔径大小分布粗略计算微孔、中孔和大孔所占比重，计算结果见表 3-37。由表 3-37 可以看出，新闻纸原浆中孔所占比例为 94. 30%，微孔为 2. 40%，大孔为 3. 30%。经三种不同脱墨方式处理后，各种脱墨浆的微孔没有发生变化；脂肪酶法脱墨浆和碱法脱墨浆的中孔均减小，中性脱墨浆中孔增大；脂肪酶法脱墨浆和碱法脱墨浆大孔均增大，中性脱墨浆大孔减小；从各种浆料孔的不同变化可以得出三种不同脱墨方式对纤维孔的影响是不一致的。

表 3-37　　各种浆料不同孔所占比重

浆料	大孔(>50nm)/%	中孔(2~50nm)/%	微孔(<2nm)/%
新闻纸原浆	3. 3	94. 3	2. 4
中性脱墨浆	3. 2	94. 40	2. 4
碱性脱墨浆	3. 9	93. 7	2. 4
酶法脱墨浆	4. 0	93. 6	2. 4

纤维比表面积是指纤维细胞壁上所有微孔、中孔和大孔的内表面积之和，从表 3-38 可以得出在比表面积上新闻纸原浆>脂肪酶法脱墨浆>中性脱墨浆>碱法脱墨浆，经脱墨处理后纤维比表面积总体呈下降趋势，这主要是由于纤维细胞壁孔隙的不可逆关闭引起的。从比表面积变化大小还得出碱法脱墨对纤维细胞壁孔隙影响最大，孔的不可逆关闭发生的最严重，而脂肪酶法脱墨发生的最微弱。经三种不同脱墨方法处理后，三种脱墨浆的孔容均下降，其中碱法脱墨浆下降最大而酶法脱墨浆几乎没有任何下降，这也进一步表明了碱法脱墨对纤维细胞壁孔隙的损伤。在纤维孔径上酶法脱墨浆和碱法脱墨浆均有提升，这可能是由于一部分中孔转化为大孔从而引起总体平均孔径的增大。

表 3-38　　各种浆料的孔参数

浆料	BET 比表面积/(m^2/g)	BJH 比表面积/(m^2/g)	BJH 孔容/(cm^3/g)	BJH 平均孔径(4V/A)/nm
新闻纸原浆	2. 72	3. 21	1. 129	4. 141
碱性脱墨浆	2. 70	3. 18	1. 082	4. 143
酶法脱墨浆	2. 71	3. 20	1. 128	4. 153
中性脱墨浆	2. 71	3. 19	1. 043	4. 141

3.8　废纸脱墨工艺的优化

3.8.1　脱墨工艺优化的原理

印刷油墨与废纸脱墨息息相关。印刷油墨的种类不同，脱墨的过程也存在着较大的差异，比如油墨粒子去除的难易程度及脱墨流程的复杂程度等。目前，由于印刷技术（无压印刷、喷墨印刷、静电印刷等）和办公自动化技术的高速发展，废纸中的油墨和调墨油的种类也在日益增加。例如，当前的混合办公废纸（MOW）中，紫外光固油墨、激光印刷油墨、苯胺印刷油墨等新型油墨的使用已占相当数量。这类新型油墨中存在水基油墨，与油基油墨相比，它们的性质不同，所以这两类油墨印刷废纸的脱墨条件也不同。对于传统的油基油墨，碱性脱墨段是很必要的，但对于废纸中的水性油墨而言，传统的碱性脱墨并不能有效处理，这是因为水性苯胺油墨的主要成分是丙烯和丙烯共聚物的树脂，它在碱性介质中会形成一种强力丙烯酸分散剂而使油墨粒子过度分散，这些过度分散的油墨粒子容易沉积在纤维上，很难再与纤维分离，并且，这些细小的油墨粒子在碱性条件下也根本不能被浮选槽内的脂肪酸钙之类的捕集剂所捕集，最终导致纸浆白度下降。

总而言之，随着新型油墨使用越来越多，使得含有两类油墨的混合废纸的脱墨效率降低，因此，含新型油墨废纸的脱墨处理，已引起了国际上的广泛关注。

法国纸业技术中心针对碱性脱墨方法不能很好地脱除混合废纸中水性油墨的问题，提出了中性与碱性相结合的双回路废纸脱墨方法。这种脱墨方法分为两段，首先利用第一段中性回路除去苯胺水性油墨，以避免其在碱性回路中的过于分散，其次经第二段碱处理分离脱除传统胶印油墨，从而提高混合废纸的油墨脱除效率，脱墨效果较好。但这种脱墨方式中第一段中性回路仅使用中性脱墨剂并不能完全脱除现有的新型油墨，导致第二段碱性回路仍需加入较多的碱性化学药品，会产生纤维的损伤以及污染负荷高等问题。酶法脱墨技术适应于任何类型的废纸脱墨，对激光打印、静电复印等热固性油墨尤其有效。目前，用于废纸脱墨的生物酶主要有纤维素酶和半纤维素酶，它们虽脱墨效果好，但对纸浆强度和得率损害较大。而脂肪酶（甘油醋水解酶）是一类以分解油脂酯键为主的水解酶，在脱墨过程中主要是以分解油墨与纤维表面的连接料的方式释放出油墨粒子，对纤维强度和纸浆得率的影响较小，并且可以在碱性条件下脱墨，因此在废纸脱墨应用中有很大的潜力。

针对上述两种脱墨方式的优缺点，提出基于生物酶的中碱双回路浮选废纸脱墨工艺，在一定程度上减少了传统脱墨的缺点，使得废纸纤维在脱墨过程中受到较小的损伤，并能有效降低脱墨废水的污染负荷。

采用基于生物酶的中碱双回路浮选废纸脱墨工艺，第一段中性回路脱墨采用中性混合脱墨剂脱墨，主要包括生物酶和中性脱墨剂；第二段碱性回路脱墨采用碱性脱墨，具体工艺如下：

（1）碎浆

将废纸置于水力碎浆机中碎浆，得到纸浆，碎浆浓度 12%~16%（质量分数），碎浆时间 35~45min，碎浆温度 45~55℃，转速 250~350r/min。

（2）脱墨

在纸浆中加入生物酶和中性脱墨剂，第一段中性回路脱墨的条件为：脂肪酶 0.6~0.8u/g

（用量相对绝干浆质量，下同），中性脱墨剂用量0.5%~1%，脱墨温度30~40℃，脱墨时间35~45min，浆浓8%~10%（质量分数）；然后进行第二段碱性回路脱墨，脱墨的条件为：浆浓8%~10%（质量分数），NaOH用量1.5%~3%，H_2O_2用量1.5%~3%，Na_2SiO_3用量3%~4%，中性脱墨剂用量0.5%~1%，脱墨温度50~70℃，脱墨时间为60~70min，最后得到脱墨浆。

（3）浮选

将脱墨后浆料稀释至浓度1%~2%（质量分数）后进行浮选，得到浮选后的浆料。浮选的条件为：浮选温度45~60℃，浮选时间20~40min，加入占绝干浆质量0.1%~0.2%的$CaCl_2$。

（4）洗涤

将浮选后的浆料稀释到0.5%~1%（质量分数）的浆浓，洗涤浓缩得到脱墨浆。

3.8.2 优化脱墨工艺对ONP浆的脱墨效果

采用优化脱墨工艺后，纸浆得率为80%，白度为62.8%ISO，与相同条件下常规脱墨工艺相比，分别提高了2.56%、4.32%。此外，采用优化脱墨工艺后的成纸物理强度也较采用常规脱墨工艺有大幅度提升，成纸的抗张指数提高16.59%，撕裂指数提高4.03%，耐破指数提高8.13%。表3-39为废旧新闻纸采用优化脱墨工艺与常规脱墨工艺后脱墨效果的对比。

同时，由表3-40可以看出，在脱墨过程中，优化脱墨工艺的水耗为6.7t水/t浆，SS为16.4kg/t浆，COD为48.9kg/t浆，BOD为10.4kg/t浆，与相同条件下常规脱墨工艺相比分别下降了73.20%、81.26%、60.88%和49.51%。

综上所述，优化脱墨工艺适用于废旧新闻纸的脱墨，在提升白度、成纸性能以及减少废水排放方面有显著的效果，对于提高废纸回用品质和缓解环境污染问题有实际重要的意义。

表3-39　ONP优化脱墨工艺与常规脱墨工艺脱墨效果对比

脱墨方法	得率/%	白度/%ISO	抗张指数/(N·m/g)	撕裂指数/(mN·m^2/g)	耐破指数/(kPa·m^2/g)
优化脱墨方法	80	62.80	29.58	6.46	1.73
常规脱墨方法	78	60.20	25.37	6.21	1.60
增量/%	2.56	4.32	16.59	4.03	8.13

表3-40　ONP优化脱墨工艺与常规脱墨工艺脱墨废水指标对比

脱墨方法	水耗/(t水/t浆)	SS/(kg/t浆)	COD/(kg/t浆)	BOD/(kg/t浆)
优化脱墨方法	6.7	16.4	48.9	10.4
常规脱墨方法	25	87.5	125	20.6
减少量/%	73.20	81.26	60.88	49.51

3.8.3 优化脱墨工艺对MOW浆的脱墨效果

采用优化脱墨工艺后，纸浆得率为80%，白度为65.80%ISO，与相同条件下常规脱墨工艺相比，分别提高了2.56%、3.62%。此外，采用优化脱墨工艺后的成纸物理强度也较采用常规脱墨工艺有大幅度提升，成纸的抗张指数提高1.61%，撕裂指数提高5.70%，耐破指数提高 14.70%。表 3-41 为混合办公废纸采用优化脱墨工艺与常规脱墨工艺后脱墨效果的对比。

表 3-41 MOW 优化脱墨工艺与常规脱墨工艺脱墨效果对比

脱墨方法	得率/%	白度/%ISO	抗张指数/(N·m/g)	撕裂指数/($mN\cdot m^2/g$)	耐破指数/($kPa\cdot m^2/g$)
优化脱墨方法	80	65.80	11.98	3.34	1.56
常规脱墨方法	78	63.50	11.79	3.16	1.36
增量/%	2.56	3.62	1.61	5.70	14.70

同时，由表 3-42 可以看出，在脱墨过程中，优化脱墨工艺的水耗为 7.3t 水/t 浆，SS 为 18.4kg/t 浆，COD 为 50.5kg/t 浆，BOD 为 11.3kg/t 浆，与相同条件下常规脱墨工艺相比分别下降了 70.80%、79.07%、60.85%、48.87%。

表 3-42 MOW 优化脱墨工艺与常规脱墨工艺脱墨废水指标对比

脱墨方法	水耗/(t 水/t 浆)	SS/(kg/t 浆)	COD/(kg/t 浆)	BOD/(kg/t 浆)
优化脱墨方法	7.3	18.4	50.5	11.3
常规脱墨方法	25	87.9	129	22.1
减少量/%	70.80	79.07	60.85	48.87

综上所述，优化脱墨工艺同样适用于混合办公废纸的脱墨，在提升白度、成纸性能以及减少废水排放方面有显著的效果，对于提高废纸回用品质和缓解环境污染问题有实际重要的意义。

3.9 小　　结

① 经脂肪酶法脱墨处理后，纸浆的滤水性能和物理强度得到较好的改善，同时纸浆的也得到提升，撕裂指数、耐破指数、抗张指数分别提高了 8.5%、15.8%、14.4%。纤维素酶复合天冬氨酸具有最好的脱墨效果；在纤维素酶复合天冬氨酸最优脱墨条件下，纸张白度为 103%ISO，有效残余油墨浓度为 16.56mg/kg，与未经纤维素酶复合天冬氨酸脱墨相比，白度提升 2.2%，有效残余油墨浓度降低 14.02%；XPS 数据分析表明，经天冬氨酸，纤维素酶，纤维素酶/天冬氨酸脱墨处理后纸浆表面的 O/C 含量与对照样相比分别提升了 16%，22.38%和 36.19%，表明纤维素酶与天冬氨酸协同处理效果更好。复合生物酶体系脱墨可以提高纤维保水值，增加纸张抗张强度，降低有效残余油墨浓度和尘埃度，有效脱除油墨粒子，纸张白度值则略低于化学法脱墨。

② 经过碱性脱墨、中性脱墨和酶法脱墨处理后，纤维平均长度下降、细小纤维含量增加，其中碱性脱墨后变化最大，中性脱墨次之，酶法脱墨最小。三种脱墨方式对纤维氢键的距离影响不大，纤维素分子间氢键网络减弱，纤维内部晶态结构的稳定性降低；未脱墨浆、碱法脱墨浆、中性脱墨浆和酶法脱墨浆的保水值分别提高了 20.3%、13.3%和 2.80%。

③ 三种脱墨方式对纤维素结晶区有破坏作用，其中碱法脱墨方式的破坏作用是最严重的。脂肪酶法脱墨能保持良好的纤维形态。经三种脱墨方式处理后纤维比表面积总体呈下降趋势，其中碱法脱墨浆下降最严重。

④ 采用基于生物酶的中碱双回路浮选废纸脱墨工艺，该工艺第一段中性回路采用中性混合脱墨剂脱墨，包括生物酶和中性脱墨剂；第二段碱性回路采用碱性脱墨。本工艺克服了常规脱墨方法无法有效脱除新型油墨的弊病，能获得具有高白度和低残余油墨量的高质量的再生纸浆；优化脱墨工艺适用于废旧新闻纸和混合办公废纸的脱墨，采用优化脱墨工艺后，纤维的强度损伤小，成纸的物理性能大幅度提高。同时，优化脱墨工艺还具有污染负荷小优点。

参考文献

[1] 魏国斌，万金泉，马邕文，等. ONP 中性浮选脱墨剂的复配及应用研究 [J]. 中华纸业，2009，30 (06)：39-42.

[2] 万金泉，李晓敏，马邕文. 生物酶脱墨的应用及其研究进展 [J]. 上海造纸，2008，(05)：23-28.

[3] 张灿灿. 复合酶体系提升再生纤维回用性能的研究 [D]. 广州：华南理工大学，2023.

[4] 牛梅红，崔励. 国内废旧新闻纸脱墨工艺条件的研究 [J]. 纸和造纸，2003，增刊：19-20.

[5] 曹云峰，张军. 脱墨剂的起泡性能及其泡沫稳定性 [J]. 造纸化学品，2006，18 (5)：38-40.

[6] 张年丰. 废纸浆脱墨与漂白及化学药品应用 [J]. 中华纸业，2000，21 (11)：29-32.

[7] Fariha H. , Aamer A S. , Abdul H. Industrial applications of microbial lipases [J]. Enzyme and Microbial Technology, 2006, (39): 235-251.

[8] C. K. Lee, I. Darah, C. O. Ibrahim. Enzymatic deinking of laser printed office waste papers: Some governing parameters on deinking efficiency [J]. Bioresource Technology. 2007, 98 (8): 1684-1689.

[9] 李燕，潘运国，连毅. 微生物脂肪酶催化及其性质研究进展 [J]. 粮食与油脂，2005 (10)：15-17.

[10] 张建光. 脂肪酶和木聚糖酶在废纸脱墨中的应用研究 [D]. 广州：华南理工大学，2014.

[11] 王金然. 纤维素酶/天冬氨酸体系提升混合办公废纸纤维回用性能的研究 [D]. 广州：华南理工大学，2020.

[12] 孟雷，陈冠军，王怡，等. 纤维素酶的多样性 [J]. 纤维素科学与技术，2002，10 (2)：47-55.

[13] Brunecky R, Alahuhta M, Xu Q, et al. Revealing nat's cellulase diversity: the digestion mechanism of caldicellulosiruptor bescii CelA [J]. Science, 2013, 342 (6165): 1513-1516.

[14] 张久政，武书彬，陈港. 纤维素酶脱墨的机理 [J]. 中国造纸学报，2003，18 (2)：175-178.

[15] Lee I, Barbara R, Evans, et al. The mechanism of cellulase action on cotton bets: evidence from atomic force microscopy [J]. Ultramicroscopy, 2000, 82: 213-221.

[16] 陈国政. 复合生物酶体系提升废纸纤维造纸回用性能的研究 [D]. 广州：华南理工大学，2021.

[17] 李晓敏，万金泉，马邕文. 碱性脂肪酶与表面活性剂协同脱墨 [J]. 纸和造纸，2006，25 (2)：49-51.

[18] 李晓敏，万金泉，马邕文. 碱性脂肪酶/纤维素酶混合用于 ONP/OMG 废纸脱墨的研究 [J]. 上海造纸，2006，37 (1)：43-48.

4 废纸浆的低碳酶促打浆技术

打浆是提升废纸纤维性能较为常用的物理方法，使得纤维孔隙结构发生一定变化，未打浆之前再生植物纤维中孔的含量较多。随着打浆度的增加，微孔数量先减少后增加，孔隙向中孔和大孔转移。总体来讲，打浆过后，纤维的孔容和平均孔径均有增加，主要原因可能是因为机械作用破坏纤维的结晶区，微孔数量增加，甚至一些封闭的孔隙会被重新打开，半纤维素的脱除达到一定程度也会使孔隙增大，导致孔容的增加，后期微孔逐渐向中孔和大孔转移，孔径增加，有利于纤维吸水润胀。

通过使用酶，纤维素和木质素的结构被更有效地降解，这意味着在打浆过程中所需的机械能量减少，从而降低了整体能耗。机械能的减少意味着需要更少的电力，而电力的生产通常伴随着温室气体的排放。因此，酶促打浆有助于减少生产过程中的碳排放，符合低碳环保的目标。而且不仅降低了能耗，还提高了纸浆的质量和产量，这有助于进一步提升资源利用效率。

废纸纤维经过多次回收利用后，其纤维的结构和性能会发生变化，导致打浆过程的复杂性增加，使纸张的物理性能下降。因此，如何提升废纸纤维的打浆性能，是制浆造纸工业关键的问题。

目前，通过预处理提升废纸纤维打浆性能的方法主要包括添加不同的化学助剂和生物酶助剂。在纸张制造过程中添加的化学物质，可以改善纤维的分散性、增强纤维的打浆效果和改善纸张的物理性能。生物酶助剂是一类能够催化特定化学反应的蛋白质分子，可以在温和条件下改变纤维的结构和性质，从而提高浆料的打浆性能和纸张的强度。

选取纤维素酶、木聚糖酶对 OCC 浆料进行预处理打浆，来探究其对 OCC 浆料的打浆性能的影响，并探究不同生物酶对废旧瓦楞箱纸板（OCC）浆料打浆性能的影响。

4.1 打浆对废纸纤维的影响

有学者研究发现打浆使废纸浆中细小纤维含量上升，纤维保水值和平均孔容增加，纤维成纸的抗张强度、撕裂度等物理强度性能提升。通过研究硫酸盐桉木浆磨浆后回用次数对纤维性能的影响，结果表明，经三次回用后，纤维成纸的抗张指数和保水值增加，继续增加回用次数，打浆对纤维性能提升的效果逐渐减弱。

4.1.1 打浆对纤维质量的影响

对不同打浆度下废纸纤维的纤维质量、纤维长度分布以及保水值进行分析。从表 4-1 可知，打浆度的不断增加，使纤维质均长度从 1.267mm 下降值 1.025mm，纤维长度下降 19.1%；纤维的宽度和粗度则有轻微增加的趋势，扭结纤维含量则不断下降，纤维长度的下降促进了纤维的润胀、细纤维化程度增加，降低扭结纤维的含量；在纤维长度分布频率方面，将长度≤0.45mm 称为细小纤维组分，纤维长度在 0.45～1.00mm 称为中等纤维组分，≥1.00mm 称为长纤维组分。由图 4-1 和图 4-2 可知，随着打浆度的增加，细小纤维组分增加，中等纤维和长纤维组分变化较小，在28°SR打浆度时，长纤维：中等纤维：细小纤维=47：34：18，此时长纤维组分含量较高，打浆度继续增加，长纤维组分降低，中等纤维组分增加。保水值则随着打浆度的增加而增加，打浆前期，纤维初生壁和次生壁外层的破除，促进纤维细纤维化和润胀，导致保水值增加。打浆后期，结合纤维质量分析，纤维质均长度变短，纤维受到更多的切断作用，纤维断口增加，保水值继续增加。

表4-1　　不同打浆度下的纤维性能分析

打浆度/°SR	质均长度/mm	纤维宽度/μm	粗度/(mg/m)	扭结纤维含量/%	分丝帚化长度比/%
10	1.267	24.7	0.1163	45.5	3.161
15	1.225	24.9	0.1496	44.0	3.286
18	1.211	25.4	0.1567	42.1	3.361
24	1.182	26.0	0.1604	40.5	3.375
28	1.161	26.5	0.1803	39.7	3.522
36	1.032	26.3	0.1720	39.5	3.386
43	1.025	26.0	0.1703	39.1	3.349

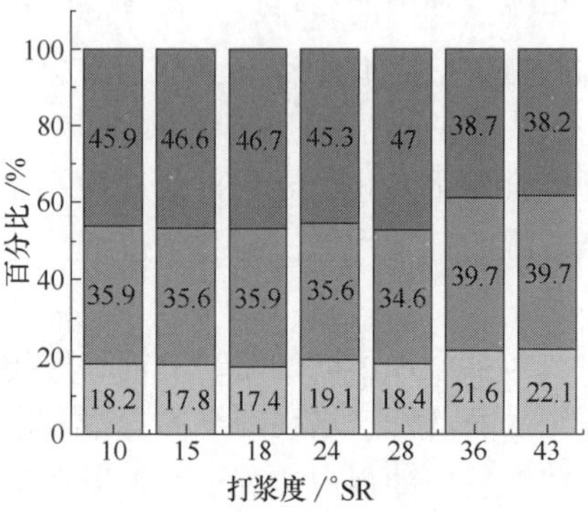

图4-1　不同打浆度下纤维长度占比分析

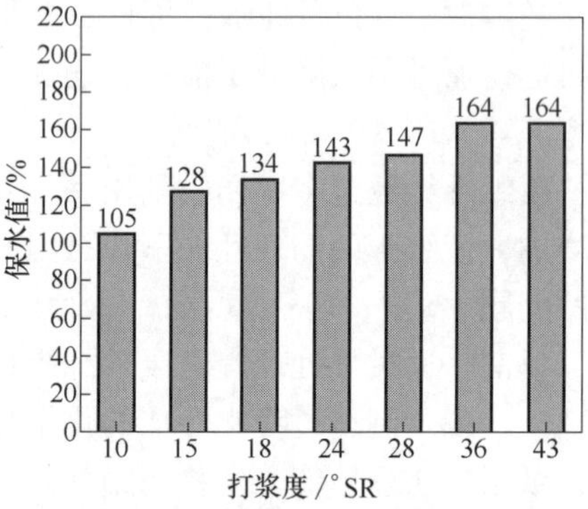

图4-2　不同打浆度下纤维保水值分析

4.1.2　打浆对纤维强度的影响

对不同打浆度下纸张的零距抗张强度进行分析，如表4-2所示。随着打浆度的增加，纸张的干/湿零距抗张指数均增加，其中干零距抗张指数从121N·m/g增加至155N·m/g，增加28.1%，湿零距抗张指数从114N·m/g增加至127N·m/g，增加11.4%，表明PFI打浆不仅可以增加纤维间结合力的大小，还可以提升纤维本身的强度，与不同打浆度下纤维保水值的变化趋势一致。

表4-2　　不同打浆度下零距抗张强度的分析

打浆度/°SR	定量/(g/m^2)	干零距离抗张强度/(N/cm)	湿零距离抗张强度/(N/cm)	干零距离抗张指数/(N·m/g)	湿零距离抗张指数/(N·m/g)
10	77.87	94	88.55	121	114
15	77.52	106	92.90	137	120
18	75.38	100	85.85	133	114
24	79.34	108	96.30	136	121
28	78.76	108	95.00	137	121
36	69.97	102	87.95	146	126
43	67.23	104	85.60	155	127

4.1.3 打浆对成纸强度的影响

研究PFI磨浆机下不同打浆度对废纸纤维成纸性能的影响，如图4-3所示。随着打浆度的提升，废纸纤维成纸强度性能均呈现出先逐步提升后下降的趋势。

经过打浆之后，由图4-3和表4-3可知，打浆度由10°SR增加至43°SR，当打浆度为28°SR时，抗张指数由15.97N·m/g提高至32.76N·m/g，提高105%；撕裂指数由4.81mN·m^2/g提高至7.09mN·m^2/g，提高47%；耐破指数由0.68kPa·m^2/g提高至2.49kPa·m^2/g，提高266%；环压指数由3.77N·m/g提高至7.10N·m/g，提高88%。当打浆度继续增加直至43°SR，强度性能逐步下降。因此，废纸纤维的最佳打浆度为28°SR。

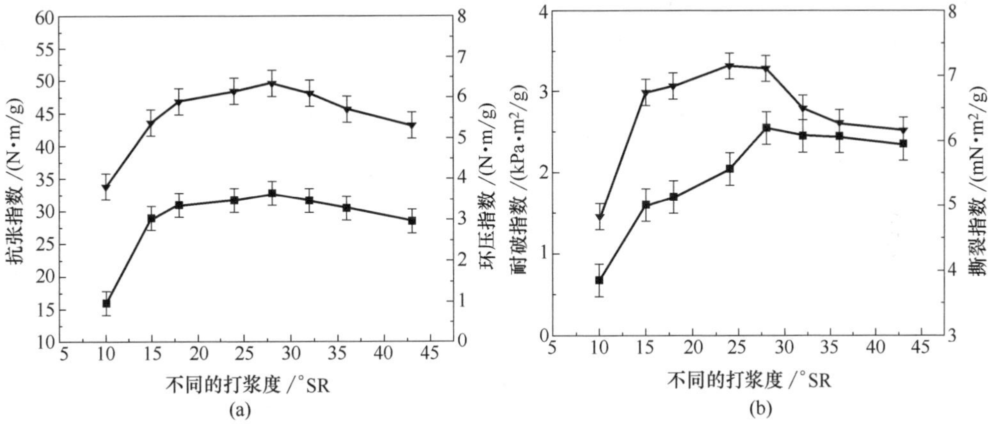

图4-3 PFI磨浆机下不同打浆度对成纸强度的影响

（a）—■— 抗张指数 —▼— 环压指数 （b）—■— 耐破指数 —▼— 撕裂指数

表4-3 PFI磨浆机在最佳打浆度下的成纸强度

浆料种类	定量/(g/m^2)	抗张指数/(N·m/g)	撕裂指数/(mN·m^2/g)	耐破指数/(kPa·m^2/g)	环压指数/(N·m/g)
原浆	77	15.97	4.81	0.68	3.77
28°SR浆料	78	32.76	7.09	2.49	7.10
提升百分比/%	—	105	47	266	88

通过PFI磨浆机对废纸纤维进行打浆处理，发现在合适的打浆度的情况下可以充分提高成纸强度。在最佳打浆度的情况下，耐破指数和抗张指数提升效果明显，其次是环压指数和撕裂指数。当打浆度过高时则会降低纸页强度性能，可能是因为打浆度过高，纤维受到一定程度的切断作用，导致纸页强度降低。

4.2 废纸的不同生物酶及化学助剂促打浆

打浆是通过机械剪切力对纸浆纤维进行帚化和压溃作用，使纤维切断和细纤维化，从而使纸张达到预期的生产质量的过程。良好的打浆就是要使纸浆具备良好的滤水性能，纸张能够获得理想的抗张、耐破、耐折等强度性能。

生物酶促打浆主要是利用纤维素酶、半纤维素酶、漆酶和果胶酶等生物酶制剂来改善纸浆生产过程中的打浆效果，有时候还会对多种生物酶进行复配相互协同进行促打浆。通过生物酶在特定的、温和的条件下对纸浆中的纤维进行分解、降解和软化作用，使纤维在打浆过程中提高纤维的吸水润胀能力，促进纤维的分丝帚化现象，减少纤维的横向切断，使更多纤维出现原纤维化。从而进一步提高纸张的物理强度、赋予纸张特殊的性质、提高生产效率以及降低生产能耗等。酶促打浆能够提高打浆速度、降低打浆能耗，优化纤维性能得到越来越广泛的研究和应用。酶促打浆分为酶处理后打浆和打浆后再经酶处理，酶预处理后打浆可以在保持打浆度一定的情况下降低打浆能耗，保持打浆能耗相同的条件下能够提升打浆度，打浆后再进行酶处理可以使纤维的滤水能力得到提升并减少细小纤维的产生。

有学者采用纤维素酶、木聚糖酶和果胶酶共同处理针叶木浆，探究了复合酶的促打浆效果，结果表明经过复合酶预处理后，针叶木浆的打浆能耗减少了 29.41%，这说明复合生物酶促针叶木浆打浆性能良好，同时经过预处理后成纸抗张强度有明显提高。利用从黑曲霉中分离的纤维素酶对化学浆和棉绒浆进行打浆的试验证明纤维素酶辅助打浆可以显著减少打浆时间，降低打浆能耗。利用纤维素酶协同木聚糖酶对漂白硫酸盐松木浆进行酶促打浆研究，结果表明，在打浆度为 30°SR 时，经酶处理的打浆能耗比未经酶处理的降低 20%，成纸抗张指数提升 20%。

为了更好地探究不同生物酶及化学助剂对废旧瓦楞箱纸板（OCC）浆料打浆性能的影响，选取氢氧化钠、羧甲基纤维素、纤维素酶、木聚糖酶对 OCC 浆料进行预处理打浆，探究其对 OCC 浆料的打浆性能的影响。

4.2.1 纤维素酶对打浆性能和物理性能的影响

纤维素酶在打浆过程中能够降低打浆能耗、改善纤维形态、提高纤维物理性能而成为酶促打浆的常用生物酶选。纤维素酶在打浆过程中的主要作用是降解细胞壁 P 和 S_1 层中的纤维素，使纤维细胞壁结构松弛，提升 S_2 层细胞壁的润胀与打浆，然后在机械力作用下使细胞壁分层，加速它破坏并提升纤维分丝帚化程度，使纤维反应位点增多，提升成纸强度。有研究发现，硫酸盐木浆打浆前经纤维素酶预处理能够提高纤维保水值，SEM 分析表明，经纤维素酶预处理后，纤维表面分丝帚化明显。

纤维素酶可以将纤维素表面的细小纤维水解去除，同时进入纤维内部作用，使纤维表面活化松弛，活化后纤维的形态得到改善，纤维吸水润胀能力提高，可以促进纤维在打浆过程中的分丝帚化现象，从而起到酶促打浆的效果。

有学者往针叶木浆中添加纤维素酶进行促打浆实验，发现纤维素酶能够促进打浆效果，经过纤维素酶预处理后漂白针叶木浆的纤维保水值和成纸的抗拉伸性提高，打浆能耗减少 20%，但是成纸的撕裂强度降低。在对漂白针叶木浆进行纤维素酶协同聚二甲基二烯丙基氯化铵预处理时发现经过预处理后针叶木浆的打浆效率降低、打浆能耗减少，纤维素酶和 PDADMAC 可以容易地渗透到多孔的纤维素纤维结构中，使得纤维素对纤维素大分子的降解不仅发生在纤维表面之外，还发生在纤维内部结构中。对桉木浆进行纤维素酶预处理，发现经过纤维素酶预处理后，桉木浆纤维的打浆能耗大量节省，桉木浆纤维表面得到改性，获得更好的黏合性能以及纤维整体紧密的连接，纤维的保水值、滤水性能和成纸强度增加。祁浩成探究了纤维素酶对硫酸盐针叶木浆促打浆效果的影响，结果表明经过纤维素酶处理后硫酸盐针叶木浆的打浆能耗减少，纸浆的细小纤维含量以及纤维保水值增加，成纸的抗张强度提高，但是耐破强度和撕裂强度下降，对成纸纤维表面进行观察还发现经过纤维素酶处理后针叶木浆纤维表面变得粗糙，分丝帚化明显。

在酶促打浆过程中，酶用量是一个影响酶促打浆效果的重要因素。在一定范围内，增加纤维素酶用量可以使细小纤维更好地水解，当酶用量过高时，纤维中的粗纤维开始水解出现“剥皮现象”，成纸强度下降。研究纤维素酶用量对酶促打浆后漂白针叶木浆纤维形态参数的影响，发现在纤维素酶用量低于0.2U/g时，纤维宽度和长度无明显变化，随着酶用量的增加，纤维宽度减小，细小纤维含量提高，纤维长度降低，抗张指数先上升后逐渐下降，在酶用量达到10U/g时，细小纤维含量达到最大值23.82%。有学者在研究纤维素酶对漂白针叶木浆打浆时发现纤维素酶最佳用量为0.4U/g，当添加的纤维素酶量过大时，纤维素酶使细小纤维发生絮聚、水解而被去除，打浆度下降，成纸物理性能下降。

探究纤维素酶预处理对OCC纸浆打浆性能的影响，并对不同的纤维素酶添加量、反应温度以及反应时间进行分析。将OCC浆料按照不同的反应条件进行纤维素酶预处理，然后对其进行PFI打浆，控制OCC浆料的打浆度从初始的15°SR打浆至45°SR，记录OCC纸浆所需的打浆转数及打浆能耗，如表4-4所示。然后将打浆处理后的OCC纸浆抄造成纸，测量纸张的物理强度，分析OCC纤维物理性能的变化，如图4-4所示。

表4-4　纤维素酶对OCC浆料打浆性能的影响

处理条件	初始打浆度/°SR	目标打浆度/°SR	打浆转数/r	打浆能耗/kW
纤维素酶用量/(U/g)	—	—	—	—
0	15	45	2500	26
10	15	45	2400	24
20	15	45	2250	22
30	15	45	1950	19
40	15	45	1750	17
50	15	45	1650	17
60	15	45	1600	16
反应温度/℃	—	—	—	—
30	15	45	2200	22
40	15	45	1950	19
50	15	45	1750	17
60	15	45	2050	20
70	15	45	2350	24
反应时间/min	—	—	—	—
30	15	45	2400	24
60	15	45	2050	21
90	15	45	1700	17
120	15	45	1700	17

设置纤维素酶用量为10、20、30、40、50、60U/g（相对于绝干浆），其他条件不变进行探究。从表中可以发现，随着纤维素酶用量的增加，OCC浆料的打浆更加容易进行，OCC浆料的打浆能耗逐渐降低，降低到17kW后，纤维素酶用量继续增加对打浆能耗的减少并无明显作用；从图4-4中可以看出，OCC纸张物理强度随着酶用量的增加呈现先上升后下降的趋势，为了降低OCC浆料的打浆能耗的同时尽可能地提高OCC成纸强度，选择纤维素酶的最佳用量为40U/g。纤维素酶可以使浆料中的细小纤维得到更好的水解，去除纤维表

面过多的细小纤维，从而提高纤维质量；同时纤维素酶可以促使纤维素大分子结构的无定型区水解，使纤维的细纤维化程度增加，让纤维变得柔软，让纤维在打浆过程中更加容易分丝帚化，降低浆料的打浆能耗。但是当纤维素酶用量过多时，会导致成纸强度出现下降的现象，这是因为当纤维素酶用量过多时，会让纤维素被纤维素酶进一步降解，使得纤维物理强度下降，而且打浆能耗也没有进一步的下降，因此纤维素酶的最佳用量选取40U/g。控制其他条件不变，探究纤维素酶的反应温度和反应时间对打浆性能和纸张强度的影响。温度过低会抑制酶活，使纤维素酶和OCC纤维不能充分反应，促打浆效果不明显；而温度过高则会破坏酶蛋白结构，致使纤维素酶失活，使反应中断，因此选择最佳的反应温度为50℃。反应时间过短会导致酶和浆料反应时间不足，反应不充分，时间过长则会增加能耗，为降低能耗成本选取最佳的反应时间为90min。

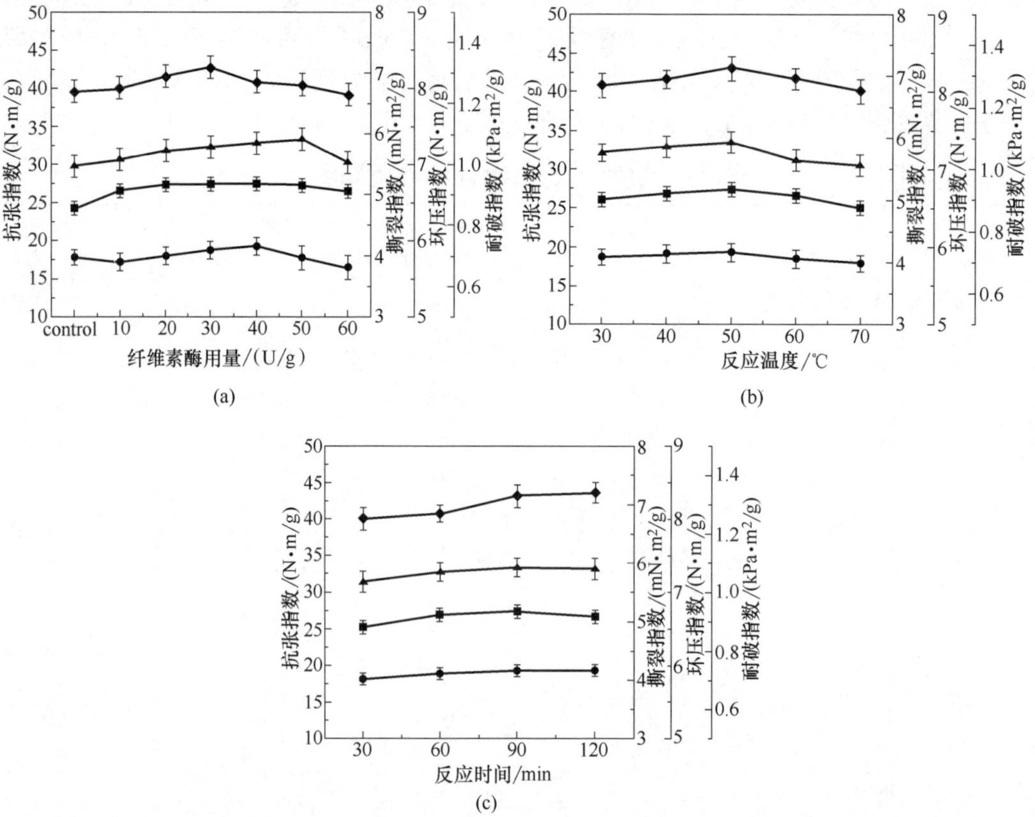

图4-4　纤维素酶对OCC纸张物理性能的提高（a）~（c）

—■— 抗张指数　—▲— 环压指数　—●— 撕裂指数　—◆— 耐破指数

4.2.2　木聚糖酶对打浆性能和物理性能的影响

木聚糖酶可以去除原浆纤维中的木聚糖以及破坏纤维中的木质素聚合物结构，破坏纤维素与木质素之间的连接，有利于木质素的溶出，可以促进原浆纤维在打浆过程中的分丝帚化，降低能耗。有关研究人员研究了木聚糖酶预处理对促进针叶木浆打浆性能的效果，结果表明当木聚糖酶使用量为12.5U/g时，针叶木浆的打浆能耗减少20%；成纸的抗张强度和撕裂强度都有明显提高；白度和不透明度等光学性能也有所提高；针叶木纤维吸水能力增强。通过探究木聚糖酶预处理对速生杨化学机械浆 PFI 磨浆性能的影响，结果发现，经过木聚糖酶预处理后，与未经预处理的浆料相比，速生杨化学机械浆达到相同打浆度时 PFI 打浆转数下降了 22%～40%，成纸的撕裂指数、耐破指数、耐折度分别提高了 15%、11%、75%，纸浆白度提高 1.9%。有学者分析了 LH-3 木聚糖酶对硫酸盐桉木浆的促打浆效果，在打浆前和打浆中添加木聚糖酶进行促打浆工艺，发现当木聚糖酶用量为 20U/g 时，打浆能耗分别可以减少 12.5%和 18.8%。

探究木聚糖酶预处理对 OCC 纸浆打浆性能的影响，并对不同的木聚糖酶添加量、反应温度以及反应时间进行分析。将经过木聚糖酶预处理后的纸浆进行 PFI 打浆，初始打浆度为 15°SR，目标打浆度为 45°SR，记录所需的打浆转数及打浆能耗，如表 4-5 所示。测量纸张的物理强度，分析 OCC 纤维物理性能的变化，如图 4-5 所示。

表 4-5　　木聚糖酶对 OCC 浆料打浆性能的影响

处理条件	初始打浆度/°SR	目标打浆度/°SR	打浆转数/r	打浆能耗/kW
木聚糖酶用量/(U/g)	—	—	—	—
0	15	45	2500	26
5	15	45	2600	26
10	15	45	2950	30
15	15	45	3000	31
20	15	45	3200	32
25	15	45	3250	33
30	15	45	3250	32
反应温度/℃	—	—	—	—
20	15	45	2550	26
30	15	45	2850	29
40	15	45	3000	30
50	15	45	3250	33
60	15	45	3150	31
反应时间/min	—	—	—	—
30	15	45	2650	26
60	15	45	3200	32
90	15	45	3150	31
120	15	45	2950	30

设置木聚糖酶的添加量为 5、10、15、20、25、30U/g（相对于绝干浆），其他条件不变进行探究，从表 4-5 中发现随着木聚糖酶用量的增加，OCC 浆料达到相同打浆度所需要的打浆能耗逐渐升高，到达峰值后逐渐维持稳定。从图 4-5 中可以看出，随着木聚糖酶用量增加，成纸强度得到明显提高，然后稍微下降，这可能是因为木聚糖酶过量使用时，纤维素中的木聚糖被过度降解，导致成纸强度下降。适量的木聚糖在纤维素结构中可以起到黏合纤维的作用，如果纤维中木聚糖含量过少，纤维之间的结合力会减弱，导致纸张的强度降低，因此选取木聚糖酶最佳用量为 20U/g。控制其他反应条件不变，探究反应温度和反应时间对打浆性能和成纸强度的影响。随着反应温度的升高，所需打浆转数增多，这是因为温度升高，木聚糖酶酶活更高，有利于与 OCC 浆料反应，纤维变得柔软坚韧，最佳的反应温度为 50℃。而随着反应时间增加，木聚糖酶与 OCC 浆料的反应也更加充分，最佳的反应时间

为 60min。

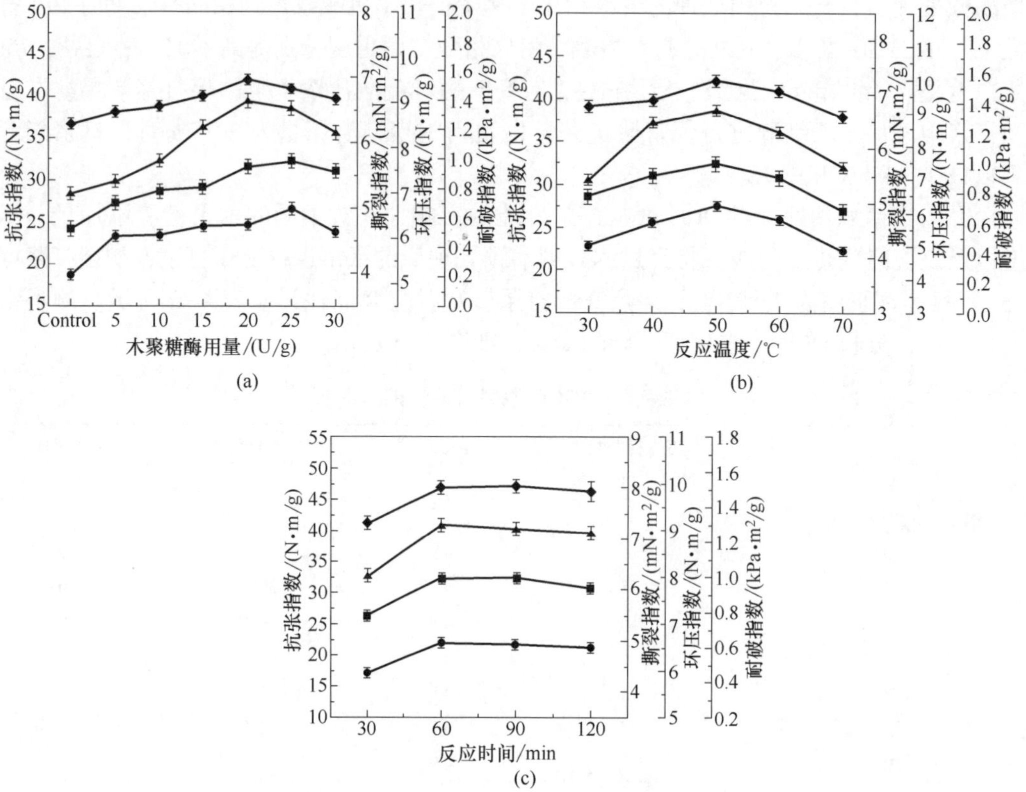

图 4-5 木聚糖酶对 OCC 纸张物理性能的提高（a）~（c）

—■— 抗张指数 —▲— 环压指数 —●— 撕裂指数 —◆— 耐破指数

4.2.3 氢氧化钠对打浆性能和物理性能的影响

氢氧化钠是造纸工业中常用的化学助剂，它可以与纤维中酸性成分进行中和反应，从而减弱纤维素分子之间的相互吸引力，使纤维素分子更容易分散开来，一定程度上提高纸浆中纤维的分散性，有利于打浆过程的进行。

探究 NaOH 预处理对 OCC 纸浆打浆性能的影响，并对不同氢氧化钠添加量、反应温度、反应时间进行分析。将经过 NaOH 预处理后的纸浆进行 PFI 打浆，初始打浆度为 15°SR，目标打浆度为 45°SR，记录所需的打浆转数及打浆能耗，如表 4-6 所示。测量纸张的物理强度，分析 OCC 纤维物理性能的变化，如图 4-6 所示。

表 4-6 NaOH 对 OCC 浆料打浆性能的影响

处理条件	初始打浆度/°SR	目标打浆度/°SR	打浆转数/r	打浆能耗/kW
NaOH 用量/(g/g)	—	—	—	—
0	15	45	2500	26
0.01	15	45	2400	25
0.02	15	45	2350	23
0.03	15	45	2250	22
0.04	15	45	2150	21

续表

处理条件	初始打浆度/°SR	目标打浆度/°SR	打浆转数/r	打浆能耗/kW
反应温度/℃	—	—	—	—
40	15	45	2300	23
50	15	45	2250	22
60	15	45	2250	22
70	15	45	2200	22
80	15	45	2100	21
反应时间/min	—	—	—	—
30	15	45	2350	24
60	15	45	2200	22
90	15	45	2200	22
120	15	45	2100	21

随着 NaOH 用量增加，OCC 浆料的所需打浆能耗减少（表 4-6），但从图 4-6 可以得知，NaOH 用量过高时，其成纸物理强度会有所下降，这是因为氢氧化钠的高碱性会对纤维的结构和性能产生影响，过多的氢氧化钠会导致纤维被过度分解，使得纤维变短，同时高浓度的碱性会导致纤维的变性、变脆甚至溶解，从而降低纸张的强度，因此选取 NaOH 的最佳用量为 0.03g/g（相对于绝干浆）。提高温度可以增加 NaOH 和纤维之间的化学反应速率，

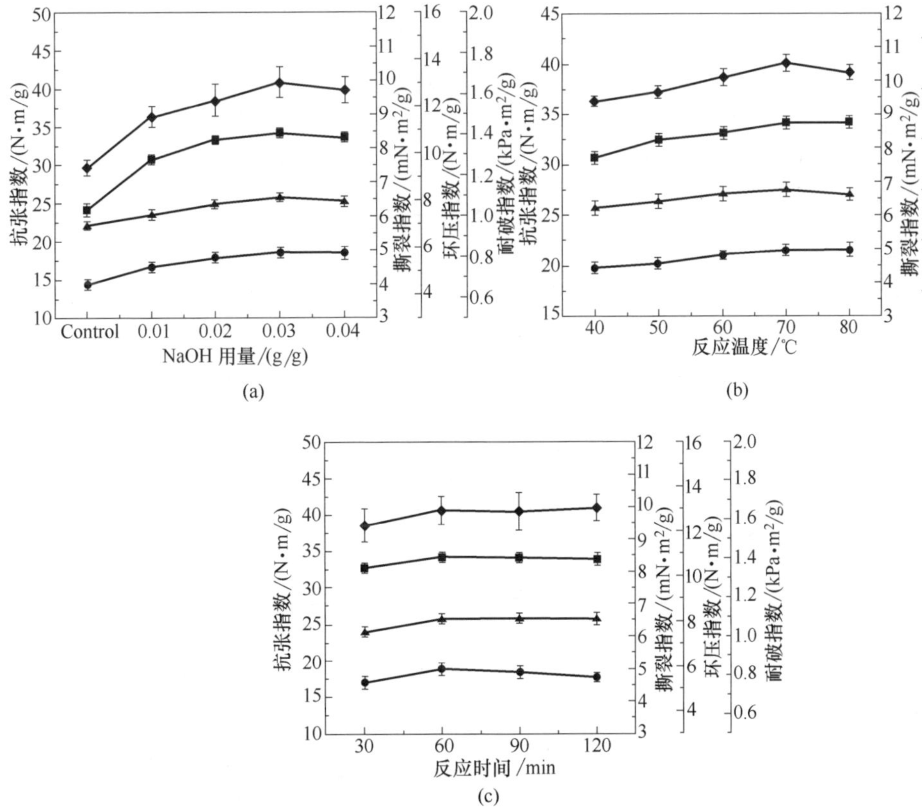

图 4-6　NaOH 对 OCC 纸张物理性能的提高（a）~（c）

—■— 抗张指数　—▲— 环压指数　—●— 撕裂指数　—◆— 耐破指数

一定程度地促进纤维的分散，促进打浆效果，但是过高的温度不仅会增加能耗，还可能会使纤维强度降低，破坏 OCC 纤维结构，因此选取最佳的反应温度为 70℃。反应时间适当的延长可以让 NaOH 更好地促进 OCC 浆料打浆、提高成纸强度；但是纤维长时间暴露在 NaOH 中可能会导致纤维的过度降解，细小纤维增加，导致打浆能耗增加、纤维强度下降，因此控制 NaOH 的反应时间为 60min。

4.2.4 CMC 对打浆性能和物理性能的影响

羧甲基纤维素（CMC）在制浆中有广泛的应用，可作为打浆助剂，CMC 通过增加纤维的分散性和柔韧性来促进 OCC 浆料的打浆过程。CMC 能有效地改善纤维的分散性和分离度，提高纤维的弹性，增加纤维的内聚力，从而提高纸浆的质量和纸张的强度。

探究 CMC 预处理对 OCC 纸浆打浆性能的影响，并对不同 CMC 添加量、反应时间进行分析。将经过 CMC 预处理后的纸浆进行 PFI 打浆，初始打浆度为 15°SR，目标打浆度为 45°SR，记录所需的打浆转数及打浆能耗，如表 4-7 所示。测量纸张的物理强度，分析 OCC 纤维物理性能的变化，如图 4-7 所示。

表 4-7　CMC 对 OCC 浆料打浆性能的影响

处理条件	初始打浆度/°SR	目标打浆度/°SR	打浆转数/r	打浆能耗/kW
CMC 用量/(g/g)	—	—	—	—
0	15	45	2500	26
0.005	15	45	2450	25
0.010	15	45	2500	25
0.015	15	45	2400	24
0.020	15	45	2350	24
0.025	15	45	2300	23
0.030	15	45	2200	22
反应时间/min	—	—	—	—
10	15	45	2250	23
20	15	45	2200	22
30	15	45	2250	22
40	15	45	2250	23

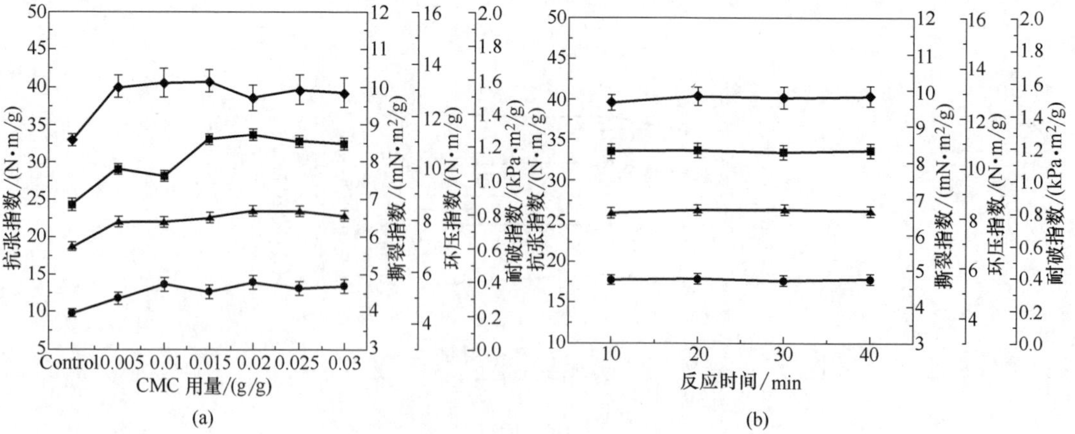

图 4-7　CMC 对 OCC 纸张物理性能的提高

—■— 抗张指数　—▲— 环压指数　—●— 撕裂指数　—◆— 耐破指数

随着 CMC 用量的增加，成纸物理强度有提高，打浆能耗也有一定的降低，最后趋于稳定（表 4-7、图 4-7）。过多添加 CMC 会改变纸张的结构，可能无法达到理想的分散效果，导致纤维团块形成和浆料不均匀，使得纤维之间的间距增大，减少了纤维之间的桥接作用，降低纤维的物理强度，因此选取 CMC 最佳用量为 0.025g/g。适当的反应时间可以给 CMC 与纤维表面提供充分的接触和作用，可以使纤维更好地分散，而过长的反应时间会导致 CMC 与纤维结合过度，导致纤维间的连接变得松散，降低强度，综合成本因素，选择最佳的反应时间为 20min。

4.2.5 不同方式处理的纸浆打浆性能和纸张物理性能分析

选取了纤维素酶、木聚糖酶、NaOH 和 CMC 4 种造纸助剂探究不同生物酶和化学助剂预处理对 OCC 纸浆打浆性能和纸张物理性能的影响，对 OCC 浆料打浆性能的影响如表 4-8 所示，对成纸物理性能的影响如图 4-8 所示。

表 4-8　不同方式处理对 OCC 浆料的打浆性能影响

样品	初始打浆度/°SR	目标打浆度/°SR	打浆转数/r	打浆能耗/kW
OCC 原浆	15	45	2500	26
NaOH 处理	15	45	2250	22
CMC 处理	15	45	2350	24
Cel 处理	15	45	1750	17
Xyl 处理	15	45	3250	33

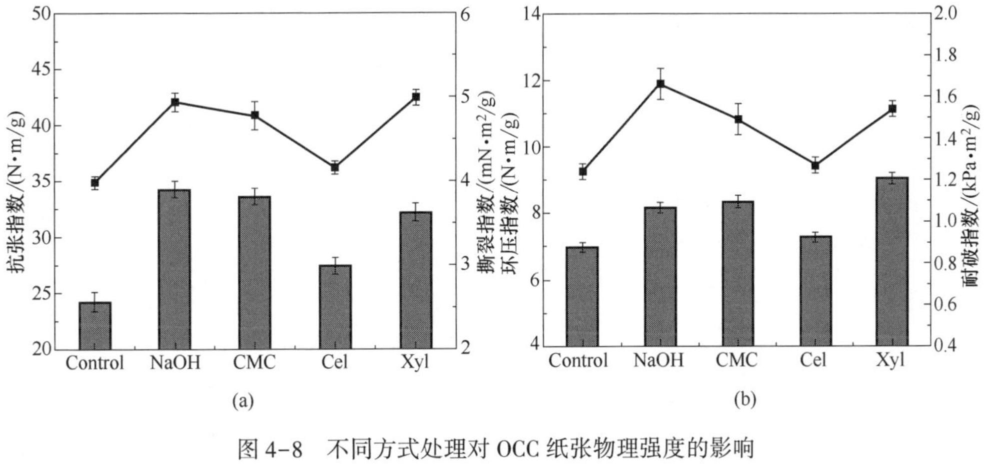

图 4-8　不同方式处理对 OCC 纸张物理强度的影响

（a）抗张指数　撕裂指数　（b）环压指数　耐破指数

从图表中可以发现，不同造纸助剂对 OCC 浆料的打浆性能的影响各不相同，NaOH、CMC 和纤维素酶（Cel）预处理后的 OCC 浆料的打浆能耗有所降低，分别下降了 15.4%、11.5%、34.6%，而木聚糖酶（Xyl）预处理后的打浆能耗则提高了 26.9%。各种助剂预处理的成纸物理强度也都有不同程度的增强，其中经过 NaOH 预处理的抗张和耐破指数最优为

34.26N·m/g，1.66N·m/g，比没有经过助剂预处理的样品提高了41.3%和33.9%。Xyl预处理的撕裂和环压指数最优为4.99mN·m^2/g、9.04kPa·m^2/g，比没有经过助剂预处理的样品提高了25.4%和29.5%。CMC预处理的抗张、撕裂、环压指数与NaOH预处理的结果相近，而耐破指数略低。Cel预处理的成纸强度比其他3种助剂的要低，这可能是因为经过纤维素酶预处理后，纤维的细小纤维相较增加、纤维长度有所减少，但是其打浆能耗要远低于NaOH、CMC和Xyl。由此可见，不同的助剂在各项物理强度增加和打浆性能提高方面各有差异。

4.2.6 不同方式处理的纤维性能分析

不同助剂预处理打浆后对OCC纤维质量的影响见表4-9，检测的参数有纤维长度、纤维宽度、纤维粗度、扭结纤维含量、分丝帚化长度比、细小纤维含量。

可以看到，与没有经过助剂处理的空白样相比，经过NaOH、CMC和Xyl预处理后，纤维质均长度分别提高了1.6%、6.0%和13.9%，而纤维粗度分别提高了25.6%、15.7%和31.0%。OCC纤维长度和纤维粗度的提高说明纤维的吸水膨胀能力得到改善，可以提高成纸强度。而经过Cel预处理后纤维的质均长度和粗度分别下降了10.9%和3.6%，这也解释了Cel预处理打浆后的成纸强度比其他三种造纸助剂要低。各种处理下纤维的长宽比相较于空白样均有所提高，这都有利于纤维成纸强度的提高，符合成纸物理强度提高的结果。经过不同助剂预处理后，OCC纤维的细小纤维、扭结纤维都明显减少，分丝帚化长度比明显增长，这说明经过各种助剂预处理后，OCC纤维在打浆过程中发生的切断作用减少，分丝帚化的作用增加，打浆性能均有所提高。

表4-9　　不同方式处理的OCC纤维性能分析

样品	纤维质均长度/mm	纤维粗度/(mg/m)	纤维宽度/μm	扭结纤维含量/%	分丝帚化长度比/%	细小纤维/%
空白样	0.801	0.1843	21.8	55.5	2.433	19.67
NaOH	0.814	0.2314	21.4	53.6	2.494	9.42
CMC	0.849	0.2133	21.3	52.7	2.557	10.59
Cel	0.714	0.1779	20.3	49.8	2.744	11.82
Xyl	0.912	0.2414	20.4	42.7	2.873	7.06

4.2.7 不同方式处理的纤维形貌分析

利用SEM观察Cel、Xyl、NaOH和CMC预处理打浆后OCC纤维的宏观形貌，结果如图4-9所示。从图中可以看出，经过NaOH预处理打浆后，纤维较为粗糙、饱满，纤维表面出现分丝帚化现象，纤维润胀能力提高，表现为纤维宽度增大，但是纤维间整体的连接点较少，成纸强度会受到影响。经过CMC预处理打浆后，OCC纤维形态更加均匀，纤维表面出现部分的分丝帚化现象，纤维间的整体连接点相较NaOH处理的更少，因此CMC处理打浆后的成纸强度比NaOH处理打浆后的成纸强度要低。经过Cel预处理打浆后，纤维表面出现了分丝帚化现象，纤维间的接触点也较多，但是细小纤维也较多，影响了成纸的物理强度，同时打浆能耗也因此降低。经过Xyl预处理打浆后，纤维表面出现明显的分丝帚化现象，且纤维间的连接明显增加，纤维表面变得粗糙润胀，这也说明 Xyl 预处理打浆可以有效提高成纸的物理强度，但是打浆能耗有所提高。

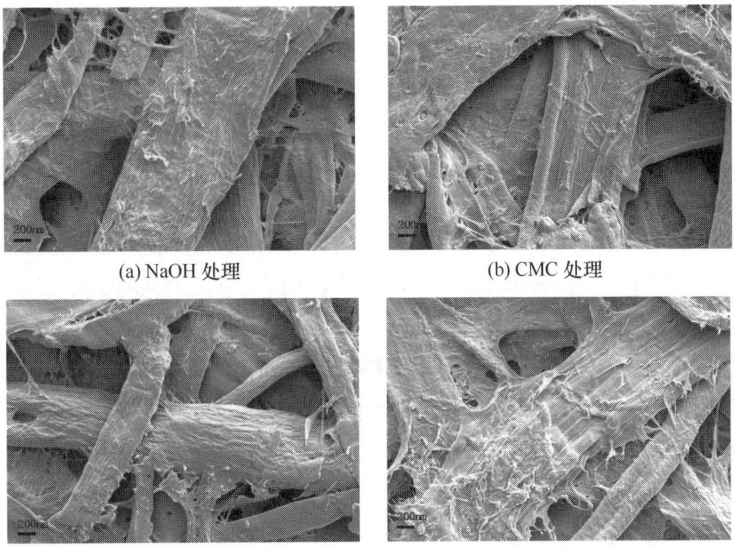

(a) NaOH 处理　(b) CMC 处理

(c) Cel 处理　(d) Xyl 处理

图 4-9　不同助剂对 OCC 纤维形态的影响

4.2.8　不同方式处理的纤维特征峰分析

不同助剂处理下的 OCC 纸浆的 FT-IR 谱图如图 4-10 所示。从图中可以得出，没有处理过的空白样与经过不同助剂处理后的纸浆 FT-IR 谱图特征峰的位置并无太大变化，没有出现新的官能团特征峰，这证明了各种生物酶和化学助剂的预处理均没有改变 OCC 纸浆纤维的分子结构，没有引入新的官能团，但特征峰的相对强度有一定的变化。

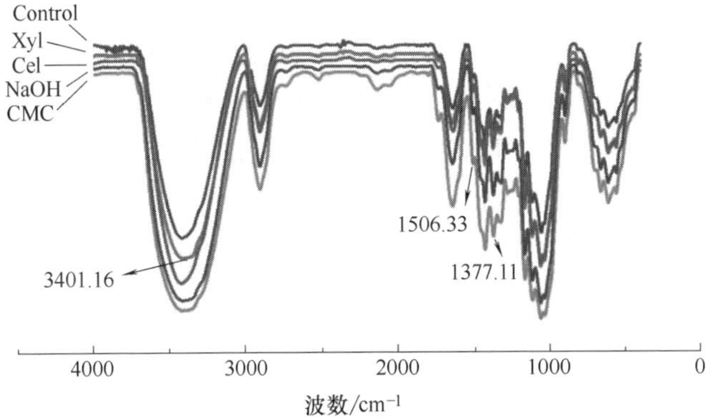

图 4-10　不同方式处理 OCC 纤维的 FT-IR 谱图

FT-IR 谱图中特征峰吸收强度进行的表征见表 4-10，采用 1424cm^{-1} 处的特征峰强度作为基准对比。3349~3405cm^{-1} 处的特征峰表示的是纤维中羟基的特征峰，可以发现经过各种生物酶和化学助剂预处理后，纤维中羟基含量均有所增加，这有利于纤维之间氢键结合，提高成纸物理强度，其中 NaOH 和 CMC 预处理后的羟基相对强度增幅最大。

表 4-10　　OCC 不同方式处理下 FT-IR 中峰的吸收强度

波数/cm^{-1}	吸收峰归属	相对吸收强度,A_i/A_{1429}				
		空白样	NaOH	CMC	Cel	Xyl
3349~3405	羟基—OH、芳羟基的 O—H 伸缩振动	6.21	7.67	7.64	7.52	6.96
1505~1511	苯环骨架振动	0.85	0.87	0.84	0.81	0.72
1424~1432	苯环骨架振动	1.00	1.00	1.00	1.00	1.00
1373~1378	芳烃基和纤维素、半纤维素中 C—H 的伸缩振动	0.54	0.64	0.59	0.53	0.42

NaOH 预处理后的羟基特征峰的相对强度增加，这是因为纤维遭到 NaOH 的酸解、溶解作用，使 OCC 纤维表面的酸性基团减少，同时 NaOH 可以破坏 OCC 纤维素中的晶体结构，使纤维的羟基更容易暴露在外面，这可以增加纤维的结合力、提高纤维的分散性、改善纤维的润湿性，因此经过 NaOH 预处理后 OCC 浆料打浆容易，打浆能耗降低。

CMC 预处理后羟基相对含量增加，是因为随着 CMC 的加入，给 OCC 纤维表面引入了羟基，这提高了纤维和水的接触，提高了流动性，有利于打浆的进行。Cel 预处理首先把纤维表面的细小纤维降解，然后进入纤维内部对纤维进行水解，纤维素被酶解分散开来，纤维素晶体结构遭到破坏，部分纤维素酶渗入到纤维素分子界面处导致分子内氢键断裂，露出更多羟基基团，因此纤维素酶预处理后的浆料更容易打浆。

Xyl 预处理过程中，纤维之间的木质素聚合物以及表面部分抽提物被去除，更好地暴露出纤维表面的羟基，有利于纤维在后续打浆过程中的分丝帚化现象，这些都有利于成纸强度的提高。1505~1511cm^{-1} 处的特征峰代表苯环结构，1373~1378cm^{-1} 处的特征峰代表纤维素和半纤维素 C—H 的伸缩振动峰，Xyl 处理后该两处的特征峰相对强度都有明显降低，进一步说明了 Xyl 处理可以对纤维中的木素聚合物和木聚糖进行降解，提高 OCC 纤维强度。

4.3　木聚糖酶协同纤维素酶/谷氨酸体系提升废纸纤维打浆性能

生物酶在打浆中的应用已经得到广泛关注和研究。由于废纸浆中的纤维素经过多次回收利用后，其结构变得复杂而难以分解，导致打浆能耗增加、纤维质量降低。生物酶在打浆中的作用是通过酶解纤维素和非纤维素来提高纤维质量和改善打浆质量。

但是单一的生物酶对废纸纤维改性的效果并不全面，鞠成民采用纤维素酶、半纤维素酶和木聚糖酶进行复合处理针叶木浆探究其效果，结果表明复合酶预处理后可以提高针叶木浆的打浆度，降低打浆能耗，同时改善纸浆的物理强度以及光学性能。有学者利用漆酶/介体体系对马尾松 TMP 进行预处理并进行打浆处理，发现预处理后的纤维切断现象减少，成纸的撕裂指数提高了 47.33%，松厚度下降 20.33%，降低了打浆能耗。氨基酸作为一种绿色的表面活性剂，因其具有大量羧基和氨基基团，可以很好地在浆料中分散，同时可以提高纸浆纤维的羧基含量，是制浆造纸十分具有潜力的化学助剂。

结合上一节纤维素酶促打浆和木聚糖酶促打浆提高成纸物理强度的实验结果，为了达到既降低打浆能耗，又大幅提高成纸物理强度的目标。通过木聚糖酶和纤维素酶/谷氨酸协同作用促 OCC 浆料打浆，探究复合生物酶处理对废纸浆打浆性能的影响、复合酶促打浆对废纸浆强度的影响、复合酶配比对酶促打浆的影响和助剂种类对酶促打浆的影响。

4.3.1 复合生物酶体系提升 OCC 物理性能最佳工艺条件探究

4.3.1.1 生物酶添加顺序对酶促体系物理性能的影响

用木聚糖酶协同纤维素酶/谷氨酸体系（Cel/Glu-Xyl）对 OCC 浆料预处理打浆，探究该复合酶体系对成纸物理性能的影响，发现生物酶添加顺序的不同对 OCC 纤维成纸物理强度的影响不同，如图 4-11 所示。

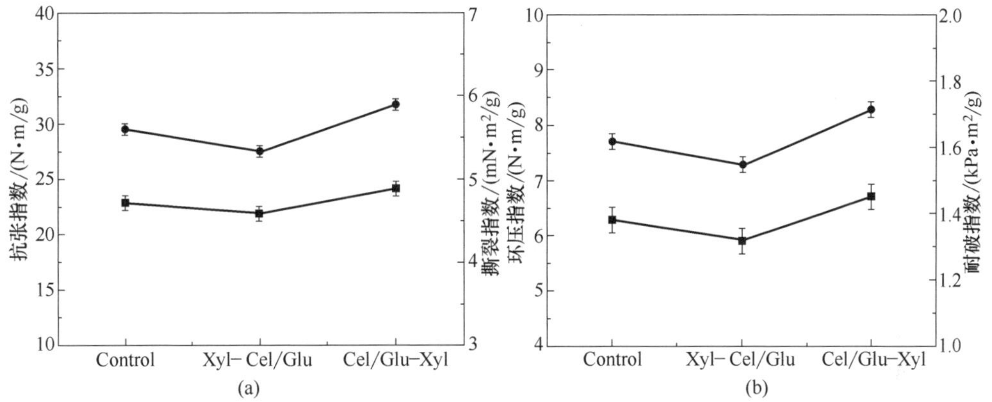

图 4-11 生物酶添加顺序对 OCC 纸张物理强度的影响

（a）—■— 抗张指数 —●— 撕裂指数 （b）—■— 环压指数 —●— 耐破指数

注：Control 表示同时加入生物酶；Xyl-Cel/Glu 表示先加入纤维素酶/谷氨酸后加入木聚糖酶；Cel/Glu-Xyl 表示先加入木聚糖酶后加入纤维素酶/谷氨酸。

从图中可以看到，优先加入纤维素酶/谷氨酸后加入木聚糖酶进行预处理得到的成纸物理强度比优先加入木聚糖酶后加入纤维素酶/谷氨酸（Xyl-Cel/Glu）的要高 5%～15%。纤维素酶可以去除掉 OCC 纤维表面的细小纤维，同时降解部分纤维素，使纤维素分子结构解聚，这样可以进一步促进木聚糖酶降解 OCC 纤维表面聚集的木聚糖以及部分木质素聚合物（LCC）结构，使纤维表面暴露出更多的纤维素以及羟基，改善纤维素的可达性和纤维间的整体结合力，提高成纸的物理强度。而先添加木聚糖酶后添加纤维素酶/谷氨酸预处理 OCC 纤维的物理强度比 Cel/Glu-Xyl 和同时加入两种生物酶的物理强度都要差，这可能是因为木聚糖首先加入，充分降解了纤维表面的木聚糖以及部分 LCC 结构，从而暴露出了更多的纤维素结构，此时加入纤维素酶会轻易地进入纤维素中，导致纤维素被大量分解，由于纤维素在纸张的物理强度中起着关键作用，因此 Xyl-Cel/Glu 预处理会相较于前两者降低纸张整体强度。因此后续处理均采用 Cel/Glu-Xyl。

4.3.1.2 纤维素酶用量对酶促体系物理性能的影响

其他的条件控制为木聚糖酶用量 20U/g，谷氨酸用量 1.5%，纤维素酶反应时间 90min，木聚糖酶反应时间 60min，温度为 50℃，pH=6.0。图 4-12 是探究复合酶体系中纤维素酶用量对 OCC 纤维打浆后成纸物理强度的影响。

随着复合酶体系中纤维素酶用量的增加，OCC 纤维的成纸强度均出现微弱的升高，然后逐渐减小。这是因为在纤维素酶的一定用量范围内，纤维素酶水解了纤维表面的细小纤维以及纤维素大分子结构的无定型结晶区，使纤维素表面暴露出大量羟基，有利于纤维素吸水润胀，增加纤维整体的氢键结合，改善纤维间的结合力，因此纸张物理强度上升。但是当纤维素酶用量继续增加，纤维素酶将继续对纤维素进行深度水解，使纤维之间变得松散、脆弱，纤维素本身强度下降，在打浆过程中容易被切断，导致纤维长度变短，故纸张物理强度下降，但这也是复合生物酶体系可以降低 OCC 浆料打浆能耗的原因之一。结合打浆能耗以及成纸物理量强度，选取纤维素酶的用量为 40U/g。

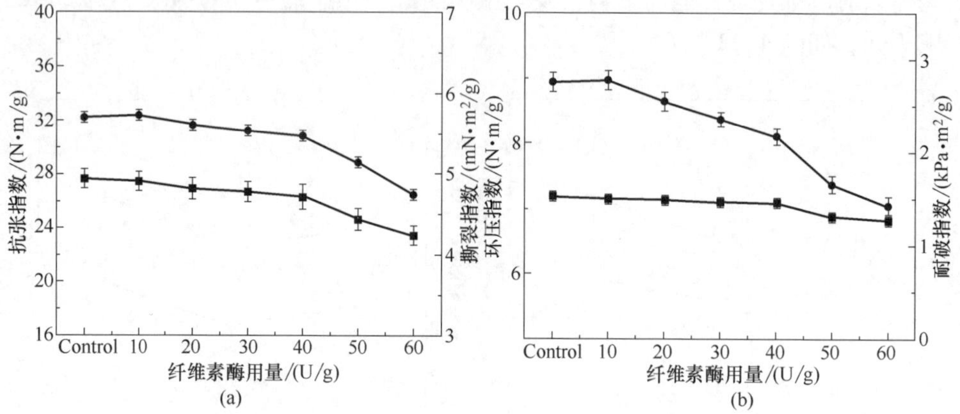

图 4-12　纤维素酶用量对 OCC 纸张物理强度的影响

(a) —●— 抗张指数　—■— 撕裂指数　(b) —●— 环压指数　—■— 耐破指数

4.3.1.3　木聚糖酶用量对酶促体系物理性能的影响

其他的条件控制为纤维素酶用量 40U/g，谷氨酸用量 1.5%，纤维素酶反应时间 90min，木聚糖酶反应时间 60min，温度为 50℃，pH=6.0。图 4-13 是探究复合酶体系中木聚糖酶用量对 OCC 纤维打浆后成纸物理强度的影响。

随着木聚糖酶用量的增加，成纸物理强度均持续提高，其中抗张强度、耐破强度和环压强度提高到峰值后基本趋于稳定，而撕裂指数提高到峰值后出现小幅的下降。综合各项成纸物理强度以及打浆能耗选择木聚糖酶的用量为 25U/g。这是因为木聚糖酶可以作用于木糖苷键，水解纤维表面的木聚糖，同时破坏纤维表面的 LCC 结构，使纤维素不被包裹覆盖，大幅提高 OCC 纤维的吸水润胀能力，有助于纤维在打浆过程中的分丝帚化。纤维在纸张成形过程中能形成紧密连接的结构，增强纤维间的整体结合力，减少纤维在打浆过程中的切断作

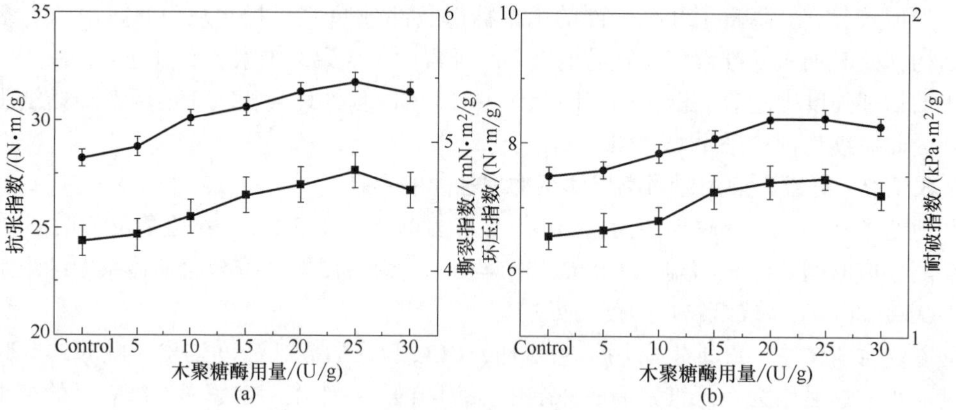

图 4-13　木聚糖酶用量对 OCC 纸张物理强度的影响

(a) —●— 抗张指数　—■— 撕裂指数　(b) —●— 环压指数　—■— 耐破指数

用，提高成纸的物理强度。

4.3.1.4 谷氨酸添加量对酶促体系物理性能的影响

其他的条件控制为纤维素酶用量 40U/g，木聚糖酶用量 25U/g，纤维素酶反应时间 90min，木聚糖酶反应时间 60min，温度为 50℃，pH=6.0。图 4-14 显示了复合酶体系中谷氨酸用量对 OCC 纤维打浆后成纸物理强度的影响。

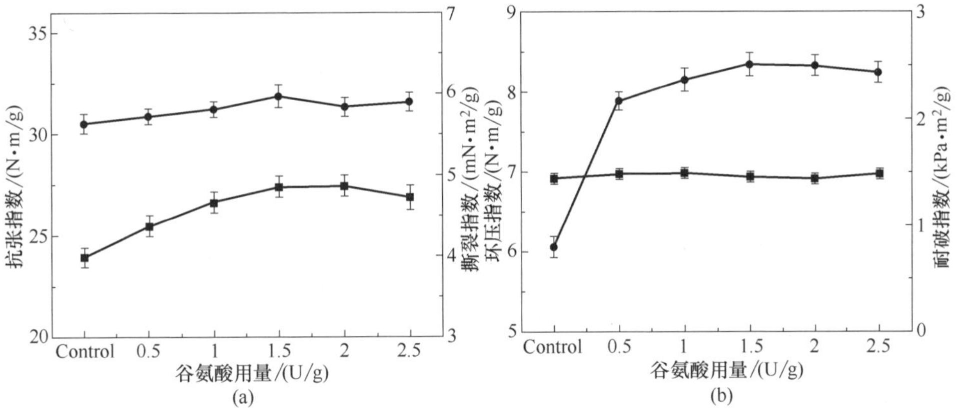

图 4-14　复合酶体系中谷氨酸用量对 OCC 纸张物理强度的影响

(a) —●— 抗张指数 —■— 撕裂指数　(b) —●— 环压指数 —■— 耐破指数

加入谷氨酸可以明显提高 OCC 浆料成纸的撕裂指数以及环压指数。随着谷氨酸用量的增加，成纸物理强度上升。这是因为谷基酸的加入有利于纤维素的解聚，提高纤维素酶的效率，促进纤维素酶对纤维素的水解，释放出羧基基团，从而增加羧基含量；同时经过纤维素酶活化后的纤维表面会暴露出许多游离羟基官能团，有助于谷氨酸在纤维表面中嫁接更多的羧基基团。纤维羧基含量的增加可以改善纤维的表面性质，增加纤维与其他纤维素分子的联结能力，有利于纤维之间形成更加紧密的纸张结构。同时，由于羧基具有良好的亲水性，因此羧基含量的增加可以提高纤维与水分子之间的作用，提高纤维的吸水能力，有利于纤维润胀以及分丝帚化，增强纤维整体的作用力。但是当谷氨酸用量继续增加时，部分强度指数不再继续上升，有的还出现下降的趋势，为了防止用量过多造成浪费，所以选择谷氨酸的用量为 1.5%。

4.3.1.5 纤维素酶反应时间对酶促体系物理性能的影响

其他的条件控制为纤维素酶用量 40U/g，木聚糖酶用量 25U/g，谷氨酸用量 1.5%，木聚糖酶反应时间 60min，温度为 50℃，pH=6.0。图 4-15 显示了纤维素酶反应时间对 OCC 纤维打浆后成纸物理强度的影响。

随着纤维素酶反应时间的增加，OCC 浆料成纸物理强度有所提高，继续延长反应时间，物理强度开始下降。刚开始添加纤维素酶进行反应，增加反应时间可以提高物理强度是因为此时纤维素酶和纤维的反应还不充分。当物理强度达到峰值后再继续反应，将会使纤维继续被纤维素酶水解，造成纤维素流失，使纤维本身强度下降。因此选择纤维素酶的反应时间为 90min。

4.3.1.6 木聚糖酶反应时间对酶促体系物理性能的影响

其他的条件控制为纤维素酶用量 40U/g，木聚糖酶用量 25U/g，谷氨酸用量 1.5%，纤维素酶反应时间 90min，温度为 50℃，pH=6.0。图 4-16 显示了木聚糖酶反应时间对 OCC

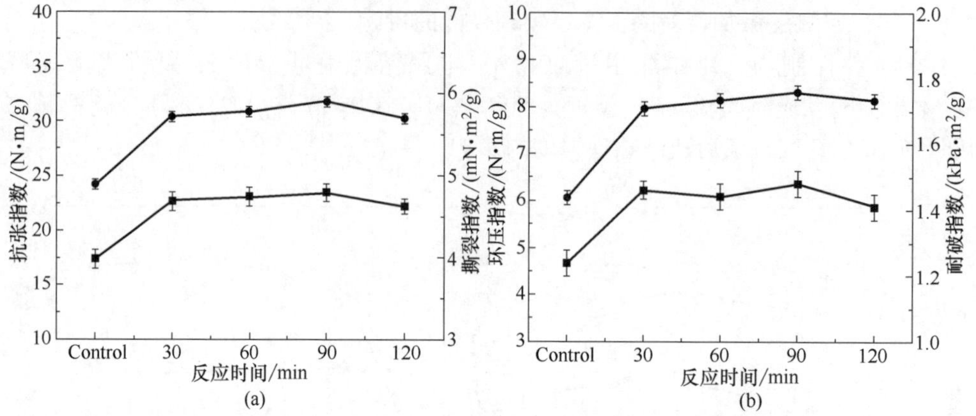

图 4-15 纤维素酶反应时间对 OCC 纸张物理强度的影响

（a）—●— 抗张指数 —■— 撕裂指数 （b）—●— 环压指数 —●— 耐破指数

纤维打浆后成纸物理强度的影响。

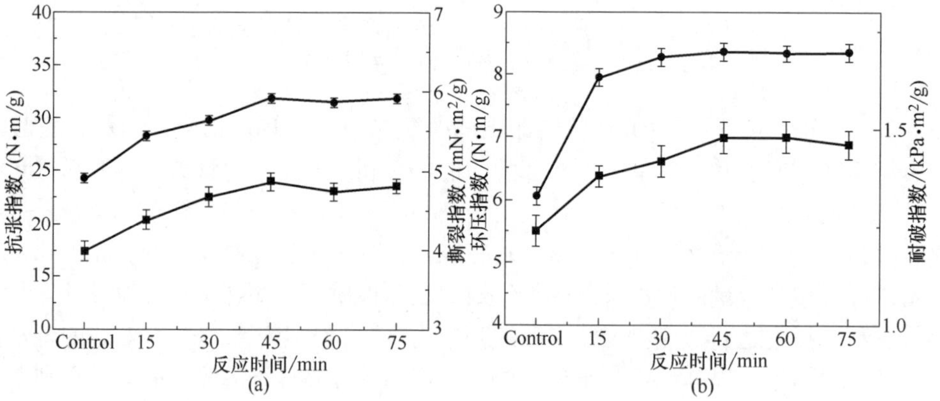

图 4-16 木聚糖酶反应时间对 OCC 纸张物理强度的影响

（a）—●— 抗张指数 —■— 撕裂指数 （b）—●— 环压指数 —■— 耐破指数

反应刚开始时，OCC 浆料成纸强度较低，是因为当木聚糖酶处理时间过短时，反应将不能完全进行，纤维表面的木聚糖、LCC 将无法得到水解，纤维改性效果降低。当随着反应时间的增加，OCC 浆料成纸强度明显上升，然后趋于平缓。反应时间过长将导致效率低下，浪费能源，因此选择木聚糖酶的反应时间为 30min。

4.3.2 复合生物酶体系提升 OCC 打浆工艺条件探究

采用 Cel/Glu-Xyl 对 OCC 纸浆进行预处理，探究生物酶复配比例的不同对 OCC 纸浆打浆性能的影响。

4.3.2.1 纤维素酶用量对酶促体系打浆性能的影响

其他的条件控制为木聚糖酶用量 25U/g，谷氨酸用量 1.5%，纤维素酶反应时间 90min，木聚糖酶反应时间 30min，温度为 50℃，pH = 6.0。表 4-11 是纤维素酶用量对打浆性能的影响。

表 4-11 纤维素酶用量对 OCC 浆料打浆性能的影响

处理条件	初始打浆度/°SR	目标打浆度/°SR	打浆转数/r	打浆能耗/kW
纤维素酶用量/(U/g)	—	—	—	—
0	15	45	3300	33
10	15	45	2800	28
20	15	45	2350	24
30	15	45	2050	21
40	15	45	1850	19
50	15	45	1850	19
60	15	45	1800	18

随着纤维素酶用量的增加，OCC 纸浆的打浆转数随之减少，这是因为纤维素酶可以有效地分解纤维素链，该分解过程使纤维素链变得更容易被水分散，减少了打浆过程中纤维团聚的程度。同时，纤维素酶降解了 OCC 纤维表面的细小纤维后作用到纤维表面，使纤维素表面的羟基官能团暴露出来，使得纤维素更容易受到水的湿润。此外，纤维素酶可以促进纤维素大分子结构无定形区域的水解，增加纤维的细纤维化，同时纤维素酶进入内部降解部分纤维素，纤维变得分散，使打浆容易进行，提高打浆性能。

4.3.2.2 木聚糖酶用量对酶促体系打浆性能的影响

其他的条件控制为纤维素酶用量 40U/g，谷氨酸用量 1.5%，纤维素酶反应时间 90min，木聚糖酶反应时间 30min，温度为 50℃，pH=6.0，木聚糖酶用量对打浆性能的影响如表 4-12 所示。

表 4-12 木聚糖酶用量对 OCC 浆料打浆性能的影响

处理条件	初始打浆度/°SR	目标打浆度/°SR	打浆转数/r	打浆能耗/kW
木聚糖用量/(U/g)	—	—	—	—
0	15	45	1750	17
5	15	45	1750	17
10	15	45	1750	18
15	15	45	1800	18
20	15	45	1850	19
25	15	45	1850	19
30	15	45	2000	20

随着木聚糖酶用量的增加，OCC 浆料的打浆程度减弱，打浆能耗增加，与只经过纤维素酶/谷氨酸体系预处理的 OCC 浆料相比，往体系中加入木聚糖酶后打浆能耗最高增加了 17.6%。木聚糖是半纤维素的一种，具有良好的亲水性，适量的半纤维素能够在打浆过程中促进浆料的分散。而随着木聚糖酶的加入，会对纤维表面沉积的木聚糖和木质素聚合物进行降解和去除，半纤维素含量减少，导致打浆变得困难。但是纤维表面的木聚糖和木质素聚合物减少可以提高纤维的强度，增加纤维之间的氢键连接，改善成纸的物理性能。

4.3.2.3 谷氨酸用量对酶促体系打浆性能的影响

谷氨酸用量对打浆性能的影响如表 4-13 所示，其他的条件控制为纤维素酶用量 40U/g，木聚糖酶用量 25U/g，纤维素酶反应时间 90min，木聚糖酶反应时间 30min 温度为 50℃，pH=6.0。

表 4-13　　谷氨酸用量对 OCC 浆料打浆性能的影响

处理条件	初始打浆度/°SR	目标打浆度/°SR	打浆转数/r	打浆能耗/kW
谷氨酸用量/%	—	—	—	—
0	15	45	1800	18
0.5	15	45	1800	18
1.0	15	45	1850	19
1.5	15	45	1850	19
2.0	15	45	1850	19
2.5	15	45	1900	19

谷氨酸的加入对于 OCC 浆料的打浆性能影响并不明显，加入谷氨酸后会使打浆能耗微弱的上升。这可能是因为谷氨酸使纤维之间的羧基含量提高，而羧基含量提高会使纤维之间的结合更加紧密，因此 OCC 浆料在打浆的过程中需要更多的机械力量来打散纤维，促进分丝帚化；另外羧基含量提高也可能使纤维表面变得黏滞，增加了打浆过程中能量的消耗。谷氨酸的主要作用是给 OCC 纤维引入羧基，提高 OCC 纤维的润胀性能，提升纤维之间的结合力，略微增加了 OCC 浆料打浆能耗。

4.3.3　不同生物酶处理的对比

不同生物酶处理打浆后，OCC 纤维的物理性能均得到提高。图 4-17 和表 4-14 为经过不同酶体系处理后的成纸强度变化以及打浆性能变化的对比。其中，Cel/Glu-Xyl 对成纸物理强度的提升效果均优于 Cel/Glu 和 Cel，在最佳的反应条件下，Cel/Glu-Xyl 预处理打浆后得到的 OCC 纸张的抗张、撕裂、环压、耐破指数分别较空白样提高 31.5%、21.9%、37.5%、19.4%。同时 Cel/Glu-Xyl 预处理打浆后成纸强度较 Cel/Glu 提高了 10%~15%，这说明 Xyl 和 Cel/Glu 两者对 OCC 纤维具有协同作用，可以更好地提高 OCC 纤维的物理强度。

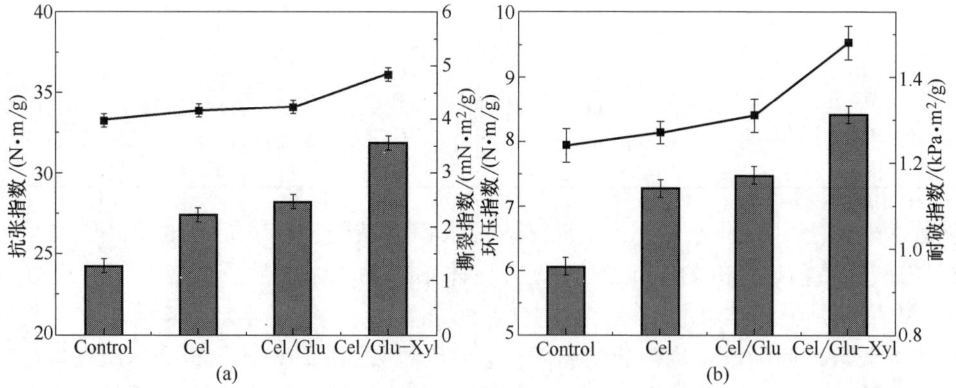

图 4-17　不同方式处理下 OCC 浆料的纸张物理强度

(a) ■ 抗张指数 —■— 耐破指数　(b) ■ 环压指数 —■— 耐破指数

从表 4-14 中可知，虽然 Cel/Glu-Xyl 的打浆能耗比 Cel/Glu 略有上升，但是相较空白样其打浆能耗降低了 27.0%，同时其成纸物理强度得到大幅提升。因此，综合打浆能耗以及成纸强度，Cel/Glu-Xyl 体系相比其他两种生物酶预处理都要更优。

表 4-14　　不同方式处理对 OCC 浆料的打浆性能影响

样品	初始打浆度/°SR	目标打浆度/°SR	打浆转数/r	打浆能耗/kW
空白样	15	45	2500	26
Cel	15	45	1700	17
Cel/Glu	15	45	1750	17
Cel/Glu-Xyl	15	45	1850	19

4.3.4　纤维保水值分析

纸浆纤维的保水值（WRV）是一项评价纤维的重要指标。纤维的保水值可以直接反映纤维的吸水能力，这对纤维在打浆过程中的吸水润胀尤为重要，可以提高成纸的物理强度。回用纤维由于经过多次的挤压、干燥等工序，会使细胞壁上的孔发生不可逆的关闭，导致纤维保水值下降，影响回用纤维成纸物理性能。

经不同方式预处理后 OCC 纤维保水值对比如图 4-18 所示。相较于对照组，经过纤维素酶单独预处理、Cel/Glu、Cel/Glu-Xyl 预处理的纤维保水值分别提高了 28.56%、33.01%、44.76%，可以发现经过 Cel/Glu-Xyl 预处理的纤维保水值提升程度最高，这说明 Cel/Glu-Xyl 预处理可以有效提高 OCC 纤维的吸水润胀能力。这是因为在纤维素酶的作用下，纤维素的晶体结构被破坏，使得纤维更加柔软可塑，增加了纤维与水分子之间的相互作用，同时纤维素酶可以一定程度地使纤维表面更加粗糙、纤维束分散开来，有利于水分的吸收，有利于打浆的进行。木聚糖酶可以降解覆盖在纤维素表面的木聚糖等物质，提高纤维的亲水性，使水分更加容易进入纤维内部。谷氨酸的加入可以在纤维表面引入羧基基团，使得纤维的吸水润胀性能进一步得到提高。同时纤维的细纤维化程度也得到提高，有助于纤维之间的氢键结合，提高成纸的物理强度。

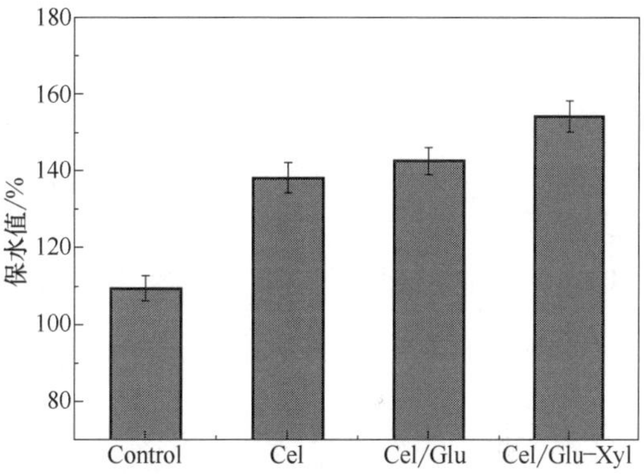

图 4-18　不同方式处理对 OCC 纤维保水值的影响

4.4　木聚糖酶协同纤维素酶/谷氨酸体系提升废纸纤维打浆性能机理

上一节用 Cel/Glu-Xyl 对 OCC 浆料进行预处理达到促打浆的效果，研究了其处理条件的最佳工艺，发现该复合生物酶体系可以降低打浆能耗，提高成纸物理强度，但其机理尚不清楚。为了更好地了解复合生物酶体系对纤维的作用机理，采用 FQA、FT-IR、XRD、HG-SC 以及 BET 来对 Cel/Glu-Xyl 预处理对促打浆和改善废纸纤维强度的机理进行初步的探究，采用 SEM 和 AFM 对纤维表面进行分析研究。

4.4.1　纤维质量分析

经过多种生物酶预处理打浆后对 OCC 纤维质量的影响见表 4-15，检测的参数有纤维长度、纤维宽度、纤维粗度、扭结纤维含量、分丝帚化长度比、细小纤维含量。从表可知，经过不同生物酶体系预处理、打浆后的纤维质量有着明显的不同。经过 Cel/Glu-Xyl 预处理打浆后，纤维的质均长度、纤维长宽比相较于空白样、纤维素酶、Cel/Glu 均有所增加，这可能是因为经过 Cel/Glu 处理后，纤维表面的细小纤维减少，有利于木聚糖酶去除聚集在纤维表面的木聚糖以及木质素聚合物（LCC），纤维表面暴露出更多的羟基，纤维整体结合力提高，使 OCC 纤维在打浆过程中不易被切断，因此纤维的质均长度提高，有助于成纸强度的提升。

表 4-15　　不同方式处理的 OCC 纤维质量对比

样品	纤维质均长度/mm	纤维宽度/μm	纤维粗度/(mg/m)	扭结纤维/%	分丝帚化长度比/%	细小纤维/%
空白样	0.801	21.8	0.1843	55.5	2.433	19.67
Cel	0.714	20.3	0.1779	49.8	2.744	11.82
Cel/Glu	0.782	20.3	0.1808	47.6	2.987	8.08
Cel/Glu-Xyl	0.845	20.2	0.1879	46.0	3.053	5.87

同时谷氨酸的加入提高了纤维表面的羧基含量，促进纤维吸水润胀，表现为纤维粗度增加。细小纤维和扭结纤维比率减少，分丝帚化长度比增加，可能是因为 Cel/Glu-Xyl 的处理，脱出了纤维表面部分的木聚糖、细小纤维等，从而可以促进 OCC 纤维在打浆过程中的细纤维化，减少纤维在打浆过程中的切断作用，有利于纤维的分丝帚化现象。Cel/Glu-Xyl 预处理打浆后 OCC 纤维的整体质量相比空白样、单一 Cel 处理和 Cel/Glu 处理的要好，因此 Cel/Glu-Xyl 预处理打浆后 OCC 纸张物理强度提高程度最好。

4.4.2　纤维分子结构分析

经过不同生物酶处理后 OCC 纸浆的 FT-IR 光谱图如图 4-19 所示。从图 4-19 可知，经过各种生物酶体系预处理后的 OCC 纸浆 FT-IR 光谱图的特征峰位置无明显变化，说明不同生物酶预处理后对 OCC 纸浆纤维的分子结构没有改变。

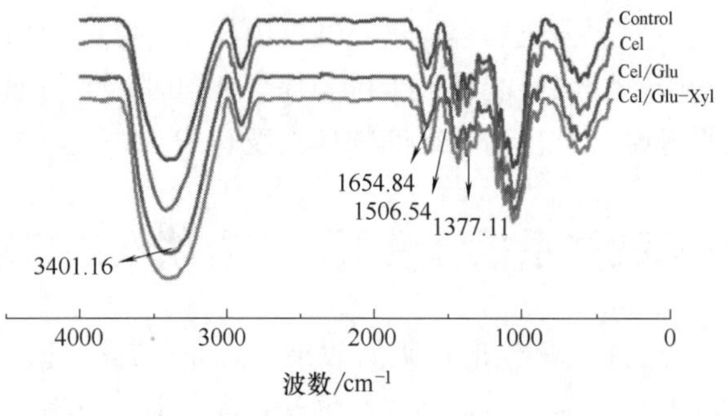

图 4-19　不同生物酶预处理 OCC 纤维的 FT-IR 光谱图

但是不同特征峰的相对吸收强度有所差异，表 4-16 为不同生物酶处理后红外光谱中特征峰的相对吸收强度的变化，以 $1429cm^{-1}$ 处的苯环骨架振动吸收峰作为基准。从表 4-16 可知，与空白浆样相比，经过 Cel/Glu 以及 Cel/Glu-Xyl 处理后的 OCC 纤维在 $3349 \sim 3405cm^{-1}$ 处的纤维羟基特征峰相对强度增加。这可能是由于在生物酶的处理过程中，OCC 纤维表面的细小纤维和木聚糖被去除，暴露了纤维表面羟基，提高了 OCC 纤维的强度性能；同时，随着细小纤维的去除，纤维素酶会进一步进入纤维素的内部，打开纤维素的部分结构，暴露出更多的羟基，使得 OCC 纤维更容易分散，打浆更加容易进行。$1640 \sim 1655cm^{-1}$ 处的特征峰是羧基官能团的吸收特征峰，与空白浆样相比，OCC 纸浆经过 Cel/Glu-Xyl 反应后羧酸特征峰的相对吸收强度有明显提高，而且较 Cel/Glu 的相对吸收强度要高，这说明 Cel/Glu 与

Xyl 之间具有协同作用，可以有效地给 OCC 纤维表面引入羧基基团，改善纤维的吸水润胀能力，提高纤维物理强度。1505～1511cm^{-1} 处的特征峰是苯环结构的伸缩振动峰，经过 Cel/Glu-Xyl 预处理后，该处的特征峰相对强度有减弱，这证明协同体系预处理 OCC 浆可以降解部分木质素聚合物，纸浆中木质素含量的减少可以降低成纸强度的损失，缓解纸张老化等。Cel/Glu-Xyl 预处理后 OCC 浆在 1373～1378cm^{-1} 处的特征峰相对强度变弱，此特征峰是纤维素和半纤维素 C—H 的特征吸收峰，这可能是因为 Cel/Glu-Xyl 体系中，纤维素酶和木聚糖酶分别对细小纤维和木聚糖进行了降解，有利于纤维强度的提高。

表 4-16　　OCC 不同方式处理下 FT-IR 中峰的吸收强度

波数/cm^{-1}	吸收峰归属	相对吸收强度，A_i/A_{1429}			
		空白样	Cel	Cel/Glu	Cel/Glu-Xyl
3349～3405	羟基—OH、芳羟基的 O—H 伸缩振动	6.21	7.52	7.78	7.81
1640～1655	羧基—COOH，羰基 C ═O，和共轭 C ═O 伸缩振动	2.19	2.21	2.47	2.68
1505～1511	苯环骨架振动	0.85	0.81	0.79	0.75
1429～1430	苯环骨架振动	1.00	1.00	1.00	1.00
1373～1378	芳烃基和纤维素、半纤维素中 C—H 的伸缩振动	0.54	0.53	0.48	0.47

4.4.3　纤维结晶结构分析

各种生物酶预处理打浆后 OCC 纸浆的 XRD 图如图 4-20 所示。从图 4-20 中可以发现，经过生物酶预处理后的 XRD 图中均没有出现新的衍射峰，这证明生物酶预处理没有改变纤维的晶体结构。

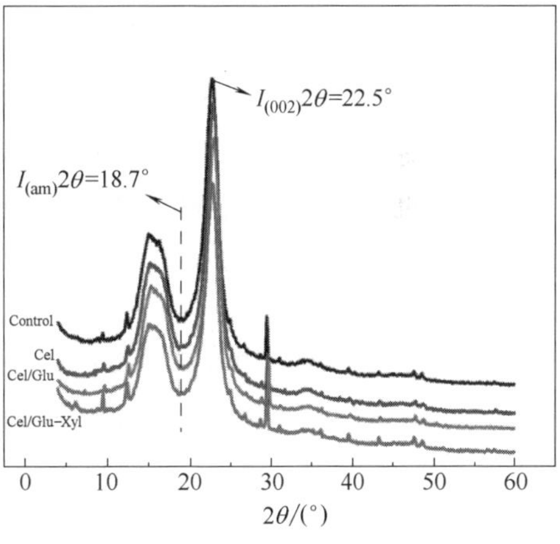

图 4-20　不同生物酶预处理打浆后 OCC 浆的 XRD 图

各种生物酶预处理打浆后 OCC 纤维的结晶度变化见表 4-17。从表中可以看到，单一纤维素酶处理 OCC 浆样的纤维结晶度降低了 11.67%，这说明单一的纤维素酶预处理，可以对纤维素的结晶区以及非结晶区进行降解，使得纤维中的结晶区比例下降，也证明了经过纤维素酶预处理后，OCC 浆料打浆更加容易。Cel/Glu 预处理 OCC 浆样的纤维结晶度降低了 11.95%，因为在纤维素酶的作用下，谷氨酸的加入可以给 OCC 纤维的表面引入羧基基团，可以增加纤维表面的羧基含量，这能大幅提高纤维的吸水性能，使纤维的连接更加紧密，从而降低了结晶度。Cel/Glu-Xyl 预处理的纤维结晶度只下降了 4.23%，这可能是因为木聚糖酶在降解木聚糖和 LCC 结构时会释放出一部分木质素，这些木质素组成属于无定型结构，因此加入了 Cel/Glu-Xyl 协同体系处理的 OCC 纤维结晶度下降幅度较小。

表 4-17　　不同生物酶预处理打浆后 OCC 纤维的结晶度

样品	空白样	Cel	Cel/Glu	Cel/Glu-Xyl
α/%	73.46	61.79	61.51	69.23

4.4.4 羧基含量分析

纸浆纤维中的羧基基团在纸张的制造以及使用过程中具有重要的作用。纤维表面的羧基含量的增加，可以形成更多的氢键结构，从而增强纤维之间的结合力，提高纸张的物理强度、吸水性、平滑度，等等。不同生物酶预处理 OCC 浆料打浆后的纤维羧基含量如图 4-21 所示。

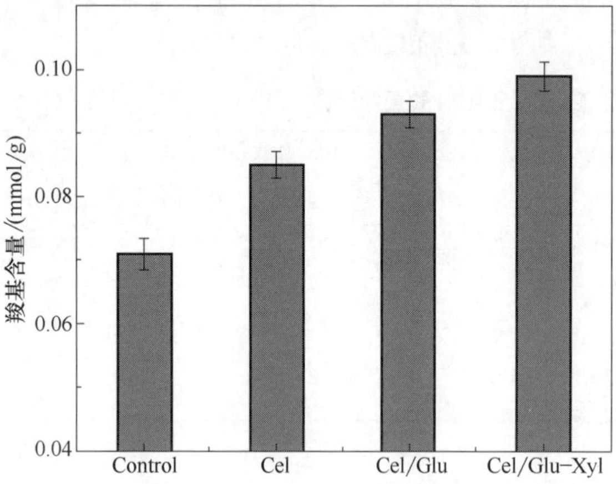

图 4-21 不同生物酶预处理 OCC 浆料纤维羧基含量对比

单一纤维素酶和 Cel/Glu 预处理打浆后 OCC 纸浆的羧基含量分别增加了 19.72%、30.99%，而 Cel/Glu-Xyl 预处理打浆后的羧基含量提高了 39.44%，这说明协同体系可以更好地在纤维上引入羧基。纤维素酶去除细小纤维、打开纤维素结构，协同木聚糖酶去除纤维表面沉积的木聚糖、LCC 结构，使得谷氨酸在纤维上引入更多的羧基，有利于纤维在打浆过程中的分丝帚化和原纤维化，提高纤维整体的结合力，有助于成纸物理强度的提高。

4.4.5 纤维孔径分析

纤维的比表面积和孔径是影响纸张品质重要的物理参数。大比表面积和适当的孔径结构可以提高纸张的吸水性、透气性和印刷质量，同时也影响纸张的机械强度和柔软性。

使用低温氮吸附法探究 OCC 纤维 BET 平均孔径和 BJH 比表面积，如表 4-18 所示。从表 4-18 可知，经过不同生物酶体系预处理打浆后，OCC 纤维的比表面积和平均孔径均增加，Cel/Glu-Xyl 预处理打浆后的 BET 比表面积和 BJH 平均孔径为 3.52m^2/g 和 11.86nm，分别较空白浆样提高了 39.13%、13.71%。这可能是因为纤维素酶降解纤维表面的细小纤维以及打开部分纤维素机构，木聚糖酶对纤维表面沉积的木聚糖以及 LCC 结构进行部分降解，使纤维内部结构松软，促进了比表面积和平均孔径的增加。这两者的增加有利于纤维的吸水润胀，提高成纸的物理强度。其中 Cel/Glu-Xyl 预处理打浆后的比表面积和平均孔径比 Cel/Glu 的要大，这说明 Xyl 与 Cel/Glu 体系对改善 OCC 纤维性能具有协同作用。

表 4-18 OCC 纤维平均孔径和比表面积分析

样品	BET 比表面积/(m^2/g)	BJH 平均孔径尺寸/nm
空白样	2.53	10.43
Cel	2.81	10.88
Cel/Glu	3.06	11.63
Cel/Glu-Xyl	3.52	11.86

4.4.6 纤维表面形貌分析

对不同生物酶体系预处理打浆后的 OCC 成纸纤维进行 SEM 表征分析，可以更直观地观察 OCC 纤维的表面形貌。不同生物酶预处理 OCC 纤维表面形貌图如图 4-22 所示。

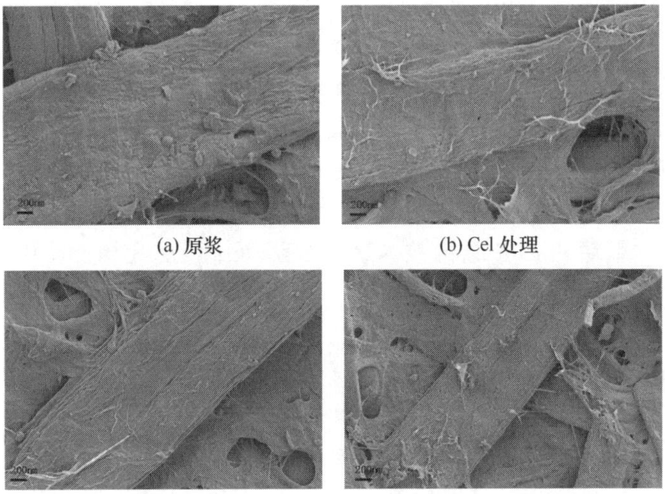

(a) 原浆　(b) Cel 处理　(c) Cel/Glu 处理　(d) Cel/Glu-Xyl 处理

图 4-22　不同生物酶预处理 OCC 纤维 SEM 表面形貌图

未经生物酶体系预处理的 OCC 纤维较宽，纤维之间的结合点较少，且纤维表面存在较多的纤维碎片，与不同生物酶体系预处理后的纤维形貌有明显的差别。经过单一纤维素酶、Cel/Glu 预处理后，纤维表面的细小组分减少，纤维柔软，不易被切断，纤维之间的结合增强。经过 Cel/Glu-Xyl 预处理后，OCC 纤维的长宽比增加，在 Cel/Glu 和木聚糖酶的协同作用下，细小纤维和部分木聚糖被降解，纤维分丝帚化现象明显，纤维之间的结合更加紧密，有利于提高成纸物理性能；纤维表面出现空洞、凹陷和变得粗糙，增加了纤维的原纤化程度，有助于提高打浆性能。

对不同生物酶预处理打浆后的 OCC 浆料进行 AFM 扫描分析，如图 4-23 所示。

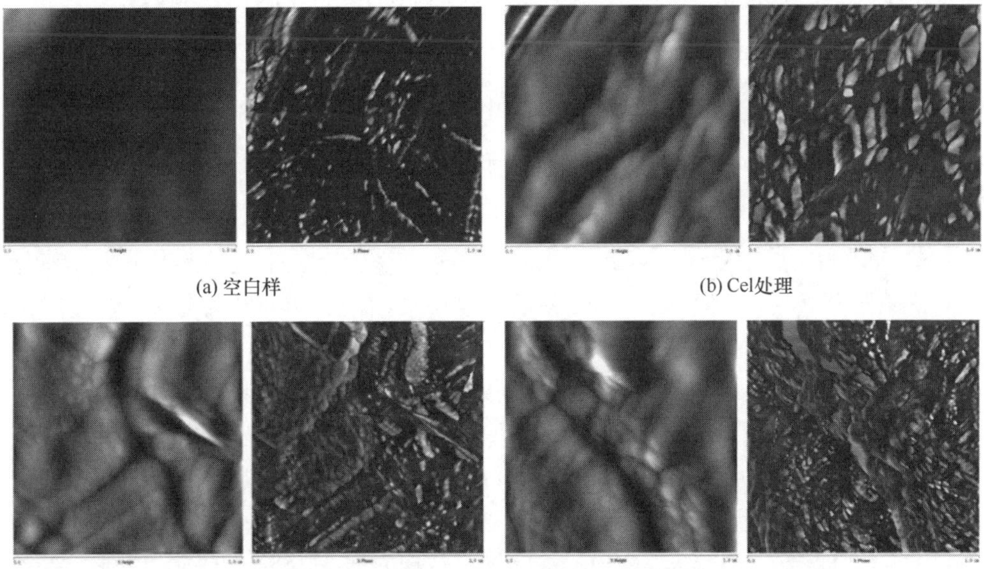

(a) 空白样　(b) Cel处理　(c) Cel/Glu处理　(d) Cel/Glu-Xyl处理

图 4-23　不同生物酶预处理 OCC 纤维 AFM 表面高度图、相位图

由 AFM 高度图可以看到，空白样浆料打浆后的纤维表面较为光滑，没有明显的纤维纹路，而经过不同生物酶体系预处理后浆料的纤维表面较为粗糙，出现明显的纹路。这表明经过纤维素酶和木聚糖酶的预处理后，OCC 纤维表面的部分细小纤维、木聚糖以及 LCC 结构被降解，暴露出更多微细纤维，增加了纤维表面的原纤化程度；同时浆料表面较为松软，促进了纤维分丝帚化，有利于提高 OCC 浆料的打浆性能。从图 4-23 的 AFM 相位图中可以看到，空白样浆料中的深色部分较多且分布广泛，这些深色部分可能是覆盖在纤维表面的细小纤维以及沉积的木聚糖、木质素聚合物等。经过 Cel/Glu-Xyl 处理后，纤维表面的细小纤维被纤维素酶降解，木聚糖和 LCC 结构被木聚糖酶降解，表现为相位图中深色部分大幅度减少，有利于成纸强度的提高。

4.5 氨基酸种类对复合酶协同体系提升废纸浆打浆性能的影响

废纸浆回用可以有效缓解木材原料缺少的形势，但是由于废纸浆在回用过程中存在着许多问题，如废纸纤维质量衰变、成纸强度下降。因此，如何提高废纸浆纤维的质量，提高成纸强度是解决废纸浆回用问题的重要举措，利用生物酶来处理废纸浆是现代制浆行业的一种趋势。氨基酸作为造纸助剂具有多种功能和优势，能够满足日益增长的环保要求，推动纸张生产向更加绿色和可持续的方向发展。有研究人员对化学浆进行漆酶和氨基酸预处理，研究了多种氨基酸对化学浆纤维的影响，发现不同氨基酸可以给纤维引入羧基，同时提高化学浆的物理强度。

因此在前面木聚糖酶协同纤维素酶/谷氨酸体系的基础上，使用天冬氨酸、甘氨酸和组氨酸与木聚糖酶、纤维素酶组成不同的酶-氨基酸体系，探究不同协同体系对 OCC 纸浆的打浆性能的影响以及不同氨基酸用量对纤维物理性能的影响。在各体系最优的用量下对 OCC 纤维的纤维质量、保水值、羧基含量以及结晶结构进行分析。

4.5.1 不同氨基酸用量对废纸浆抗张强度的影响

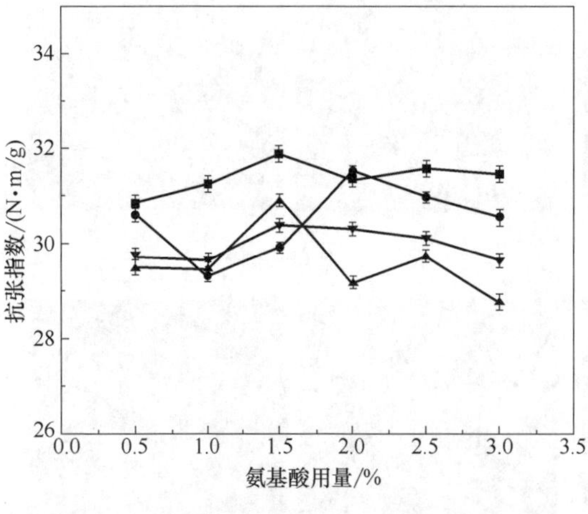

图 4-24 不同氨基酸用量处理后 OCC 成纸抗张指数的变化

实验条件为：纤维素酶用量 40U/g，木聚糖酶 25U/g，纤维素酶反应时间 90min，木聚糖酶反应时间 30min，反应温度 50℃，pH=6.0。如图 4-24 所示为不同氨基酸用量对木聚糖酶协同纤维素酶/氨基酸体系促 OCC 浆料打浆后的成纸抗张指数的变化。

不同的氨基酸体系预处理打浆对 OCC 成纸的抗张指数的影响不同。谷氨酸协同体系中，随着谷氨酸用量增加，纸张的抗张指数先提高，随后维持稳定不变，当谷氨酸用量为 1.5%时，OCC 纸张的抗张指数最大为 31.88N · m/g。其他三种氨基酸协同体系中，随着氨基酸的用量增加，纸张的抗张指数先提高，达到峰值后马上下降。

天冬氨酸协同体系中，当天冬氨酸的用量为2.0%时，成纸的抗张指数最大为31.52N·m/g。甘氨酸协同体系和组氨酸协同体系中，纸张的抗张指数最大分别为30.92N·m/g、30.38N·m/g，此时甘氨酸和组氨酸的用量都为1.5%。其中天冬氨酸、甘氨酸和组氨酸协同体系在氨基酸的用量继续增加时，OCC成纸的抗张指数下降幅度最大的是甘氨酸，其次是天冬氨酸、组氨酸。因此4种氨基酸协同体系中，木聚糖酶协同纤维素酶/谷氨酸体系促OCC浆料打浆后的纸张抗张指数最优，相较于天冬氨酸、甘氨酸、组氨酸协同体系分别提高1.14%、3.14%、4.94%。

4.5.2　不同氨基酸用量对废纸浆撕裂强度的影响

实验条件为：纤维素酶用量40U/g，木聚糖酶25U/g，纤维素酶反应时间90min，木聚糖酶反应时间30min，反应温度50℃，pH=6.0。如图4-25所示为不同氨基酸用量对木聚糖酶协同纤维素酶/氨基酸体系促OCC浆料打浆后的成纸撕裂指数的变化。

不同的木聚糖酶协同纤维素酶/氨基酸体系预处理打浆对OCC浆料的成纸撕裂指数有着类似的变化情况，均随着氨基酸的用量增加，纸张的撕裂指数先提高，达到峰值后逐渐维持稳定。

谷氨酸协同体系中谷氨酸的最佳用量为1.5%，纸张的撕裂指数为4.85mN·m^2/g。天冬氨酸、甘氨酸协同体系的氨基酸最佳用量为2.0%，此时纸张的撕裂指数分别是4.92mN·m^2/g、4.68mN·m^2/g。组氨酸协同体系的氨基酸最佳用量为2.5%，此时纸张的撕裂指数是4.82mN·m^2/g。可以看到，木聚糖酶协同纤维素酶复合天冬氨酸预处理促OCC浆料打浆后的纸张撕裂指数最优，相较于谷氨酸、甘氨酸、组氨酸协同体系分别提高1.44%、5.13%、2.07%。

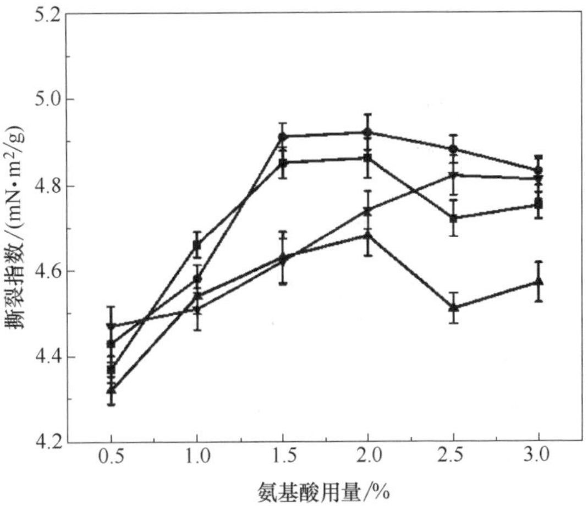

图4-25　不同氨基酸用量处理后OCC成纸撕裂指数的变化

4.5.3　不同氨基酸用量对废纸浆环压强度的影响

实验条件为：纤维素酶用量40U/g，木聚糖酶25U/g，纤维素酶反应时间90min，木聚糖酶反应时间30min，反应温度50℃，pH=6.0。如图4-26所示为不同氨基酸用量对木聚糖酶协同纤维素酶/氨基酸体系促OCC浆料打浆后成纸环压指数的变化。

不同的木聚糖酶协同纤维素酶/氨基酸体系预处理打浆后，OCC浆料成纸环压指数的变化有很大差异。谷氨酸、天冬氨酸和组氨酸协同体系随着氨基酸用量增加，环压指数先得到提高，然后维持不变。谷氨酸和天冬氨酸协同体系的氨基酸最佳用量为1.5%，此时两者的纸张环压指数分别为8.35N·m/g、8.27N·m/g。

组氨酸协同体系的氨基酸最佳用量为2.5%，此时纸张的环压指数为8.22N·m/g。而甘氨酸协同体系随着甘氨酸用量的增加，纸张的环压指数先增加到最大值然后出现明显下降，最佳的甘氨酸用量为 1.5%，此时纸张的环压强度为 8.12N · m/g。4 种协同体系中，木聚糖酶协同纤维素酶/谷氨酸体系预处理 OCC 浆后得到的纸张环压指数最佳，相较于天冬氨酸、甘氨酸、组氨酸协同体系分别提高 0.97%、2.83%、1.58%。

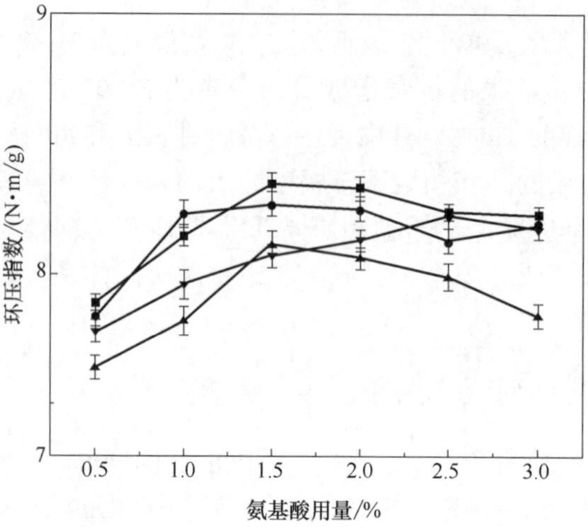

图 4-26　不同氨基酸用量处理后 OCC 成纸环压指数的变化

—■— 谷氨酸　—●— 天冬氨酸　—▲— 甘氨酸　—▼— 组氨酸

4.5.4　不同氨基酸用量对废纸浆耐破强度的影响

实验条件为：纤维素酶用量 40U/g，木聚糖酶 25U/g，纤维素酶反应时间 90min，木聚糖酶反应时间 30min，反应温度 50℃，pH=6.0。如图 4-27 所示为不同氨基酸用量对木聚糖酶协同纤维素酶/氨基酸体系促 OCC 浆料打浆后的成纸耐破指数的影响。

不同的木聚糖酶协同纤维素酶/氨基酸体系预处理打浆后，OCC 浆料成纸耐破指数的变化不同。谷氨酸和天冬氨酸协同体系随着氨基酸用量增加，耐破指数先增加然后维持不变。

谷氨酸和天冬氨酸协同体系的最佳氨基酸用量均为 2.0%，此时它们的成纸耐破指数分别为 1.49kPa · m^2/g 和 1.51kPa · m^2/g。而甘氨酸和组氨酸协同体系随着氨基酸的用量增加，成纸的耐破指数先增加到最大值然后出现明显下降。甘氨酸的最佳用量为 1.5%，此时成纸的耐破指数为 1.38kPa · m^2/g。组氨酸的最佳用量为 1.5%，此时成纸的耐破指数为 1.46kPa · m^2/g。4 种协同体系中，木聚糖酶协同纤维素酶复合天冬氨酸预处理 OCC 浆后得到的成纸环压指数最佳，相较于谷氨酸、甘氨酸、组氨酸协同体系分别提高 1.34%、9.42%、3.42%。

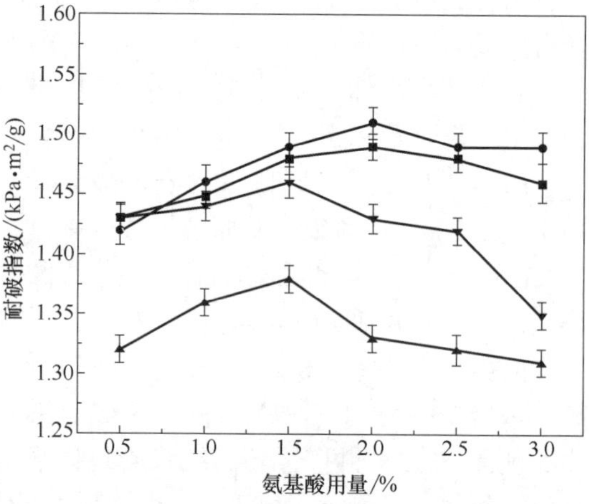

图 4-27　不同氨基酸用量处理后 OCC 成纸耐破指数的变化

—■— 谷氨酸　—●— 天冬氨酸　—▲— 甘氨酸　—▼— 组氨酸

4.5.5　不同酶促体系对废纸浆打浆能耗的影响

其他预处理条件如下：纤维素酶用量 40U/g，木聚糖酶 25U/g，纤维素酶反应时间 90min，木聚糖酶反应时间 30min，反应温度 50℃，pH=6.0，不同氨基酸的添加量分别为谷氨酸 1.5%、天冬氨酸 2.0%、甘氨酸 1.5%、组氨酸 2.0%。如表 4-19 所示为木聚糖酶协同纤维素酶/氨基酸体系预处理 OCC 浆料后，探究不同木聚糖酶协同纤维素酶/氨基酸体系对节约 OCC 浆料打浆能耗的效果。

不同的木聚糖酶协同纤维素酶/氨基酸体系均可有效降低 OCC 浆料的打浆能耗。同时根据前面的成纸物理强度探究可知，在降低 OCC 浆料的打浆能耗的同时可以提高 OCC 浆料的成纸物理强度。谷氨酸、天冬氨酸、甘氨酸和组氨酸协同体系预处理后 OCC 浆料的所需打浆转数分别减少了 28%、20%、22%、16%；打浆能耗分别减少了 30.8%、23.1%、23.1%、19.2%。可以发现谷氨酸复合酶协同体系对 OCC 浆料打浆性能的改善最优。

表 4-19　　不同氨基酸的协同体系对 OCC 打浆性能的影响

样品	初始打浆度/°SR	目标打浆度/°SR	打浆转数/r	打浆能耗/kW
OCC 原浆	15	45	2500	26
谷氨酸体系	15	45	1800	18
天冬氨酸体系	15	45	2000	20
甘氨酸体系	15	45	1950	20
组氨酸体系	15	45	2100	21

4.5.6 氨基酸种类对废纸纤维形态的影响

各种木聚糖酶协同纤维素酶/氨基酸体系预处理打浆后对 OCC 纤维质量的影响见表 4-20。从表可知，不同氨基酸协同体系预处理后，均可以提高 OCC 纤维打浆后的纤维质均长度、纤维长宽比以及纤维粗度，这说明木聚糖酶协同纤维素酶/氨基酸体系预处理 OCC 浆后均可以减少 OCC 纤维在打浆过程中的切断，同时粗度的增加是因为预处理促进了 OCC 纤维在打浆过程中的吸水润胀。其中，谷氨酸协同体系和天冬氨酸协同体系预处理后打浆得到的 OCC 纤维质均长度均要比甘氨酸协同体系和组氨酸协同体系的要长；根据纤维粗度可以看出，促进 OCC 纤维吸水能力最好的是谷氨酸协同体系，其次是天冬氨酸协同体系、甘氨酸协同体系和组氨酸协同体系。纤维的长度增长和吸水润胀能力的提高都有利于成纸强度的提升，这与前面谷氨酸协同体系和天冬氨酸协同体系得到的成纸物理强度较好的结果相符。

表 4-20　　不同氨基酸的协同体系预处理的 OCC 纤维性能分析

样品	纤维质均长度/mm	纤维宽度/μm	纤维粗度/(mg/m)	扭结纤维/%	分丝帚化长度比/%	细小纤维/%
空白样	0.801	21.8	0.1843	55.5	2.433	19.67
谷氨酸体系	0.845	20.2	0.1879	46.0	3.053	5.87
天冬氨酸体系	0.851	20.2	0.1867	45.2	3.062	5.51
甘氨酸体系	0.838	20.4	0.1854	50.5	2.998	7.42
组氨酸体系	0.839	20.3	0.1852	48.4	2.891	6.73

不同木聚糖酶协同纤维素酶/氨基酸体系预处理均可降低 OCC 纤维打浆后的细小纤维和扭结纤维比率，增加分丝帚化长度比，这说明氨基酸协同体系预处理可以促进 OCC 纤维在打浆过程中的分丝帚化、提高纤维强度。其中谷氨酸协同体系和天冬氨酸协同体系中的细小纤维和扭结纤维比率相较其他两种氨基酸协同体系要低，这可以使纤维整体间的结合力增加，提高成纸强度，与前面不同氨基酸协同体系预处理的 OCC 成纸物理强度差异相符。

4.5.7 保水值及羧基含量分析

纸浆纤维保水值的大小，可以反映纤维吸水性能的强弱。纤维的羧基基团可以给纤维之间带来氢键连接，促进纤维的整体联结，提高成纸物理强度。如图 4-28 所示，是不同氨基酸协同体系预处理打浆后 OCC 纤维的保水值及羧基含量分析。

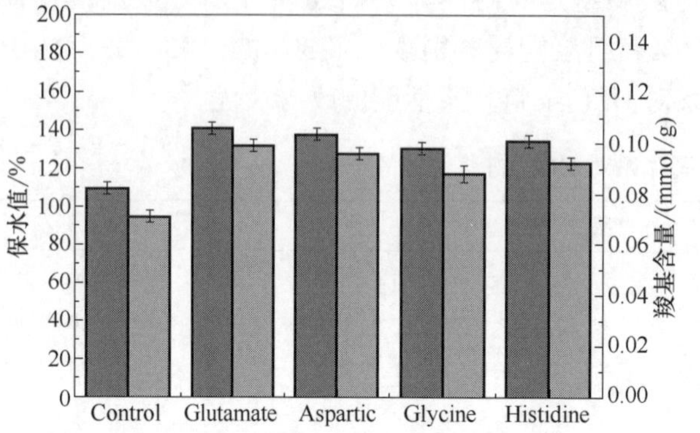

图 4-28 不同氨基酸的协同体系预处理打浆后 OCC 纤维的保水值及羧基含量分析

保水值 羧基含量

可见，不同的木聚糖酶协同纤维素酶/氨基酸体系均可以提高 OCC 纤维的保水值以及纤维羧基含量。与空白浆样相比，谷氨酸、天冬氨酸、甘氨酸和组氨酸协同体系预处理后的纤维保水值分别提高了 31.18%、28.31%、20.97%和 24.67%；羧基含量分别提高了 39.45%、35.21%、23.94%、29.58%。可以发现谷氨酸、天冬氨酸协同体系预处理均可以使 OCC 纤维得到更高的纤维保水值以及羧基含量，这可能是因为谷氨酸和天冬氨酸可以更好地分散在纤维表面，与纤维发生作用；同时它们是拥有两个羧基的氨基酸，可以更好地给被纤维素酶和木聚糖酶活化的纤维表面引入羧基。纤维保水值和羧基含量的提高促进了纤维的整体连接，提高纤维之间的结合力，提高成纸物理强度，与谷氨酸、天冬氨酸协同体系预处理得到的 OCC 纸张物理强度更高的结果相符。

4.5.8 纤维结晶结构分析

不同木聚糖酶协同纤维素酶/氨基酸体系促 OCC 浆料打浆后成纸的 XRD 光谱分析如图 4-29 所示。图中能够发现，不同的氨基酸协同体系预处理打浆后的 OCC 浆料纤维的 XRD 谱图中均没有出现新的衍射峰，说明不同的氨基酸协同体系预处理均没有改变 OCC 纤维的结晶结构，但是 XRD 谱图中相应的衍射峰强度有差异，证明了 OCC 纤维的结晶度有变化，如表 4-21 所示。

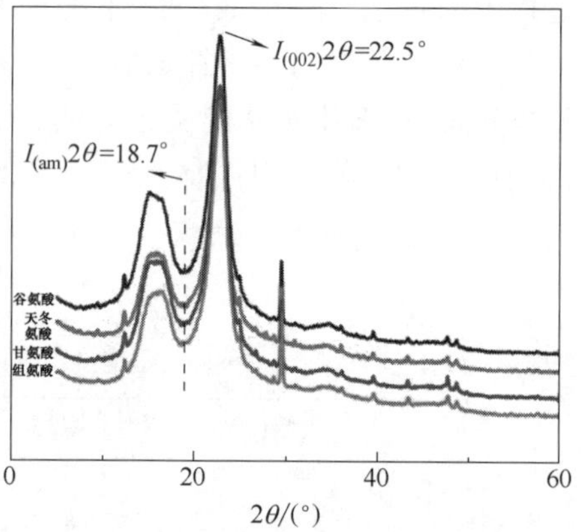

图 4-29 不同氨基酸协同体系预处理打浆后 OCC 浆的 XRD 谱图

表 4-21 不同氨基酸协同体系预处理打浆后的 OCC 结晶度

样品	空白样	谷氨酸体系	天冬氨酸体系	甘氨酸体系	组氨酸体系
OCC 结晶度/%	73.46	69.23	70.23	70.55	71.47

木聚糖酶协同纤维素酶/氨基酸体系预处理打浆后，均可以使 OCC 纤维的结晶度降低，谷氨酸、天冬氨酸、甘氨酸、组氨酸协同体系预处理后 OCC 纤维的结晶度分别是 69.23%、

70.23%、70.55%、71.47%（表4-21）。谷氨酸协同体系预处理得到的OCC纤维结晶度最低，是因为协同体系中的谷氨酸相较于其他种类的氨基酸可以更好地促进纤维分散和打散，这能使OCC纤维的打浆过程更加容易，符合谷氨酸协同体系相比其他氨基酸协同体系的打浆能耗更低的结果。

4.6 小 结

① 经过Cel/Glu-Xyl预处理打浆后，纤维的质均长度、纤维长宽比有所增加，细小纤维和扭结纤维比率减少，分丝帚化长度比增加，说明协同体系处理后，在打浆过程中减少了纤维在打浆过程中的切断作用，促进分丝帚化现象；FT-IR谱图分析可知，经过Cel/Glu-Xyl处理后的OCC纤维的分子结构没有改变。苯环结构的相对吸收强度减弱，说明协同体系可以去除部分木质素聚合物。结合HGSC分析得出协同体系处理打浆后，纸浆的羧基含量提高，纤维润胀能力提高，整体的结合力增强；XRD分析发现Cel/Glu-Xyl预处理打浆后，纤维的晶体结构没有变化，而结晶度下降了4.23%。

② 协同体系预处理打浆后的比表面积和平均纤维孔径分别提高39.13%、13.71%；通过SEM和AFM分析纤维表面形貌可以发现，经过Cel/Glu-Xyl预处理打浆后，OCC纤维的长宽比增加，覆盖在纤维表面的细小纤维以及沉积在纤维上的木聚糖、木质素聚合物被部分降解，纤维分丝帚化现象明显，提高了成纸强度；纤维表面出现空洞、凹陷和变得粗糙，增加了纤维的原纤化程度，提高了打浆性能。

③ 不同的木聚糖酶协同纤维素酶/氨基酸体系处理OCC均可以有效地提高再生纤维的物理强度以及减少再生纤维的打浆能耗。不同氨基酸协同体系所对应的氨基酸最佳用量不一样，谷氨酸、天冬氨酸、甘氨酸和组氨酸的最佳用量分别为1.5%、2.0%、1.5%、2.0%，此时OCC浆料的打浆能耗分别减少了30.8%、23.1%、23.1%、19.2%。在最佳的氨基酸用量情况下，谷氨酸协同体系促OCC浆料打浆后的成纸抗张指数和环压指数最优，

④ 不同的木聚糖酶协同纤维素酶/氨基酸体系预处理后，均可以提高OCC纤维打浆后的纤维质均长度、纤维长宽比以及纤维粗度，且能减少细小纤维和扭结纤维比率，增加分丝帚化长度比。其中谷氨酸协同体系预处理打浆后得到的OCC纤维质量最优；不同的木聚糖酶协同纤维素酶/氨基酸体系可以在被纤维素酶和木聚糖酶活化的OCC纤维表面引入羧基，促进纤维吸水润胀，提高纤维保水值。

参 考 文 献

[1] 冉虎，李达恒，闫志成，等．不同造纸助剂对再生纸浆强度性能影响的研究［J］．中华纸业，2023，44（Z1）：67-73.

[2] 万金泉，马邕文，王艳．造纸纤维性能衰变抑制原理与技术［M］．广州：广东科技出版社，2015.

[3] 张灿灿，万金泉，马邕文，等．再生纸浆与高得率浆纤维形态和强度性能的差异分析［J］．中国造纸，2023，42（02）：43-49.

[4] 张学良．物理行为下再生植物纤维性能衰变的研究［D］．广州：华南理工大学，2010.

[5] 陈杨梅，万金泉，马邕文，等．压榨和干燥过程对再生纤维结晶度的影响［J］．中华纸业，2008，（08）：26-29.

[6] 张学良，万金泉．打浆过程对再生植物纤维回用品质的影响［J］．中华纸业，2009，30（08）：31-35.

[7] 万金泉，马邕文．废纸造纸及其污染控制［M］．北京：中国轻工业出版社，2004.

[8] 张志礼，陈嘉川，李凤凤，等．再生植物纤维性能恢复的研究进展［J］．纸和造纸，2015，34（03）：39-44.

[9] 王金然，万金泉，赵汝和，等. 纤维素酶/天冬氨酸体系改善混合办公废纸强度性能的研究 [J]. 中国造纸，2020，39 (05)：17-22.

[10] 肖青. 再生植物纤维共结晶机理及其抑制方法的研究 [D]. 广州：华南理工大学，2010.

[11] Pèlach M.，Pastor F.，Puig J.，et al. Enzymic deinking of old newspapers with cellulase [J]. Process Biochemistry，2003，38 (7)：1063-1067.

[12] Mustafa C.，Ahmet T. Effects of cellulase enzyme in deinking of Solvent-Based inks from mixed office wastes [J]. Biocatalysis and Biotransformation，2021，39 (02)：152-160.

[13] Tony C.，Charles G.，Georges F.. Xylanases，xylanase families and extremophilic xylanases [J]. FEMS Microbiology Reviews，2004，29 (01)：3-23.

[14] Zhang G.，Li Z.，Chen G.，et al. Purification and characterization of the low molecular weight xylanase from Bacillus cereus L-1 [J]. Brazilian Journal of Microbiology，2023，54：2951-2959.

[15] Cao L.，Zhang R.，Zhou J.，et al. Biotechnological Aspects of Salt-Tolerant Xylanases：A Review [J]. Journal of Agricultural and Food Chemistry，2021，69 (31)：8610-8624.

[16] Kumar V.，Navarro M.，Shukla J. Thermostable microbial xylanases for pulp and paper industries：trends，applications and further perspectives [J]. World Journal of Microbiology and Biotechnology，2016，32：34.

[17] Wang J.，Liang J.，Li Y.，et al. Characterization of efficient xylanases from industrial-scale pulp and paper wastewater treatment microbiota [J]. AMB Express，2021，11：19.

[18] 慕清，问清江，党永，等. 木聚糖酶的开发与应用 [J]. 陕西农业科学，2012，58 (01)：111-115.

[19] 王路路，郝李振，陈浩，等. 超耐热木聚糖酶在麦草制浆过程中的应用研究 [J]. 中华纸业，2020，41 (24)：33-36.

[20] Liu N.，Qin M.，Gao Y.，et al. Pulp properties and fiber characteristics of xylanase-treated aspen APMP [J]. BioResources，2023，7 (03)：3367-3377.

[21] Kamila P.，Halina K.，Piotr P.，et al. Effect of xylanases on refining process and kraft pulp properties [J]. Cellulose，2018，25：1319-1328.

[22] 曹海利，李新平，张素风. 木聚糖酶促进未漂针叶木浆打浆的效果. [J]. 纸和造纸，2010，29 (07)：61-63.

[23] 杨桂花，陈嘉川，穆永生，等. 速生杨枝桠材 P-RC APMP 浆的酶促磨浆 [J]. 中国造纸学报，2010，25 (01)：52-56.

[24] 成显波. 链霉菌木聚糖酶的发酵条件、纯化鉴定及其在纸浆酶促漂白和打浆中的研究 [D]. 南宁：广西大学，2015.

[25] Ursula F.，María B.，Vera M.，et al. Integrating a Xylanase Treatment into an Industrial-Type Sequence for Eucalyptus Kraft Pulp Bleaching [J]. Industrial & Engineering Chemistry Research，2012，51 (07)：2830-2837.

5 清洁少污染的酶促废纸浆漂白技术

漂白是废纸制浆过程中重要工艺之一，其目的是去除颜色，提高纸浆的白度和白度稳定性以适应不同纸张的要求。漂白的原理是依靠漂白剂与纤维的发色基团（主要有羰基和共轭双键）发生氧化或还原等化学作用，通过改变或破坏其结构等方式使浆料颜色变浅或变白。

与其他浆料的漂白相比，废纸浆的漂白更为复杂，这主要是因为废纸浆发色的原因较为复杂，除本身所含物质的影响外还有一些其他物质的影响。碳水化合物、多酚类化合物以及油墨和染料是废纸浆中的三大类物质。碳水化合物在废纸浆中所占的比重最大，主要以植物细胞壁中纤维素和半纤维素的形式存在，这类碳水化合物主要是由一些聚糖（如葡萄糖、半乳糖、木糖、甘露糖等）组成的高聚物。残留木质素和大多数木材抽出物属于多酚类化合物，其中大部分是酚类化合物或芳基醚，还可能存在部分蒽醌类化合物，这些化合物的共同特点是都具备共轭的芳环、羰基及碳碳双键等发色基团。

对废纸浆来说，油墨和染料是废纸浆着色的主要原因。油墨的主要颜料是碳黑，此外还包括一些结构类似于碳黑的有机颜料、矿物颜料、有机溶剂和树脂等物质。大多数染料中含有芳环结构和羰基结构，还有可能含有偶氮结构以及碳碳双键。除了上述三大类物质外，废纸浆中的涂料、助留剂、施胶剂及其他杂质也会影响废纸浆的白度。此外，对已经漂白过的废纸浆，重新漂白时，其化学反应的作用也有所不同。由于上述原因废纸浆漂白很困难，废纸浆的漂白技术一直是造纸工作者研究的重要课题。

纸浆的漂白方式主要分为氧化漂白和还原漂白两种类型。氧化漂白即脱除木素式漂白，主要依靠氧化漂白剂氧化降解并脱除浆料中残留木素来提高白度，还具有一定的脱色功能。氧化漂白主要包括氯漂、二氧化氯漂、次氯酸盐漂、氧漂及臭氧漂等。还原漂白即保留木质素漂白，通过利用还原性漂白剂减少纤维本身的发色基团而提高白度，另一方面的作用是通过有效地脱除染料的颜色来提高纸浆的白度。还原漂白主要包括连二亚硫酸钠漂白、过氧化氢漂白以及甲脒亚磺酸漂白等。

酶促漂白，又称酶辅助漂白，是一种利用生物酶处理纸浆以脱除或有利于脱除浆中残余颜色基团，从而提高纸浆可漂性或白度的技术。酶促漂白的背景可以追溯到对更环保、更高效的纸浆漂白方法的需求。传统化学漂白方法虽然有效，但往往伴随着较高的化学品消耗、能源消耗以及环境污染问题。因此，科学家们开始探索利用生物酶这种天然、高效的催化剂来辅助或替代部分化学漂白过程。这项技术自 20 世纪 80 年代起逐渐受到关注并得到发展。

酶促漂白技术主要基于生物酶对纸浆中特定组分的选择性作用。根据所用酶种类的不同，酶促漂白可以分为漆酶促漂白、木聚糖酶促漂白等。

5.1 漆酶/介体体系促废纸浆漂白

漆酶/介体漂白技术是一种新兴的环保漂白方法，主要用于纸浆漂白。与传统漂白方法相比，漆酶/介体漂白技术使用的化学药剂少，减少了对环境的污染。该技术通常在温和的

pH 和温度下进行，降低了对纤维的损伤，改善纸张质量。由于降低了化学药剂和能耗，能够减少生产成本。符合可持续发展的要求，推动绿色生产，具有广阔的应用前景。

（1）漆酶的结构特点

漆酶（Laccase，EC 1.10.3.2）在 1883 年首次由科学家 Yoshida 从日本漆树中提取，是一种蓝色多酚氧化酶，其结构如图 5-1 所示。漆酶的活性位点至少含有 4 个铜离子，通过电子传递将氧分子还原成水，实现对酚类以及非酚类化合物的催化氧化作用，根据光谱特性机磁性特征可分为Ⅰ型铜离子 1 个、Ⅱ型铜离子 1 个和Ⅲ型铜离子 2 个。其广泛存在于植物、细菌、昆虫和真菌中，可对芳香族和非芳香族化合物进行高效催化降解，作用底物广泛，无其他副产物。

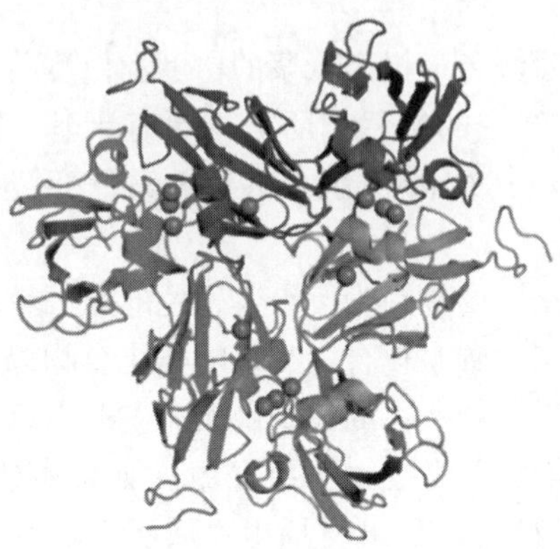

图 5-1　链霉菌漆酶双结构域结构

其作用机理如图 5-2 所示，通过利用自身和底物的氧化还原电势差氧化还原底物，主要表现为底物与 4 个铜离子的相互作用，首先底物结合Ⅰ型铜离子原子位点，Ⅰ型铜离子夺取底物电子后，经 His-Cys-His 三肽结构将电子传递给Ⅱ型铜离子和Ⅲ型铜离子三核铜离子中心，最终电子传递到氧分子后将氧分子还原成水，同时底物形成新的自由基。主要分为三个步骤，首先漆酶与底物产生特异性反应、漆酶的功能单元进行电子转移、漆酶对氧分子的氧化以及生成物对漆酶的作用。由于漆酶氧化还原电势较低，仅能作用于木质素中一部分酚类结构，限制了漆酶对木质素的降解，可通过小分子介体类物质进行修饰作用于非酚类结构，扩大作用范围。漆酶因其稳定性好、无污染，有着“绿色生物催化剂”之称，在纳米生物技术、造纸、食品、纺织等行业均有较多的应用。

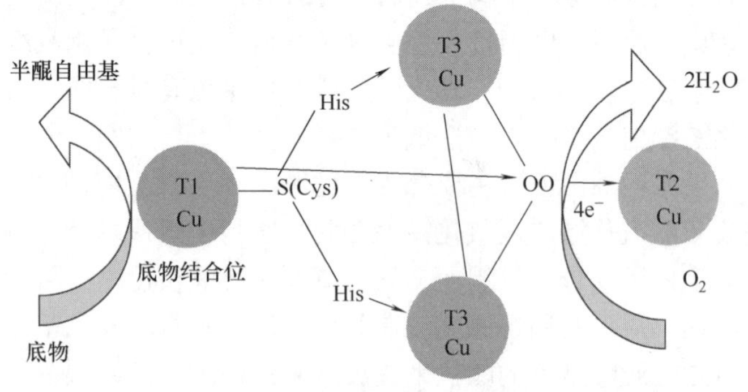

图 5-2　漆酶的作用机理图

然而，直接将漆酶应用于工业生产还存在一些亟待解决的问题。首先，大量底物不能直接与漆酶特异性结合；其次，漆酶氧化还原电势低，不能直接作用于高氧化还原电势的底物，如漆酶仅能直接作用于木质素中很小一部分的酚类结构单元（占 10%~20%），不能单独降解非酚类结构单元（占 80%~90%），这些限制了漆酶在木质素降解及生物漂白等领域的进一步发展。

（2）漆酶的漂白原理

传统造纸工业多使用大量化学药品如过氧化氢、氢氧化钠、二氧化氯等，漆酶预处理辅助漂白可以脱除纸浆中的木质素，提高纤维可漂性的同时减少化学药品的使用量，从而减少污染排放。漆酶本身氧化还原电势较低，只能氧化木质素中的酚型结构单元，通常在生物漂白中使用的漆酶需要进行改性或加入介体提高其氧化还原电势。

有人采用新型绿色螯合剂亚氨基二琥珀酸及漆酶/甘氨酸体系对桉木和蔗渣纸浆进行漂白预处理，结果表明，经过预处理后可以降解纸浆中的木质素和戊聚糖，减少发色基团，纸张的白度、亮度、抗张强度及耐破强度均有所提升。有学者研究了漆酶/介体体系替代全无氯漂白中氧漂处理过程的影响，结果表明，选取紫脲酸介质时效果最优，经过处理后纸浆卡伯值降低 10%，黏度提升 5%。采用漆酶/ABTS 处理 ONP 脱墨浆，研究结果表明，在最优处理条件下，与未酶处理纸浆相比，成纸白度、撕裂指数、抗张指数和耐破指数分别提高 3.70%、9.02%、18.40%和 2.79%，纤维出现剥蚀现象，表面变得粗糙。Moldes 和 Vides 探究了 4 种介体即 1-羟基苯并三唑（HBT）、紫尿酸（VA）、丁香酸甲酯和丁香醛对桉木牛皮纸浆生物漂白效果的影响，结果表明，4 种介体都能有效提高生物漂白效果，其中 VA 效果最佳，在漆酶用量 20U/g、VA 用量 1.5%的条件下纸浆卡伯值降低 10%，ISO 白度和黏度分别提高 1%和 5%。漆酶还与其他生物酶组成复合酶体系，以达到进一步提高纤维的光学性能，获得更高白度的纸浆的目的。Aysegul 等将阿魏酸酯酶和漆酶复合酶用于预处理 TFC 漂白序列的硫酸盐桉木浆，研究发现阿魏酸酯酶从木质素亚甲基释放的羟基肉桂酸被用作漆酶的天然介质，纤维木质素脱出率提高了 30%，木质素中存在的天然介质可协助漆酶更好的用于漂白过程。莫佳琳等用漆酶协同 ABTS 处理硫酸盐竹浆，后经过氧化氢全无氯漂白，结果表明，经漆酶/介体体系漂白的纸浆与未经酶处理的漂白纸浆相比卡伯值下降明显，白度提高了 4%~7%，并且纸浆能够保持较高的黏度。吴淑芳等采用漆酶/木聚糖体系处理马尾松硫酸盐浆，之后进行 DED 漂白，研究发现漂后浆料的白度与对照样相比提高了 6.0%，并且浆料的物理强度与对照浆相比没有明显降低。Farver 等在研究漆酶与 H_2O_2 之间的反应时发现漆酶与 H_2O_2 之间有一种特殊作用，二者会发生反应生成一种具有高亲合力稳定的复合物。付时雨等研究认为漆酶和 H_2O_2 并存时在短时间内会存在协同效应，少量过氧化氢的加入会提高漆酶的催化效率。因此李凤等将漆酶/H_2O_2 体系应用于苇浆的漂白过程，发现纸浆的白度得到明显提升。

通过研究漆酶用量、甘氨酸用量、反应时间及反应温度对 H_2O_2 漂白的影响，确定漆酶/甘氨酸预处理的最佳反应条件并对优化实验结果进行对比分析。并采用纤维质量分析，顶空气相色谱分析，红外光谱分析，X-射线衍射分析，原子力显微镜分析等分析手段，对漆酶/甘氨酸体系预处理改善旧瓦楞箱纸板浆（OCC）物理、光学及漂白性能的机理进行初步探究，以期为应用于实际生产提供理论指导。

5.1.1 酶用量对废纸漂白性能的影响

5.1.1.1 漆酶用量对漆酶/甘氨酸体系预处理 OCC 浆漂白性能的影响

实验条件为：甘氨酸用量 0.5%，时间 60min，温度 25℃，浆浓 3%，pH=5，持续通氧气。图 5-3 为不同漆酶用量（5U/g，10U/g，15U/g 和 20U/g）对 OCC 纸浆白度及得率的影响。

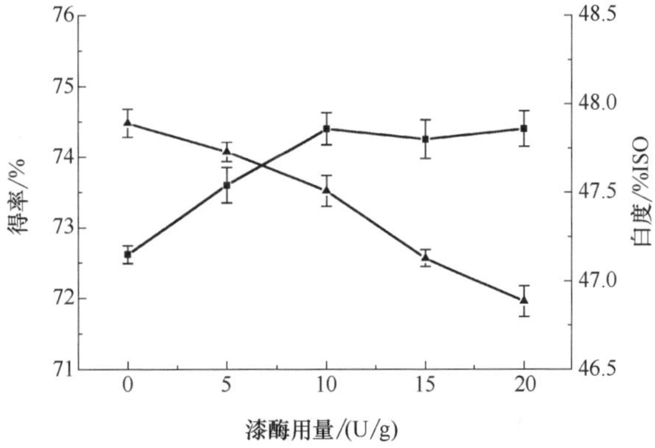

图 5-3 漆酶用量对漆酶/甘氨酸体系预处理 OCC 浆得率及白度的影响

—▲— 得率 —■— 白度

可见，漆酶用量对漆酶/甘氨酸预处理体系白度及得率有明显影响。在所设定的漆酶用量范围内，随着漆酶用量的增加时，OCC 纸浆的得率降低，这可能是因为 H_2O_2 不仅会与木质素进行反应，还会与纸浆中的纤维素及半纤维素发生反应，随着漆酶用量的增加，漆酶对木质素的降解能力增加，增加了 H_2O_2 对纤维的无效降解，纸浆得率下降，因此，漆酶含量不宜过高。纸浆的白度方面，随着漆酶用量的增加，OCC 浆的白度也增加，当漆酶的量超过 10U/g 时，OCC 纸浆白度不会随着漆酶用量的增加而增加。综上，漆酶/甘氨酸体系漆酶的最佳用量为 10U/g。

5.1.1.2 甘氨酸用量对漆酶/甘氨酸体系预处理 OCC 浆漂白性能的影响

实验条件为：漆酶用量 10U/g，时间 60min，温度 25℃，浆浓 3%，pH=5，持续通氧气。图 5-4 为不同甘氨酸用量（0%，0.5%，1.0%，1.5%，2.0%和 2.5%，w/w 相对于绝干浆）对 OCC 纸浆白度及得率的影响。

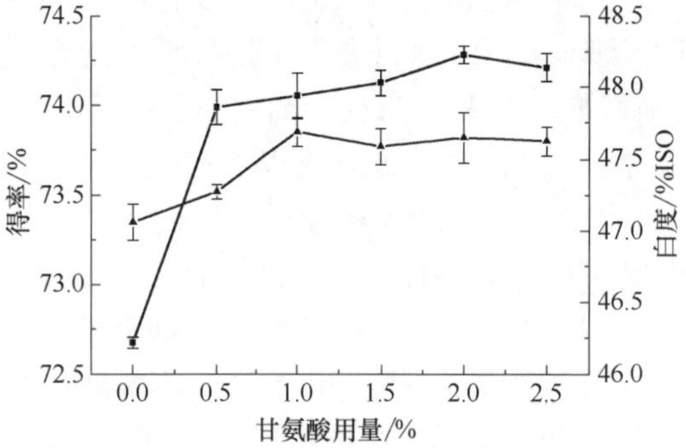

图 5-4 甘氨酸用量对漆酶/甘氨酸体系预处理 OCC 浆得率及白度的影响

—▲— 得率 —■— 白度

与预处理阶段不加入甘氨酸的对照纸浆相比，漆酶/甘氨酸处理样品的得率随甘氨酸用量的增加而增加，这表明甘氨酸的加入可在一定程度上减低漆酶处理对纸浆得率的损失，当甘氨酸用量大于等于 1.0%时，纸浆得率不再上升，此时纸浆的得率仅比对照组高出 0.5%。而对于白度，漆酶/甘氨酸处理的 OCC 浆的白度随着甘氨酸用量的增加而增加，当甘氨酸用量为 0.5%时，纸浆白度相较于对照组提升 1.64%ISO，变化幅度较明显，继续增加甘氨酸的用量，漂白纸浆的白度虽然保持上升趋势，但白度增加幅度控制在 1%范围内，变化幅度不大。综上，选择 0.5%作为漆酶/甘氨酸体系的最佳甘氨酸用量，此时，与对照纸浆相比，漆酶/甘氨酸处理浆的白度增加了 3.56%。可见，甘氨酸用量对纸浆白度有较大的影响，对纸浆得率的影响较小。

5.1.2 介体用量对废纸漂白性能的影响

ABTS 用量对漂白浆白度的影响如图 5-5 所示，当加入少量的介体之后，纸浆白度有较大幅度的提高，在 0.5%用量时，白度达到最大值 57.39%ISO，继续增加介体的用量，纸浆的白度开始缓慢降低，这可能是由于介体本身溶于 50℃的水中呈现粉红色，当加入过量的介体会使浆的白度下降，另一方面，可能由于在加入介体的过程中，漆酶/介体催化氧化纸浆中的术素，产生木素发色基团的缘故。

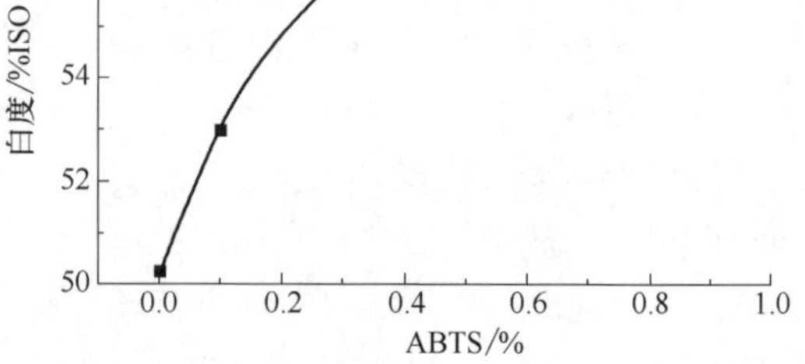

图 5-5 ABTS 用量对漂白浆白度的影响

由于介体价格较高，适量的介体用量可以提高漆酶的利用率和降低系统的操作费用。另外由于介体本身有颜色，如果介体用量过多，还可能会影响到纸浆的白度。而如果介体用量过少，漆酶利用率不高，则达不到很好的改性效果。因此就漂白效果而言，介体最佳用量为 0.5%。

5.1.3　漆酶体系对废纸漂白性能的影响

在制浆过程中，纸浆的卡伯值是生产上控制纸浆质量的一项重要指标，它可以间接反映纸浆中残余木素含量的多少。图 5-6 为漆酶催化对不同漂段纸浆卡伯值的影响，从图中可以看出，对于未漂硫酸盐桉木浆（KP_{eu}）、H_2O_2 漂白桉木浆（P_{eu}），总体上漆酶催化可使纸浆的卡伯值增大，与空白样相比经漆酶/谷氨酸体系催化后卡伯值分别增大了 16.4%、26.5%，这是因为在漆酶催化的过程中，还原性基团如醛基等含量增加，或者木质素发生聚合过程中，形成的连接键中如醚键等与 $KMnO_4$ 发生氧化还原反应，而对于氧脱木质素桉木浆（O_{eu}），经漆酶催化后卡伯值下降，经漆酶/谷氨酸体系催化后卡伯值又有所增加，但是依然小于空白样的卡伯值，可能原因是经漆酶催化后纤维壁中可及的木质素减少。

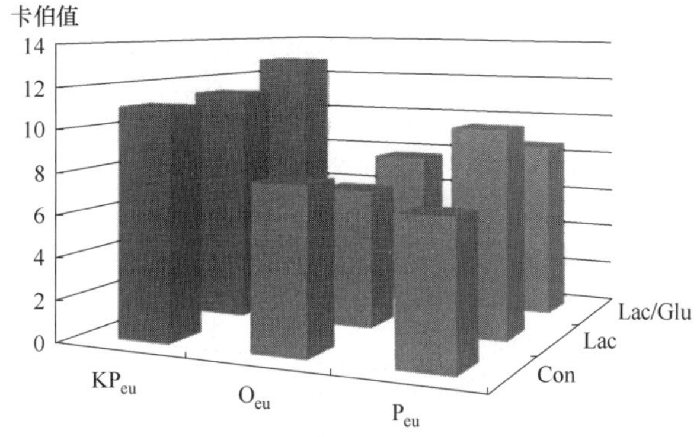

图 5-6　漆酶催化对不同漂段卡伯值的影响

Con—对照样　Lac—漆酶处理　Lac/Glu—漆酶/谷氨酸浆样

漆酶催化对纸浆白度的影响如图 5-7 所示，漆酶与纸浆反应后，成纸白度下降，谷氨酸与漆酶共同作用，可使白度进一步降低。与空白样相比，未漂硫酸盐桉木浆、氧脱木质素桉木浆、H_2O_2 漂白桉木浆经漆酶/谷氨酸体系催化后白度分别下降 3.47%ISO、0.91%ISO、5.18%ISO。漆酶催化氧化木质素酚羟基的过程中有苯醌结构（发色基团）形成，同时在催化中通过诱导效应使酚羟基对位侧链上末端碳原子活化，与谷氨酸中的—NH_2 反应，C ═O 键转变为 C ═N，增加了木质素侧链上含有发色性质的功能团；酚羟基被氧化成苯氧自由基以及通过重排产生苯醌自由基，通过自由基偶合反应以 4-O-5 键产生聚合，增加了助色基团—OR 的含量，谷氨酸可经过迈克尔加成反应与 C5 位置上自由基反应，形成了助色基团—NH—；同时连接到木质素上的谷氨酸增加了纸浆中的—COOH（助色基团）含量，也会使纸浆的白度下降。

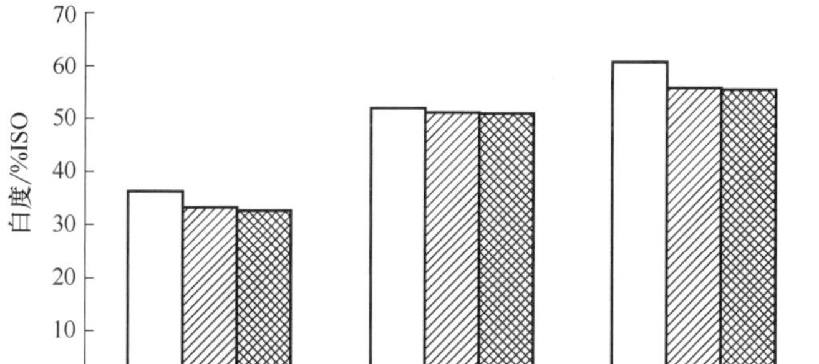

图 5-7　漆酶催化对纸张白度的影响

□ Con　▨ Lac　▩ Lac/Glu

有研究表明，漆酶可以氧化酚类和非酚类木质素结构单元，但后者主要依赖于介体

2,2-联氨-二（3-乙基-苯并噻唑-6-磺酸）（ABTS）的存在。在介体1-羟基苯并三唑（1-HBT）帮助下，漆酶可以氧化非酚类木质素模型化合物，其中麦草浆脱木质素率约75%，可应用于纸浆漂白。用漆酶/ABTS处理硫酸盐竹浆，结果表明，与不经酶处理段的纸浆相比，漆酶/介体处理后的过氧化氢漂白浆白度提高4%~7%，并且纸浆黏度保持在较高水平。经漆酶/HBT体系及后续过氧化氢漂白后，木质素脱除率可达90%，白度有较明显的提高，说明漆酶/介体体系可以提高非木材浆料的木质素降解能力及漂白效率，优化纸浆性能。有研究人员提出，漆酶/HBT体系可以有效脱除硫酸盐桉木浆中的木质素，并且5min便可得到最优的脱木质素效果。在漆酶催化桉木浆的漂白过程中，与不添加介体处理浆相比，漆酶/介体体系处理纸浆的木质素降解率提高20%，白度提高值大于3%ISO，同时可改善纸浆的性能。与合成介体HBT相比，加入乙酰丁香酮（AS）、丁香醛（SA）、对香豆酸（PCA）等天然介体，漆酶稳定性提高，降解纸浆木质素的效率更高，漂白纸浆白度提高约15%，且纸浆卡伯值降低。

目前LMS中常用介体可分为3类：

（1）合成介体

如：ABTS、紫脲酸（VIO）、HBT、2,2’,6,6’-四甲基哌啶氧化物（TEMPO）、吩噻嗪（PT）、盐酸异丙嗪（PTC）、N-羟基-N-乙酰基苯胺（NHA）、2-亚硝基-1-萘酚-4-磺酸（HNNS）、PPT、1-亚硝基-2-萘酚-3,6-二磺酸、Triton X-100、10-（3-二甲氨基丙基）（Pramazine）以及多种NHA衍生物等。

（2）天然介体

如：SA、AS、乙酰香草酮（Acetovanillone）、PCA、香草醛（Vanillin）、芥子酸（Sinapic acid）和阿魏酸（Ferulic acid）等。

（3）其他类介体

如多金属氧酸盐等。

5.1.3.1 不同漆酶体系预处理漂白浆的光学性能

不同漆酶体系预处理漂白浆的光学性能如图5-8所示，与无预处理的对照组（Control）相比，无论是漆酶处理后的纸浆还是漆酶复合体系处理后的纸浆，纸浆的白度、亮度性能均

图5-8 不同漆酶体系预处理漂白浆的光学性能

有提升，这是因为在漆酶的催化氧化作用下，纸浆纤维中的部分木质素会溶出，从而增加了 H_2O_2 漂白液与纤维的接触面积，促进漂白液向纤维内部的渗透，从而提高纸浆 H_2O_2 漂白的效率，改善纤维光学性能。白度提升效果对比：Lac/Gly>Lac/Glu>Lac/MPB>Lac/His>Lac>Lac/MP>Lac/HBT>Lac/ABTS>Control。亮度提升效果对比：Lac/Gly>Lac/Glu>Lac/MPB>Lac/His>Lac≈Lac/MP>Lac/HBT>Lac/ABTS>Control。

综上，漆酶/氨基酸体系处理的纸浆白度及亮度性能均优于传统漆酶介体体系及漆酶处理浆。实验使用的漆酶/氨基酸体系中，Lac/Gly 体系处理浆具有最佳的光学性能，与对照组相比白度提升 6. 89% ISO，提升幅度 18. 88%，亮度提升 4. 35%，提升幅度 5. 76%。

5. 1. 3. 2 不同漆酶体系预处理漂白浆的力学性能

不同漆酶体系预处理漂白浆的力学性能如图 5-9 所示，无论是漆酶处理后的纸浆还是漆酶复合体系处理后的纸浆，纸浆的抗张指数及耐破指数均优于空白对照组（Control），这是因为漆酶可以催化氧化木质纤维素，从而使纤维表面游离出更多的微细纤维，微细纤维之间相互交联，纤维之间的结合力随之提升。抗张指数提升效果对比：Lac/Gly>Lac/His>Lac/HBT>Lac/ABTS>Lac/Glu>Lac/MPB>Lac/MP>Lac>control。耐破指数提升效果对比：Lac/Gly>Lac/MP>Lac/Glu>Lac/HBT>Lac/ABTS>Lac/His>Lac/MPB>Lac>Control。

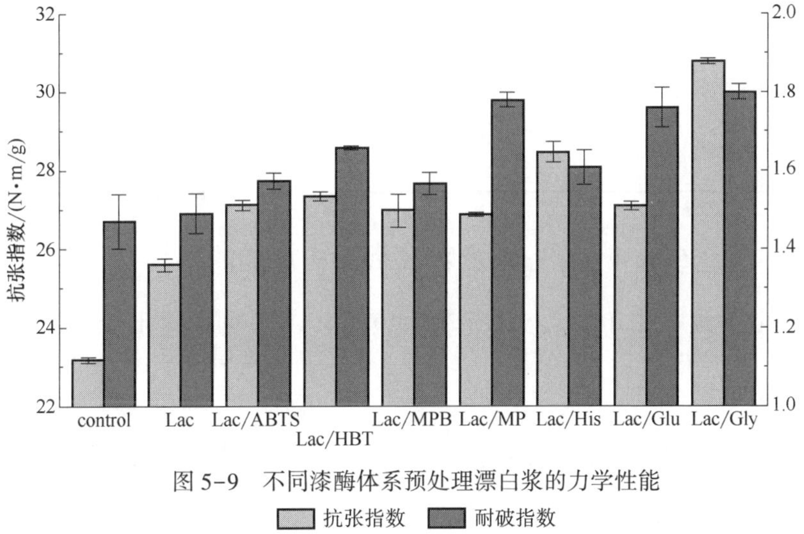

图 5-9 不同漆酶体系预处理漂白浆的力学性能

综合比较，漆酶/氨基酸体系处理的纸浆耐破指数及抗张指数均优于漆酶处理浆，这是因为漆酶可以催化氧化纸浆中的木质素等酚型化合物为酚氧自由基，酚氧自由基可以与氨基酸特征集团氨基发生迈克尔加成反应将氨基酸嫁接在纤维表面，由于氨基酸另一特征基团为羧基，从而增加了纸浆羧基的含量，羧基可以增加纤维的溶胀性、柔韧性和负电荷，并进一步增强纤维的黏合能力，改善成纸物理性能。实验使用的漆酶/氨基酸体系中，Lac/Gly 处理效果最佳，与对照组相比抗张指数提升 7. 59N · m/g，提升幅度 32. 75%，耐破指数提升 0. 31kPa · m^2/g，提升幅度 20. 67%。

5. 1. 3. 3 不同漆酶体系预处理漂白浆的废液性能

不同漆酶/介体体系及漆酶/氨基酸体系预处理漂白浆的废液性能如表 5-1 所示，与不经过预处理段的空白样相比（Control），漆酶处理浆漂白效率较高，一方面，这是因为漆酶可以通过非酶促催化反应以促进木质素的降解，而木质素是纸浆显色的主要基团，纸浆白度提高，另一方面，纸浆表面木质素成分的降解可以促进 H_2O_2 漂白段漂白液向纤维中的渗透，提高 H_2O_2 漂白效率。

漆酶/介体体系处理浆优于漆酶处理浆，这是因为，漆酶氧化还原电势较低（小于0.8V），不能单独降解氧化还原电势较高（大于1.3V）且含量较高（大于80%）的木质素非酚类结构单元。而漆酶/介体体系（LMS）可以解决漆酶氧化还原电势低的问题，LMS中，漆酶首先氧化介体物质，然后经氧化的介体与氧化还原电势大于漆酶的化合物以及不能直接进入漆酶活性中心的聚合物作用，减少发色基团含量，提升漂白效率。对比漆酶/氨基酸体系与传统漆酶/介体体系，漆酶/氨基酸漂白效率更优，且根据结果表明，漆酶/甘氨酸体系具有最佳的漂白效率，与Control相比提高49.6%，与单独漆酶处理相比提高12.7%。

表5-1　不同漆酶/介体体系及漆酶/氨基酸体系预处理漂白浆的废液性能

介体	残余 H_2O_2 含量/(mg/L)	消耗 H_2O_2 量/(mg/L)	漂白效率/%
空白样(Control)	0	3500	13.21
Lac	8	3492	17.53
Lac/ABTS	0	3500	15.86
Lac/HBT	0	3500	16.74
Lac/MPB	0	3500	18.31
Lac/MP	0	3500	17.12
Lac/His	0	3500	17.61
Lac/Glu	3	3497	18.60
Lac/Gly	26	3474	19.76

5.1.4　漂白温度对废纸漂白性能的影响

实验条件为：漆酶用量10U/g，甘氨酸用量0.5%，反应时间60min，浆浓3%，pH=5，持续通氧气。图5-10为不同预处理反应温度（25℃，40℃，50℃和60℃）对OCC纸浆白度及得率的影响。

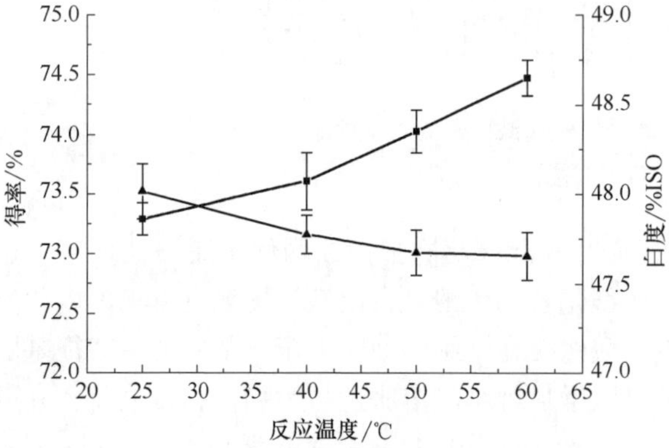

图5-10　反应温度对漆酶/甘氨酸体系预处理OCC浆得率及白度的影响

—▲— 得率　—■— 白度

温度对生物酶的反应很重要，太高的反应温度可能使生物酶失活或者引发其他副反应，太低的温度又可能导致反应时间的延迟或者是反应不完全。因此选定反应温度范围为25~60℃。从图5-10可以看出，在选定的反应温度范围内，纸浆得率随着反应温度的提高而降低，纸浆白度则随反应温度的提升而增加，但两者提高或降低的数值有限，变化幅度控制在1%左右，但反应温度的提升会增加体系能耗。综上，选定漆酶/甘氨酸体系预处理纸浆反应温度条件为25℃。

5.1.5 漂白时间对废纸漂白性能的影响

实验条件为：漆酶用量10U/g，甘氨酸用量0.5%，温度25℃，浆浓3%，pH=5，持续通氧气。图5-11为不同预处理时间（30min，60min，90min，120min，150min和180min）对OCC纸浆白度及得率的影响。

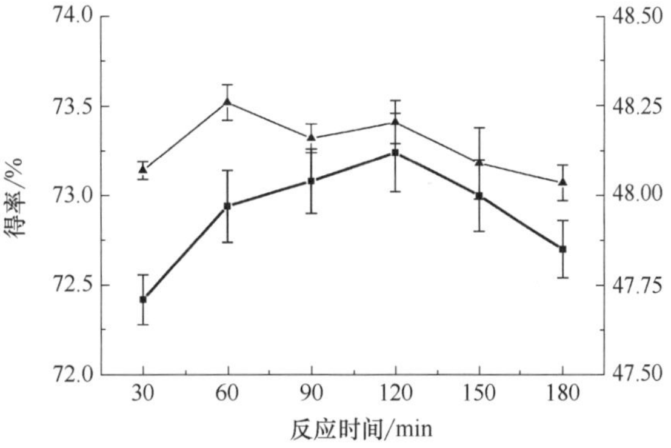

图5-11 反应时间对漆酶/甘氨酸体系预处理OCC浆得率及白度的影响

反应时间对漆酶/甘氨酸预处理纸浆得率及白度性能的影响较小，在选定的反应时间范围内，最高得率与最低得率之间的差值为0.38%，白度差值为0.41%ISO，变化幅度均不超过1%。另外，对于白度和得率性能，当反应时间从30min增加到60min，纸浆得率及亮度均随着反应时间的增加而略微增加，当反应时间超过60min时，纸浆得率及亮度随着反应时间的延长并没有继续表现为持续增高的趋势，并且延长反应时间会增加对能耗的使用量。综上，漆酶/甘氨酸预处理的最佳反应时间为60min。

5.1.6 漆酶促漂白机理

称取一定量的浆料，用0.1mol/L（$Na_2HPO_4/C_6H_8O_7$）缓冲溶液调节纸浆悬浮液的pH=5，浆浓为3%，通氧气一定时间后，在搅拌下加入漆酶10U/g绝干浆和0.5%的甘氨酸启动反应，反应在50℃条件下进行，并在持续通O_2鼓泡气氛下搅拌1h。然后，对OCC浆进行螯合处理，螯合处理条件为：EDTA用量0.3%，pH=4~6，反应温度50℃，反应时间50min，浆浓10%。最后，对纸浆进行H_2O_2漂白处理，H_2O_2漂白工艺条件如下：浆浓10%，H_2O_2用量3%，NaOH用量2%，Na_2SiO_3用量3%，$MgSO_4$用量0.05%，反应温度70℃，反应时间120min。每个时期后，将纸浆样品用超纯水充分洗涤至滤液呈无色，平衡水分后用于浆料性能分析。

5.1.6.1 纤维质量分析

不同预处理对OCC未漂浆和OCC漂白浆纤维重均长度、粗度、卷曲指数及细小纤维含量的影响见表5-2。可以看出，对于OCC未漂浆，经漆酶（Lac）、甘氨酸（Gly）、漆酶/甘氨酸（Lac/Gly）处理后纤维重均长度、粗度、卷曲指数、细小纤维含量相对于对照浆（Control）都有了提升。对于Lac浆，纸浆木质素在漆酶的作用部分溶出，对于Lac/Gly浆，漆酶催化氧化下产生的自由醌结构与氨基酸发生反应，从而增加了羧基含量，木质素的溶出及羧基含量的增加均可提高纤维的吸水润胀性，纤维的柔软性增加，弯曲程度加深，卷曲指数增加。Lac/Gly处理后纤维润胀程度增加，纤维重均长度增加。与原浆相比，纤维粗度增加，说明Lac及Lac/Gly处理不仅发生在纤维表面，还触及纤维内部，水分子进入纤维内部促使纤维吸水润胀，纤维质量增加，纤维粗度增大。对于OCC漂白浆，与对照纸浆（QP）相比，LacQP、GlyQP及（Lac/Gly）QP处理的纸浆纤维重均长度和粗度都有略微的降低，而细小纤维含量上升，这表明这三种体系预处理对纤维表面及内部的改变促进了漂液与纤维间的相互作用，XRD 分析印证了这一观点。

表 5-2 纤维质量分析

项目	重均长度/mm	粗度/(mg/m)	卷曲指数/%	细小纤维含量/%
Control	0. 87	0. 011	8. 76	44. 86
Lac	0. 89	0. 013	10. 16	51. 13
Gly	0. 88	0. 013	9. 89	50. 47
Lac/Gly	0. 89	0. 015	13. 58	56. 76
QP	0. 85	0. 021	14. 07	61. 41
LacQP	0. 82	0. 020	15. 87	62. 33
GlyQP	0. 81	0. 019	14. 02	61. 95
(Lac/Gly)QP	0. 81	0. 018	13. 94	63. 55

为了进一步了解螯合及漂白过程对 OCC 纤维长度分布的影响，对不同预处理处理条件下的未漂浆及漂白浆的纤维长度分布进行了测定及分析，结果如图 5-12 所示。漂后浆 QP，LacQP 及（Lac/Gly）QP 短纤维（纤维长度小于 0. 5mm）比例增加，长纤维（纤维长度大于 1mm）所占的综合比例减少，这是因为漂白液对纤维有降解作用，促使长纤维降解断裂成短纤维。与未漂白处理浆相比，Lac/Gly 相对 Control 和 Lac 具有较高的短纤维数量；对漂白浆而言，（Lac/Gly）QP 处理浆短纤维数量相对 QP，LacQP 较多，这表明漆酶/甘氨酸处理，可以有效地催化氧化纤维表面上的木质素使其脱落，在木质素的脱落处纤维容易发生断裂，并且有利于漂白过程中药液的渗透，提高漂白效率。

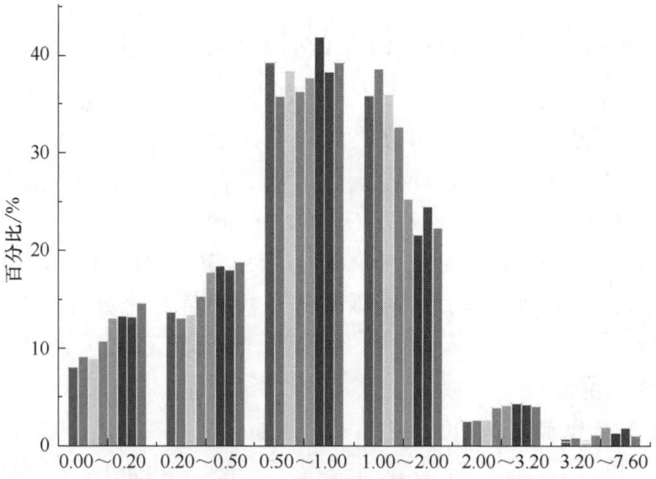

图 5-12 OCC 浆纤维长度分布

图例从左至右：Control Lac Gly Lac/Gly QP LacQP GlyQP （Lac/Gly）QP

5. 1. 6. 2 纤维特征峰分子结构分析

OCC 未漂浆及 OCC 漂白浆的 FT-IR 光谱如图 5-13 及图 5-14 所示。谱带的分配及其相对强度列于表 5-3 及表 5-4 中。从图中可以看出，OCC 未漂白浆中，漆酶/甘氨酸处理浆（Lac/Gly）、漆酶处理浆（Lac）、甘氨酸处理浆（Gly）与对照浆（Control）的红外特征峰结构相似，只是相对强度有差异。另外，对于 OCC 漂白浆，漆酶/甘氨酸处理浆［（Lac/Gly）QP］、漆酶处理浆（LacQP）、甘氨酸处理浆（GlyQP）的吸收峰在结构上与对照纸浆

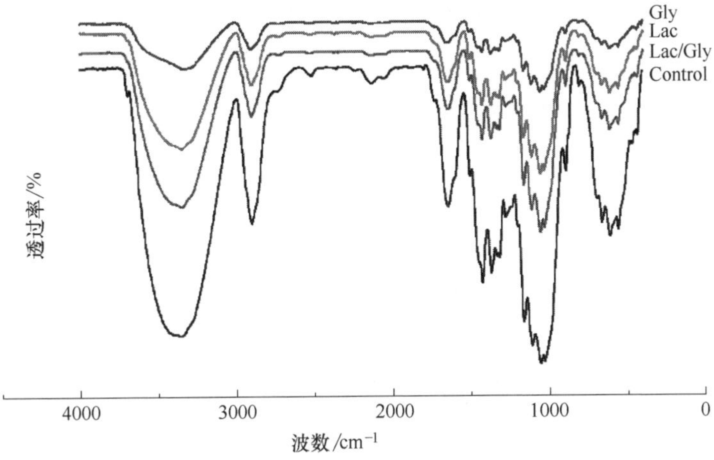

图 5-13 OCC 未漂浆的红外光谱图

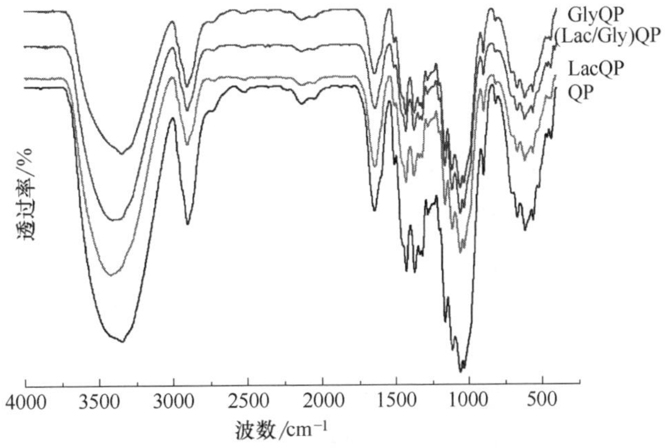

图 5-14 OCC 漂白浆的红外光谱图

（QP）相似，只是相对强度不同。

$3349 \sim 3406cm^{-1}$ 处为分子间氢键—OH 拉伸的吸收峰，与 Q 及 QP 相比，Lac/Gly 及［(Lac/Gly) QP］的特征峰相对强度增加。这可能是由于 Lac 和 Lac/Gly 预处理之后，浆料中的木质素和戊聚糖逐渐降解，产生更多的羟基，进而［(Lac/Gly) QP］具有更好的物理性质的可能性。

$1640 \sim 1653cm^{-1}$ 处是羧酸、羰基和共轭羰基伸缩振动的峰，与 Control 相比，预处理纸浆的强度具有不同程度的增强，对 Lac、Lac/Gly 处理浆可能是因为木质素侧链 Cα 上的羟基被氧化，导致羰基含量增加，对于 Gly 处理浆，可能是因为甘氨酸与纤维素发生反应生成糖胺类物质，增加了羰基的含量。

$1507 \sim 1509cm^{-1}$ 处为苯环骨架的拉伸振动峰，与 QP 相比，Lac/Gly 及［(Lac/Gly) QP］的吸收峰相对强度均被观察到减弱。这也证明了漆酶和漆酶/甘氨酸处理确实具有降解木质素的能力。

$1373 \sim 1375cm^{-1}$ 处是木质素芳羟基 O—H 变形振动和纤维素/半纤维素聚糖或脂肪族 C—H 弯曲振动，经过预处理，纸浆在该处的吸收峰强度均增加，表明预处理会部分去除纸浆中含有的木质素，提高碳水化合物的相对含量。

$1336 \sim 1337cm^{-1}$ 和 $1279 \sim 1281cm^{-1}$ 处是紫丁香基和愈创木基的苯环骨架振动吸收峰，Lac、Gly 及 Lac/Gly 在这两处吸收峰的强度均增加，表明木质素结构去除的选择性，即紫丁香基和愈创木基比对羟苯基木质素更难溶解。

表 5-3　OCC 浆红外光谱图主要吸收峰的归属

吸收峰位置/cm^{-1}	吸收峰归属说明	
	木质素	纤维素/半纤维素
3349~3406	羟基—OH、芳羟基的 O—H 伸缩振动	氢键缔合的 O—H 伸缩振动
1640~1653	羧基—COOH，羰基 C═O 和共轭 C═O 伸展振动	结合水 H—O—H 弯曲振动
1507~1509	苯环骨架振动	—
1429~1430	苯环骨架振动	CH_2 变形振动
1373~1375	芳羟基 O—H 变形振动	聚糖或脂肪族 C—H 弯曲振动
1336~1337	紫丁香基苯环骨架振动	—
1279~1281	愈创木基苯环骨架振动，C═O 伸展振动	—

表 5-4　OCC 浆红外光谱图吸收峰相对吸收强度

波数/cm^{-1}	相对吸收强度，A_i/A_{1429}							
	Control	Lac	Gly	Lac/Gly	QP	LacQP	GlyQP	(Lac/Gly)QP
3349~3406	1.45	1.70	1.54	1.95	1.52	2.06	1.42	2.21
1640~1653	0.55	0.67	0.70	0.63	0.63	0.84	0.58	0.71
1507~1509	0.41	0.34	0.36	0.31	0.38	0.26	0.29	0.27
1429~1430	1.00	1.00	1.00	1.00	1.00	1.00	1.00	1.00
1373~1375	0.94	1.00	1.06	1.00	1.02	0.94	0.99	0.99
1336~1337	0.83	0.88	0.92	0.85	0.90	0.76	0.91	0.84
1279~1281	0.61	0.64	0.66	0.61	0.64	0.45	0.65	0.56

5.1.6.3　纤维素结晶度

纤维素的晶体结构是决定纤维素性能的重要因素。结晶度对材料的物理和化学性质以及热力学性质具有非常重要的影响。从图 5-15、图 5-16 和图 5-17 可以看出，与空白样相比，Lac 和 Lac/Gly 纤维的结晶度增加，Lac/Gly 纤维结晶度低于 Lac，这可能是因为少量的木质素由于漆酶处理而溶解，且木质素是无定形结构。另外，Lac/Gly 处理可氧化纸浆中的酚型化合物为酚氧自由基，且酚氧自由基可以与氨基酸上的特征集团氨基发生迈克尔加成反应将甘氨酸嫁接其上，增加羧基含量，促使纤维素解结晶，降低纤维结晶度，进而促进后续漂白液的渗透，增加漂白液与纸浆纤维的接触面积，提高漂白效率，改善纤维回用性能。对于 OCC 漂白浆，其结晶度高于未漂浆，说明过氧化氢主要进攻纸浆纤维的无定形区结构，提高了漂白后纸浆纤维的结晶区相对面积。漂白液与无定形木质素更多的进行反应，进而促进木质素的降解，结晶度增加。

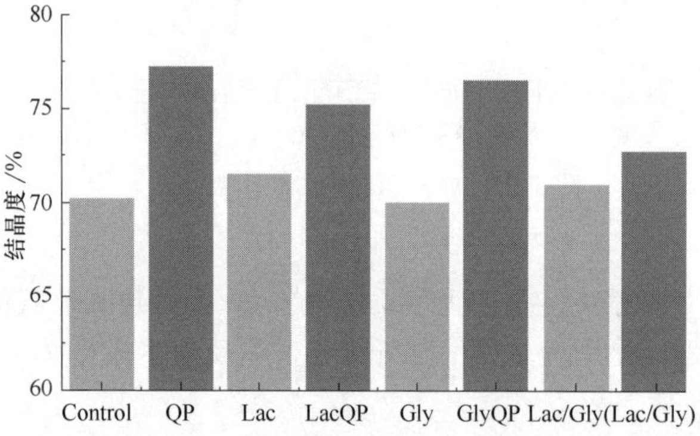

图 5-15　OCC 浆纤维素晶体结构分析

5.1.6.4　羧基含量分析

纸浆纤维表面的羧基对于制浆造纸生产过程及纸制品的性质有较大的影响作用。羧基含量增加，可以提高纤维的柔韧性、负电荷、润胀性及塑性，并进一步提高成纸强度。图 5-18 是不同预处理方法对纸浆中羧基含量的影响。

从图中可以看出，与未预处理浆（Control）相比，漆酶（Lac）和漆酶/甘氨酸（Lac/Gly）处理均可增加纸浆中的羧基含量，甘氨酸（Gly）体系处理纸浆中的羧基含量并没有增加。对于Lac处理浆，漆酶可以催化氧化纸浆中的木质素侧链末端的羟基转变为羧基，羧基含量增加。对于Lac/Gly处理浆，除了单独漆酶处理对木质素的催化氧化作用，漆酶还可以通过催化氧化木质素并将甘氨酸嫁接其上，增加纸浆羧基含量。随着纸浆的羧基含量增加，纤维的润胀性增强，从而增加纤维间的接触面积及结合强度，改善纸张成纸性能。而对于Gly处理浆，单独添加甘氨酸会与纤维素发生酯化反应，生成甘氨酸糖胺类物质，破坏了甘氨酸上的羧基，羧基含量基本不变。

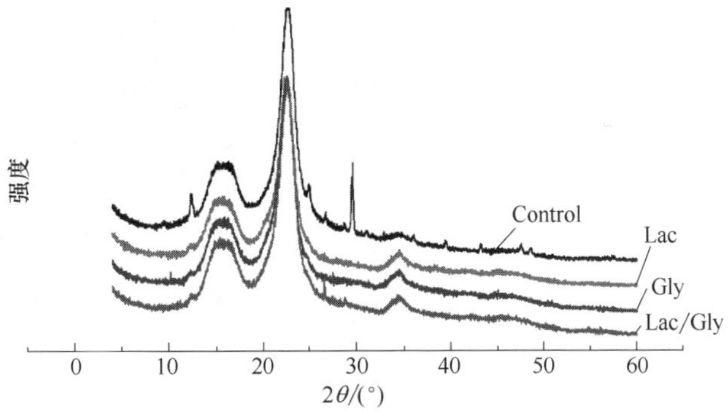

图5-16　OCC未漂浆X-射线衍射光谱

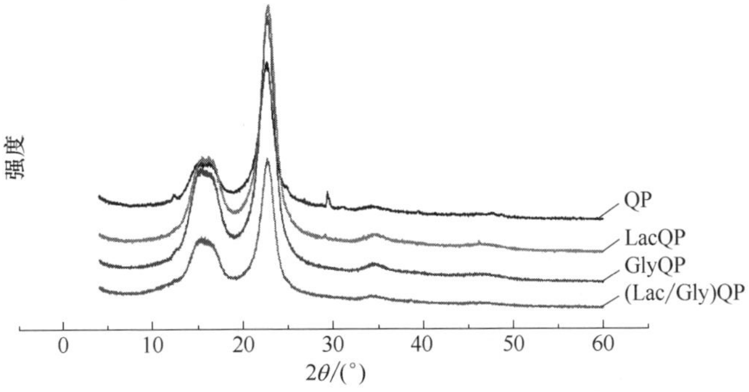

图5-17　OCC漂白浆X-射线衍射光谱

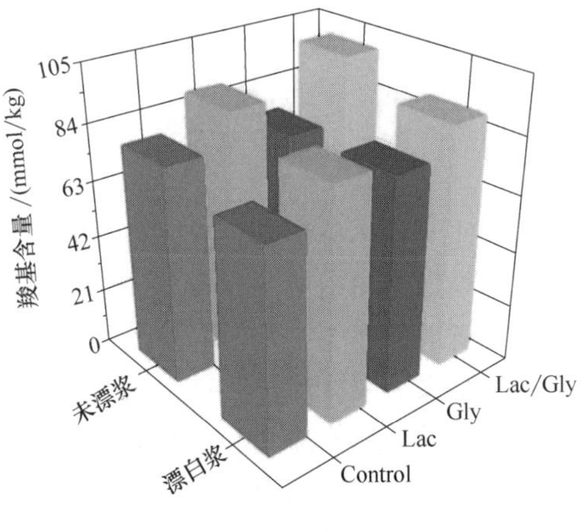

图5-18　OCC漂白浆羧基含量

5.1.6.5　纤维表面形貌分析

OCC漂白浆纤维表面微观结构AFM图像见图5-19，扫描范围为500nm×500nm。从图5-19中可以看出，无预处理纸浆（Control）的表面覆盖有一层球状颗粒物质，通常是木质素和提取物。在用漆酶（Lac）或甘氨酸（Gly）处理后，球状颗粒物的粒径变小并且平滑度降低。在漆酶/甘氨酸处理（Lac/Gly）之后，纤维表面上的颗粒很少，并且纤维表面暴露出较多具有特定走向的物质，宽度约为15nm，这与文献报道的微细纤维10~30nm一致。说明Lac/Gly处理对OCC纸浆表面木质素或提取物具有明显的脱除作用，有利于漂白阶段漂白液与纤维的充分接触，提升漂白效率及纸浆的白度。另外纤维表面杂质的去除可以减少纤维间接触障碍，进而促进纸浆物理性能的提升。

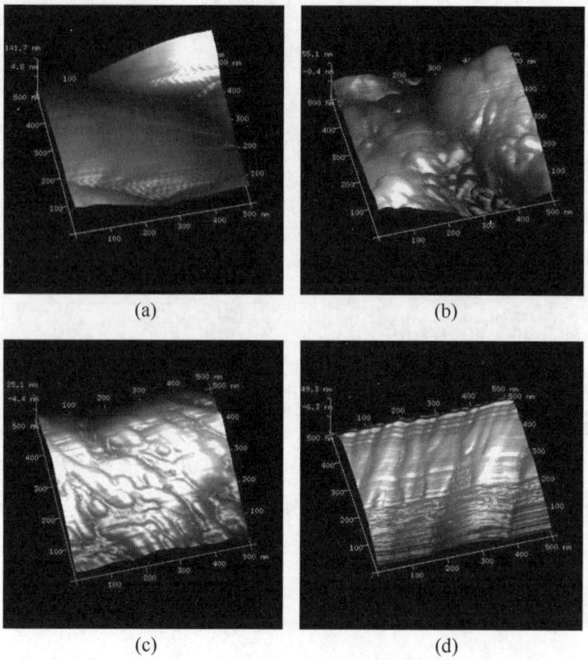

图 5-19　预处理 OCC 浆纤维表面微观结构 AFM 图
(a) Control　(b) Lac　(c) Gly　(d) Lac/Gly

5.2　改性漆酶/谷氨酸体系促废纸浆漂白

漆酶作为一种“绿色催化剂”，在纸浆漂白及性能提升、生物传感器、芳香族化合物转化、生物燃料电池、食药用菌生产等方面具有广泛的应用潜力。但漆酶在高温和其他极端条件下（pH、盐浓度、酶系统中外来物质的存在等）稳定性差，极易失活，限制了漆酶的应用。漆酶修饰（也称漆酶改性）技术是根据漆酶自身的结构特点，通过蛋白质工程、酶分子交联、固定化、稳定剂或小分子修饰来提高漆酶的活性和稳定性从而满足各种工业催化过程中的要求。

有研究人员采用 L-苯丙氨酸甲酯盐酸盐和二氧化硫脲分别对漆酶氨基酸残基末端的羧基和氨基进行改性，在活化剂作用下使两种小分子分别接枝到漆酶分子上以提高漆酶的稳定性和活性，其反应机理如图 5-20 和图 5-21 所示。研究结果表明，经过 L-苯丙氨酸甲酯盐酸盐改性后的漆酶和二氧化硫脲改性后的漆酶活性和稳定性都明显提高。

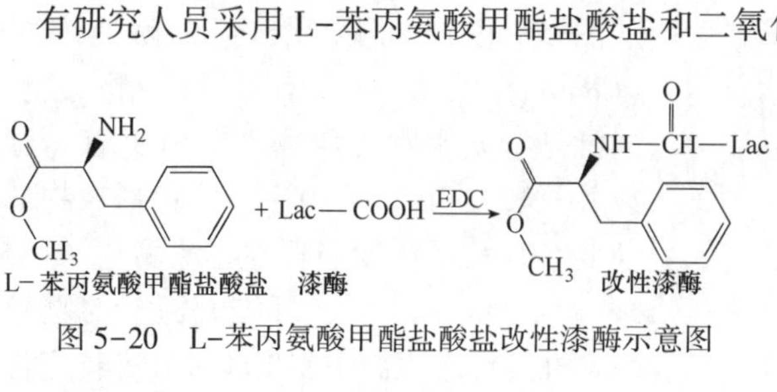

图 5-20　L-苯丙氨酸甲酯盐酸盐改性漆酶示意图

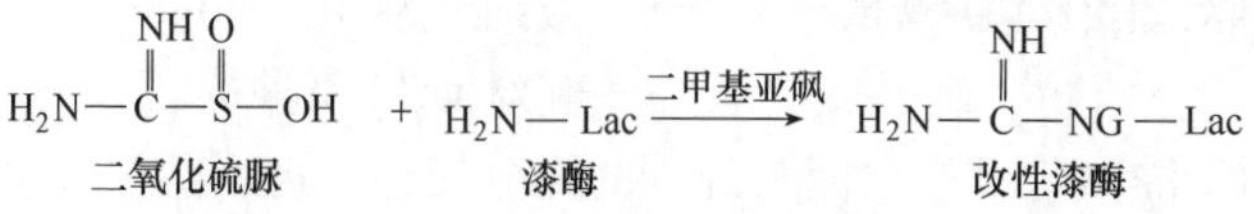

图 5-21　二氧化硫脲改性漆酶示意图

改性漆酶的制备

（1）L-苯丙氨酸甲酯盐酸盐改性漆酶的制备

在磷酸二氢钠/磷酸氢二钠（NaH_2PO_4/Na_2HPO_4，pH＝6.0）缓冲溶液中配制漆酶液（10mg/mL）和L-苯丙氨酸甲酯盐酸盐（10mg/mL）溶液。取50mL漆酶溶液和3mL L-苯丙氨酸甲酯盐酸盐溶液均匀混合，并加入一定量的EDC，反应温度30℃，转速200r/min，反应时间8h。为排除小分子干扰，反应完成后将改性酶液转入透析袋（14000相对分子质量），在磷酸氢二钠/柠檬酸（$Na_2HPO_4/C_6H_8O_7$，pH＝5.0）缓冲溶液中透析过夜，以除掉多余的L-苯丙氨酸甲酯盐酸盐和EDC，冷冻保存。

（2）二氧化硫脲改性漆酶的制备

在磷酸二氢钠/磷酸氢二钠（NaH_2PO_4/Na_2HPO_4，pH＝7.0）缓冲溶液中配制漆酶液（10mg/mL）和二氧化硫脲溶液（10mg/mL）。取50mL漆酶液和3mL二氧化硫脲溶液均匀混合，并加入一定量的二甲基亚砜，反应温度25℃，转速200r/min，反应时间6h。为排除小分子干扰，反应完成后将改性酶液转入透析袋（14000相对分子质量），在磷酸氢二钠/柠檬酸（$Na_2HPO_4/C_6H_8O_7$，pH＝5.0）缓冲溶液中透析过夜，以除掉多余的二氧化硫脲和二甲基亚砜，冷冻保存。

采用改性漆酶/谷氨酸体系对废纸脱墨浆进行预处理，后续进行H_2O_2漂白。漆酶/谷氨酸体系对废纸脱墨浆具有漂白和增强物理性能双重作用，漆酶可以催化降解部分木质素，增加纤维的孔隙率，有利于后续过氧化氢药液的浸透；另外谷氨酸可以和漆酶催化木质素产生的酚氧自由基通过迈克尔加成反应向浆中引入羧基从而提高纸浆的物理性能。研究改性漆酶/谷氨酸体系预处理在不同的漆酶用量、介体用量、pH、反应温度和时间下对纸浆白度和抗张指数的影响，之后根据不同改性漆酶/谷氨酸体系预处理的最佳反应条件对预处理前后（未进行过氧化氢漂白）的纤维长度和粗度、羧基含量、平均孔径和比表面积、纤维表面形态进行研究，初步分析改性漆酶/谷氨酸体系预处理提升废纸脱墨浆漂白性能的作用机理。

5.2.1 改性漆酶

5.2.1.1 改性试剂用量对漆酶活性的影响

L-苯丙氨酸甲酯盐酸盐改性漆酶的反应条件：向10mL漆酶液（10mg/mL）中加入0~10mL的L-苯丙氨酸甲酯盐酸盐（1mg/mL）和少量EDC。在4℃下反应24h，并将pH调节至7；二氧化硫脲改性漆酶的反应条件：向10mL漆酶液（10mg/mL）中加入0~6mL的二氧化硫脲（1mg/mL）和少量二甲基亚砜。在4℃下反应24h，并将pH调节至7。

L-苯丙氨酸甲酯盐酸盐用量对漆酶活性的影响如图5-22所示，随着L-苯丙氨酸甲酯盐酸盐用量的增加，改性漆酶的活性出现先增加后减小的现象，当L-苯丙氨酸甲酯盐酸盐溶液的量为4mL时，改性漆酶的活性达到最大值，比未改性漆酶活性提高209%。L-苯丙氨酸甲酯盐酸盐的加入，使漆酶活性增加，原因可能是漆酶氨基酸残基末端的活性基团羧基（—COOH）与L-苯丙氨酸甲酯盐酸盐发生反应，将L-苯丙氨酸甲酯盐酸盐嫁接到漆酶侧链上，从而提高了漆酶活性。但是随着L-苯丙氨酸甲酯盐酸盐加入量的增多，漆酶活性又出现下降的趋势，可能是过多的L-苯丙氨酸甲酯盐酸盐填充在漆酶分子结构间，使漆酶活性受到影响。

二氧化硫脲用量对漆酶活性的影响如图5-23所示，随着二氧化硫脲的加入，改性漆酶的活性也出现先增加后减小的现象，当二氧化硫脲溶液量为4.5mL时，改性漆酶的活性达到最大值，比未改性漆酶活性提高50%。二氧化硫脲的加入，使漆酶活性增加，原因可能是漆酶氨基酸残基末端的活性基团氨基（—NH_2）与这二氧化硫脲发生反应，将二氧化硫脲嫁接到漆酶侧链上，从而提高了漆酶活性。但是随着二氧化硫脲加入量的增多，漆酶活性也出现下降的现象，可能是过多的二氧化硫脲填充在漆酶分子结构间，使漆酶活性受到影响。

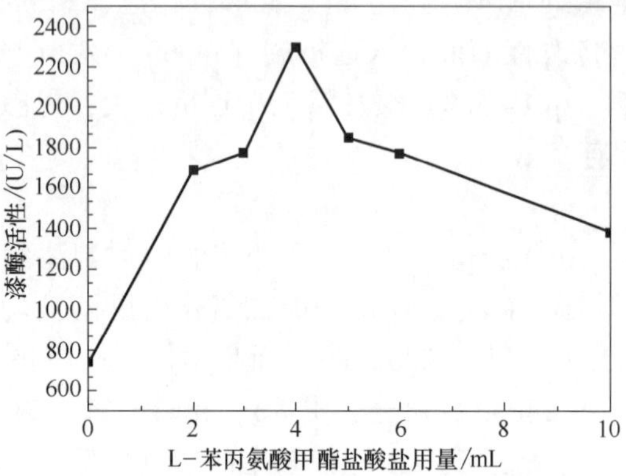

图5-22　L-苯丙氨酸甲酯盐酸盐用量对漆酶活性的影响

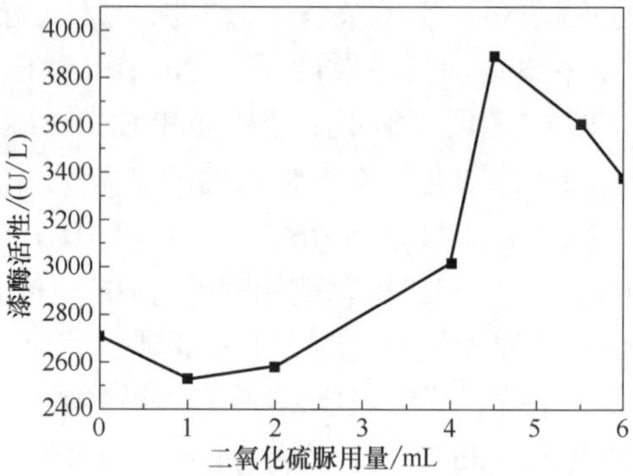

图5-23　二氧化硫脲用量对漆酶活性的影响

5.2.1.2　反应时间对漆酶活性的影响

L-苯丙氨酸甲酯盐酸盐改性漆酶的反应条件：漆酶液（10mg/mL）和L-苯丙氨酸甲酯盐酸盐（1mg/mL）以10：4的比例混合，并加入少量EDC。在4℃下反应一定时间，并将pH调节至7；二氧化硫脲改性漆酶的反应条件：漆酶液（10mg/mL）和二氧化硫脲（1mg/mL）以10：4.5的比例混合，并加入少量二甲基亚砜。在4℃下反应一定时间，并将pH调节至7。

反应时间对L-苯丙氨酸甲酯盐酸盐漆酶活性的影响如图5-24（a）所示，随着反应时间的增加，L-苯丙氨酸甲酯盐酸盐改性漆的活性增加，当反应8h后，虽然改性漆酶的活性出现一定的下降，但基本趋于平衡。由此我们可以确定，L-苯丙氨酸甲酯盐酸盐改性漆酶的最佳反应时间为8h。

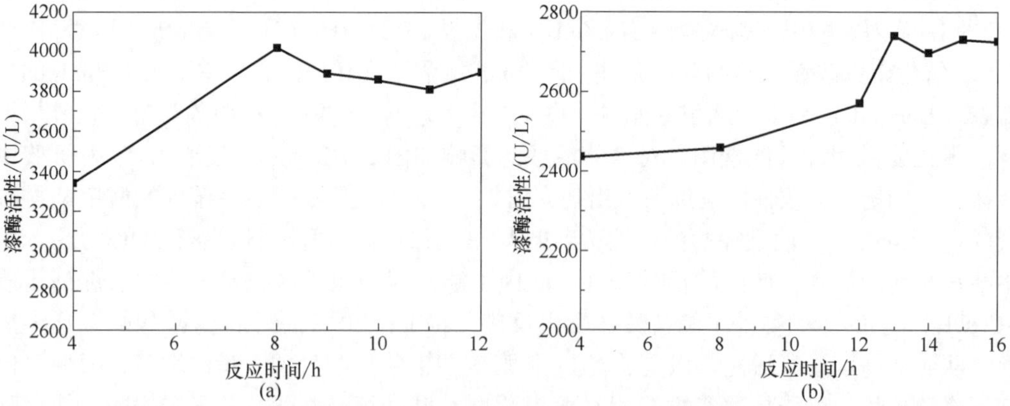

图5-24　反应时间对改性漆酶活性的影响

反应时间对二氧化硫脲改性漆酶活性的影响如图5-24（b）所示，随着反应时间的增加，二氧化硫脲改性漆的活性增加，当反应13h后，虽然改性漆酶的活性出现一定的波动，但也基本趋于平衡。由此得出，二氧化硫脲改性漆酶的最佳反应时间为13h。

5.2.1.3 反应pH对漆酶活性的影响

L-苯丙氨酸甲酯盐酸盐改性漆酶的反应条件：漆酶液（10mg/mL）和L-苯丙氨酸甲酯盐酸盐（1mg/mL）以10：4的比例混合，并加入少量EDC。调节反应溶液的pH，在4℃下反应8h；二氧化硫脲改性漆酶的反应条件：漆酶液（10mg/mL）和二氧化硫脲（1mg/mL）以10：4.5的比例混合，并加入少量二甲基亚砜。调节反应溶液的pH，在4℃下反应13h。

用L-苯丙氨酸甲酯盐酸盐改性漆酶，随着pH的增大改性漆酶的活性增加，从图5-25（a）可以看出，当pH为6时，改性漆酶的活性最大。当继续增大反应pH，改性漆酶的活性下降，并由曲线的下降趋势可以看出，当反应环境的pH继续增大时，改性漆酶的活性慢慢降低，当pH增大到一定值时，漆酶将失去活性。出现这种现象是因为，漆酶在强酸强碱的环境下易于失去活性，结果表明，L-苯丙氨酸甲酯盐酸盐改性漆酶的活性在弱酸的环境下时最佳。

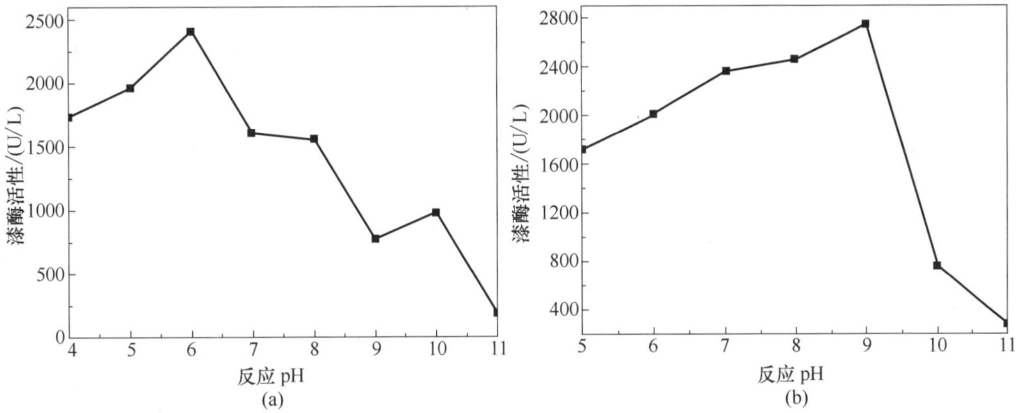

图5-25 反应pH对改性漆酶活性的影响

用二氧化硫脲改性漆酶，随着pH的增大改性漆酶的活性增加，如图5-25（b）所示，当pH为9时，改性漆酶的活性最大。当继续增大反应pH，改性漆酶的活性下降，并由曲线的下降趋势可以看出，当反应环境的pH大于9时，漆酶活性几乎呈直线下降趋势。与L-苯丙氨酸甲酯盐酸盐改性的漆酶不同，二氧化硫脲改性漆酶更适于在弱碱的环境下进行。

5.2.1.4 反应温度对漆酶活性的影响

L-苯丙氨酸甲酯盐酸盐改性漆酶的反应条件：漆酶液（10mg/mL）和L-苯丙氨酸甲酯盐酸盐（1mg/mL）以10：4的比例混合，并加入少量EDC。反应溶液的pH为6，在不同温度下反应8h。二氧化硫脲改性漆酶的反应条件：漆酶液（10mg/mL）和二氧化硫脲（1mg/mL）以10：4.5的比例混合，并加入少量二甲基亚砜。反应溶液的pH为9，在不同温度下反应13h。

随着反应温度的上升，两种改性漆酶的活性均出现先增加后降低的现象，当反应温度达到30℃时，两种改性漆酶活性都达到最大。图5-26显示，30℃后，L-苯丙氨酸甲酯盐酸盐改性后的漆酶活性下降趋势缓慢；当反应温度高于30℃后，二氧化硫脲改性后的漆酶活性以线性趋势明显下降。当温度达到60℃时，两种改性漆酶的活性都几乎为零。这是因为低温和高温下，漆酶活性都受到抑制，但是当温度过高时，漆酶失去活性。

5.2.1.5 改性试剂对漆酶稳定性的影响

以漆酶在72℃温度下保温一定时间后漆酶的半衰期来衡量漆酶的稳定性。L-苯丙氨酸

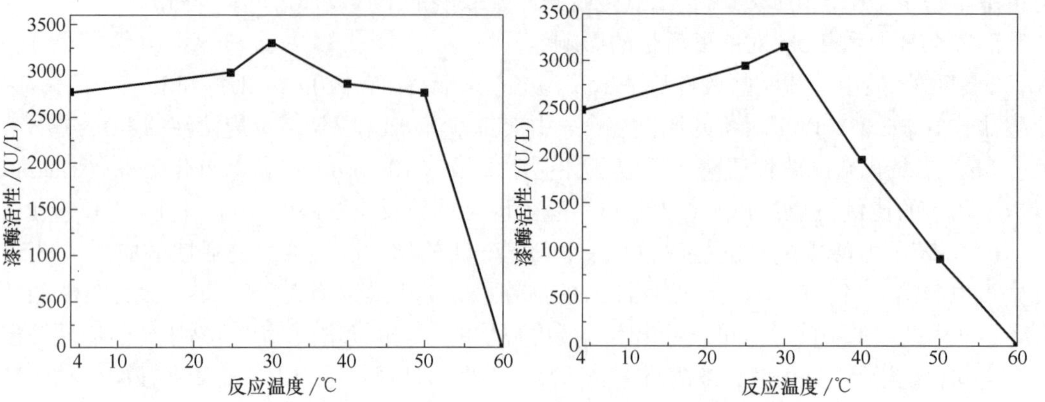

图 5-26　反应温度对改性漆酶活性的影响

甲酯盐酸盐改性漆酶的反应条件：漆酶液（10mg/mL）和 L-苯丙氨酸甲酯盐酸盐（1mg/mL）以 10∶4 的比例混合，并加入少量 EDC。在 30℃下反应 8h，调节反应溶液的 pH 为 6。二氧化硫脲改性漆酶的反应条件：漆酶液（10mg/mL）和二氧化硫脲（1mg/mL）以 10∶4.5 的比例混合，并加入少量二甲基亚砜。在 30℃下反应 13h，调节反应溶液的 pH 为 9。

在 72℃保温条件下，随着时间的增加，漆酶活性整体呈下降趋势，如图 5-27 所示。即在 72℃温度下，漆酶是处于部分失活状态的。对图 5-27 中的两条曲线取对数，然后计算漆酶的半衰期。计算得出：未改性漆酶 A 的半衰期为 10.23min，L-苯丙氨酸甲酯盐酸盐改性漆酶的半衰期为 16.05min。经比较，改性漆酶比未改性漆酶的半衰期增加了 56.9%。

实验结果表明，L-苯丙氨酸甲酯盐酸盐改性漆酶的稳定性明显比未改性漆酶的稳定性好，这是因为 L-苯丙氨酸甲酯盐酸盐的加入，不仅增加了漆酶的相对分子质量，而且也使得漆酶分子的空间结构更复杂，缓解了温度对漆酶的影响。研究发现，漆酶稳定性与漆酶分子中形成的盐桥、氢键、蛋白质表面电荷分布，氨基酸的组成以及蛋白质的堆叠作用等因素相关。将这两种试剂嫁接到漆酶分子上，使原有漆酶的活性和稳定性发生变化。

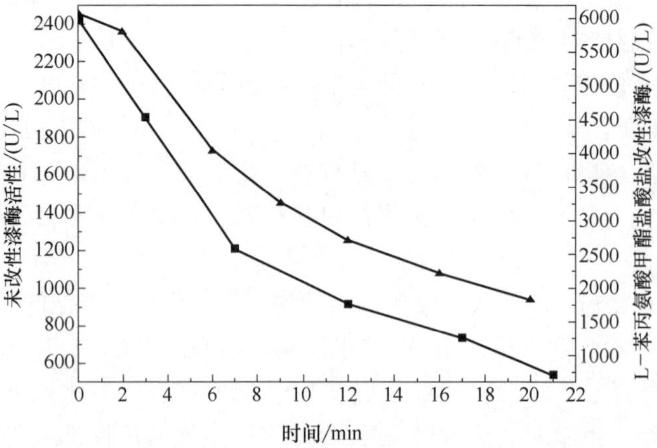

图 5-27　72℃下 L-苯丙氨酸甲酯盐酸盐改性漆酶的稳定性

—▲— L-苯丙氨酸甲酯盐酸盐改性漆酶　—■— 未改性漆酶 A

注：未改性漆酶 A 是指用 pH=5.8 的磷酸二氢钠/磷酸氢二钠（NaH_2PO_4/Na_2HPO_4，0.06mol/L）缓冲溶液配制。

在72℃保温条件下，随着时间的增加，漆酶活性整体也是呈下降趋势，如图5-28所示。同样对图5-28中的两条曲线取对数并计算漆酶的半衰期。计算得出：未改性漆酶B的半衰期为7.5min，而二氧化硫脲改性漆酶的半衰期为7.6min。经比较，改性漆酶比未改性漆酶的半衰期仅增加了1.3%。二氧化硫脲改性漆酶稳定性提高不大部分原因可能是，因二氧化硫脲在高温下易分解，并且随着温度增加，二氧化硫脲的分解度增加，而二氧化硫脲改性漆酶本身是一个可逆反应，随着二氧化硫脲在高温下的分解以及漆酶在高温下部分失活使得漆酶的活性降低。

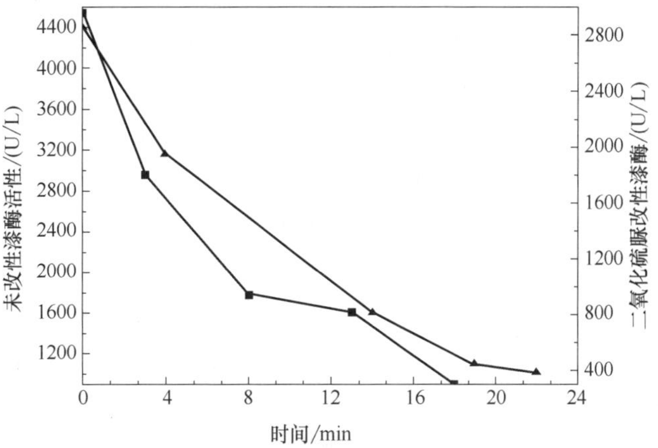

图5-28　72℃下二氧化硫脲改性漆酶活性的影响

—■— 未改性漆酶B　—▲— 二氧化硫脲改性漆酶

注：未改性漆酶B是指用pH=7.8的磷酸二氢钠/磷酸氢二钠（NaH_2PO_4/Na_2HPO_4，0.06mol/L）缓冲溶液配制。

研究发现，漆酶稳定性与漆酶分子中形成的盐桥、氢键、蛋白质表面电荷分布，氨基酸的组成以及蛋白质的堆叠作用等因素相关。将这两种试剂嫁接到漆酶分子上，使原有漆酶的活性和稳定性发生变化。

5.2.1.6　不同储存pH下改性漆酶的活性

L-苯丙氨酸甲酯盐酸盐改性漆酶的反应条件：漆酶液（10mg/mL）和L-苯丙氨酸甲酯盐酸盐（1mg/mL）以10∶4的比例混合，并加入少量EDC。在30℃下反应8h，调节反应溶液的pH为6。二氧化硫脲改性漆酶的反应条件：漆酶液（10mg/mL）和二氧化硫脲（1mg/mL）以10∶4.5的比例混合，并加入少量二甲基亚砜。在30℃下反应13h，调节反应溶液的pH为9。透析定容后取5mL待测液8份，调节待测液的pH放置在低温下备用。

曲线的变化趋势与L-苯丙氨酸甲酯盐酸盐在不同的反应pH改性漆酶所得的酶活曲线是相似的，均是先增加后下降，不同的是最大活性值所处的pH不同，当pH为5时，L-苯丙氨酸甲酯盐酸盐改性漆酶的活性最大，由此可以得到储存L-苯丙氨酸甲酯盐酸盐改性漆酶溶液的最佳pH。图5-29为不同储存pH对改性漆酶活性的影响。

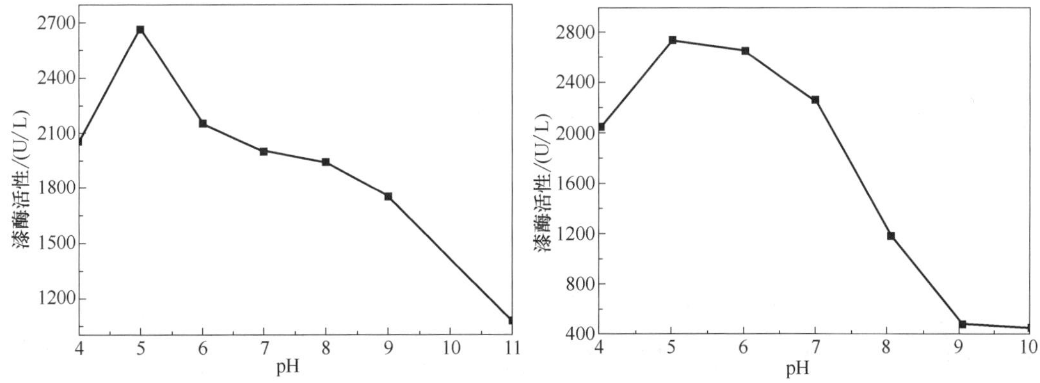

图5-29　不同储存pH对改性漆酶活性的影响

曲线的变化趋势与二氧化硫脲在不同的反应 pH 改性漆酶所得的酶活曲线是相似的，均是先增加后下降，不同的是最大活性值所处的 pH 不同，当 pH 为 5 时，二氧化硫脲改性漆酶的活性最大。由此可以得到储存二氧化硫脲改性漆酶溶液的最佳 pH。

通过实验发现，不管是反应时的 pH 还是改性漆酶溶液储存时的 pH，L-苯丙氨酸甲酯盐酸盐改性漆酶最大酶活均处于酸性环境下，而二氧化硫脲改性漆酶最大活性所处的 pH 是不一样的，反应时处于碱性环境，储存时处于酸性环境。

5.2.1.7 傅里叶红外分析漆酶结构

未改性漆酶在 4000~400cm^{-1} 的红外谱图如图 5-30（a）所示，3431.16cm^{-1} 处为未改性漆酶的 V_{N-H}，1800~1200 为酰胺Ⅰ、酰胺Ⅱ以及酰胺Ⅲ，其中酰胺Ⅰ峰的最大值 1709.12cm^{-1}，酰胺Ⅱ峰的最大值 1599.91cm^{-1}，酰胺Ⅲ峰的最大值 1247.40cm^{-1}。L-苯丙氨酸甲酯盐酸盐改性漆酶和二氧化硫脲改性漆酶的红外光谱谱图如图 5-30（b）和图 5-30（c）所示，它们的酰胺Ⅰ、酰胺Ⅱ以及酰胺Ⅲ的最大峰与未改性漆酶的相比，没有变化。

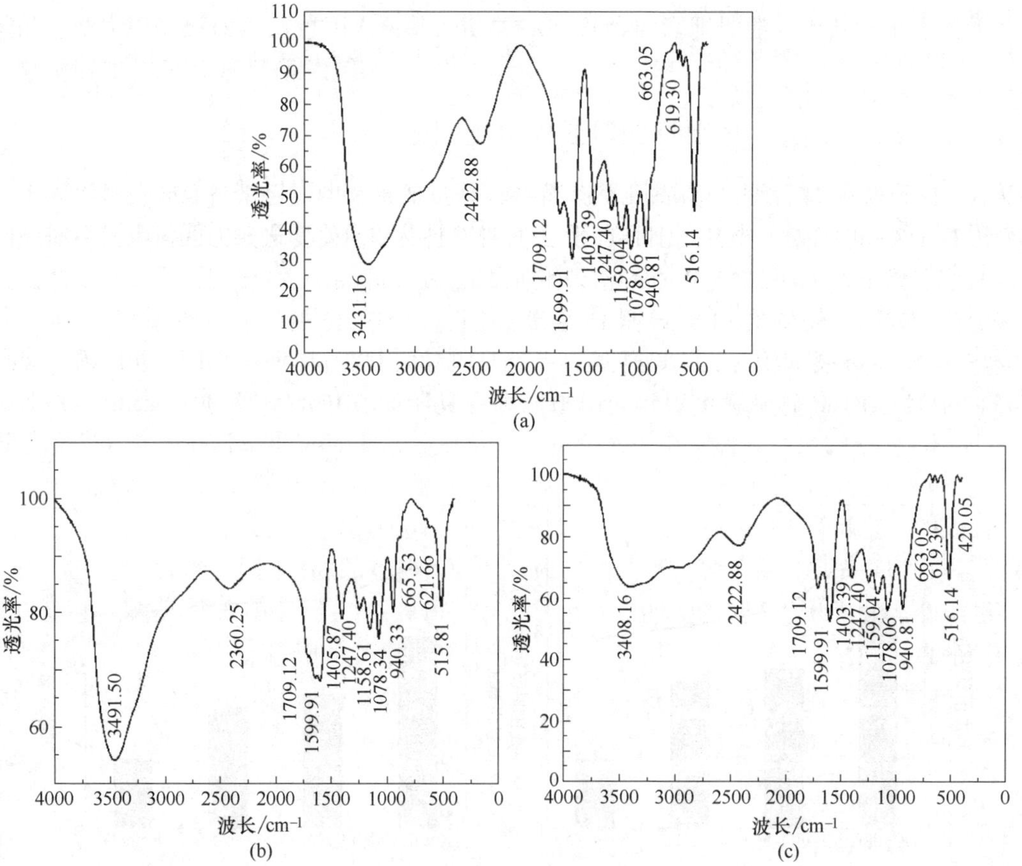

图 5-30 漆酶的傅里叶红外谱图

(a)未改性漆酶 (b)L-苯丙氨酸甲酯盐酸盐改性漆酶 (c)二氧化硫脲改性漆酶

据研究分析知，其中 1559.50cm^{-1} 强的峰为 β-折叠，1247.40cm^{-1} 左右的吸收为无规则卷曲，而 1650 左右的无规则卷曲可能被 β-折叠重叠并被掩盖。图 5-31 是未改性漆酶在 1800~1200cm^{-1} 的红外去卷积（FSD）谱。

L-苯丙氨酸甲酯盐酸盐改性漆酶在 1800～1200cm^{-1} 的红外去卷积（FSD）谱如图 5-32 所示。据研究分析知，其中 1653.29cm^{-1} 强的峰为 α-螺旋，1559.50cm^{-1} 强的谱带降低，1247.40cm^{-1} 左右的吸收也发生较大的降低。以上的变化显示经 L-苯丙氨酸甲酯盐酸盐改性的漆酶，漆酶的二级结构的 β-折叠含量和无规则卷曲都减少，α-螺旋含量增加，β-转角含量基本不变。1653.29cm^{-1} 的出现，更加证明经 L-苯丙氨酸甲酯盐酸盐改性的漆酶其肽链比未改性漆酶更加紧凑，这也表明，经 L-苯丙氨酸甲酯盐酸盐改性的漆酶在结构上更加稳定。

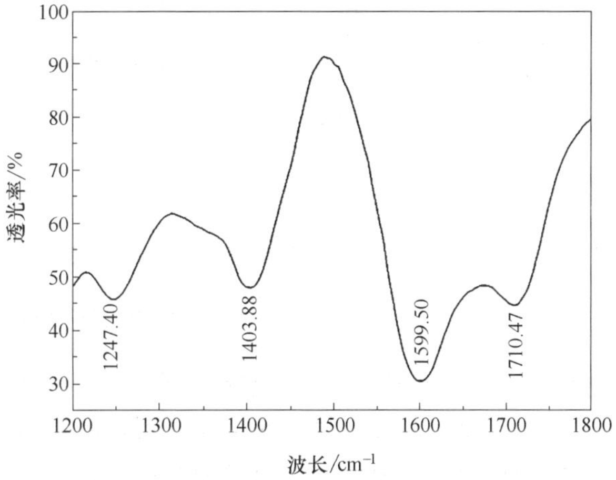

图 5-31　未改性漆酶的傅里叶红外去卷积谱图

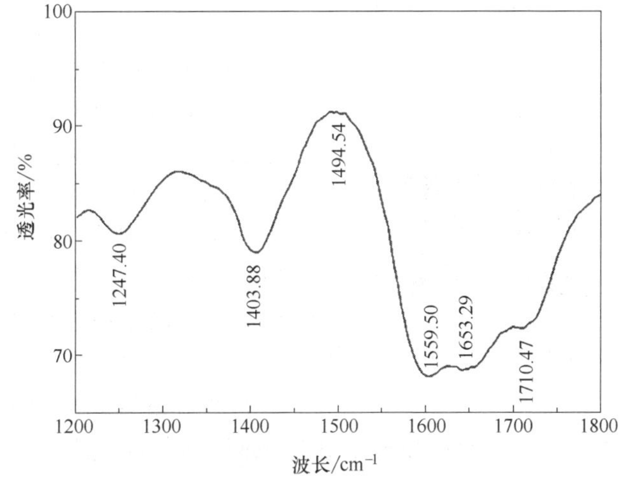

图 5-32　L-苯丙氨酸甲酯盐酸盐改性漆酶的红外去卷积谱图

二氧化硫脲改性漆酶在 1800～1200cm^{-1} 的红外去卷积（FSD）谱如图 5-33 所示。据研究分析知，其中 1605.14cm^{-1} 强的峰为 β-折叠，β-折叠在 1605.14cm^{-1} 处的吸收谱带降低，无规则卷曲在 1247.40cm^{-1} 左右的吸收也发生较大的降低。以上的变化显示经二氧化硫脲改性的漆酶，漆酶的二级结构的无规则卷曲含量减少，α-螺旋含量和 β-转角的含量的和增加，β-转角含量基本不变。以上分析说明经二氧化硫脲改性的漆酶其肽链比未改性漆酶变得紧凑，同时也说明，经二氧化硫脲改性的漆酶在结构上更加稳定。

5.2.1.8　漆酶结构的荧光光谱分析

未改性漆酶和 L-苯丙氨酸甲酯盐酸盐改性漆酶的荧光光谱分析图见图 5-34。可知，未改性漆酶的最大发射波长在 372.2nm 处，而 L-苯丙氨酸甲酯盐酸盐改性漆酶的最大发射波长在 371.4nm 处，与未改性漆酶相比，L-苯丙氨酸甲酯盐酸盐改性漆酶的荧光光谱略有蓝移，这说明两种漆酶在结构上可能有一定的细小变化，但 L-苯丙氨酸甲酯盐酸盐改性漆酶

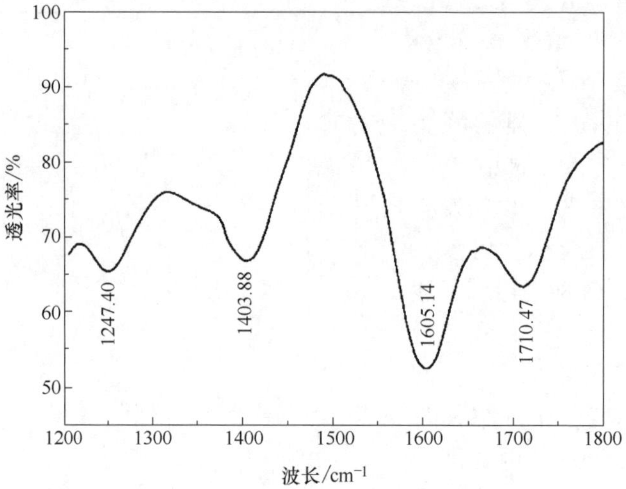

图 5-33　二氧化硫脲改性漆酶的红外去卷积谱图

仍保持了未改性漆酶的紧密疏水结构。这也解释了 L-苯丙氨酸甲酯盐酸盐改性漆酶的活性和稳定比未改性漆酶效果好，但依然保持了未改性漆酶所特有的功能。

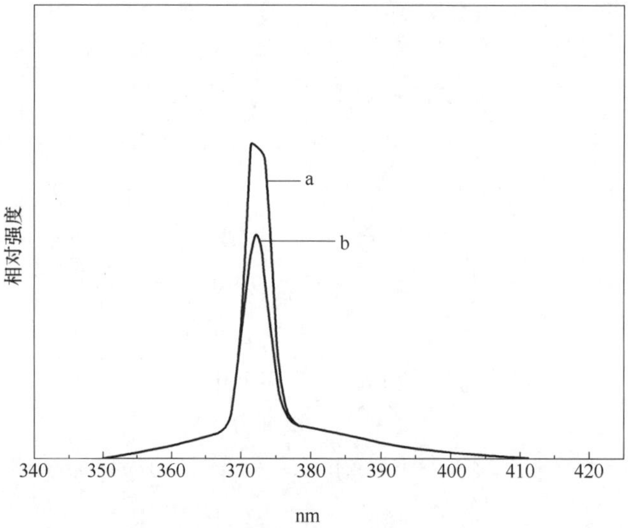

图 5-34　漆酶的荧光光谱图（一）

a—L-苯丙氨酸甲酯盐酸盐改性漆酶　b—pH=5 的未改性漆酶

未改性漆酶和二氧化硫脲改性漆酶的荧光光谱分析图见图 5-35。可知，未改性漆酶的最大发射波长在 372.4nm 处，而二氧化硫脲改性漆酶的最大发射波长在 371.2nm 处，与未改性漆酶相比，二氧化硫脲改性漆酶的荧光光谱也略有蓝移，这说明两种漆酶在结构上可能有一定的细小变化，但二氧化硫脲改性漆酶也保持了未改性漆酶的紧密疏水结构。这些同样也解释了二氧化硫脲改性漆酶的活性和稳定比未改性漆酶效果好，但依然保持了未改性漆酶所特有的功能。

5.2.1.9　核磁共振分析漆酶结构

pH=5 的未改性漆酶和 L-苯丙氨酸甲酯盐酸盐改性漆酶的 ^{13}C 核磁共振谱图分别见图 5-36

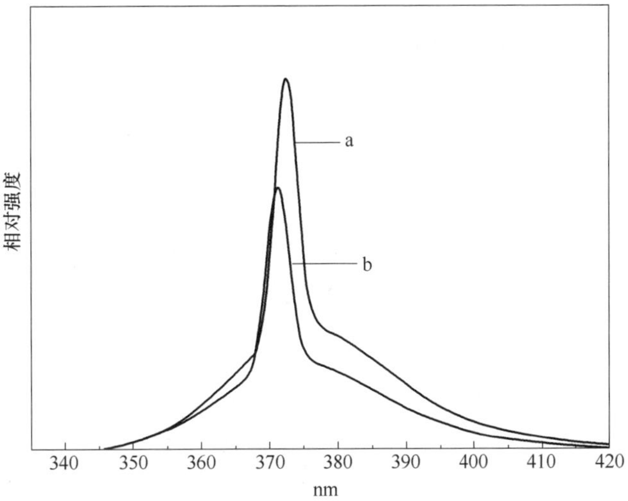

图 5-35 漆酶的荧光光谱图（二）

a—pH=9 的未改性漆酶 b—二氧化硫脲改性漆酶

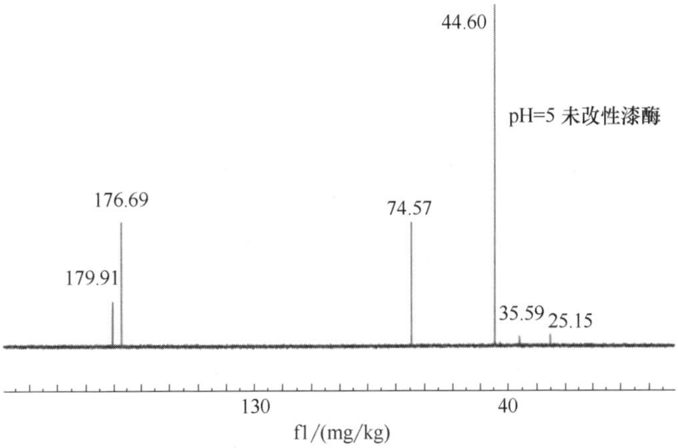

图 5-36 pH=5 的未改性漆酶^{13}C 核磁共振谱图

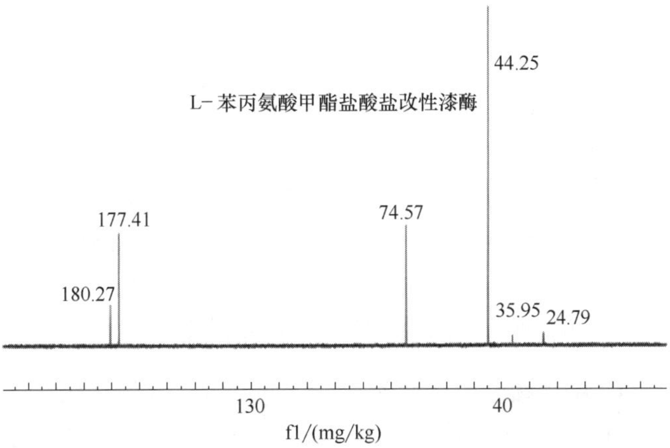

图 5-37 L-苯丙氨酸甲酯盐酸盐改性漆酶^{13}C 核磁共振谱图

和图 5-37。图 5-36 显示，pH=5 未改性漆酶和 L-苯丙氨酸甲酯盐酸盐改性漆酶中均含有 6 个信号峰。与未改性漆酶的^{13}C核磁共振谱图吸收峰相比较，发现除了在 74.57 处的信号峰是一样的，其余信号峰均发生了化学位移的偏移。这可能是因为，L-苯丙氨酸甲酯盐酸盐的加入，使得漆酶的肽链上的某些碳集团周围的物理效应如屏蔽效应发生细微变化。

pH=9 的未改性漆酶和二氧化硫脲改性漆酶的^{13}C核磁共振谱分别见图 5-38 和图 5-39。这两图显示，pH=9 未改性漆酶含有 7 个信号峰，而二氧化硫脲改性漆酶中含有 8 个信号峰。与未改性漆酶的^{13}C核磁共振谱图吸收峰相比较，发现除了在 44.96 和 38.45 两处的信号峰是一致的，其余信号峰均发生了化学位移的偏移，并且在 25.15 处出现新的信号峰。这可能是因为，二氧化硫脲的加入，使得漆酶的肽链上的某些碳原子周围的物理效应如屏蔽效应、电势电位等发生细微变化。

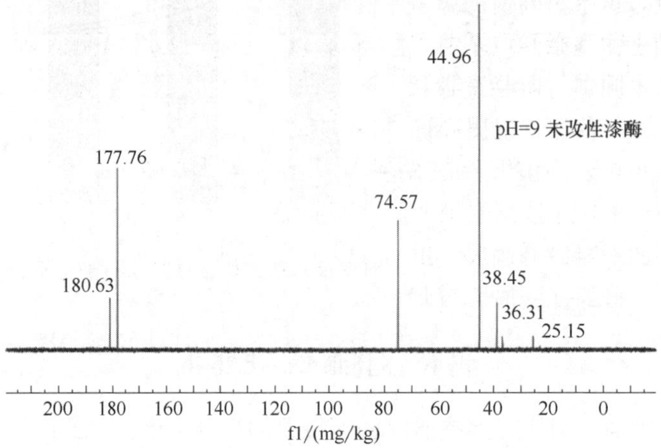

图 5-38　pH=9 的未改性漆酶^{13}C核磁共振谱图

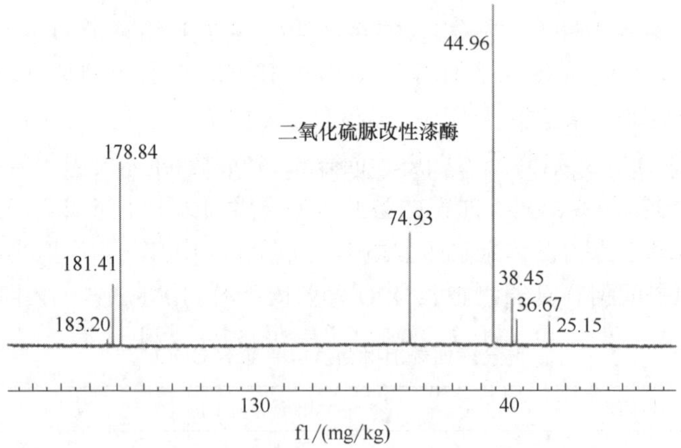

图 5-39　二氧化硫脲改性漆酶^{13}C核磁共振谱图

5.2.2　漆酶用量对改性漆酶/谷氨酸体系促漂白的影响

条件：L-苯丙氨酸甲酯盐酸盐改性漆酶/谷氨酸体系：谷氨酸用量 0.8%，pH 为 6，温度 30℃，时间 90min。二氧化硫脲改性漆酶/谷氨酸体系：谷氨酸用量 0.8%，pH 为 6，温度 30℃，时间 90min。漆酶/谷氨酸体系：谷氨酸用量 0.8%，pH 为 6，温度 30℃，时间 90min。

从图 5-40 可以看出，在不同改性漆酶/谷氨酸预处理过程中，随着漆酶用量的增加，纸页的白度都呈先迅速增加，之后逐渐趋于平缓的趋势。对于未改性漆酶/谷氨酸预处理的废纸浆，当漆酶用量为 0.8%时白度达到最大值为 64.1% ISO；对于 L-苯丙氨酸甲酯盐酸盐和二氧化硫脲改性漆酶/谷氨酸预处理的废纸浆，当改性漆酶用量为 0.6%和 0.8%时，其白度达到最大值为 65.5% ISO 和 64.8% ISO，均比未经过预处理的废纸浆白度要高。这是因为在漆酶的催化氧化下，纤维部分木质素被溶出，增加了 H_2O_2 和纤维的接触面积，促进了 H_2O_2 的渗透，从而提高了漂后白度。改性漆酶具有更大的催化活力，能促进更多木质素被脱除，所以漂后浆相对于未改性漆酶预处理的废纸浆白度更高。

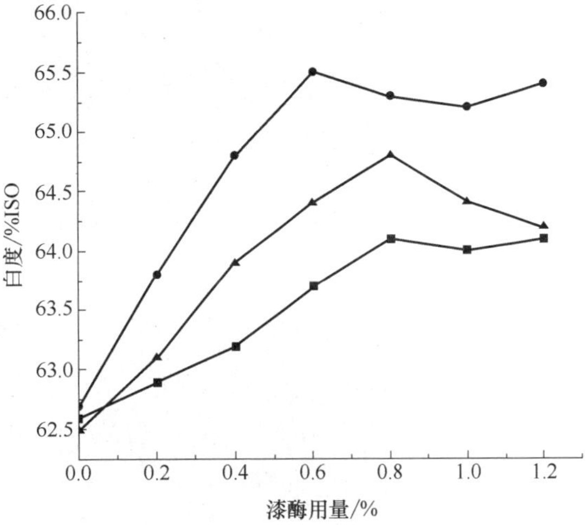

图 5-40　漆酶用量对废纸浆 H_2O_2 漂白纸页白度的影响

—■— 漆酶/谷氨酸处理　—●— L-苯丙氨酸甲酯盐酸盐改性漆酶/谷氨酸处理　—▲— 二氧化硫脲改性漆酶/谷氨酸处理

不同改性漆酶/谷氨酸预处理过程中漆酶用量对废纸浆抗张指数的影响如图 5-41 所示，其变化趋势也是先迅速提高之后趋于平缓。这是因为漆酶催化氧化木质素使大量微细纤维从纤维表面游离出来并相互交联，提升了纤维之间的结合力。对于未改性漆酶/谷氨酸预处理的废纸浆，当漆酶用量为 0.8%时，其抗张指数最大，为 31.6N · m/g；对于 L-苯丙氨酸甲酯盐酸盐和二氧化硫脲改性漆酶/谷氨酸预处理的废纸浆，当改性漆酶用量为 0.6%时，其抗张指数分别达到最大值为 33.5N · m/g 和 32.6N · m/g。

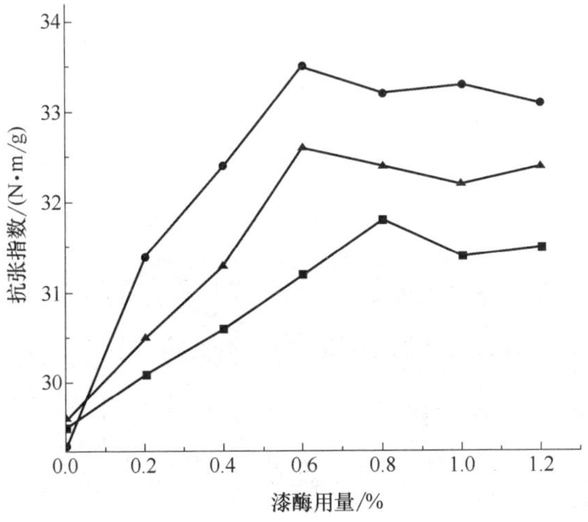

图 5-41　漆酶用量对废纸浆 H_2O_2 漂白纸页抗张指数的影响

—■— 漆酶/谷氨酸处理　—●— L-苯丙氨酸甲酯盐酸盐改性漆酶/谷氨酸处理　—▲— 二氧化硫脲改性漆酶/谷氨酸处理

综合分析纸页的光学性能以及物理强度性能等指标，漆酶的最佳用量为 0.8%，L-苯丙氨酸甲酯盐酸盐和二氧化硫脲改性漆酶的最佳用量为 0.6%。

5.2.3　谷氨酸用量对改性漆酶/谷氨酸体系促漂白的影响

条件：L-苯丙氨酸甲酯盐酸盐改性漆酶/谷氨酸体系：漆酶用量 0.6%，pH 为 6，温度 30℃，时间 90min。二氧化硫脲改性漆酶/谷氨酸体系：漆酶用量 0.6%，pH 为 6，温度 30℃，时间 90min。漆酶/谷氨酸体系：漆酶用量 0.8%，pH 为 6，温度 30℃，时间 90min。

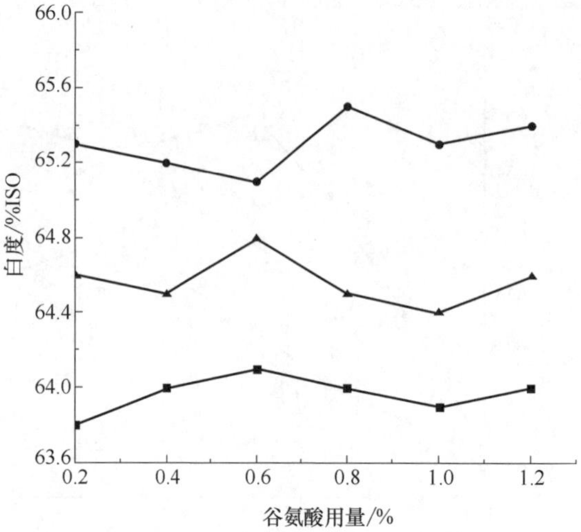

图 5-42 谷氨酸用量对废纸浆 H_2O_2 漂白纸页白度的影响

■ 漆酶/谷氨酸处理 ● L-苯丙氨酸甲酯盐酸盐改性漆酶/谷氨酸处理 ▲ 二氧化硫脲改性漆酶/谷氨酸处理

谷氨酸用量对废纸浆 H_2O_2 漂白的影响见图 5-42。从图中可以发现，随着谷氨酸用量增加，漂后白度并没有发生太大的变化，只存在小范围的波动，这说明谷氨酸用量和漂后白度并没有太大的线性相关性。

谷氨酸用量对废纸浆 H_2O_2 漂白纸页抗张指数的影响见图 5-43，随着谷氨酸用量的增加，废纸浆的抗张指数呈先增大后趋于平缓的趋势。对于未改性漆酶/谷氨酸处理的废纸浆，当谷氨酸用量为 1.0%时，其抗张指数达到最大为 31.8N · m/g。对于 L-苯丙氨酸甲酯盐酸盐改性漆酶/谷氨酸处理和二氧化硫脲改性漆酶/谷氨酸处理的废纸浆在谷氨酸最佳用量分别为 0.8%和 0.6%时抗张指数达到最大值分别为 33.5N · m/g 和 32.7N · m/g，比未改性漆酶/谷氨酸处理的纸浆分别提高 5.3%和 2.8%。这是因为改性漆酶能催化氧化木质素产生更多的酚氧自由基，谷氨酸通过迈克尔加成反应嫁接其上，进一步增加了浆中的羧基含量。

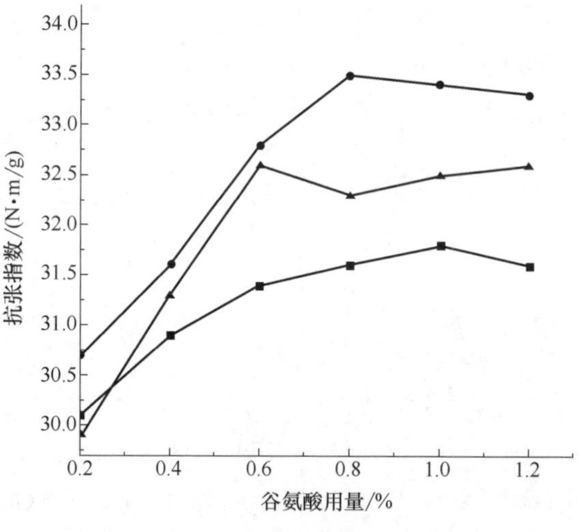

图 5-43 谷氨酸用量对废纸浆 H_2O_2 漂白纸页抗张指数的影响

■ 漆酶/谷氨酸处理 ● L-苯丙氨酸甲酯盐酸盐改性漆酶/谷氨酸处理 ▲ 二氧化硫脲改性漆酶/谷氨酸处理

综上所述，对于未改性漆酶/谷氨酸预处理的废纸浆，其最佳谷氨酸用量为 1.0%；对于 L-苯丙氨酸甲酯盐酸盐改性漆酶/谷氨酸处理和二氧化硫脲改性漆酶/谷氨酸处理的废纸浆，谷氨酸最佳用量分别为 0.8%和 0.6%。

5.2.4 pH 对改性漆酶/谷氨酸体系促漂白的影响

条件：L-苯丙氨酸甲酯盐酸盐改性漆酶/谷氨酸体系：漆酶用量 0.6%，谷氨酸用量 0.8%，温度 30℃，时间 90min。二氧化硫脲改性漆酶/谷氨酸体系：漆酶用量 0.6%，谷氨酸用量 0.6%，温度 30℃，时间 90min。漆酶/谷氨酸体系：漆酶用量 0.8%，谷氨酸用量 1.0%，温度 30℃，时间 90min。

预处理 pH 对废纸浆 H_2O_2 漂白纸页白度的影响见图 5-44，在不同改性漆酶/谷氨酸预处理废纸浆的反应体系中，对于未改性漆酶/谷氨酸体系，当 pH 为 5.0 时白度最大，之后变成下降趋势，这可能是因为未改性漆酶的最佳反应 pH 为 5.0，随着 pH 增大，漆酶逐渐失活丧失作用。对于L-苯丙氨酸甲酯盐酸盐改性漆酶/谷氨酸处理和二氧化硫脲改性漆酶/谷氨酸预处理的废纸浆，pH在3.0~5.0时白度不断增大，在pH为5.0~7.0时趋于稳定，之后开始下降。这是因为漆酶经过改性后适应的pH更加广泛。在最佳反应pH下，L-苯丙氨酸甲酯盐酸盐改性漆酶/谷氨酸处理和二氧化硫脲改性漆酶/谷氨酸预处理的废纸浆的漂后白度分别为65.5% ISO和64.8% ISO，比未改性漆酶/谷氨酸体系预处理的废纸浆白度分别提高了2.1%和1.1%。

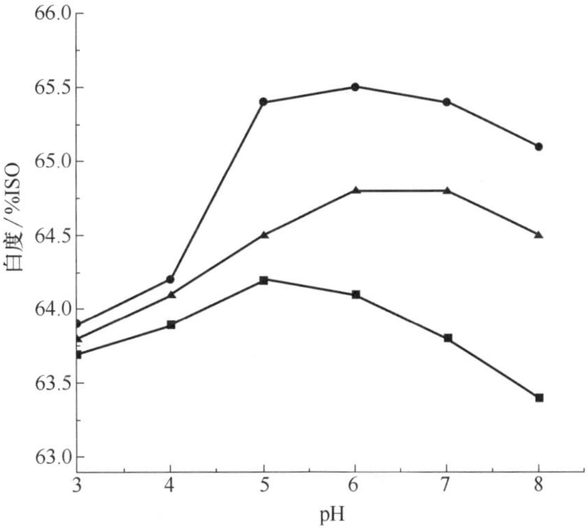

图5-44 预处理pH对废纸浆 H_2O_2 漂白纸页白度的影响

—■— 漆酶/谷氨酸处理 —●— L-苯丙氨酸甲酯盐酸盐改性漆酶/谷氨酸处理 —▲— 二氧化硫脲改性漆酶/谷氨酸处理

不同改性漆酶/谷氨酸体系预处理pH对废纸浆 H_2O_2 漂白纸页抗张指数的影响见图5-45，其变化趋势与白度基本一致。当pH为5.0时，未漆酶/谷氨酸处理抗张指数达到最佳，为31.8N·m/g。当pH为5.0~7.0时，L-苯丙氨酸甲酯盐酸盐改性漆酶/谷氨酸处理和二氧化硫脲改性漆酶/谷氨酸预处理的纸浆的抗张指数达到最佳，与未改性漆酶/谷氨酸处理的废纸浆抗张指数相比分别提高了5.7%和2.5%。

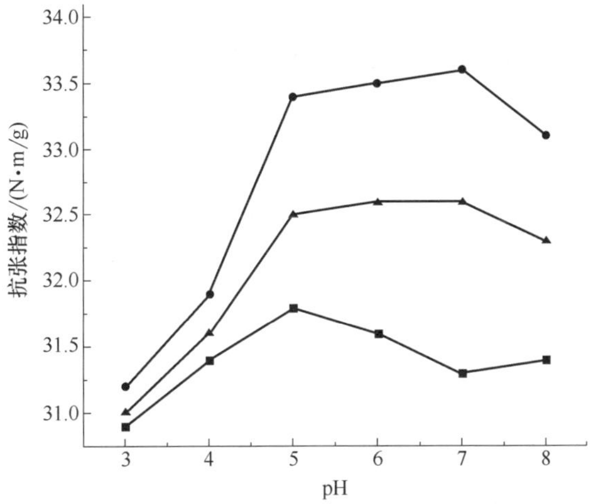

图5-45 预处理pH对废纸浆 H_2O_2 漂白纸页抗张指数的影响

—■— 漆酶/谷氨酸处理 —●— L-苯丙氨酸甲酯盐酸盐改性漆酶/谷氨酸处理 —▲— 二氧化硫脲改性漆酶/谷氨酸处理

综上所述，对于未改性漆酶/谷氨酸预处理的废纸浆，其最佳反应pH为5.0；对于L-苯丙氨酸甲酯盐酸盐改性漆酶/谷氨酸处理和二氧化硫脲改性漆酶/谷氨酸处理的废纸浆，其最佳反应pH为7.0。

5.2.5 反应温度对改性漆酶/谷氨酸体系促漂白的影响

条件：L-苯丙氨酸甲酯盐酸盐改性漆酶/谷氨酸体系：漆酶用量0.6%，谷氨酸用量

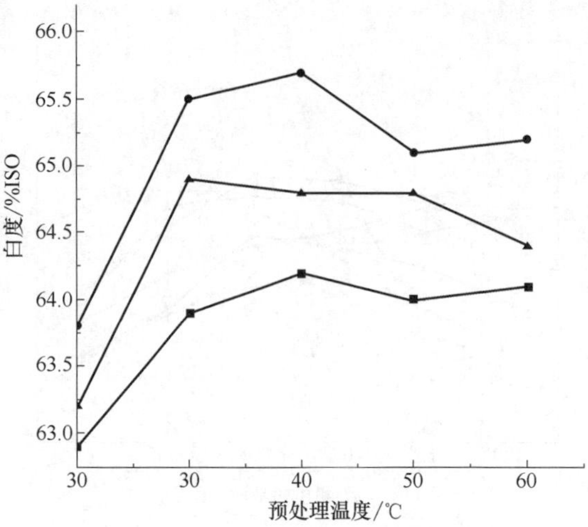

图 5-46 预处理温度对废纸浆 H_2O_2 漂白纸页白度的影响

—■— 漆酶/谷氨酸处理 —●— L-苯丙氨酸甲酯盐酸盐改性漆酶/谷氨酸处理 —▲— 二氧化硫脲改性漆酶/谷氨酸处理

0.8%，反应 pH 为 7，时间 90min。二氧化硫脲改性漆酶/谷氨酸体系：漆酶用量 0.6%，谷氨酸用量 0.6%，反应 pH 为 7，时间 90min。漆酶/谷氨酸体系：漆酶用量 0.8%，谷氨酸用量 1.0%，反应 pH 为 5，时间 90min。

温度对促进生物酶反应的进行至关重要，温度过低会造成反应不完全，温度过高会使酶蛋白变异甚至失活，使预处理完全失去作用。从图 5-46 可以看出，在 20~30℃时白度提升迅速。在 30~60℃之间，白度趋于稳定，这说明无论是改性漆酶还是未改性漆酶对温度变化的适应性都比较强。对于未改性漆酶/谷氨酸处理的纸浆，其白度最大为 64.2% ISO；对于 L-苯丙氨酸甲酯盐酸盐改性漆酶/谷氨酸和二氧化硫脲改性漆酶/谷氨酸处理的废纸浆，其最大白度分别为 65.7% ISO 和 64.9% ISO。

不同改性漆酶/谷氨酸体系预处理过程中反应温度对纸浆抗张指数的影响见图 5-47。对于未改性漆酶/谷氨酸体系处理的废纸浆，当温度在 30~40℃时达到最大值，为 31.8N · m/g；对于 L-苯丙氨酸甲酯盐酸盐改性漆酶/谷氨酸处理和二氧化硫脲改性漆酶/谷氨酸预处理的废纸浆，其最佳反应温度 30℃，抗张指数分别为 33.8N · m/g 和 32.7N · m/g。

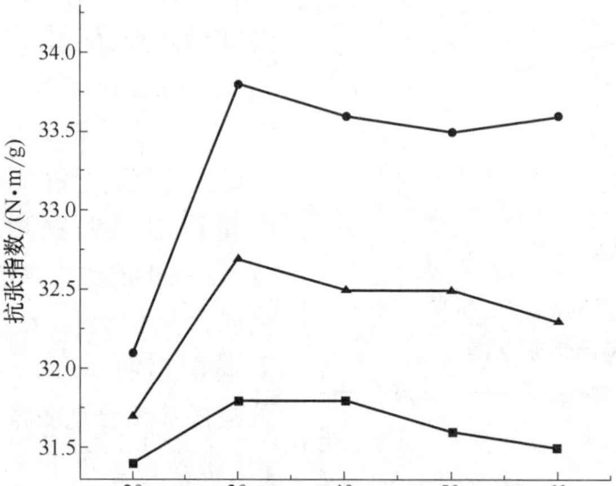

图 5-47 预处理温度对废纸浆 H_2O_2 漂白纸页抗张指数的影响

—■— 漆酶/谷氨酸处理 —●— L-苯丙氨酸甲酯盐酸盐改性漆酶/谷氨酸处理 —▲— 二氧化硫脲改性漆酶/谷氨酸处理

综上所述，无论是未改性漆酶/谷氨酸预处理还是改性漆酶/谷氨酸处理，其最佳反应温度均为 30℃。

5.2.6 反应时间对改性漆酶/谷氨酸体系促漂白的影响

条件：L-苯丙氨酸甲酯盐酸盐改性漆酶/谷氨酸体系：漆酶用量 0.6%，谷氨酸用量 0.8%，pH 为 7，反应温度 30℃。二氧化硫脲改性漆酶/谷氨酸体系：漆酶用量 0.6%，谷氨酸用量 0.6%，pH 为 7，反应温度 30℃。漆酶/谷氨酸体系：漆酶用量 0.8%，谷氨酸用量 1.0%，pH 为 5，反应温度 30℃。

预处理时间不仅会影响漆酶/谷氨酸体系预处理的效果，而且对工业化连续生产也影响很大。在保证预处理效果同时，应尽量减少预处理时间，提高生产效率。图 5-48 是不同改性漆酶/谷氨酸体系预处理过程中预处理时间对纸浆 H_2O_2 漂白纸页白度的影响。从图中可以看出，未改性漆酶/谷氨酸体系处理的最佳反应时间为 120min，白度为 64.2% ISO；L-苯丙氨酸甲酯盐酸盐改性漆酶/谷氨酸和二氧化硫脲改性漆酶/谷氨酸预处理的最佳反应时间分别为 90min 和 120min，白度分别为 65.7% ISO 和 64.9% ISO，相比未改性漆酶处理的纸浆分别提高了 2.3%和 1.1%。

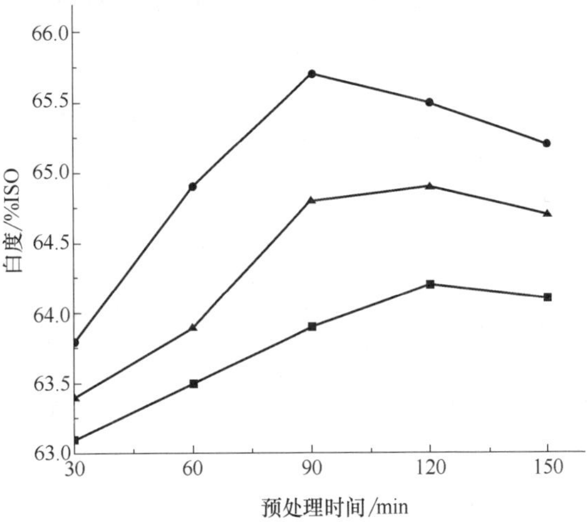

图 5-48 预处理时间对废纸浆 H_2O_2 漂白纸页白度的影响

—■— 漆酶/谷氨酸处理 —●— L-苯丙氨酸甲酯盐酸盐改性漆酶/谷氨酸处理 —▲— 二氧化硫脲改性漆酶/谷氨酸处理

不同改性漆酶/谷氨酸体系处理下预处理时间对废纸浆 H_2O_2 漂白纸页抗张指数的影响见图 5-49，可以看出抗张指数的变化趋势与白度变化相一致，均出现先增大后维持稳定的趋势。当反应时间为 120min 时，未改性漆酶/谷氨酸处理的废纸浆抗张指数最大，为 31.9N · m/g。L-苯丙氨酸改性漆酶/谷氨酸和二氧化硫脲改性漆酶/谷氨酸处理的废纸浆抗张指数在 90min 和 120min 时分别达到最大值为 33.8N · m/g 和 32.8N · m/g，与未改性漆酶/谷氨酸处理的抗张指数相比分别提高了 6.0%和 2.8%。

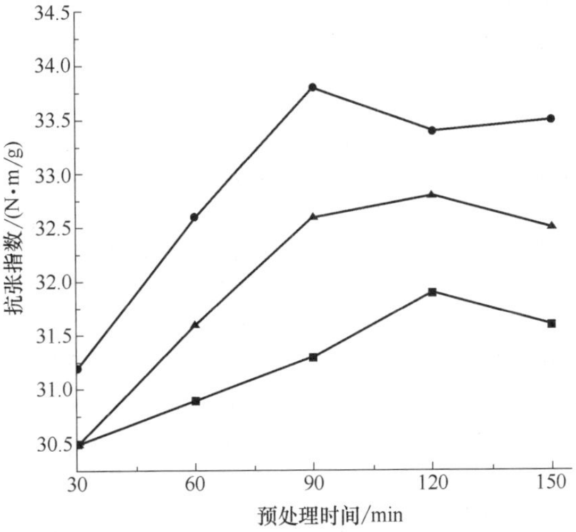

图 5-49 预处理时间对废纸浆 H_2O_2 漂白纸页抗张指数的影响

—■— 漆酶/谷氨酸处理 —●— L-苯丙氨酸甲酯盐酸盐改性漆酶/谷氨酸处理 —▲— 二氧化硫脲改性漆酶/谷氨酸处理

综上所述，对于未改性漆酶/谷氨酸和二氧化硫脲改性漆酶/谷氨酸预处理的废纸浆，其最佳反应时间均为 120min；对于 L-苯丙氨酸甲酯盐酸盐改性漆酶/谷氨酸处理的废纸浆，其最佳反应时间为 90min。

5.2.7 改性漆酶/谷氨酸体系预处理前后纤维形态的变化

根据以上不同改性漆酶/谷氨酸体系预处理的最佳反应条件研究预处理前后（未经 H_2O_2 漂白）的废纸浆纤维形态参数的变化（表 5-5）。

表 5-5 改性漆酶/谷氨酸体系预处理前后纤维形态参数的变化

纸浆	质均长度/mm	重均长度/mm	宽度/um	粗度/(mg/m)
空白样	1.12	1.79	14.43	0.165
漆酶/谷氨酸	1.13	1.78	14.48	0.172
L-苯丙氨酸甲酯盐酸盐改性漆酶/谷氨酸	1.12	1.79	14.44	0.182
二氧化硫脲改性漆酶/谷氨酸	1.10	1.81	14.47	0.178

与空白样相比，漆酶/谷氨酸预处理和改性漆酶/谷氨酸预处理废纸浆的纤维长度和宽度都变化不大，说明预处理过程中没有发生纤维的断裂，经漆酶/谷氨酸处理后纤维粗度提高了 4.2%，这可能是因为漆酶催化氧化木质素使部分木质素溶出，水分子渗入纤维内部使纤维发生润胀导致纤维质量增加从而使粗度变大。经过 L-苯丙氨酸甲酯盐酸盐改性漆酶/谷氨酸处理后，纤维粗度与空白样相比提高了 10.3%，经过二氧化硫脲改性漆酶/谷氨酸处理后，纤维粗度与空白样相比提高了 7.9%。

5.2.8 改性漆酶/谷氨酸体系预处理前后羧基含量和保水值的变化

改性漆酶/谷氨酸体系预处理前后对纤维羧基含量和保水值的影响见图 5-50。经过漆酶/谷氨酸体系处理后，废纸浆的羧基含量提高了 7.3%，这是因为漆酶催化氧化木质素生成酚氧自由基，谷氨酸的氨基通过迈克尔加成反应连接到酚氧自由基上，提高了废纸浆的羧基含量。经过 L-苯丙氨酸甲酯盐酸盐改性漆酶/谷氨酸处理后，纤维羧基含量提高了 20.8%；经过二氧化硫脲改性漆酶/谷氨酸处理后，纤维羧基含量提高了 10.7%。另外从图 5-50 可以看出，经漆酶/谷氨酸、L-苯丙氨酸甲酯盐酸盐改性漆酶/谷氨酸和二氧化硫脲改性漆酶/谷氨酸处理后的废纸浆保水值变化与羧基含量变化相一致，与空白样相比分别提高了 10.8%、19.4%和 29.4%。

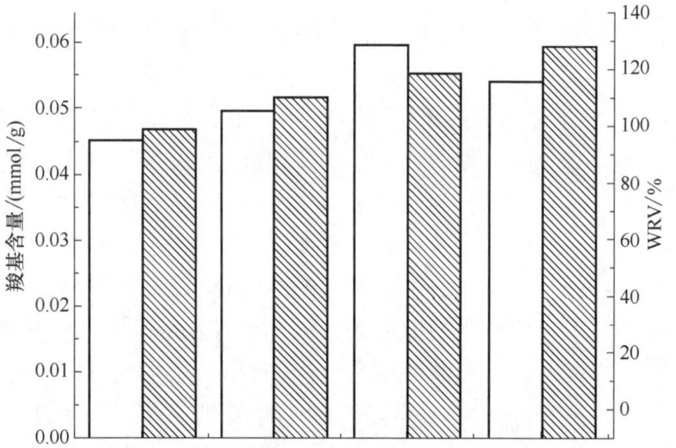

图 5-50 改性漆酶/谷氨酸体系预处理前后对纤维羧基含量和保水值的影响

A—空白样 B—漆酶/谷氨酸预处理 C—L-苯丙氨酸甲酯盐酸盐改性漆酶/谷氨酸预处理 D—二氧化硫脲改性漆酶/谷氨酸预处理

5.2.9 改性漆酶/谷氨酸体系预处理前后纤维平均孔径和比表面积的变化

平均孔径和 BET 比表面积是表征多孔材料的两个重要参数，纤维原料在蒸煮、漂白、干燥和循环回用过程中会呈现多孔结构。纤维比表面积的增大有利于纤维的结合，提高纸页的物理性能，而纤维平均孔径的大小则会影响纤维吸附化学添加剂的能力。从表 5-6 可以看出，经过漆酶处理后，纤维的平均孔径和 BET 比表面积都增大。这是因为漆酶催化氧化使部分木质素脱除，促进了水分子进入纤维内部使纤维润胀能力提高，内聚力下降，内部组织结构变得松弛，从而促进了平均孔径和 BET 比表面积的提高。平均孔径和比表面积的增大可以促进废纸浆漂白时药液的渗透，从而提高纸页白度。经过两种改性漆酶/谷氨酸体系预处理后，纤维的平均孔径和 BET 比表面积进一步提高。这是因为漆酶改性后活性提高，木质素的脱除作用进一步增强。

表 5-6　改性漆酶/谷氨酸体系预处理前后纤维平均孔径和比表面积的变化

浆料	平均孔径/nm	BET 比表面积/(m^2/g)
空白样	2.89	3.78
漆酶/谷氨酸	3.17	4.21
L-苯丙氨酸甲酯盐酸盐改性漆酶/谷氨酸	3.74	4.96
二氧化硫脲改性漆酶/谷氨酸	3.58	4.67

5.2.10 改性漆酶/谷氨酸体系预处理前后纤维微观形貌的变化

改性漆酶/谷氨酸体系预处理前后纤维微观形貌的变化见图 5-51。从图中可以看出，未

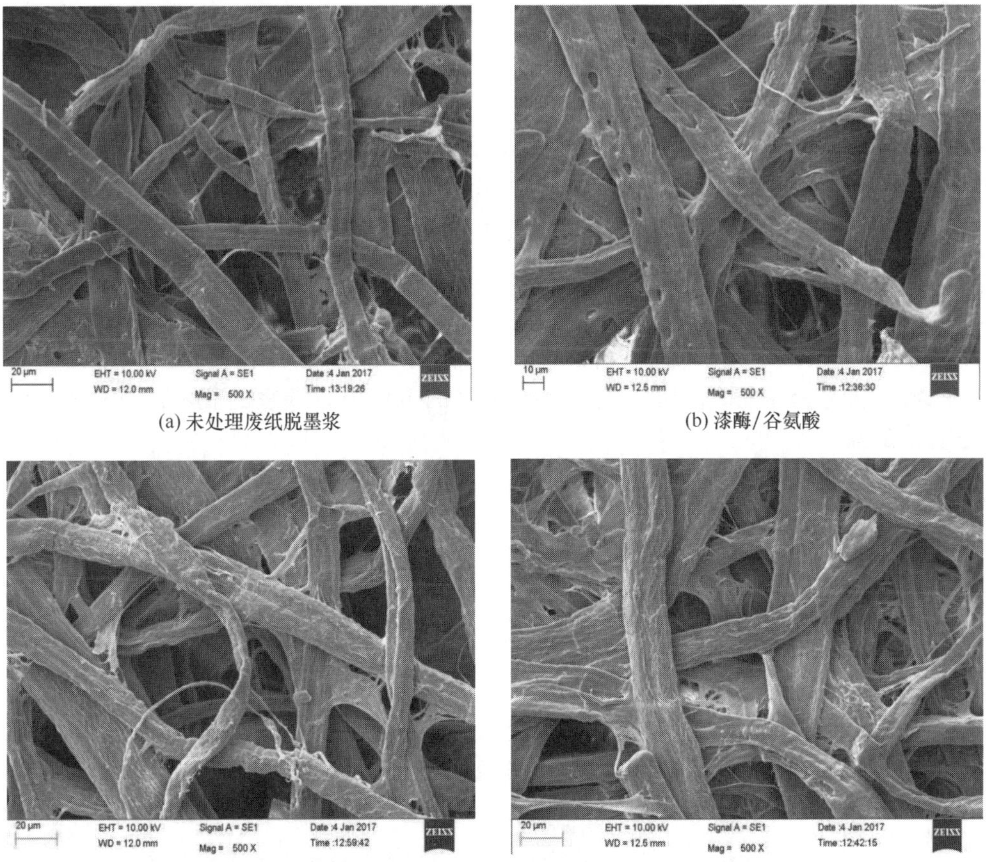

(a) 未处理废纸脱墨浆　(b) 漆酶/谷氨酸

(c) L-苯丙氨酸甲酯盐酸盐改性漆酶/谷氨酸　(d) 二氧化硫脲改性漆酶/谷氨酸

图 5-51　改性漆酶/谷氨酸体系预处理前后纤维微观形貌的变化

经漆酶/谷氨酸处理的废纸浆表面比较光滑，纤维之间链接不紧密。经过漆酶/谷氨酸处理后，纤维表面开始变得粗糙，这是因为处理过程中部分木质素被降解去除，使得被包裹的微细纤维游离出来，微细纤维之间相互交联提升了纤维之间的结合力。经过改性漆酶/谷氨酸体系处理后，木质素进一步脱除，纤维表面变得更加粗糙，这有利于漂白时化学药品的浸透，提高漂白效果，这也合理的解释了后续进行过氧化氢漂白废纸浆的白度进一步提升的原因。

5.3 木聚糖酶和改性漆酶协同促废纸浆漂白

在过去的几年中，已有研究者对纤维素酶、漆酶、木聚糖酶及混合酶在内的多种生物酶进行评估，并被证实可以成功提升各类不同原料的纸浆的漂白效率。其中应用比较广泛的为木聚糖酶对纸浆进行预处理，木聚糖酶预处理提升纤维的可漂白性能是基于对沉积在纤维表面的木聚糖进行去除。不同生物酶可以选择性的脱除纸浆中木质素、半纤维素等非纤维素成分。非纤维素成分的脱除可以增强化学试剂的漂白效果，从而节省成本，减少污染，另一方面也有助于纤维之间的联结，增强漂白纸浆的机械性能。

木聚糖酶在纸浆漂白中主要起辅助作用，并不能够对纸浆中的木质素或发色基团起作用，主要是通过降解木糖苷键，将纤维中的木聚糖降解或溶出，改变纤维结构，促进漂剂和木质素发生作用进行纸浆漂白。

木聚糖酶的助漂机理主要有以下观点：木聚糖酶能部分降解沉积在纤维表面的木聚糖，既有助于漂液与木质素的接触，又可以减少化学药品的使用；木聚糖酶还可以降解 LCC（木质素-碳水化合物复合体）结构，有助于部分木质素的脱除进行助漂；木聚糖酶通过降解纤维中的木聚糖，使纤维细胞壁变得疏松多孔，促进木质素的溶出。

有学者研究了超声波协同木聚糖酶对 CTMP 浆物理性能和光学性能的影响，结果表明，采用超声波进行辅助处理，可改善木聚糖酶处理后抗张强度轻微下降的问题。周扬利用木聚糖酶对杨木未漂浆进行预处理，再进行过氧化氢漂白，结果发现经过木聚糖酶预处理后杨木纸浆的白度提高 2.5%ISO，卡伯值降低。用木聚糖酶对纸浆进行生物漂白试验，结果发现当木聚糖酶用量为 35U/g 时，可以显著降低纸浆的卡伯值，纸浆的脱木质素效率为 20%，纸浆亮度提高 3%。

采用木聚糖酶协同改性漆酶对 ONP 脱墨浆进行酶促漂白，从改性漆酶用量、木聚糖酶用量、反应温度和反应时间对 ONP 脱墨浆预处理后 H_2O_2 漂白浆光学性能改善。在最优条件下，与未经生物酶体系处理的 ONP 过氧化氢漂白浆进行对比，分析其光学性能的变化，并利用 X-射线光电子能谱分析漂白后纤维表面元素变化，探究其漂白性能提升的原因。

5.3.1 复合酶体系对废纸漂白性能的影响

5.3.1.1 木聚糖酶用量对酶促体系预处理 ONP 浆漂白性能的影响

实验条件为：改性漆酶用量为 15U/g，谷氨酸用量 1.5%，反应时间 2h，反应温度为 45℃，pH=7，浆浓 6%。图 5-52 为不同的木聚糖酶用量（5U/g，10U/g，15U/g，20U/g 和 25U/g）对预处理后 ONP 浆 H_2O_2 漂白浆成纸光学性能的影响。

木聚糖酶用量对 ONP 脱墨浆漂白性能有明显的影响。随着木聚糖酶用量的增加，ONP H_2O_2 漂白纸浆纤维成纸白度和亮度指数（L^*）呈现先增大后下降的趋势，而漂白浆的得率则表现出持续下降的趋势。在木聚糖酶用量为20U/g时，纤维成纸的白度和亮度达到最大值，分别为63.19%ISO和84.86%ISO，此时继续增加木聚糖酶用量并不会使纸页白度提升。木聚糖酶可以有效降解纤维表面的木聚糖，提高后续 H_2O_2 漂液的渗透，从而提高纸页的白度和亮度，但纸浆得率也会因木质素等物质的脱除不断降低。综上所述，为使ONP漂白浆有较好的光学性能，选用20U/g的木聚糖酶作为木聚糖酶协同改性漆酶/谷氨酸体系的最佳木聚糖酶用量，此时，纸浆得率较不添加木聚糖酶时下降1.24%。

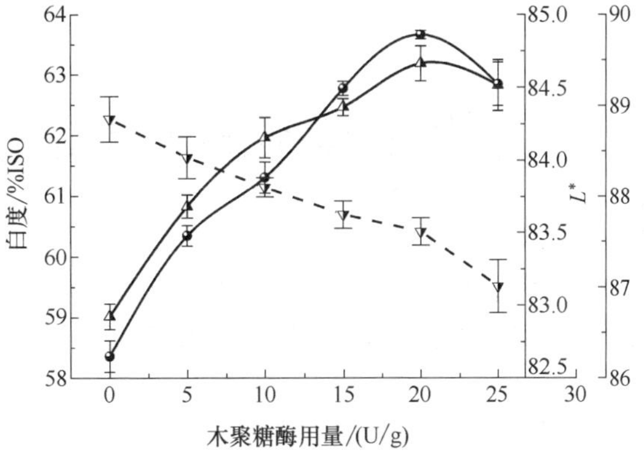

图5-52　木聚糖酶用量对预处理后ONP浆 H_2O_2 漂白浆成纸光学性能的影响

—▲— 白度　—●— L^*　—▼— 得率

5.3.1.2　改性漆酶用量对酶促体系预处理ONP浆漂白性能的影响

实验条件为：木聚糖酶用量为20U/g，谷氨酸用量1.5%，反应时间2h，反应温度为45℃，pH=7，浆浓6%。图5-53为不同的改性漆酶用量（5U/g，10U/g，15U/g，20U/g和25U/g）对预处理后ONP浆 H_2O_2 漂白浆成纸光学性能的影响。

在木聚糖酶协同改性漆酶/谷氨酸体系预处理过程中，随着改性漆酶用量的增加，ONP浆 H_2O_2 漂白纸浆纤维成纸白度和亮度指数均呈现先增加后趋于平缓的趋势。当改性漆酶用量为10U/g时，ONP过氧化氢漂白浆白度和亮度达到最大值为63.92%ISO和84.83，较不添加改性漆酶的情况下分别增加1.84%ISO和1.01%。在漆酶的催化氧化作用下，ONP浆中部分木质素被溶出，漂液可以更好地与纤维接触，纸页白度提高，但酶处理一定程度上会加剧 H_2O_2 对纸浆中的纤维素和半纤维素等其他组分的无效降解，使纸浆得率下降，故改性漆酶用量不宜过高。综上所述，木聚糖酶协同改性漆酶/谷氨酸体系的最佳改性漆酶用量为10U/g。

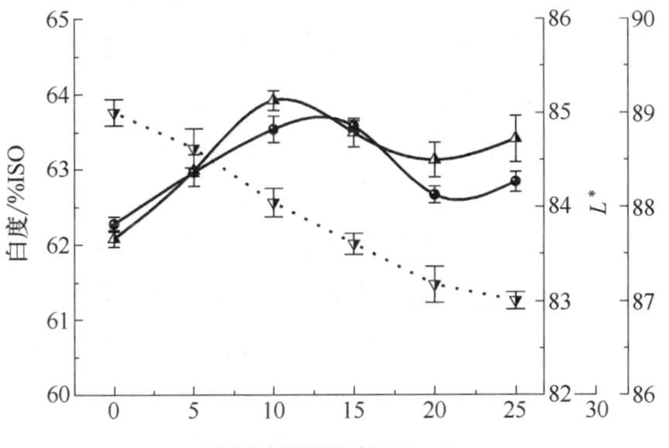

图5-53　改性漆酶用量对预处理后ONP浆 H_2O_2 漂白浆成纸光学性能的影响

—▲— 白度　—●— L^*　··▼·· 得率

5.3.1.3　谷氨酸用量对酶促体系预处理ONP浆漂白性能的影响

实验条件为：木聚糖酶用量为20U/g，改性漆酶用量为10U/g，反应时间2h，反应温度为45℃，pH=7，浆浓6%。图5-54为不同的谷氨酸用量（0.5%，1%，1.5%，2%和2.5%，相对于绝干纸浆）对预处理后ONP浆 H_2O_2 漂白浆成纸光学性能的影响。

随着谷氨酸用量的增加，ONP过氧化氢漂白纸浆纤维成纸白度和亮度指数先小幅上升

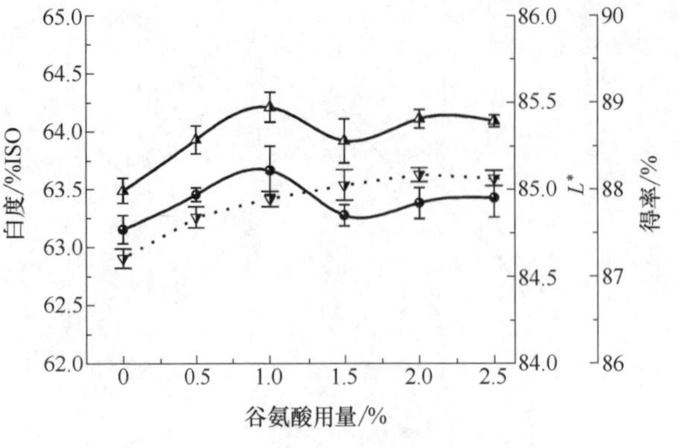

图 5-54　谷氨酸用量对预处理后 ONP 浆 H_2O_2 漂白浆成纸光学性能的影响

—▲— 白度　—●— L^*　··▼·· 得率

后趋于平缓，只在小范围内波动。当谷氨酸用量为 1%时，纸页白度和亮度达到最大值为 64.21% ISO 和 85.11，这可能是因为改性漆酶将谷氨酸通过加成反应接枝到纤维上，改变了纤维的亲水性能，可以提高漂液的可及度，当谷氨酸用量超过 1%时，纸页的白度不再提升。同时，ONP 漂白浆的纸浆得率随谷氨酸用量增加呈小幅上升趋势，但变化幅度并不明显。综上所述，木聚糖酶协同改性漆酶/谷氨酸体系的最佳谷氨酸用量为 1%。

5.3.2　复合酶体系促漂白对废纸浆强度的影响

5.3.2.1　漆酶用量对纸浆强度性能的影响

实验条件为：木聚糖酶用量为 10U/g，谷氨酸用量 1%，反应时间 3h，反应温度为 30℃，pH=7，浆浓 6%。图 5-55 为不同的改性漆酶用量（5U/g，10U/g，15U/g，20U/g 和 25U/g）对 OCC 浆成纸抗张指数和环压指数的影响。

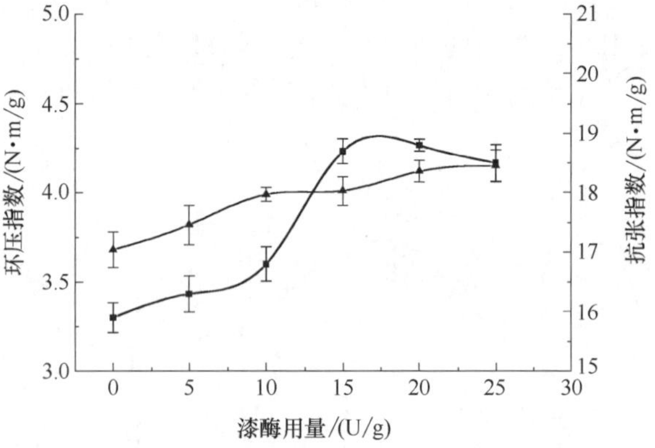

图 5-55　改性漆酶用量对 OCC 浆成纸抗张指数和环压指数的影响

—▲— 环压指数　—■— 抗张指数

改性漆酶用量对纸浆纤维强度性能有明显影响，随着改性漆酶用量的提高，OCC 浆纤维的环压指数不断提高，当改性漆酶用量达到 20U/g 时，继续增加改性漆酶用量对纸浆环压指数影响不大，纸浆环压指数的增加可归因于改性漆酶可以催化氧化木质素，使 OCC 浆纤维表面变得粗糙，部分微细纤维暴露出来并与相邻的纤维交联在一起，提升了纤维间结合强度。在所设定的改性漆酶用量范围内，OCC 浆纤维的抗张指数随着改性漆酶用量的增加，在改性漆酶用量为 20U/g 时，在此实验条件下，OCC 浆拥有最大的抗张指数，为 18.81N · m/g，再增加改性漆酶用量，纤维抗张指数有下降趋势。同时 OCC 纸浆拥有较优的环压指数为 4.12N · m/g，故优选的改性漆酶用量为 20U/g。

5.3.2.2　木聚糖酶用量对纸浆强度性能的影响

实验条件为：改性漆酶用量为 20U/g，谷氨酸用量 1%，反应时间 3h，反应温度为 30℃，pH=7，浆浓 6%。图 5-56 为不同的木聚糖酶用量（5U/g，10U/g，15U/g，20U/g 和 25U/g）对 OCC 浆成纸抗张指数和环压指数的影响。

可见，不同木聚糖酶用量下的 OCC 纸浆纤维的抗张指数和环压指数均呈现先增加后趋于平缓或小幅下降的趋势。木聚糖酶可以清除OCC浆纤维表面沉积的木聚糖，使更多的纤维素和木质素暴露出来，有助于纤维的吸水润胀，同时也有助于改性漆酶催化氧化木质素后将谷氨酸通过加成反应接枝到纤维上从而提高OCC浆的纤维性能。随着木聚糖酶用量的增加，OCC浆的抗张指数在木聚糖酶用量为15U/g时达到最大，为4.22N·m/g。OCC浆的抗张指数在木聚糖酶用量为20U/g时达到最大，为19.52N·m/g，较木聚糖酶用量15U/g时仅增加0.3N·m/g。因此，综合考虑木聚糖酶用量对OCC浆强度的影响及经济成本问题，故优选的木聚糖酶用量为15U/g。

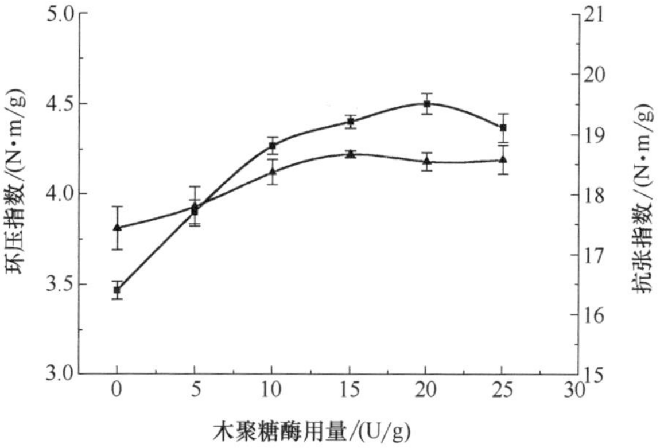

图5-56 木聚糖酶用量对OCC浆成纸抗张指数和环压指数的影响

5.3.2.3 谷氨酸用量对纸浆强度性能的影响

实验条件为：改性漆酶用量为20U/g，木聚糖酶用量为15U/g，反应时间3h，反应温度为30℃，pH = 7，浆浓6%。图5-57为不同的谷氨酸用量（0.5%，1%，1.5%，2%和2.5%，相对于绝干纸浆）对OCC浆成纸抗张指数和环压指数的影响。

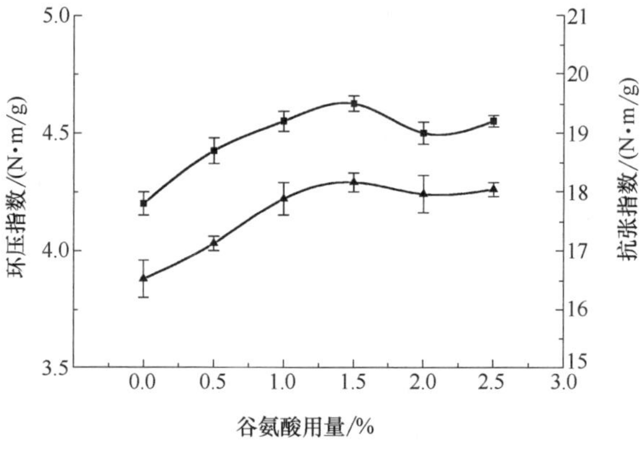

图5-57 谷氨酸用量对OCC浆成纸抗张指数和环压指数的影响

在谷氨酸用量为0～1.5%时，OCC纸浆的环压指数和抗张指数随着谷氨酸用量的增加而增大，在谷氨酸用量为1.5%时达到最大值，分别为4.29N·m/g和19.51N·m/g。这说明谷氨酸作为一种介体加入反应体系可以在一定程度上减缓废纸纤维性能的衰变，增加纤维成纸的物理强度，这是因为谷氨酸本身带有两个羧基，通过改性漆酶可将谷氨酸中的羧基引入OCC浆纤维中，从而改变纤维电荷，有利于纤维间的连结。当谷氨酸用量大于1.5%时，OCC浆纤维性能不再上升，这可能是因为迈克尔加成反应已经趋于饱和。因此，优选谷氨酸最佳用量为1.5%。

5.3.3 漂白温度对废纸漂白性能的影响

实验条件为：木聚糖酶用量为20U/g，改性漆酶用量为10U/g，谷氨酸用量为1%，反应时间2h，pH=7，浆浓6%。图5-58为不同的反应温度（25℃，30℃，35℃，40℃，45℃和50℃）对预处理后ONP浆 H_2O_2 漂白浆成纸光学性能的影响。

反应温度是影响生物酶体系反应效率的重要因素，在上节中确定了木聚糖酶协同改性漆

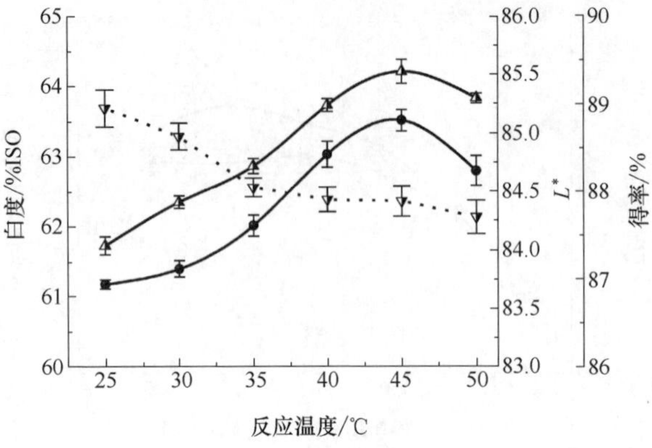

图 5-58　反应温度对预处理后 ONP 浆 H_2O_2 漂白浆成纸光学性能的影响

酶/谷氨酸体系处理 OCC 浆最适反应温度为 45℃，故对于预处理 ONP 脱墨浆的反应温度优化范围设定为 25～50℃。由图 5-58 可以看出，随着反应温度的升高呈现先增加后降低的趋势，ONP 漂白浆的得率随温度升高呈现下降趋势。过高或过低的温度不利于生物酶体系的反应，当温度为 45℃时，ONP 浆 H_2O_2 漂白浆纤维成纸白度和亮度达到最大值，继续升温会导致酶活性下降，预处理效果变差。综上所述，选定 45℃为木聚糖酶协同改性漆酶/谷氨酸体系预处理 ONP 脱墨浆的最佳反应温度。

5.3.4　漂白时间对废纸漂白性能的影响

实验条件为：木聚糖酶用量为 10U/g，谷氨酸用量 1%，反应时间 2h，反应温度为 45℃，pH=7，浆浓 6%。图 5-59 为不同的反应时间（0.5h，1h，1.5h，2h，2.5h 和 3h）对预处理后 ONP 过氧化氢漂白浆成纸光学性能的影响。

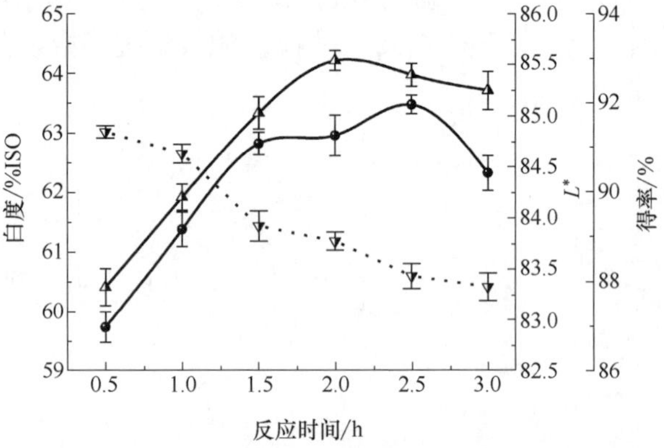

图 5-59　反应时间对预处理后 ONP 浆 H_2O_2 漂白浆成纸光学性能的影响

随着反应时间增加，ONP 过氧化氢漂白纸浆纤维成纸白度和亮度指数迅速增加后趋于平缓，当反应时间达到 2h 时，纸浆光学性能达到最大值，此时反应已充分进行，继续增加反应时间纸浆的白度及亮度指数并未表现出继续上升的趋势。且随反应时间增加，纸浆得率呈现下降趋势，为了减少反应的能耗，在生物酶体系充分反应的前提下，尽可能缩短反应时间。综上所述，木聚糖酶协同改性漆酶/谷氨酸体系的最佳反应时间为 2h，此时，与仅处理 0.5h 的纸浆相比，ONP 过氧化氢漂白浆白度提高 3.8%ISO。

5.3.5　复合酶配比对酶促漂白的影响

根据单因素实验的结果设计 5 因素 4 水平正交实验如表 5-7 所示。在选定的水平范围内，对抗张指数的影响因素的主次顺序是 A>D>B>E>C，即改性漆酶用量>反应温度>木聚糖酶用量>反应时间>谷氨酸用量，最优方案为 $A_3B_4C_2D_2E_4$；对于环压指数的影响因素的主次顺序是 D>A>E>C>B，即反应温度>改性漆酶用量>反应时间>谷氨酸用量>木聚糖酶用量，最优方案为 $A_3B_2C_2D_1E_2$。

分析影响抗张指数和环压指数的主次因素顺序，可以看出改性漆酶用量为影响抗张指数的首要因素，同时是环压指数的第二位影响因素，对于二者都是取 A_3 最好，故选取 A_3；关于木聚糖酶用量，其对抗张指数的影响排在第三位，此时取 B_4，对于环压指数的影响排第五位，此时取 B_2 最佳，但在所选因素水平范围内木聚糖酶用量对环压指数影响不明显，因此选取 B_4；对于谷氨酸用量，其对抗张指数影响排在第五位，对环压指数影响排在第四位，二者在取 C_2 时达到最佳指标，故取 C_2；关于反应温度，其对抗张指数影响排在第二位，此时取 D_2，对于环压指数影响排第一位，此时取 D_1，综合考虑二者变化的幅度，其对抗张指数的变化明显大于环压指数，当取 D_1 和 D_2 时环压指数变化较小，故取 D_2；关于反应时间，其对抗张指数的影响排第五，此时取 E_4，对环压指数的影响排第三位，此时取 E_2，本着使反应充分进行同时兼顾反应效率，选取 E_1。

综合上述分析，最优方案为 $A_3B_4C_2D_2E_1$，即改性漆酶用量 20U/g、木聚糖酶用量 20U/g、谷氨酸用量 1.8%、反应温度 45℃、反应时间 120min。见表 5-8 和表 5-9。图 5-60 为因素指标分析图。

表 5-7　　正交实验设计

水平	因素				
	漆酶用量(A)/(U/g)	木聚糖酶用量(B)/(U/g)	谷氨酸用量(C)/%	温度(D)/℃	时间(E)/min
1	15	12.5	1.2	40	120
2	17.5	15	1.5	45	140
3	20	17.5	1.8	50	160
4	22.5	20	2.0	55	180

表 5-8　　正交实验设计方案及结果（一）

编号	A	B	C	D	E	性能指标	
						抗张指数/(N·m/g)	环压指数/(N·m/g)
1	1	1	1	1	1	18.67	4.17
2	1	2	2	2	2	19.76	4.30
3	1	3	3	3	3	19.23	4.23
4	1	4	4	4	4	18.91	3.82
5	2	1	2	3	4	20.19	4.06
6	2	2	1	4	3	18.52	3.91
7	2	3	4	1	2	19.03	4.17
8	2	4	3	2	1	20.91	4.09
9	3	1	3	4	2	18.35	4.12
10	3	2	4	3	1	19.68	4.21
11	3	3	1	2	4	20.88	4.26
12	3	4	2	1	3	20.52	4.46
13	4	1	4	2	3	18.23	4.03
14	4	2	3	1	4	18.44	4.11
15	4	3	2	4	1	18.03	3.82
16	4	4	1	3	2	18.17	4.07

表 5-9　　正交实验设计方案及结果（二）

参数		A	B	C	D	E
抗张指数	$\overline{K}1$	19. 14	18. 86	19. 06	19. 17	19. 32
	$\overline{K}2$	19. 68	19. 10	19. 63	19. 95	18. 83
	$\overline{K}3$	19. 85	19. 29	19. 23	19. 31	19. 13
	$\overline{K}4$	18. 21	19. 63	18. 96	18. 45	19. 59
	极差	1. 64	0. 77	0. 67	1. 50	0. 76
环压指数	$\overline{K}1$	4. 13	4. 10	4. 10	4. 23	4. 07
	$\overline{K}2$	4. 06	4. 13	4. 16	4. 17	4. 17
	$\overline{K}3$	4. 26	4. 12	4. 14	4. 14	4. 16
	$\overline{K}4$	4. 01	4. 11	4. 06	3. 92	4. 06
	极差	0. 25	0. 03	0. 1	0. 31	0. 11

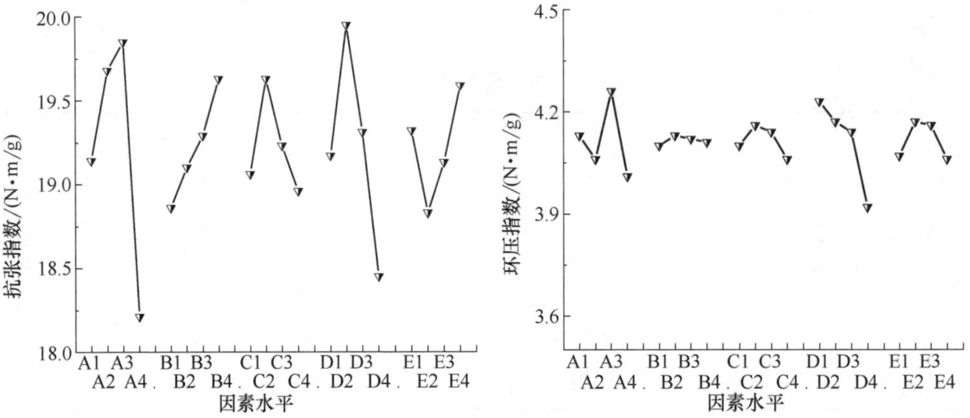

图 5-60　因素指标分析图

5. 3. 6　不同酶处理方式纸浆及纤维影响的对比

不经酶处理纸浆（Control）、改性漆酶/谷氨酸体系处理纸浆（MLac/Glu）、木聚糖酶处理纸浆（Xylanase）和木聚糖酶协同改性漆酶/谷氨酸体系处理纸浆（X-MLac/Glu）的环压指数、抗张指数和耐破指数如表 5-10 所示。

表 5-10　　对比实验结果分析

纸浆	环压指数/(N · m/g)	抗张指数/(N · m/g)	耐破指数/(kPa · m^2/g)
Control	3. 42±0. 27	15. 21±0. 11	1. 12±0. 03
MLac/Glu	4. 06±0. 11	18. 78±0. 26	1. 43±0. 11
Xylanase	3. 56±0. 15	15. 91±0. 18	1. 18±0. 08
X-MLac/Glu	4. 43±0. 12	20. 68±0. 22	1. 55±0. 09

经过生物酶处理后，废纸浆手抄片的环压指数、抗张指数和耐破指数均优于未处理的纸浆，OCC 浆的回用强度性能得到改善。与未经酶处理的 OCC 浆相比，改性漆酶/谷氨酸体系处理纸浆、木聚糖酶处理纸浆和复合酶处理纸浆的环压指数分别增加了 18. 71%、4. 09%和 29. 53%，抗张指数分别增加了 23. 47%、4. 60%和 35. 96%，耐破指数分别增加了 27. 68%、5. 36%和 38. 39%。木聚糖酶协同漆酶/谷氨酸体系处理的 OCC 纸浆拥有最佳的强度性能，

二者协同作用明显。同时，复合酶体系处理纸浆的抗张指数，耐破指数和环压指数均优于木聚糖酶或改性漆酶/谷氨酸单独处理的纸浆。这归因于木聚糖酶和改性漆酶具有不同的目标底物和对纤维的作用方式不同这一事实。

木聚糖酶协同漆酶/谷氨酸体系增强纤维强度性能可能是由于木聚糖酶降解了纤维表面的木聚糖并改变了纤维表面的亲水性，而部分木聚糖被夹在木质素和纤维素层之间，这最终可以增强改性漆酶/谷氨酸同木质素的反应，谷氨酸通过改性的漆酶更好地接枝到纤维上，从而增加了纤维的羧基含量，进而改善了纤维的溶胀性能。纤维素纤维上的羧基可以改善纤维的角质化，并影响纤维的柔韧性、黏合面积和强度。同时，生物酶处理溶解了一些非纤维素成分，促进纤维表面原纤化，纤维表面的微纤化是形成内部纤维结合强度的最重要原因之一，纸的黏合强度是指纤维之间通过氢键结合产生的强度，这是除了纤维的自强以外还影响纸强度的另一个重要因素。纤维接触点越多，产生的氢键越多，黏合强度越大。

5.3.7 不同漂白方式作用下纸浆的元素分析

仅 H_2O_2 漂白的 ONP 纸浆和木聚糖酶协同改性漆酶/谷氨酸体系预处理后 ONP 浆 H_2O_2 漂白浆的 XPS 宽扫描图谱如图 5-61 所示，根据 XPS 图谱数据得到的纤维表面氧碳比（O/C）的变化如表 5-11 所示。

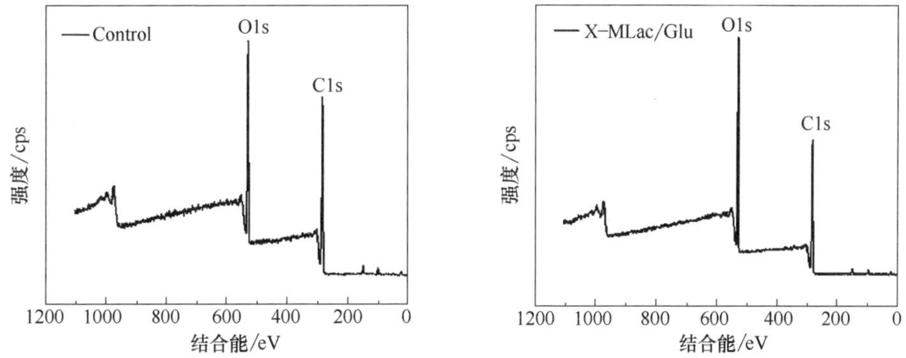

(a) Control　　(b) M-MLac/Glu

图 5-61　木聚糖酶协同改性漆酶/谷氨酸体系预处理后 ONP 浆 H_2O_2 漂白浆的 XPS 宽扫描谱图

注：cps 是“counts per second”的缩写，意思是每秒计数，用于衡量信号强度。

表 5-11　ONP 漂白浆 XPS 数据分析

处理样品	O 含量/%	C 含量/%	（O/C）/%
Control	32.76	67.24	48.72
X-Mlac/Glu	36.79	63.21	58.20

由图可见 ONP 漂白浆表面的 XPS 扫描图谱上出现典型的 C 元素和 O 元素的特征峰，但较标准的 C1s 和 O1s 电子结合能 285eV 和 532eV 略有偏移。

由表 5-11 可以看出，经木聚糖酶协同改性漆酶/谷氨酸体系预处理过后的 ONP 漂白浆较未生物酶处理仅 H_2O_2 漂白的 ONP 浆 O 元素相对含量提高 12.30%，C 元素相对含量下降 5.99%，这表明经生物酶体系预处理后的 ONP 漂白浆表面木质素及提取物明显减少，碳水化合物含量增加。木聚糖酶通过破坏纤维中的 LCC 结构脱除部分木质素，同时也可以溶出植物纤维细胞壁中的木聚糖，有助于使这部分被木聚糖截留的木质素充分和漆酶反应，提高改性漆酶的催化氧化效率，酶处理可进一步提高后续 H_2O_2 漂白向纤维间的渗透，提升纤维的可漂性能。

仅 H_2O_2 漂白的 ONP 纸浆和木聚糖酶协同改性漆酶/谷氨酸体系预处理后 H_2O_2 漂白 ONP 浆的 XPS 图谱 C1s 峰拟合图谱如图 5-62 所示。表 5-12 是 C1s 分峰拟合后各子峰峰面积所占比例。

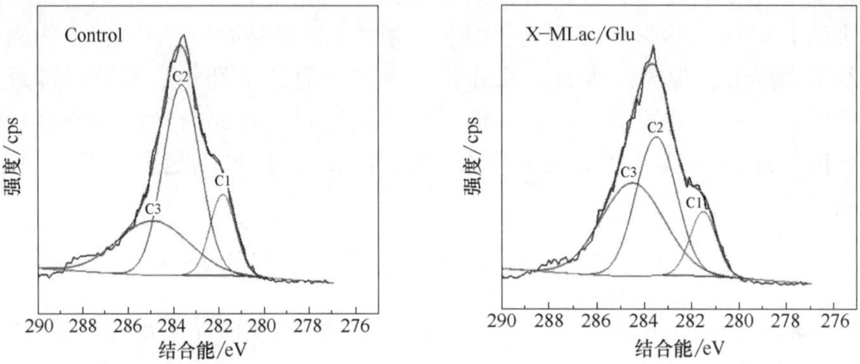

(a) Control (b) X-MLac/Glu

图 5-62　木聚糖酶协同改性漆酶/谷氨酸体系预处理后 H_2O_2 漂白 ONP 浆的 XPS 图谱 C1s 峰拟合谱图

表 5-12　C1s 分峰拟合结果分析

处理样品	峰面积/%		
	C1	C2	C3
Control	15.76	54.52	29.72
X-Mlac/Glu	12.88	44.68	42.43

经木聚糖酶协同改性漆酶/谷氨酸体系预处理后 H_2O_2 漂白 ONP 浆的 C1、C2 和 C3 峰面积比例分别为 12.88%、44.68%和 42.43%，与未经酶处理的 ONP H_2O_2 漂白浆相比，C1 峰面积比例下降了 18.27%，C2 和 C3 峰相对面积上升，这与 O/C 值变化趋势一致。这表明，生物酶预处理后的 ONP 纸浆经 H_2O_2 漂白后表面木质素含量及抽出物含量下降明显，说明木聚糖酶协同改性漆酶/谷氨酸体系预处理可以较好地提高 ONP 脱墨浆的可漂性能，以达到实际应用的光学性能需求。

5.3.8　纤维表面形貌分析

ONP 漂白浆纤维表面形貌 SEM 图像见图 5-63，从图 5-63（a）可以看出，未预处理仅 H_2O_2 漂白的纸浆表面略显杂乱，且覆盖部分抽提物，这说明 H_2O_2 漂白并不能完全溶出纤维表面的抽提物。图 5-63（b）显示，经木聚糖酶协同改性漆酶/谷氨酸体系预处理后 H_2O_2 漂白 ONP 浆的纤维表面抽提物明显减少，虽有部分残余，但纤维表面整体较为干净和平滑，结合之前的 XPS 分析，说明复合酶体系预处理可以有效减少 H_2O_2 漂白浆表面的木质素及抽提物的含量，疏水性表面抽提物的溶出有利于纤维间的结合，相邻纤维间的连接更加紧密，提升 H_2O_2 漂白性能。

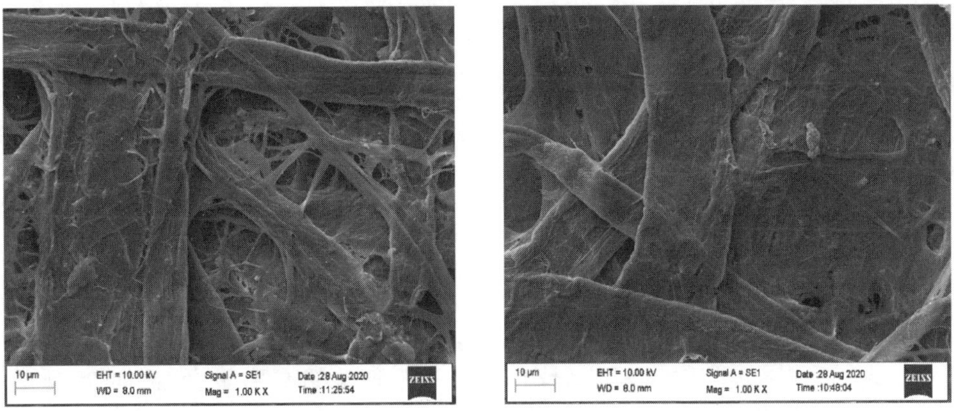

(a) Control　　(b) X-MLac/Glu

图 5-63　木聚糖酶协同改性漆酶/谷氨酸体系预处理漂白浆纤维表面形貌 SEM 图像

5.4　介体种类对复合酶漂白后废纸浆成纸性能的影响

不同的介体可以与复合酶产生不同的反应，影响漂白效率和纸浆的亮度、白度等指标。了解介体种类的影响有助于选择最优的组合，以实现更高的漂白效果。目前，常见的介体分为两大类：合成介体，如 2,2-联氮-二（3-乙基-苯并噻唑-6-磺酸）二铵盐（ABTS）、1-羟基苯并三唑（HBT）和紫脲酸（VIO）等；天然介体，如阿魏酸（Ferulic acid）、丁香醛（SA）和芥子酸（Sinapic acid）等。

5.4.1　不同介体用量对 ONP 浆抗张指数的影响

条件控制为：木聚糖酶用量为 20U/g，改性漆酶用量为 10U/g，反应时间 2h，反应温度为 45℃，pH=7，浆浓 6%。不同氨基酸介体用量对 ONP 漂白浆的抗张指数影响如图 5-64 所示。

木聚糖酶协同改性漆酶/氨基酸体系预处理 ONP 浆后 H_2O_2 漂白所得浆料中不同氨基酸介体对抗张指数有相似的影响，抗张指数随氨基酸用量的增加呈现先上升后趋于平缓下降的趋势。其中谷氨酸与甘氨酸都在用量为 2% 时达到最大值，分别为 29.95N · m/g 和 30.23N · m/g，组氨酸的最佳用量为 1.5%，此时抗张指数为 28.98N · m/g。三种不同氨基酸介体中，甘氨酸作为介体预处理的 ONP 漂白浆拥有最佳的抗张指数，相较于谷氨酸和组氨酸预处理的 ONP 漂白浆分别提高 0.93% 和 4.31%。

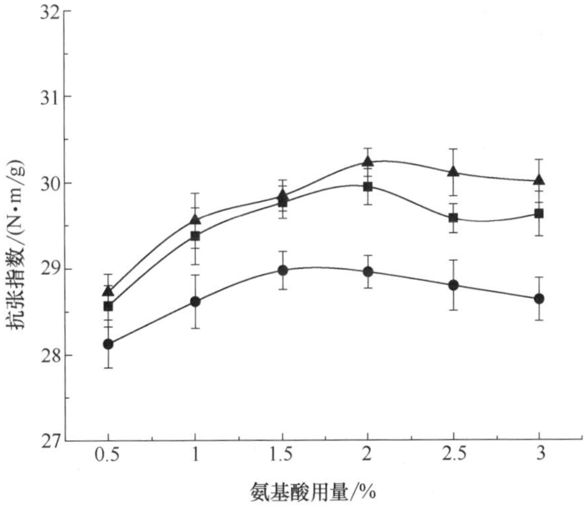

图 5-64　不同氨基酸介体用量对 ONP 漂白浆的抗张指数影响

5.4.2 不同介体用量对ONP浆耐破指数的影响

不同氨基酸介体用量对ONP漂白浆的耐破指数影响如图5-65所示。不同氨基酸介体对木聚糖酶协同改性漆酶/氨基酸体系预处理ONP浆后H_2O_2漂白所得浆料耐破指数影响程度不同，其中随着谷氨酸和甘氨酸用量的增加，ONP漂白浆耐破指数随氨基酸用量的增加呈现先上升后下降的趋势，其中谷氨酸与甘氨酸都在用量为2%时达到最大值，分别为2.14kPa·m^2/g和2.09kPa·m^2/g。随着组氨酸用量的增加，ONP漂白浆的耐破指数呈现先增加后趋于平稳的变化趋势，当组氨酸用量为1.5%，耐破指数达到最大值为2.01kPa·m^2/g。三种不同氨基酸介体中，谷氨酸作为介体预处理的ONP漂白浆拥有最佳的耐破指数，相较于甘氨酸和组氨酸预处理的ONP漂白浆分别提高2.40%和6.47%

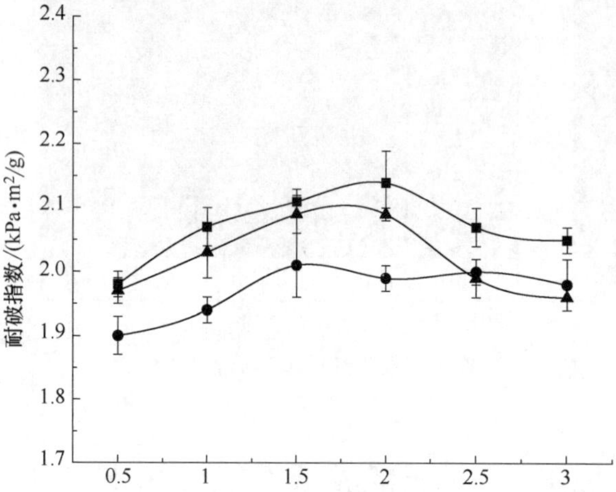

图5-65 不同氨基酸介体用量对ONP漂白浆的耐破指数影响

—■— Glu —●— His —▲— Gly

5.4.3 不同介体用量对ONP浆撕裂指数的影响

不同氨基酸介体用量对ONP漂白浆的撕裂指数影响如图5-66所示。木聚糖酶协同改性漆酶/氨基酸体系预处理ONP浆后H_2O_2漂白所得浆料中不同氨基酸介体对撕裂指数影响程度不同，其中随着谷氨酸和甘氨酸用量的增加，ONP漂白浆的撕裂指数呈现先增加后下降的趋势，其总体变化较为平稳，随着组氨酸用量的增加，ONP漂白浆的撕裂指数迅速提高，当甘氨酸用量为1.5%达到最大值，为5.22mN·m^2/g。当谷氨酸和甘氨酸的用量为2%时，ONP漂白浆的撕裂指数达到最大值，分别为5.44mN·m^2/g和5.12mN·m^2/g。3种不同氨基酸介体中，谷氨酸作为介体预处理的ONP漂白浆拥有最佳的撕裂指数，相较于甘氨酸和组氨酸预处理的ONP漂白浆分别提高4.21%和6.25%。

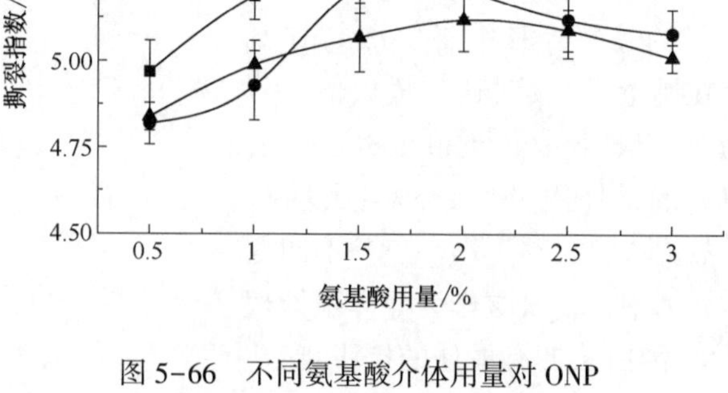

图5-66 不同氨基酸介体用量对ONP漂白浆的撕裂指数影响

—■— Glu —●— His —▲— Gly

5.4.4 不同介体用量对 ONP 浆过氧化氢漂白效果的影响

不同氨基酸介体用量对 ONP 漂白浆的白度影响如图 5-67 所示。从图 5-67 可以看出，不同氨基酸介体对木聚糖酶协同改性漆酶/氨基酸体系预处理 ONP 浆的影响变化趋势不同。随着甘氨酸用量的增加，ONP 漂白浆的白度先上升后趋于平缓，在用量 2%时达到最大值为 64.67%ISO。随着谷氨酸用量的增加，ONP 漂白浆的白度呈现先上升后下降的趋势，当谷氨酸用量为 1%时，ONP 漂白浆的白度达到最大值为 64.21% ISO。随着组氨酸用量的增加，ONP 漂白浆白度也呈现先上升后趋于平缓下降的趋势，当组氨酸用量为 1.5%时 ONP 漂白浆的白度达到最大值为 64.02%。3 种不同氨基酸介体中，甘氨酸作为介体预处理的 ONP 漂白浆拥有最佳的白度，甘氨酸最佳用量为 2%，相较于谷氨酸最佳用量 1%时白度仅提高 0.46% ISO，综合考虑其经济价值和白度增量，谷氨酸更适宜作为白度提升的氨基酸介体。

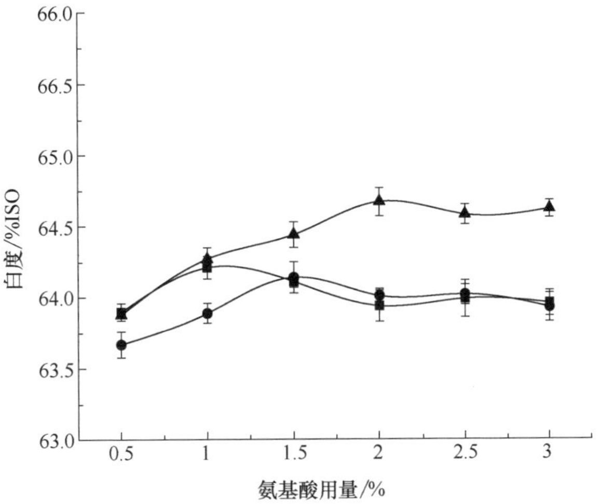

图 5-67 不同氨基酸介体用量对 ONP 漂白浆的白度影响

—■— Glu —●— His —▲— Gly

5.4.5 纤维质量分析

纤维的重均长度、粗度、卷曲指数、细小纤维含量是衡量纤维质量的重要参数，其宏观上直接影响纤维成纸后的各项性能，是探究纸张物理强度性能变化的重要依据。表 5-13 所示为不同氨基酸介体参与预处理下 ONP 纸浆经过氧化氢漂白后纤维质量的变化。

表 5-13 不同氨基酸介体对 ONP 漂白浆纤维性能参数的影响

氨基酸介体	重均长度/mm	纤维宽度/μm	粗度/(mg/m)	细小纤维含量/%
Control	0.73	14.34	0.140	28.13
X-MLac/Gly	0.71	14.21	0.148	29.87
X-MLac/His	0.71	14.23	0.145	28.72
X-MLac/Glu	0.72	14.27	0.151	29.31

对于纤维质量各项参数，由表 5-13 可知 ONP 浆经木聚糖酶协同改性漆酶/氨基酸体系预处理后进行过氧化氢漂白，ONP 浆纤维长度和纤维宽度较未预处理的纸浆（Control）有小幅下降，但降幅并不明显，这说明预处理并未使纤维断裂损伤。三种不同介体预处理后的 ONP 漂白浆的纤维长度变化不大，说明氨基酸介体种类并不会影响纤维的长度，但纤维宽度和粗度有所不同，这可能是因为不同氨基酸对纤维亲水性能的改善情况不同，木素的溶出和纤维中酸性基团含量的增加都可以提高纤维的润胀能力，水分子进入纤维内部，导致纤维润胀从而增加纤维质量时纤维粗度变大。经不同介体预处理后，ONP 漂白浆的细小纤维含量略有上升，木聚糖酶协同改性漆酶/氨基酸体系可以提高 ONP 浆的漂白效率，酶处理会使

纤维中非纤维素成分的脱除，纤维表面出现更多细丝和裂缝，同时在过氧化氢漂液的作用下，产生更多的细小纤维。

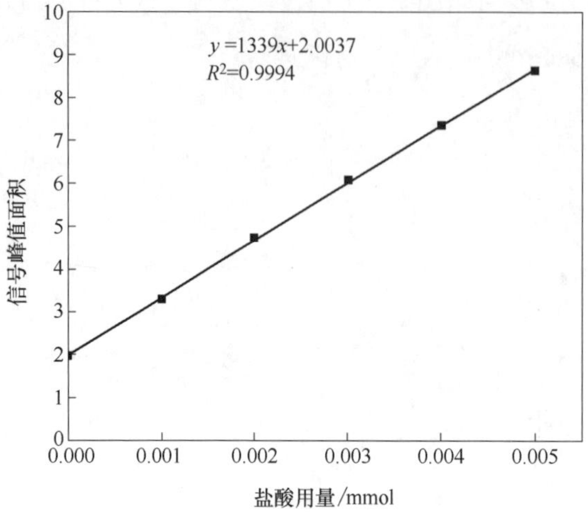

图 5-68　校正曲线

R—线性相关系数，其平方值越接近 1 说明曲线可靠性越高　x—信号峰值面积　y—盐酸用量

5.4.6　保水值及羧基含量分析

用顶空气相色谱法测定羧酸含量，通过校正实验，测得的校正因子 $f=1339^{-1}$，$A_{air}=2.0037$，校正曲线见图 5-68。

纤维中酸性基团的含量是影响纤维电荷的重要因素，其在一定程度上影响纤维的润胀性能，羧基是纤维中主要的酸性基团，羧基含量的增加有利于纤维间的接触，从而导致纤维间结合能力提升。

不同氨基酸介体可以通过迈克尔加成反应接枝到纤维上，从图 5-69 可以看出，3 种不同氨基酸介体都可以提高纤维中的羧基含量，其中谷氨酸作为介体时纤维中羧基含量最高，这是因为谷氨酸的 R 基团也含有羧基，可以向纤维中引入更多羧基基团。甘氨酸作为介体时，比组氨酸作为介体时引入的羧基更多，这可能是因为甘氨酸的水溶性较好，在此体系下更容易与纤维接触，从而拥有更好的效果。纤维保水值的变化也与纤维中羧基含量变化趋势一致。与未预处理的空白样相比，甘氨酸、组氨酸和谷氨酸作为介体时纸浆中的羧基含量分别提升了 13.33%、6.67%和 22.22%。因此，选择氨基酸介体时也应考虑其 R 基团的性质和在反应溶液中的分散性。

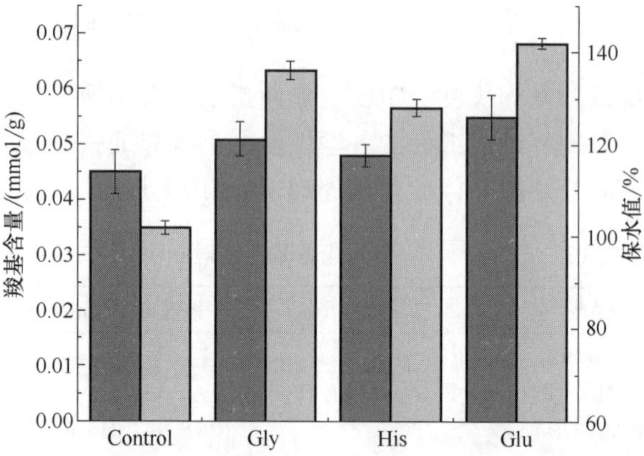

图 5-69　介体种类对 ONP 漂白浆纤维羧基含量及保水值的影响

5.4.7　氨基酸结构分析

氨基酸本身是含有一个碱性的氨基和一个酸性的羧基的有机化合物，图 5-70 为谷氨酸、甘氨酸和组氨酸的化学结构式，不同氨基酸最大的差别在于其本身的侧链基团（也称为 R 基团）不同，不同的 R 基团的氨基酸性质也不同。，谷氨酸、甘氨酸和组氨酸的 R 基团分别为羧基、氢原子和咪唑基杂环，当复合酶体系将氨基酸通过迈克尔加成反应接枝到纤维上时，R 基团也随之影响纤维的性能。R 基团为酸性基团羧基的谷氨酸可以向纤维中引入更多的羧基，从而为纤维提供更好的强度性能，这与顶空气相色谱分析的羧基含量变化情况一致。

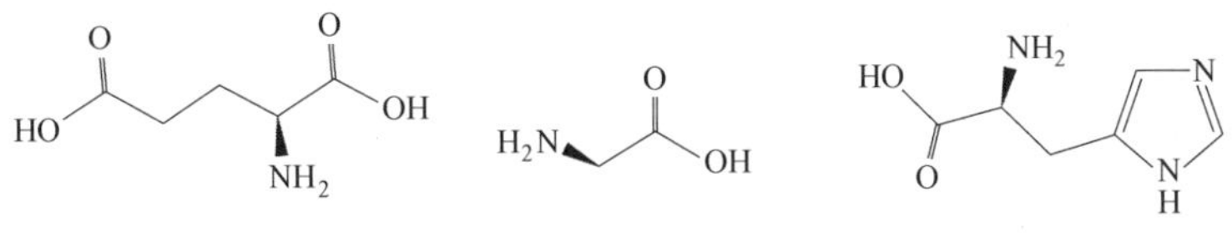

图 5-70 不同氨基酸的分子结构式

5.4.8 纤维结晶度分析

与未使用复合酶体系预处理过的过氧化氢漂白浆相比，3 种氨基酸介体配合酶体系预处理的 ONP 漂白浆的纤维结晶度都有所降低，图 5-71 为不同氨基酸介体酶预处理条件下 ONP 漂白浆的 X-射线衍射图谱。其中谷氨酸、甘氨酸和组氨酸作为介体配合酶体系预处理的 ONP 浆结晶度分别为 79.51%、80.45%和 80.72%。这说明，不同氨基酸介体可以在一定程度上影响纤维素的结晶度，在木聚糖酶协同改性漆酶/氨基酸体系中，谷氨酸作为介体时 ONP 漂白浆结晶度最低，这与纤维中羧基含量及润胀性能的变化情况一致，说明增加羧基含量有利于提升纤维润胀能力，减少纤维素结晶区相对比例。

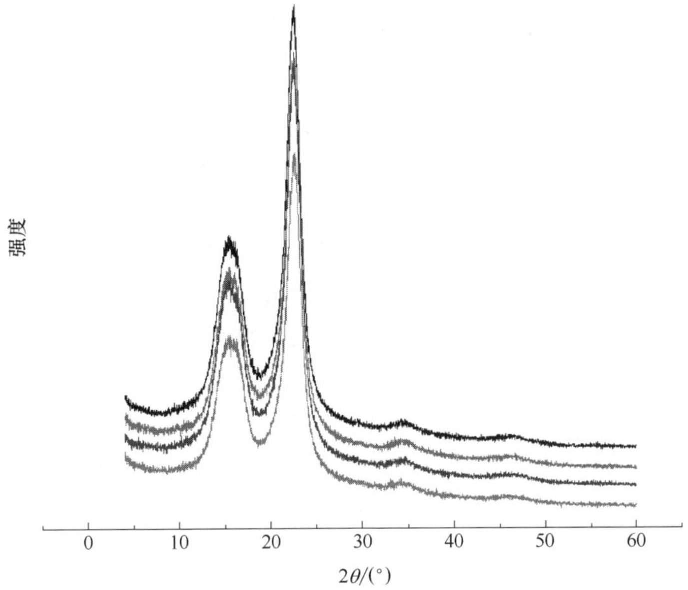

图 5-71 不同氨基酸介体酶预处理条件下 ONP 漂白浆的 X-射线衍射图谱

—— Control —— His —— Gly —— Glu

5.5 复合酶促废纸浆漂白作用机制

采用木聚糖酶协同改性漆酶对 ONP 脱墨浆进行酶促漂白，从改性漆酶用量、木聚糖酶用量、反应温度和反应时间对 ONP 脱墨浆预处理后 H_2O_2 漂白浆光学性能的改善。在最优条件下，与未经生物酶体系处理的 ONP 浆 H_2O_2 漂白浆进行对比，分析其光学性能的变化，并利用 X-射线光电子能谱分析漂白后纤维表面元素变化，探究其漂白性能提升的原因。

5.5.1 酶促漂白对过氧化氢漂白废液的影响

与未经生物酶预处理的仅 H_2O_2 漂白 ONP 脱墨浆（Control）相比，木聚糖酶预处理和改性漆酶/谷氨酸体系预处理后的 H_2O_2 漂白浆废液中残余 H_2O_2 浓度提升（表 5-14），这说明二者预处理提升 ONP 脱墨浆可漂性能的同时减少了 H_2O_2 的消耗。木聚糖酶协同改性漆酶/谷氨酸体系拥有最高的白度增量，但其消耗 H_2O_2 并未明显减少，这可能是因为经过复合酶体系预处理，漂白液可以更好地与纤维中的发色基团接触，更多难脱色的部分被漂液氧化，使纸浆白度进一步提高。

表 5-14　　不同预处理方式漂白浆废液性能

处理方式	残余 H_2O_2/(g/L)	消耗 H_2O_2/(g/L)	白度增量/ISO%
Control	0.12	2.88	7.18
MLac/Glu	0.23	2.73	10.63
Xylanase	0.39	2.61	11.03
X-MLac/Glu	0.11	2.84	13.04

注：初始 H_2O_2 浓度 3.0g/L。

5.5.2 酶促漂白对纤维质量的影响

漆酶漂白浆与未漂浆纤维长度和细小纤维含量的变化如表 5-15 所示，经过漆酶漂白处理后，纤维平均长度随酶用量的增加，变化比较稳定且不规律，数均长度基本在（0.60±0.01）mm 范围内，而质均纤维长度和重均纤维长度变化范围稍大。说明漆酶漂白处理工艺对纤维长度影响甚小。

当漆酶用量在 0~6U/g 范围内时，重均细小纤维含量随着酶用量增加由 4.75%减少至 4.37%，继续增加酶用量后，细小纤维含量反而增加，出现这种现象的原因可能有两个：一方面，漆酶漂白处理对细小纤维及部分长纤维都有降解作用，由于细小纤维比表面积较大，受到漆酶的优先攻击，而对长纤维影响不大，因此，适当的漆酶用量能改善浆料的滤水性，当酶用量增大，过度降解的长纤维变为短纤维，反而使滤水性下降；另一方面，长纤维表面黏附及分丝帚化的短纤维由于酶解，更易于脱落，同样可导致细小纤维的增多。

表 5-15　　漆酶漂白浆与未漂浆纤维长度和细小纤维含量的变化

酶用量/(U/g)	数均长度/mm	质均长度/mm	重均长度/mm	细小纤维(<0.2mm)	
				质均/%	重均/%
0	0.59	1.19	2.04	27.74	4.75
2	0.59	1.19	2.18	29.67	4.49
4	0.61	1.27	2.16	24.73	4.37
6	0.60	1.22	2.14	24.35	4.37
8	0.59	1.19	2.11	24.97	4.46
10	0.60	1.27	2.09	25.40	4.48

注：其他实验条件为：介体用量 0.5%，温度 50℃，时间 60min，浆浓 8%，pH=5.5。

5.5.3 酶促漂白对纤维形态的影响

原子力显微镜扫描过程中，通过探针和试样表面间分子力的相互作用，得到高分辨率的形貌图，分辨率从几百微米到原子级。作用过程中，记录下探针向试样表面靠近过程中力和距离曲线的变化，这一距离的变化可以从几微米到几纳米的大小。而且轻敲 AFM 模式可以在振动的微悬臂向含有两种及两种以上不同物质组成的试样表面靠近的过程中得到相位角的变化，这种相位角的变化最终形成 AFM 相图中明暗的对比。根据不同物质的弹塑性不同，在相图中形成明暗对比，从而用于分辨不同种类的物质。所以，轻敲模式获得的相位角变化可以用来加强图像的对比度，尤其是对于多样性的试样表面。因此，采用 AFM 轻敲模式，能获得纸浆纤维表面的化学成分和形貌特征。

等高图（A 类图）反映了纤维表面形貌的高度特征，可以直接利用此类图像的高度数据来评价纤维表面的粗糙度，等高图中颜色的深浅代表表面的高低，颜色越浅表示表面高度越高，颜色越深表示表面高度越低。相图（B 类图）主要反映了纤维表面不同区域力学性质的差异，如颜色的深浅可表示表面软硬度的变化，浅色部分硬度较大，是纤维素结晶区；深色部分较柔软，是半纤维素和木质素无定形区。

从图 5-72 可以看出，图 A-未漂浆中显示未经过漆酶漂白处理的纤维表面比较平滑，排列有序，结构致密，较高部位和较低部位所占比例较小，总体平滑。而图 A-酶漂浆中呈现出较明显的明暗对比，图中较高部位和较低部位所占比例较大，表面凹凸不平，纤维素堆垛混乱，混乱程度加剧。造成这情况的原因可能是由于木质素与漆酶发生反应，溶出的木质素沉积在纤维表面上，破坏了原有的光滑表面，形成的无定形纤维素随机排列会使纤维表面发生混乱堆垛，从而形成沟壑纵横的表面形貌，有利于纤维与纤维间的结合力增强。

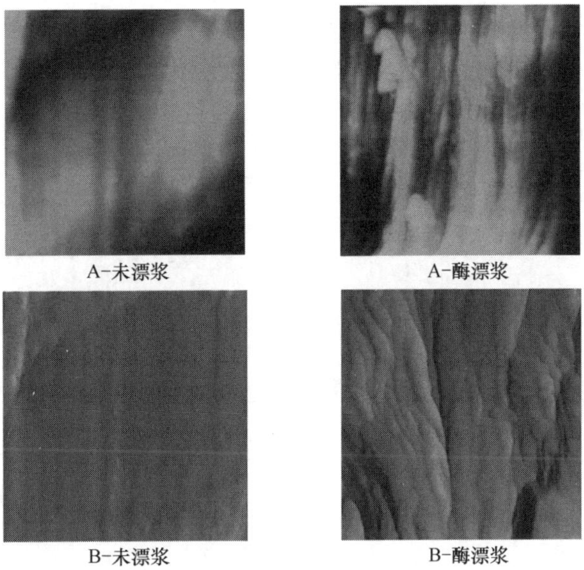

图 5-72　漆酶漂白前后纤维超微结构的变化（60nm）

经过漆酶/介体漂白工艺处理后，从图 5-72 可以看出，相比于图 B-未漂浆，图 B-酶漂浆中出现很多颜色较深的部分，这可能是因为溶出的木质素以不规则的形状溶出沉积在纤维表面。相图与等高图相互印证发现，经漆酶/介体漂白工艺处理后，溶出的木质素大部分沉积在纤维表面，形成沟壑纵横的表面形貌，有利于增强纤维间结合力。

5.5.4　酶促漂白对纤维性能衰变的影响

在前部分实验的基础上，选择最佳漆酶漂白工艺条件进行比较实验，观察纸浆纤维的保水值、红外结晶指数和 XRD 结晶指数在漆酶漂白前后的变化，探讨漆酶漂白工艺对废纸纤维性能衰变的影响规律。

经漆酶漂白工艺处理后，从表 5-16 可见，纤维保水值提高 5.30%，红外结晶指数降低 4.32%，XRD 结晶指数降低 2.16%。这可能是因为漆酶在氧气存在的条件下，能将介体转化成共介体，这种共介体由于尺寸较小，能够渗透进入纤维内部，与木质素反应，使木质素溶出，破坏了未漂浆致密有序的结构变得疏松，加速水分子进入纤维内部，促使纤维快速润胀，而且漆酶与纤维表面的羧基进行接枝作用可以改善纸浆的润胀性能。漆酶/介体（LMS）漂白处理工艺，能改善纸浆的润胀性能，破坏纸浆的结晶区结构，有效地延缓废纸纤维性能衰变。

表 5-16　漆酶漂白工艺对废纸纤维性能衰变的影响

浆料	保水值/%	红外结晶指数/%	XRD 结晶指数/%
未漂浆	132	99.6	69.2
酶漂浆	139	95.3	67.7

5.5.5　酶促漂白对纤维化学结构的影响

物质的红外光谱是其分子结构的反映，光谱图中的吸收峰与分子中各基团的振动形式相对应。由于红外光谱分析特征性强（每种化合物都有自己特有的红外光谱），适用范围广，并具有样品用量少，不破坏样品和分析速度快等特点。因此该方法是鉴定化合物和测定分子结构的强有力的手段。在制浆造纸的分析中，红外光谱法主要用于木质素、纤维素和半纤维素的定性和定量分析，着重于基团分析及与其他分析方法配合进行分子化学结构方面的研究。同时，可以通过对制浆造纸过程中纸浆试样红外光谱的差异，推断木质素和糖类的功能基及结构的变化规律，了解其反应机理等。

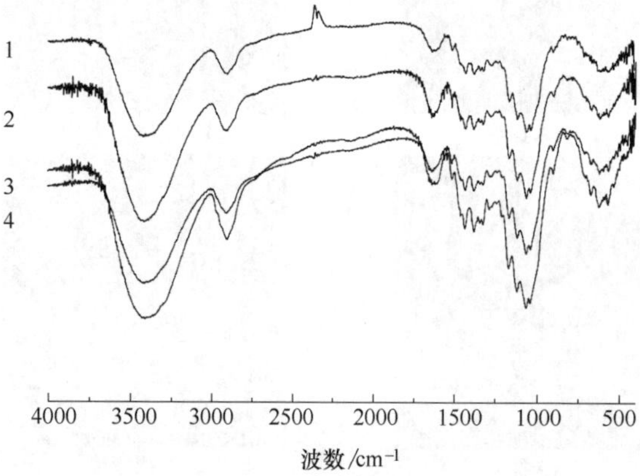

图 5-73　各种漂白浆的红外光谱图

1—P 漂浆　2—酶漂浆　3—Y 漂浆　4—未漂浆

本部分借助纸浆红外光谱图中各种功能团出现的特征吸收峰来鉴定各种不同漂白方式在漂白前后废纸纤维中某些基团的变化情况，通过傅里叶变换红外光谱分析，了解各漂白浆结构的变化情况，以此来探讨其作用机理。

比较未漂浆和各漂白浆的残余木质素等的光谱特征，从图 5-73 可以看出，4 条谱线都具有典型木质素的红外光谱特征，即 $1510cm^{-1}$ 处具有苯环骨架的伸缩振动吸收峰。H_2O_2 漂白和酶法漂白中溶出的木质素与未漂浆和 $Na_2S_2O_4$ 漂白中保留的残余木质素结构变化不大。本文以 $1510cm^{-1}$ 吸收峰为基准，将其他的吸收峰的吸收值与 $1510cm^{-1}$ 峰的吸收值比较，得到各漂白浆料的红外吸收峰的相对强度，见表 5-17。

表 5-17　各种漂白浆的红外吸收峰相对强度

波数/cm^{-1}	谱带归属	未漂浆	P 漂浆	Y 漂浆	酶漂浆
3421	O—H 伸缩振动	0.579	0.764	0.679	0.789
2900	CH 和 CH_2 的 C—H 伸展振动	0.794	0.938	0.824	0.916
1700	木素 C ═O 伸缩振动，非共轭羰基或羧基	1.133	1.078	1.044	1.093
1622	苯环及双键	1.012	0.978	1.019	0.966
1510	木素苯环骨架伸缩振动	1	1	1	1

续表

波数/cm^{-1}	谱带归属	未漂浆	P 漂浆	Y 漂浆	酶漂浆
1450	C—H 非对称振动(脂肪族)	0.871	0.964	0.942	0.953
1425	木素 CH_2 弯曲振动,甲氧基 C—H 振动	0.943	0.876	0.941	0.914
1370	脂肪族 CH_3 的 C—H 及酚羟基	1.076	1.084	1.071	0.897
1262	愈疮木基型 C ═O 伸缩振动	0.899	0.905	0.908	0.963
1165	纤维素和半纤维素 C—O—C 反对称桥伸缩振动	0.674	0.874	0.817	0.844
1057	纤维素和半纤维素 C ═O 伸缩振动	0.621	0.795	0.684	0.738
1031	苯环 C—H 平面变形振动	0.681	0.799	0.701	0.739
897	半纤维素异头碳(C_1)振动	1.022	0.998	1.031	1.019

注：表中的数值为相应波数吸收峰的吸光度与 1510cm^{-1} 的吸光度之比。

3421cm^{-1} 为羟基特征峰，红外吸收峰相对强度为：酶漂浆>P 漂浆>Y 漂浆>未漂浆，吸收峰相对强度越大，结合羟基越多，纤维分子间结合就越紧密，宏观表现为成纸物理强度提高，这说明这与前面工艺试验结果相一致。

1700cm^{-1} 为木质素 C ═O 伸缩振动，非共轭羰基或羧基吸收峰，红外吸收相对强度为：未漂>酶漂>P 漂>Y 漂，相对强度降低，说明非共轭羰基基团消失，而羰基是有色基团，有色基团的脱除有助于提高纸浆白度。有色基团脱除越多，白度提升越大。

1622cm^{-1} 为木质素苯环及木质素 C ═O 吸收峰，红外吸收峰相对强度为：酶漂浆>P 漂浆>Y 漂浆≈未漂浆，表明 P 漂和酶漂使浆料中木质素的共轭羰基减少或苯环结构的破坏与溶出，Y 漂浆木质素结构基本没有变化，使木质素得到最大的保留。

1425cm^{-1} 为甲氧基的 C—H 振动吸收峰，它的强弱可以反映出甲氧基的相对含量，经 P 漂和酶漂后，吸收峰相对强度均有降低，说明 P 漂白和酶漂都会引起甲氧基的脱除。而 Y 漂后相对强度没有变化，说明 Y 漂对甲氧基没有作用。

1370cm^{-1} 为脂肪族 CH_3 的 C—H 及酚羟基的吸收峰，经酶法漂白处理后，相对吸收强度降低，说明酶漂处理使木质素的酚羟基减少，而 P 漂和 Y 漂对酚羟基基本没有作用。

1262cm^{-1} 为愈创木基型 C ═O 伸缩振动的吸收峰，经酶法漂白处理后，吸收峰相对强度迅速增加，说明有愈创木酚基和羰基生成。而愈创木酚基是木质素的主要结构单元，说明经漆酶/介体漂白处理的纸浆，发生木质素降解反应，生成愈创木酚结构，其漂白过程中确有木质素的溶出，从而使纸浆中纤维能暴露出更多的羟基，使得纤维纸浆形成更多的氢键，纤维间结合得更为紧密，纸浆的性能得以改善。而 P 漂和 Y 漂对愈创木酚结构影响甚小。

5.5.6 酶促漂白对纤维氢键类型和含量的影响

经酶处理后 OCC 浆纤维的结构和功能基团没有发生明显改变，仅吸收峰的强度略有不同。大多数观点认为，纤维中存在多种不同的氢键模式，主要分为分子间氢键和分子内氢键，其中 O(2)H…O(6) 和 O(3)H…O(5) 表示分子内氢键，O(6)H…O(3′) 表示分子间氢键，氢键是纤维间连接的主要手段，与纤维成纸的物理性能息息相关。图 5-74 为不同酶处理条件下 OCC 浆红外光谱图的变化。

在波数为 3400cm^{-1} 处为纤维羟基（—OH）的伸缩振动峰，利用红外光谱分峰拟合软件 Peakfit 对 OCC 浆红外光谱 3000～3800cm^{-1} 范围内进行分峰拟合，3410～3455cm^{-1}、3340～3375cm^{-1} 和 3230～3310cm^{-1} 分别代表 O(2)H…O(6)、O(3)H…O(5)和 O(6)H…O(3′) 3 种模式的氢键，计算各子峰面积，从而获得不同氢键模式的百分比含量。图 5-75 和表 5-18

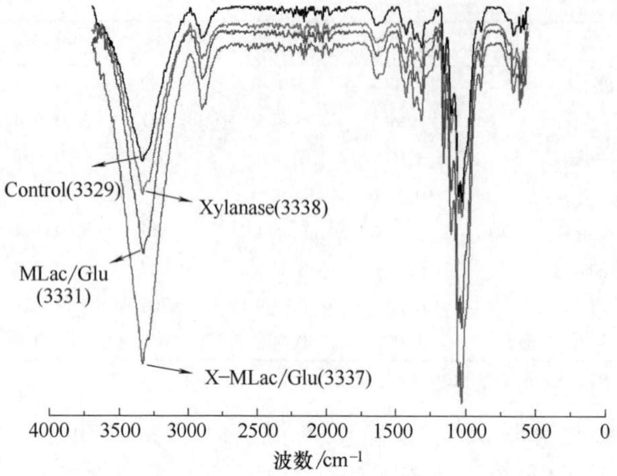

图 5-74　不同酶处理条件下 OCC 浆红外光谱图

分别表示不同酶处理条件下 OCC 浆红外光谱分峰拟合图谱和不同酶处理条件下对 OCC 浆纤维氢键模式相对含量的变化。

经过改性漆酶/氨基酸体系、木聚糖酶和木聚糖酶协同改性漆酶/氨基酸体系处理 OCC 浆后，由表 5-18 可以看到，反映纤维间连接程度的纤维间氢键 O(6)H…O(3′) 含量分别为 49.78%、45.80% 和 52.38%，与未经酶处理过的 OCC 浆相比分别增加了 14.52%、5.36% 和 20.50%。而分子内氢键 O（2）H…O（6）和 O（3）H…O（5）则呈现下降的趋势。发生这一变化的原因可能是改性漆酶/谷氨酸处理 OCC 浆纤维后使其表面分丝帚化，相邻的纤维间连接更加紧密，这一定程度上促进了纤维分子间氢键的形成，木聚糖酶可以去除

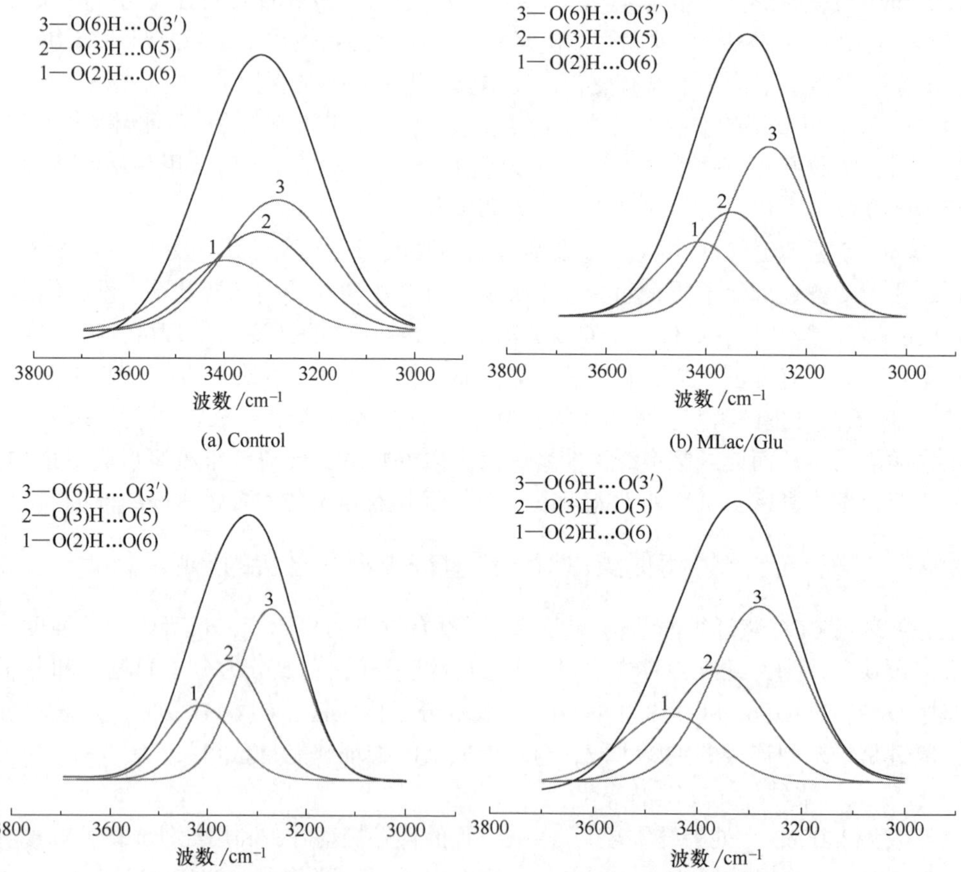

(a) Control　(b) MLac/Glu　(c) Xylanase　(d) X-MLac/Glu

图 5-75　不同酶处理条件下 OCC 浆红外光谱分峰拟合图谱

OCC浆纤维表面的木聚糖等附着物，一方面有助于相邻纤维的连接和靠近；另一方面有助于改性漆酶/谷氨酸体系更好地与纤维接触。OCC浆不同氢键模式相对含量的变化也直观地体现在浆料成纸强度性能的变化上，这也表明木聚糖酶协同改性漆酶/谷氨酸体系对提升OCC浆纤维回用性能有着积极的影响。

表5-18　不同酶处理条件下对OCC浆纤维氢键模式相对含量的变化

纤维样品	氢键模式	波数/cm^{-1}	百分含量/%
Control	O(2)H···O(6)	3401	23.52
	O(3)H···O(5)	3324	33.00
	O(6)H···O(3′)	3286	43.47
MLac/Glu	O(2)H···O(6)	3416	20.30
	O(3)H···O(5)	3350	29.92
	O(6)H···O(3′)	3276	49.78
Xylanase	O(2)H···O(6)	3405	21.59
	O(3)H···O(5)	3345	32.61
	O(6)H···O(3′)	3276	45.80
X-MLac/Glu	O(2)H···O(6)	3454	18.28
	O(3)H···O(5)	3359	29.34
	O(6)H···O(3′)	3281	52.38

5.5.7　酶促漂白对纤维润胀性能的影响

纤维的润胀性能不仅能说明纤维的润胀程度和细纤维化程度，还能说明纤维间结合力的大小。用离心法测定保水值（WRV）表示润胀性能是一个简单易行的方法。保水值与纤维素的超分子结构及聚合状态等内部结构有关，是反映植物纤维品质的一个重要指标。

废纸纤维在回用过程中因交替润胀和干燥会造成纤维细胞腔的不可逆塌陷收缩，纤维亲水性能下降，纤维变得硬挺，缺乏柔韧性。WRV可以间接表征纤维间结合的能力，对纤维成纸后物理性能具有重要的影响。

与仅碎浆处理的OCC浆纤维保水值相比，经改性漆酶/谷氨酸体系处理、木聚糖酶处理和木聚糖酶协同改性漆酶/谷氨酸体系处理的OCC浆纤维保水值分别提高了13.15%、4.23%和20.65%。OCC浆纤维保水值的变化可归因于木聚糖酶可以去除纤维表面沉积的木聚糖，使水分子更容易进入到纤维内部，同时改性漆酶通过其氧化还原特性催化木质素生成酚氧自由基，将含有两个羧基的谷氨酸通过加成反应直接到纤维上，纤维中的羧基等酸性基团影响纤维总电荷从而提升纤维的润胀性能有利于纤维间氢键的结合，从而提高OCC浆的成纸性能。木聚糖酶和改性

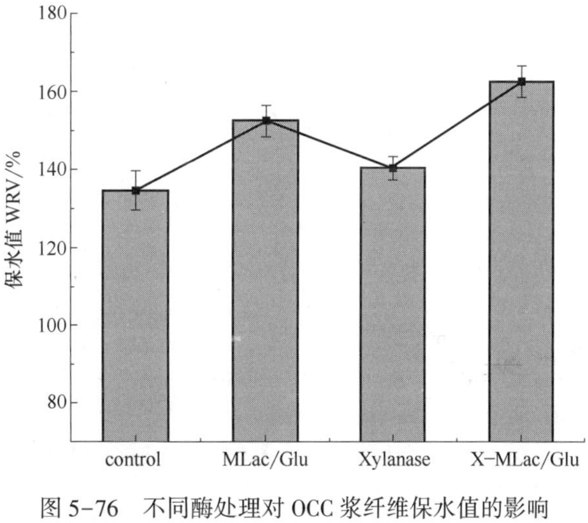

图5-76　不同酶处理对OCC浆纤维保水值的影响

漆酶/谷氨酸体系处理的 OCC 浆具有最佳的润胀性能，优于单一酶体系处理的纸浆，这表明二者之间存在协同作用，且保水值的变化与 OCC 浆纤维成纸后物理强度变化趋势一致。图 5-76 为不同处酶处理对 OCC 浆纤维保水值的影响。

5.6 小　结

① Lac/Gly 预处理 OCC 浆漂白具有优于传统 LMS 预处理 OCC 浆的光学及物理性质，与对照组相比白度提升幅度 18.88%，亮度提升幅度 5.76%，抗张指数提升幅度 32.75%，耐破指数提升幅度 20.67%；漂白废液性能研究发现：Lac/Gly 预处理的 H_2O_2 漂白较 L 及 LMS 处理对 H_2O_2 消耗量减少，漂白效率显著提高。

② Lac/Gly 漂白预处理可降解浆料中的木质素及戊聚糖，减少发色基团，提高成纸白度，且产生的羟基可以提高成纸的物理强度。Lac/Gly 处理可增加纸浆中的羧基含量。随着纸浆的羧基含量增加，纤维的溶胀度加深，从而增加纤维间的接触面积及结合强度，从而改善纸张成纸性能。通过 Lac/Gly 处理，纤维表面上的木质素和提取物成分显著减少，有利于漂白阶段漂白液与纤维的充分接触，提升漂白效率及纸浆的白度，另外纤维表面杂质的去除可以减少纤维间接触障碍，进而促进纸浆物理性能的提升。

③ L-苯丙氨酸甲酯盐酸盐改性漆酶的较佳工艺条件为：漆酶于 L-苯丙氨酸甲酯盐酸盐溶液的反应用量比例为 10∶4，最佳反应时间为 8h，最佳反应 pH 为 6，最佳反应温度 30℃，最佳储存改性漆酶的 pH 为 5。L-苯丙氨酸甲酯盐酸盐改性漆酶/谷氨酸体系预处理废纸脱墨浆的最佳反应条件为：漆酶用量 0.6%，谷氨酸用量 0.8%，pH 为 7，反应温度 30℃，反应时间 90min。

④ 改性漆酶漂白最佳工艺条件：通氧气，酶用量 4U/g，介体用量 0.5%，温度 50℃，时间 60min，浆浓 8%，pH 为 5.5。诸因素中漂白温度对纸浆白度影响效果最为显著；经漆酶/介体漂白处理后，纸浆白度提高 16.53%，撕裂指数提高 9.02%，抗张指数提高 17.19%，耐破指数提高 4.27%，漆酶/介体漂白处理能有效地提升漂后浆白度，改善成纸物理性能，特别是对抗张强度的影响最为显著；经漆酶/介体漂白处理后，纸浆纤维的平均长度变化不大，但是细小纤维含量随着酶用量的增加先减少后增加；经漆酶/介体漂白处理后，纤维保水值提高 5.30%，红外结晶指数降低 4.32%，XRD 结晶指数降低 2.16%，有效地改善纸浆的润胀性能，破坏纸浆的结晶区结构，有效地延缓二次纤维的衰变，溶出的木质素大部分沉积在纤维表面，形成沟壑纵横的表面形貌。

参考文献

[1] 陈国政. 复合生物酶体系提升废纸纤维造纸回用性能的研究 [D]. 广州：华南理工大学，2021.

[2] Canas A I, Camarero S. Laccases and their natural mediators: Biotechnological tools for sustainable eco-friendly processes [J]. Biotechnology Advances, 2010, 28 (6): 694-705.

[3] Sun M, Wang Y, Shi L, et al. Uncovering energy use, carbon emissions and environmental burdens of pulp and paper industry: A systematic review and meta-analysis [J]. Renewable and Sustainable Energy Reviews, 2018, 92: 823-833.

[4] 陈樱珈，马邕文，王祥槐，等. 果胶酶协同漆酶/谷氨酸体系改善 OCC 造纸强度性能的研究 [J]. 中国造纸，2022，41 (5)：37-45.

[5] 沈洋奇. 万金泉 不同漂白方式对二次纤维性能影响的研究 [D]. 广州：华南理工大学，2012.

[6] Moldes D, Vidal T. Laccase for biobleaching of eucalypt kraft pulp by means of a modified industrial bleaching sequence [J]. Biotechnology Progress, 2012, 28 (5): 1225-1231.

[7] Gupta V, Garg S, Capalash N, et al. Production of thermo-alkali-stable laccase and xylanase by co-culturing of Bacillus sp. and B. halodurans, for biobleaching of kraft pulp and deinking of waste paper [J]. Bioprocess & Biosystems Engineering, 2015, 38 (5): 947.

[8] Ozer A, Sal F. A, Belduz A. O, et al. Use of Feruloyl Esterase as Laccase-Mediator System in Paper Bleaching [J]. Applied Biochemistry and Biotechnology, 2020, 190 (2): 721-731.

[9] 刘建祥, 马邕文, 万金泉, 等. 漆酶对不同漂段纸浆催化氧化木素的效果研究 [J]. 中国造纸, 2016, 35 (8): 25-29.

[10] 马邕文. 基于漆酶/谷氨酸体系改性的造纸纤维品质提升关键技术研发与应用 [D]. 广州: 华南理工大学, 2020-07-15.

[11] 董俊晶. 亚氨基二琥珀酸及漆酶/甘氨酸体系提升纸浆过氧化氢漂白性能的研究 [D]. 广州: 华南理工大学, 2019.

[12] 袁金龙. 液比对桉木硫酸盐法制浆节能减排的影响 [D]. 广州: 华南理工大学, 2013.

[13] 袁龙婷, 王艳, 万金泉, 等. 红外光谱和固体核磁共振解析回用桉木纤维的超分子结构 [J]. 高分子材料科学与工程, 2014, 30 (6): 48-53.

[14] 吕惠琳, 马邕文, 万金泉, 等. 回用过程对二次纤维聚集态结构和成纸性能的影响 [J]. 中华纸业, 2012, 33 (4): 18-22.

[15] 王金然, 万金泉, 赵汝和, 等. 纤维素酶/天冬氨酸体系改善混合办公废纸强度性能的研究 [J]. 中国造纸, 2020, 39 (5): 17-22.

[16] Hou Q. X, Chai X. S, Zhu J. Y. Determination of the carboxyl groups in fibers by headspace gas chromatography [J]. China Pulp & Paper, 2005, 24 (9): 5-9.

[17] 肖青. 再生植物纤维共结晶机理及其抑制方法的研究 [D]. 广州: 华南理工大学, 2010.

[18] Mohandass C, Knutson K, Ragauskas A. J. Laccase treatment of recycled blue dyed paper: physical properties and fiber charge. Journal of Industrial Microbiology & Biotechnology, 2008, 35 (10): 1103-1108.

[19] Chen Y. M, Wan J. Q, Ma Y. W, et al. Modification of old corrugated container pulp with laccase and laccase-mediator system [J]. Bioresource Technology, 2012, 110: 297-301.

[20] Dong J. J, Wan J. Q, Ma Y. W, et al. Variations of fiber struct and performance of ONP delinked pulp after modified-laccase/glutamate treatment [J]. Nordic Pulp & Paper Research Journal, 2018, 33 (4): 618-624.

6 酶改性提升废纸纤维性能技术

废纸纤维酶改性技术是在废纸回收与再利用领域中的一项重要技术。随着全球对环境保护和资源循环利用的重视，废纸作为一种可回收资源，其再利用价值日益凸显。废纸纤维酶改性技术正是基于这一背景发展起来的。废纸在回收过程中，其纤维质量会逐渐降低，这主要是由于多次回收利用导致的纤维损伤和老化。因此，如何改善废纸纤维的性能，提高其再利用价值，成了一个亟待解决的问题。

废纸纤维酶改性技术主要是利用纤维素酶对废纸纤维进行改性处理，以提高其物理性能和化学性能。这种技术可以通过多种方式实现，如酶解处理、酶促交联等。例如通过纤维素酶的作用，将废纸纤维中的部分纤维素水解成小分子物质，从而改善纤维的柔软度和可加工性。这种处理方式有助于提高废纸浆的滤水性能和成纸质量。利用纤维素酶或其他酶类促进废纸纤维之间的交联反应，形成更加紧密的网络结构。这种处理方式可以显著提高废纸纤维的强度性能和耐水性能。

由于对环境的日益关注，采用酶技术的绿色纸浆生产方法已成为纸浆加工行业的一个焦点，生物制浆技术的应用有助于减少环境污染问题，同时可以减轻对纤维中有益成分的损害。纤维素酶、果胶酶、漆酶、木聚糖酶等生物酶常用于废纸纤维的处理，单一酶的使用范围和作用有局限性，废纸纤维由于其成分复杂，不同成分给回收过程带来的影响也不尽相同，因此在废纸实际回用中通常将几种酶复配使用。

近年来，关于废纸纤维酶改性技术的研究取得了显著进展。例如，有研究表明，通过纤维素酶处理废纸浆可以显著提高其抗张指数和环压指数；还有研究利用混合酶体系（如漆酶/木聚糖酶体系）对废纸浆进行改性处理，取得了良好的效果。此外，随着生物技术的不断发展，新的酶制剂和改性方法不断涌现，为废纸纤维酶改性技术的发展提供了更多的可能性。

以小分子物质为介体的体系慢慢地也成为研究方向，其中的代表物质为紫丁香醇和L-苯丙氨酸和氨基酸。有研究者用漆酶/酚类和漆酶/氨基酸改善 OCC（废瓦楞箱纸板）纸浆，并对其改性效果进行对比。实验结果表明，在改性处理过程中，在改善纤维表面性能中起主要作用的是小分子物质，因为所添加的小分子物质通过酶的作用可以被接枝到纤维表面，然后纤维表面会呈现出一些沉淀物，并且纤维粗度增加；用红外光谱分析经过漆酶和小分子处理后的纸浆，结果发现产物苯环会比空白浆样增多，这些结果都表明沉积在纤维表面的小分子物质会形成新的化学连接键，从而导致成纸强度的提高，其中湿环压强度提高是最为明显的。

废纸纤维素酶、漆酶等生物酶改性技术是在废纸回收与再利用领域中的一项重要技术。通过利用纤维素酶等生物酶制剂对废纸纤维进行改性处理，可以显著改善其物理性能和化学性能，提高其再利用价值。随着生物技术的不断发展和研究的深入，废纸纤维酶改性技术有望在未来得到更广泛的应用和推广。

6.1 不同造纸助剂提升废纸物理强度性能

生物酶改性是指通过各种技术手段对酶进行结构和功能上的改造，以提高其活性、稳定性或特异性等特性。近年来，生物酶改性方面有了许多进展，通过化学修饰或物理方法改变酶的表面性质，改善其在特定环境下的活性。例如，改变酶的电荷特性或亲水性，以增强其在不同溶剂中的稳定性。通过联用不同酶，构建多酶催化体系，实现复杂反应的高效催化。例如，在生物转化过程中，使用不同酶的协同作用可以显著提高产物产率。

6.1.1 生物酶改性对废纸纤维物理强度的影响

对生物酶处理纸张强度的影响因素进行分析，如图6-1所示。设置漆酶的用量为0.5%（相对于绝干浆，下同）、1%、1.5%、2%、2.5%，其他条件不变进行分析，得到漆酶的最佳用量为1%，漆酶可以使木质素发生降解，增加纤维表面粗糙程度，促进纤维分丝帚化，提高纤维结合强度，漆酶用量过多，会使纸张强度轻微下降，因此漆酶的最佳用量选取1%；设置谷氨酸的添加量为0.05%、0.1%、0.15%、0.2%、0.25%进行分析，谷氨酸的最佳用量为0.1%，成纸强度较高，谷氨酸可以通过迈克尔加成反应将羧基嫁接到漆酶氧化后的木质素上，增加羧基的含量，提升润胀性能，进而提高纸张强度；控制其他条件不变，探

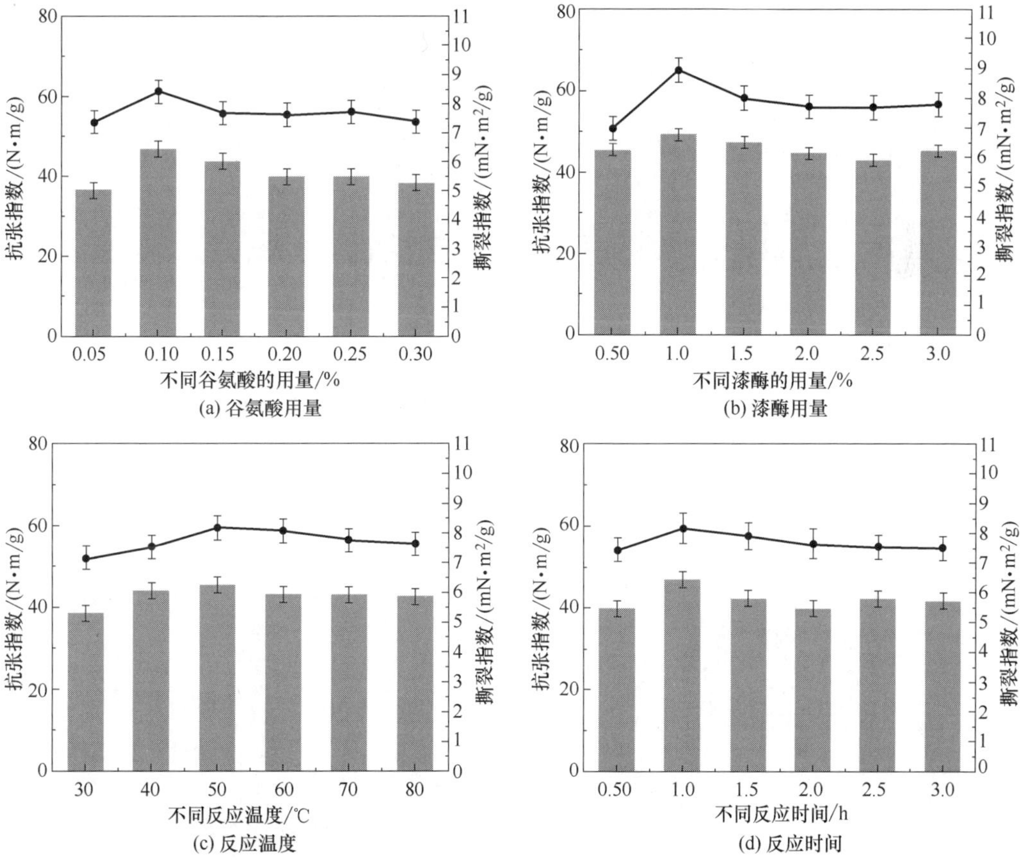

图6-1 漆酶/谷氨酸改性最佳条件的分析

抗张指数 撕裂指数

讨反应温度和时间对成纸强度的影响。温度过低会抑制酶活，不能反应完全，温度过高则会破坏酶分子的结构，导致酶失活影响反应，最佳反应温度为50℃；控制其他变量不变，探讨反应时间对成纸强度的影响，时间过短会导致反应不充分，时间过长则会增加能耗，为节约成本选取最佳的反应时间为1h。

6.1.2 阳离子聚丙烯酰胺对废纸纤维物理强度的影响

阳离子聚丙烯酰胺（CPAM）是造纸助剂中常用的纸张增强剂，主要利用其带正电荷可吸附纤维、细小纤维和填料的作用，增加纸张强度，但填料留着的同时也会在一定程度上降低纸张的匀度，给纸张的物理强度带来负面影响。主要探究CPAM不同相对分子质量以及用量对纸张强度的影响，如图6-2、图6-3所示。由图可知，当CPAM为60万相对分子质量时，纸张强度为最大值，CPAM相对分子质量过高，絮凝作用较强，适用于废水处理，不利于纤维分散、纸张强度的提高，因此60万相对分子质量CPAM更能较优地提高纸张强度。继续探究CPAM不同用量的影响，当CPAM添加量为0.4%时，纸张的各项物理强度均得到最大值，其中抗张指数提升27.6%、撕裂指数提升5.1%、环压指数提升40.6%、耐破指数提升39.5%。当CPAM用量继续增加时，纸张强度出现轻微降低的趋势，综合考虑成本因

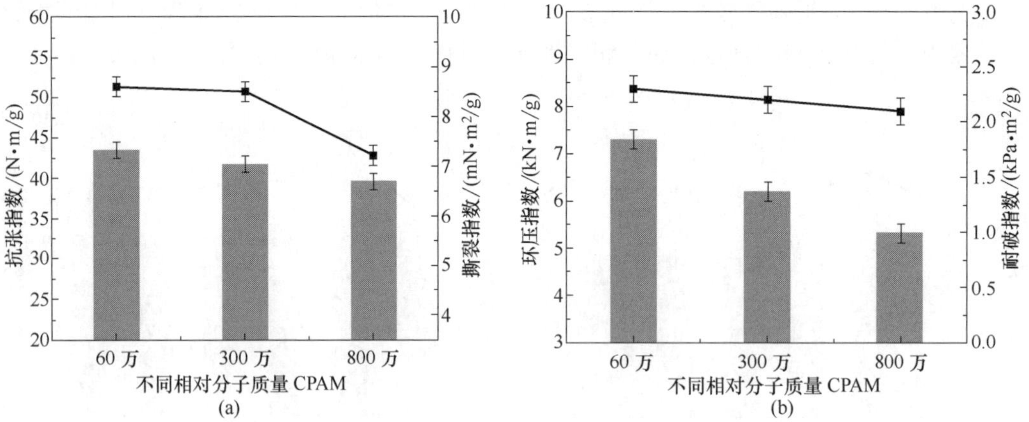

图6-2 CPAM最佳相对分子质量的分析

（a）抗张指数 撕裂指数 （b）环压指数 耐破指数

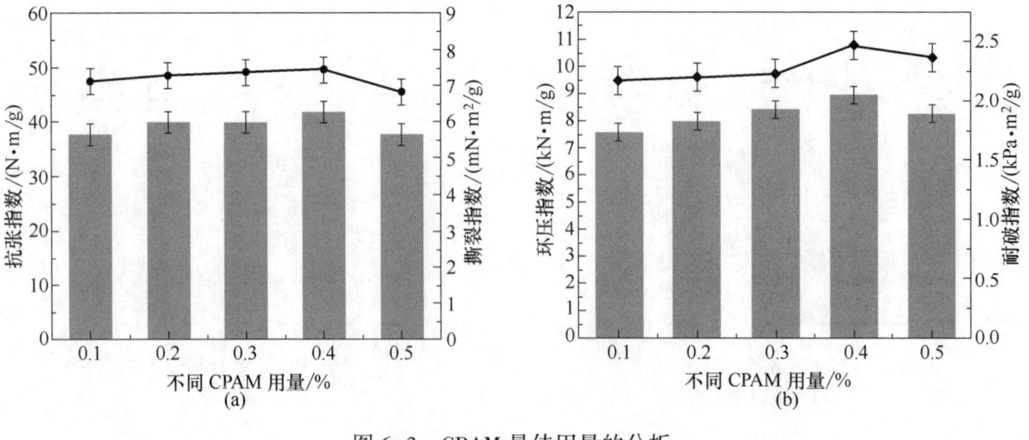

图6-3 CPAM最佳用量的分析

（a）抗张指数 撕裂指数 （b）环压指数 耐破指数

素，选取 CPAM 的最佳用量为 0.4%。

6.1.3 阳离子淀粉对废纸纤维物理强度的影响

阳离子淀粉因其价格低廉、来源广泛一直在造纸工业中处于重要的位置，阳离子淀粉主要利用其带正电荷与带负电荷纤维进行吸附结合，进而提高纸张强度。选取专用于造纸工业的季铵型阳离子淀粉，探究其用量对纸张强度的影响，如图 6-4 所示。由图可知，随着阳离子淀粉添加量的增加，纸张的物理性能也随之提升，当添加量为 3%时，抗张指数提升 23.5%、撕裂指数提升 6.5%、环压指数提升 13.8%、耐破指数提升 72.8%。但是随着用量的增加，纤维的黏性增加，在抄造的过程中出现纸张黏网的现象，当用量增加至 4%，纸张各项物理强度指标与 3%用量时无太大变化，因此综合考虑选取阳离子淀粉的最优添加量为 3%。

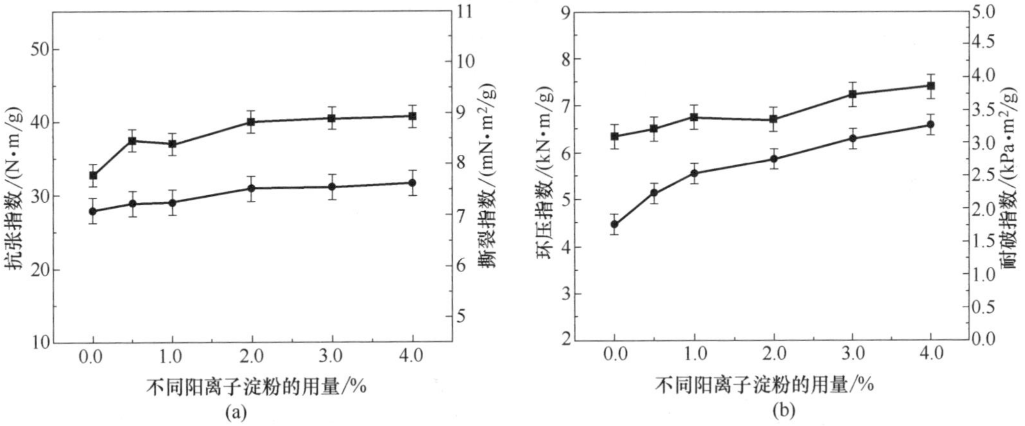

图 6-4 阳离子淀粉添加量的分析

(a) —■— 抗张指数 —●— 撕裂指数 (b) —■— 环压指数 —●— 耐破指数

6.1.4 不同处理方式对废纸纤维性能影响的对比

6.1.4.1 成纸强度分析

为了研究不同造纸助剂提升纸张强度的影响，选取了造纸中常用的阳离子淀粉、CPAM、漆酶/谷氨酸 3 种类型造纸助剂，对纸张物理强度的影响如表 6-1 所示。由表可知，在各项助剂最佳使用条件下，纸张的各项物理强度均得到增加。其中漆酶/谷氨酸体系可以较优增加纸张的抗张指数和撕裂指数，分别为 46.78N · m/g 和 8.17mN · m^2/g，阳离子淀粉则可以较优地增加纸张的耐破指数，为 3.06kPa · m^2/g，CPAM 在提高纸张环压指数方面表现出较优的性能，为 8.93N · m/g。由此可见，3 种不同的造纸助剂均可以较优地提升纸张强度，在各项物理强度增加方面各有差异。

表 6-1 不同处理方式对纸张物理强度的影响

项目	定量/(g/m^2)	抗张指数/(N · m/g)	撕裂指数/(mN · m^2/g)	耐破指数/(kPa · m^2/g)	环压指数/(N · m/g)
原浆	77	32.76	7.09	1.77	6.35
阳离子淀粉	78	40.47	7.55	3.06	7.23
CPAM	78	41.81	7.45	2.47	8.93
漆酶/谷氨酸	78	46.78	8.17	2.65	8.40

6.1.4.2 纤维强度分析

纸张物理强度主要受纤维本身强度、纤维长度和纤维间结合力大小的影响，利用干/湿零距离抗张强度分析对纤维本身强度以及纤维间结合力的影响，如表6-2所示，阳离子淀粉、CPAM、漆酶/谷氨酸体系的干零距离抗张指数分别增加17.5%、25.8%、24.2%，湿零距离抗张指数分别增加4.4%、12.4%、12.4%，其中CPAM和漆酶/谷氨酸体系均可以较优的增加纤维之间的结合力以及纤维本身强度。由此可见，漆酶/谷氨酸、CPAM助剂相比于阳离子淀粉，更能提高纤维间结合力的大小，进而提高纸张强度。CPAM的阳离子官能团可与纤维上的阴离子形成离子键，酰胺基与纤维上的羟基形成氢键，增加纤维间的结合力，漆酶/谷氨酸体系利用漆酶的氧化还原特性通过接枝反应向纤维素中引入羧基，提升纤维润胀能力，纤维间排斥力减少，增加纸页的成纸强度。

表6-2　零距离抗张强度对比分析

项目	干零距离抗张强度/(N/cm)	湿零距离抗张强度/(N/cm)	干零距离抗张指数/(N·m/g)	湿零距离抗张指数/(N·m/g)
原浆	94	88	120	113
阳离子淀粉	116	97	141	118
CPAM	118	100	151	127
漆酶/谷氨酸	119	102	149	127

6.1.4.3 纤维形貌分析

利用扫描电子显微镜探究纤维经过不同助剂处理后纤维表面的形貌变化，如图6-5所示。纤维经过CPAM处理后，发现纤维表面出现明显分丝帚化的现象，有较多的细小纤维且纤维间的接触点增加；经过阳离子淀粉处理后，纤维表面出现部分分丝帚化的现象，纤维间整体的连接点较少，但是纤维较为饱满，纤维表面有较多的颗粒物；经过生物酶法处理后，纤维表面分丝帚化现象明显，纤维连接点大量增加，且纤维表面较为干净。纤维表面颗粒物可能是一些填料等杂质，因为阳离子的吸附作用导致纤维间吸附填料等杂质，给纸张强度带来负面影响，而生物酶体系则不会吸附填料和其他杂质，进而表现出较优的纸张物理强度性能。

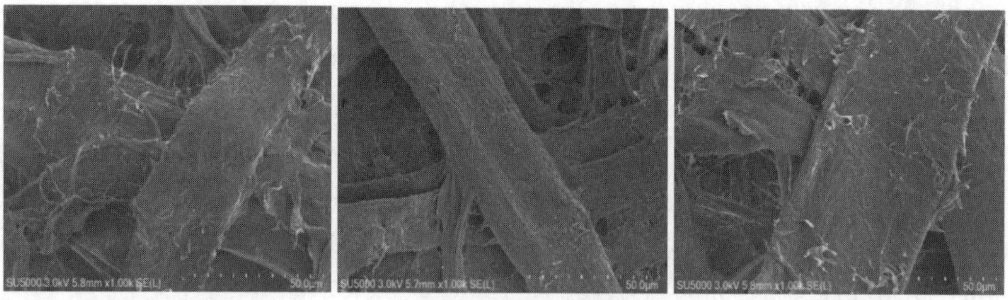

(a) CPAM处理　(b) 阳离子淀粉处理　(c) 生物酶法处理

图6-5　不同处理方式对纸纤维形态的影响

6.1.5 生物酶改性影响废纸纤维性能

6.1.5.1 纤维强度分析

对打浆/生物酶处理下纸张的零距离抗张强度进行分析，如表6-3所示。经过打浆和生物酶处理之后，干零距抗张指数分别提高 14%和 17%，湿零距抗张指数分别提高 29%和 38%，说明经生物酶体系处理后，纤维间的结合力和纤维本身的强度均提高，可能是由于迈克尔加成反应在纤维中引入羧基，纤维吸水润胀，成纸性能在打浆处理的基础上进一步提高。

表 6-3　　打浆/生物酶处理对纸张零距离抗张强度的影响

项目	定量/(g/m²)	干-零距离抗张强度/(N/cm)	湿-零距离抗张强度/(N/cm)	干-零距离抗张指数/(N·m/g)	湿-零距离抗张指数/(N·m/g)
原浆	77.87	94	88	120	113
打浆处理	78.76	108	94	137	119
生物酶处理	78.53	110	100	140	127

6.1.5.2　纤维特征峰分析

对打浆/生物酶处理下废纸纤维的红外光谱进行分析，如图 6-6 所示。从图中可看出，原浆、打浆处理和生物酶处理后纸浆红外光谱图特征峰的位置无太大变化，表明打浆和酶处理没有改变纤维分子结构，但特征峰的相对强度有一定变化。

对红外光谱特征峰吸收强度进行表征，采用 1429cm^{-1} 处的特征峰强度作为基准进行对比，如表 6-4 所示。在打浆的基础上进行生物酶处理后，3349~3406cm^{-1} 的特征峰相对强度增加，该特征峰表示纤维的羟基含量，生物酶处理后纤维中的木质素降解，碳水化合物相对含量增加，分丝帚化程度增加，纸张物理强度性能增加。波数 1635~1644cm^{-1} 的相对强度也有一定程度的增加，该吸收峰表示羧基和羰基，可能是因为迈克尔加成反应可增加纤维中羧基的含量；1509~1511cm^{-1} 特征峰的相对强度则有所降低，该特征峰代表苯环，说明漆酶与木质素发生了降解反应，有部分木质素溶出。

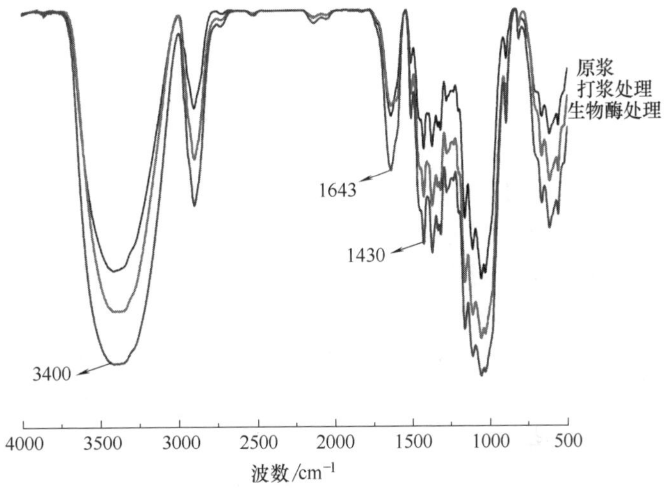

图 6-6　打浆/生物酶处理废纸纤维的红外光谱分析

表 6-4　　打浆/生物酶处理条件下 FT-IR 光谱中的吸收强度

波数/cm^{-1}	吸收峰归属说明		相对强度	
	木质素	纤维素/半纤维素	打浆处理	生物酶处理
3349~3406	羟基—OH、芳羟基的—OH 伸缩振动	氢键缔合的 O—H 振动	2.41	2.50
1635~1644	羧基—COOH，羰基 C═O 和共轭 C═O 伸展振动	结合水 H—O—H 弯曲振动	0.74	0.76
1509~1511	苯环骨架振动	—	0.35	0.31
1429~1430	苯环骨架振动	CH_2 变形振动	1.00	1.00

6.1.5.3 纤维表面形貌分析

利用 SEM 观察纤维的形貌，如图 6-7 所示。原浆纤维表面比较光滑，轻微分丝帚化的现象；在经过打浆处理后，纤维表面出现剥落和空隙的现象，分丝帚化现象明显；在打浆的基础上进一步进行生物酶处理后，分丝帚化现象更加明显，纤维之间的连接点增加，纤维变得更加饱满，进一步提高纸页物理性能。

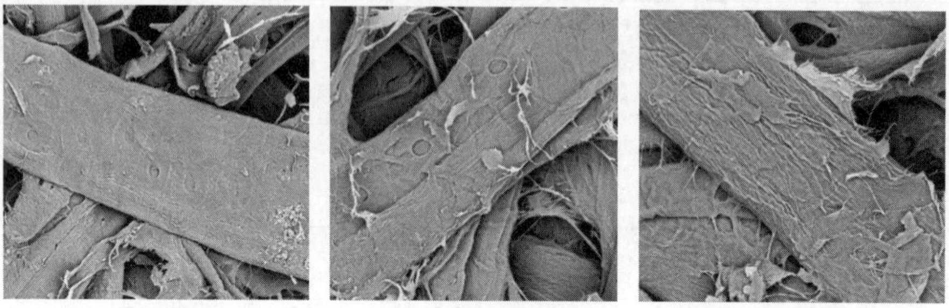

(a) 原浆　　(b) 打浆处理　　(c) 生物酶处理

图 6-7　不同处理方式下纤维表面形貌图

6.2　纤维素酶的废纸纤维改性

纤维素酶对纤维性能的改善主要体现在提升纤维滤水能力、改善纤维形态，提高纤维柔软度，提高纸浆成纸的物理性能，尤其体现在对废纸浆纤维性能的改善上。纤维素酶在处理纤维时使得纤维形态与纤维性能受到不同程度的影响，通过纤维质量分析仪（FQA）和 SEM 表征得到，纤维长度减小，纤维分丝帚化增加明显。纤维柔软性主要表现为抄纸过程中纤维发生的形变，对成纸强度性能、光学性能和表面性能产生影响，纤维素酶处理改善纤维的柔软度主要体现在细小纤维水解时降低纤维的刚性，除此之外，纤维中非结晶区水解，水分子渗入纤维内部促使纤维素链间距增大造成纤维变形，纤维本身刚性下降，柔软度提升。有学者在研究纤维素酶预处理对 APMP 浆料性能的影响时发现，酶处理使纤维表面变得柔软松弛，纤维柔韧性提高，在打浆过程中可以减少纤维的切断，从而提升了成纸的强度性能。

纤维素酶对废纸纤维的改性展现出良好的效果。废纸纤维在回用过程中产生的抗滤水性使得成纸后强度降低，纤维素酶预处理可以显著改善废纸浆的滤水性能，提升纤维质量，增加成纸强度。有研究人员探讨了酶用量、处理时间、浆浓对纤维素酶改性废纸纤维效果的影响，在最优工艺条件下，纤维素酶可以显著提升废纸纤维的滤水能力，打浆后成纸强度性能提升。有人研究了纤维素酶处理对旧书刊纸滤水性能和物理性能的影响，结果表明，酶处理后废纸浆滤水性能有效提升，游离度增加明显，成纸裂断长和撕裂指数分别提高 20% 和 16%。

纤维素酶改善废纸浆滤水性能的机理可能是：纤维素酶处理去除纤维表面细纤维；纤维素酶处理使细小纤维和小纤维组分发生絮聚；纤维素酶水解纤维表面细小纤维。纤维表面细小纤维与细纤维具有较强的亲水性，对纤维间氢键的结合产生影响，纤维素酶作用后优先水解表面积大的细小组分，增加纤维间氢键的结合，提升成纸强度，且酶水解在纤维表面形成新的反应位点，可以缓解废纸纤维的性能衰变，提升废纸的回用性能。

6.2.1　酶用量对废纸纤维强度的影响

6.2.1.1　纤维素酶用量对成纸抗张强度的影响

纤维素酶用量与天冬氨酸用量两个因素的交互作用对MOW浆再生纸抗张强度影响的曲面图如图6-8所示。从图中可以看到，在天冬氨酸用量保持不变的情况下，随着纤维素酶用量的增加，抗张指数呈现出先增大后减小的趋势。这因为纤维素酶是水解纤维素的专用酶，随着酶用量的增加，纤维素酶水解低相对分子质量的碳水化合物并破坏纤维素的结晶结构，使纤维素与水分子间形成更多氢键从而提升纤维润胀性能，纤维内部与外部细纤维化加强改善了纤维间的结合力，表现为纸张强度上升。当酶用量超过14.74U/g时抗张指数下降，表明纤维素遭到过度水解导致纤维被过多切断，纤维间氢键的形成减小及纤维间交联程度下降造成纤维结合性能变差；另一方面大量的纤维素酶对纤维产生的降解作用导致纤维长度下降，使纤维本身强度降低，故成纸强度下降。在酶用量较低的情况下需要加入多的氨基酸才能有大的抗张强度，在酶用量与天冬氨酸用量增加过程中，纤维素酶起到主导作用。

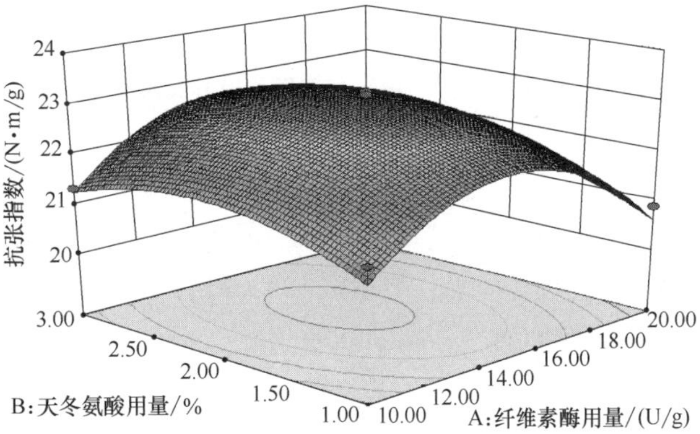

图6-8　纤维素酶与天冬氨酸交互作用对抗张指数的影响

6.2.1.2　天冬氨酸用量对成纸抗张强度的影响

根据天冬氨酸用量、时间和温度及其交互作用对抗张强度的影响，利用软件对其各参数应用范围进行优化，响应曲面图如图6-9所示。由图6-9可知，在纤维素酶用量、温度和时间（14.74U/g、49.00℃、56.00min）一定的情况下，加入天冬氨酸可以增加成纸的抗张强度，这是因为天冬氨酸的加入可以增加纤维中羧基含量，羧基的增加可以提高废纸纤维的润胀性能，提升纤维之间的结合能力，因此改善了纸张强度性能。当天冬氨酸用量为2.19%时，再继续添加天冬氨酸纸张抗张强度提升不明显且有下降趋势，可能是由于羧基含量增加过多会导致纤维表面负电荷增加，使纤维之间结合力下降而造成纸张强度下降，表明

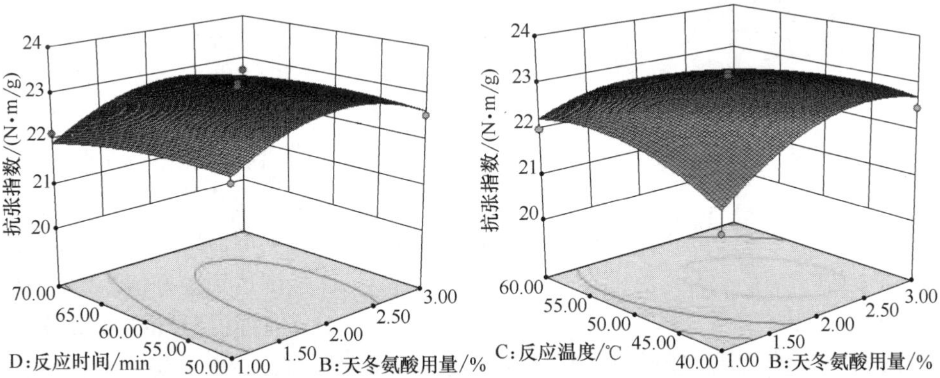

图6-9　天冬氨酸用量与时间、温度交互作用对抗张指数的影响

2.19%为天冬氨酸最佳用量。

6.2.2　与不同处理方式的对比

本次酶改性共设置有27组实验，通过实验数据分析及Design Expert软件给出的结果得出本次纤维素酶/天冬氨酸处理混合办公废纸最优的工艺条件为：纤维素酶用量14.74U/g、天冬氨酸用量2.19%、温度49.00℃、反应时间56.00min。最优改性条件下纸张强度性能与其他处理方式下数据的对比如表6-5所示。

表6-5　不同处理方式对成纸强度性能的影响

样品	抗张指数		耐破指数	
	数值/(N·m/g)	增量/%	数值/(kPa·m^2/g)	增量/%
空白样	20.00		1.32	
纤维素酶处理样	21.20	6.00	1.43	8.33
天冬氨酸处理样	21.00	5.00	1.40	6.06
最优处理样	23.21	16.05	1.51	14.39

纤维素酶和天冬氨酸单独处理的MOW浆抗张指数分别为21.20N·m/g和21.00N·m/g，由表6-5可知。比未经处理的空白样分别提升6%与5%，耐破指数分别提升8.33%和6.06%，表明纤维素酶和天冬氨酸单独处理MOW浆均可提高成纸强度性能，但提升幅度并不大。将纤维素酶与天冬氨酸协同处理MOW，在最优工艺条件下成纸的抗张指数与耐破指数分别为23.21N·m/g和1.51kPa·m^2/g，比空白样分别提升16.05%和14.39%，效果明显优于二者单独处理样，这表明纤维素酶与天冬氨酸具有协同效应，能够很好地用于处理废纸纤维，提升废纸纤维的回用性能。

6.2.3　反应条件对成纸抗张强度的影响

6.2.3.1　反应温度对成纸抗张强度的影响

根据反应温度和纤维素酶交互作用对抗张强度的影响，利用软件对其各参数应用范围进行优化，响应曲面图如图6-10所示。从图6-10可知，在反应温度为49℃时，抗张指数达到最大23.21N·m/g，再随着温度升高抗张指数下降，故可以得出反应温度最优值为49℃。反应温度对成纸抗张强度的影响与纤维素酶是分不开的，当纤维素酶用量较低的情况下需要提升反应温度才能使抗张强度达到较大值，同理，在纤维素酶用量增加后则不需要较高温度即可使抗张强度达到较好值。这主要是因为反应温度对纤维素酶呈现出先增加后下降的影响趋势，温度较低时，纤维素酶达不到反应所需的较好的温度点，不能够很好的对纸浆进行预处理，温度较高导致酶结构破坏，酶活性受到抑制甚至失活，纤维素酶失去

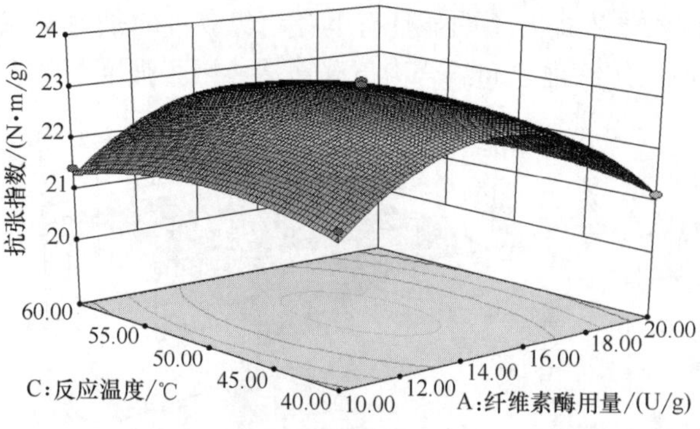

图6-10　反应温度与纤维素酶交互作用对抗张指数的影响

作用。

6.2.3.2 反应时间对成纸抗张强度的影响

根据反应时间和纤维素酶交互作用对抗张强度的影响，利用软件对其各参数应用范围进行优化，响应曲面图如图6-11所示。反应时间在纤维素酶复合天冬氨酸处理MOW浆的研究中是一个不容忽视的影响因素，从图6-11可知，随着反应时间的增加，抗张指数增大，在56min时达到最大值，再增加反应时间，抗张指数下降。反应时间与纤维素酶用量之间关系灵活，当纤维素酶用量较低的情况下适当增加反应时间能使抗张强度达到较大值，同理，在纤维素酶用量增加后则不需要延长反应时间即可使抗张强度达到最大值。这可能是因为反应时间不足，纤维素酶对废纸纤维的改性不充分，纤维素酶高用量情况下反应时间过长容易使纤维过渡水解对纤维本身强度造成损失，且造成能源的浪费。从图6-9中也可以得到相同结论。

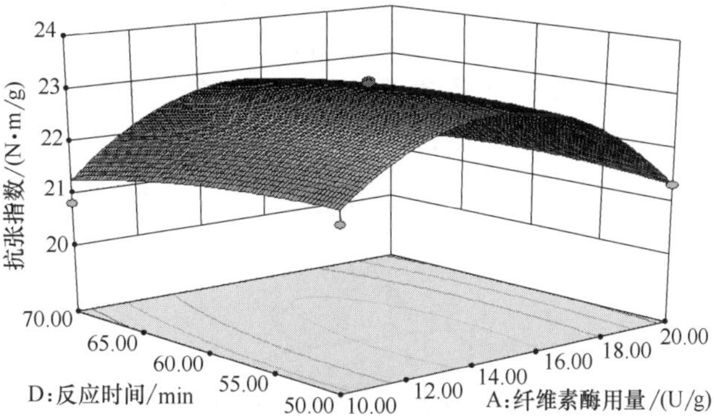

图6-11 反应时间与纤维素酶交互作用对抗张指数的影响

6.2.4 介体种类和用量对废纸纤维强度的影响

6.2.4.1 介体种类和用量对MOW浆抗张强度的影响

实验条件控制为：纤维素酶用量15U/g，反应温度50℃，反应时间60min，浆浓8%，pH=7。不同介体用量对MOW浆抗张强度的影响如图6-12所示。

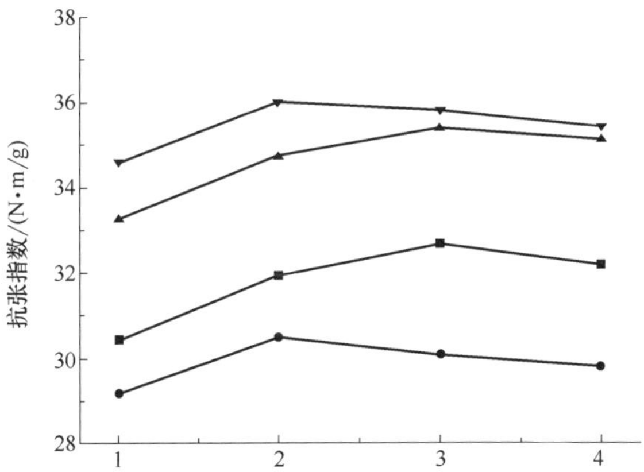

图6-12 不同介体用量对MOW浆抗张强度的影响

—▼— 纤维素酶/天冬氨酸 —▲— 纤维素酶/谷氨酸 —■— 纤维素酶/组氨酸 —●— 纤维素酶/甘氨酸

纤维素酶与不同种类氨基酸介体协同处理MOW浆对纸张抗张强度的影响具有类似的趋势，抗张强度都是随着氨基酸介体用量的增加先上升后下降并且在不同的用量下达到最大值。

经纤维素酶单独处理打浆抄造成纸后纸张抗张指数为28.83N·m/g，当天冬氨酸为最佳用量2%时，纤维素酶复合天冬氨酸处理后纸张抗张指数达到36.01Nm/g，与不加介体的对照样相比，抗张指数提升了24.9%。当谷氨酸为最佳用量3%时，纤维素酶/谷氨酸体系处理后纸张抗张指数达到35.41N·m/g，与不加介体的对照样相比，抗张指数提升了22.8%。当组氨酸为最佳用量3%时，纤维素酶/组氨酸体系处理后纸张抗张指数达到 32.67N·m/g，与不加介体的对照样相比，抗张指数提升了 13.3%。当甘氨酸为最佳用量 2%时，纤维素酶/甘氨酸体系处理后纸张抗张指数达到 30.5N·m/g，与不加介体的对照样相比，抗张指数提升了 5.8%。当氨基酸用量相同的情况下，天冬氨酸和谷氨酸比组氨酸和甘氨酸得到的纸张抗张指数要大，这是因为天冬氨酸与谷氨酸同时带有两个羧基，能够更加有利于纤维润胀，提升纤维结合力。

6.2.4.2 介体种类和用量对 MOW 浆耐破度的影响

不同介体用量对 MOW 浆耐破指数的影响如图 6-13 所示。从图中可以看到，不同氨基酸介体及在不同用量下对纸张耐破度指数的影响有所差别，但总的趋势仍然是随着介体用量的增加，耐破指数先上升后下降且在不同用量下达到最大值。

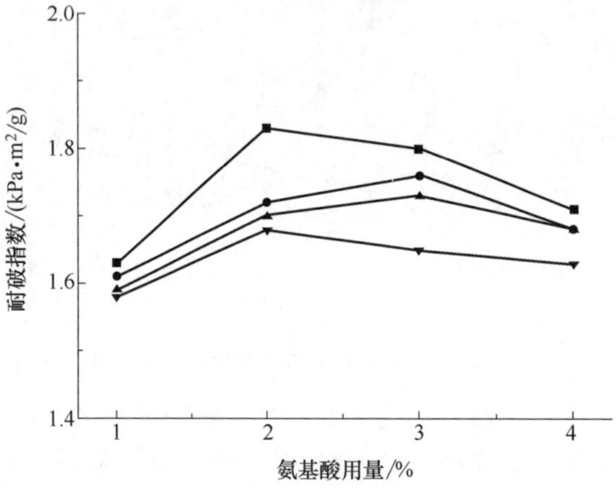

图 6-13 不同介体用量对 MOW 浆耐破指数的影响

—■— 纤维素酶/天冬氨酸 —●— 纤维素酶/谷氨酸 —▲— 纤维素酶/组氨酸 —▼— 纤维素酶/甘氨酸

经纤维素酶单独处理打浆抄造成纸后纸张耐破指数为 1.57kPa·m^2/g，当天冬氨酸为最佳用量 2%时，纤维素酶复合天冬氨酸处理后纸张耐破指数达到 1.83kPa·m^2/g，与不加介体的对照样相比，耐破指数提升了 16.56%。当谷氨酸为最佳用量 3%时，纤维素酶/谷氨酸体系处理后纸张耐破指数达到 1.76kPa·m^2/g，与不加介体的对照样相比，耐破指数提升了 12.1%。当组氨酸为最佳用量 3%时，纤维素酶/组氨酸体系处理后纸张耐破指数达到 1.73kPa·m^2/g，与不加介体的对照样相比，耐破指数提升了 10.19%。当甘氨酸为最佳用量 2%时，纤维素酶/甘氨酸体系处理后纸张耐破指数达到 1.68kPa·m^2/g，与不加介体的对照样相比，耐破指数提升了 7%。且当天冬氨酸用量超过最优值后，纸张耐破指数迅速下降。

6.2.4.3 介体种类和用量对 MOW 浆撕裂度的影响

不同介体用量对 MOW 浆撕裂指数的影响如图 6-14 所示。从图中可以看到不同介体对纤维素酶处理 MOW 浆的撕裂指数影响程度不同，随着天冬氨酸、组氨酸和甘氨酸用量的增加，纸张的撕裂指数呈现先上升后下降的趋势，而随着谷氨酸用量的增加，撕裂指数先上升后逐渐趋于平缓。

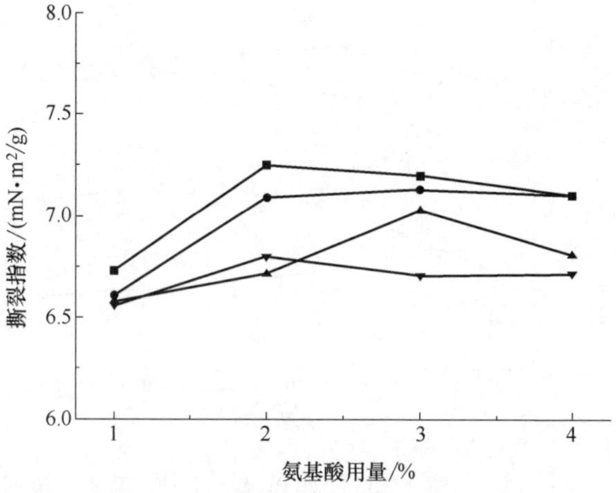

图 6-14 不同介体用量对 MOW 浆撕裂指数的影响

—■— 纤维素酶/天冬氨酸 —●— 纤维素酶/谷氨酸 —▲— 纤维素酶/组氨酸 —▼— 纤维素酶/甘氨酸

经纤维素酶单独处理打浆抄造成纸后纸张撕裂指数为 6.67mN·m^2/g，

当天冬氨酸为最佳用量2%时，纤维素酶复合天冬氨酸处理后纸张撕裂指数达到7.25mN·m^2/g，与不加介体的对照样相比，撕裂指数提升了8.7%。当谷氨酸为最佳用量3%时，纤维素酶/谷氨酸体系处理后纸张撕裂指数达到7.13mN·m^2/g，与不加介体的对照样相比，撕裂指数提升了6.9%。当组氨酸为最佳用量3%时，纤维素酶/组氨酸体系处理后纸张撕裂指数达到7.03mN·m^2/g，与不加介体的对照样相比，撕裂指数提升了5.4%。当甘氨酸为最佳用量2%时，纤维素酶/甘氨酸体系处理后纸张撕裂指数达到6.8mN·m^2/g，与不加介体的对照样相比，撕裂指数提升了1.9%。另外可以看到天冬氨酸协同纤维素酶处理MOW浆对撕裂指数的提升比较明显，甘氨酸效果最差，且各氨基酸介体用量在2%时基本就可以对撕裂指数有很好的提升，因此，在选择介体时易选用天冬氨酸。

6.3 改性漆酶/介体体系的废纸纤维改性

近年来，氨基酸作为一种含有氨基和羧基的化合物介体在协同漆酶处理高木质素含量纸浆中的应用受到人们的广泛关注。氨基酸可以与漆酶催化氧化木质素生成的酚氧自由基通过迈克尔加成反应接枝到纤维中，不同的氨基酸有不同的特征R基团，其在漆酶/氨基酸体系中的应用效果也有较大差别。

有学者用漆酶/组氨酸的组合方式来处理OCC浆，结果表明，当在漆酶和组氨酸的最佳用量实验条件时，成纸的干湿环压指数相比于空白样有所提高，提高了22.9%左右；中试结果也表明，漆酶和组氨酸用量分别为最佳的中试条件时，成纸干湿环压指数、纵横向抗张指数、耐破指数分别提高14.9%、8.0%和16.4%。

选取谷氨酸、甘氨酸和组氨酸作为不同的氨基酸介体，探究其在木聚糖酶协同改性漆酶/氨基酸体系处理废纸纤维回用性能的影响，同时，对其最优用量下对纤维质量及纤维中羧基含量进行分析，以便为不同性能需求的纸浆选择合适的氨基酸介体。

6.3.1 漆酶/介体体系对纤维改性的影响

6.3.1.1 漆酶提升纤维物理性能

有研究人员单独利用漆酶处理马尾松化学热磨机械浆，测定处理前后纸浆的性能变化。研究结果表明：经漆酶处理后，纤维的长度和粗度变化不大；漆酶处理过程中木质素部分降解溶出使纤维表面木质素含量降低，白度有所提升。利用漆酶处理美国旧瓦楞纸（AOCC），发现在适宜的条件下，漆酶可以改善纸浆的性能。特别是经漆酶处理后，AOCC浆的湿抗张强度和湿环压强度均能得到明显提高；而干抗张强度和干环压强度变化不明显。

由于漆酶相对分子质量较大，仅能氧化液相木质素和木质纤维表面木质素，不能渗透到木质纤维细胞壁内氧化纤维细胞壁中的木质素，而漆酶/介体系统却可以氧化纤维细胞壁内的木质素，所以目前的研究主要采用漆酶/介体系统改善纤维性能。

漆酶/丁香酸甲酯体系处理未漂白硫酸盐浆后，其湿抗张指数与单独漆酶处理相比提升了近两倍，因为漆酶/丁香酸甲酯体系处理纸浆会导致共价键和离子结合键的形成，使得湿强度提升。利用1-羟基苯并三唑（HBT）为介体，用漆酶处理卡伯值为94和70的辐射松硫酸盐浆，发现低用量的漆酶/介体体系（LMS）可以明显改善手抄片的抗张强度。

漆酶和APMP废液中的酚类物质共同处理OCC浆，结果表明漆酶和酚类物质共同处理可催化氧化浆中木质素形成酚氧自由基，并在纤维间发生自由基缩合反应达到提升纤维性能的目的，如干环压指数和干抗张指数分别提高了10.5%和10.0%。通过扫描电镜分析发现，经漆酶和酚类物质共同处理的纸浆纤维表面更加粗糙，纤维相互之间“黏结”在一起。这说明废液中的酚类物质促进了漆酶处理对纤维的活化作用，使纤维之间相互交联从而改善了OCC的物理性能。

采用漆酶/氨基酸（苯丙氨酸、天冬氨酸、组氨酸、精氨酸、丝氨酸和甘氨酸）体系处理硫酸盐浆，结果表明纤维的强度性能得到明显提升。纤维羧基含量的增加有利于提高纤维的润胀能力，使得纤维的柔韧性和结合面积得到增强，从而提高纤维的成纸性能。漆酶催化氧化木质素生成酚氧自由基，氨基酸通过接枝反应与纤维中的化学键结合，促进了纤维中羧基含量的增加，从而使纸浆的物理性能得到提升。另外，经漆酶/氨基酸处理后，纤维素电负性降低，使纤维之间的排斥力减小，纤维之间交联更加紧密。

采用漆酶/组氨酸体系在适宜的条件下处理旧新闻纸脱墨浆，结果表明，经过处理后纸浆的性能得到显著改善，其羧基含量、保水值和抗张指数均得到明显提高，与对照组相比，分别提高了39.1%、45.7%和55.1%。

这些研究进展为漆酶在纤维改性中的应用提供了理论基础。未来，随着技术的不断发展，漆酶在纤维物理性能提升方面的潜力将得到进一步挖掘。

6.3.1.2 不同改性条件对纤维结晶度及氢键的影响

不同改性条件下废纸纤维的红外谱图见图6-15，可以看出改性后吸收峰强度存在不同程度的差异，这表明改性对原有基团振动强度产生了影响。由基团特征峰吸收可知，NH_2基团的吸收峰为双峰，波数归属为3400～3500cm^{-1}，1650～1950cm^{-1}，由图6-15可以看出经漆酶/谷氨酸和漆酶/组氨酸改性后的纤维在1630cm^{-1}和3450cm^{-1}处有吸收峰的出现，由此推断经改性后有氨基基团进入到纤维中。经计算空白样、漆酶/谷氨酸、漆酶/组氨酸改性后纤维红外结晶指数分别为：98.3%、94.2%、68.4%。经改性后纤维结晶度减小，特别是经漆酶/组氨酸改性后红外纤维结晶度减少30%。

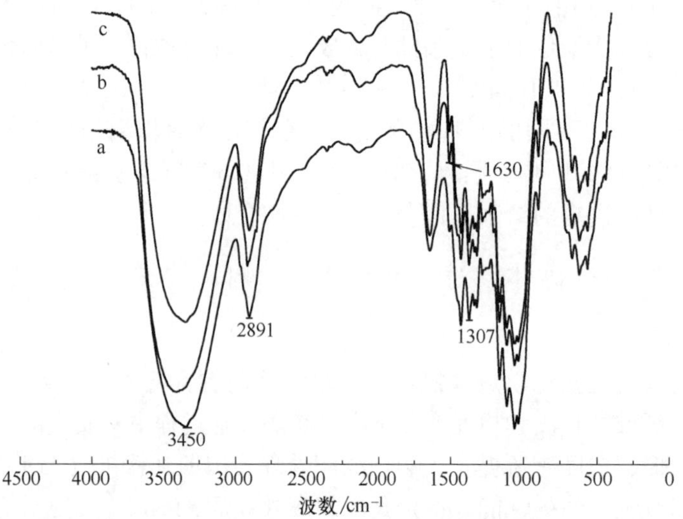

图6-15 不同改性条件下废纸纤维红外谱图

a—空白样 b—漆酶/谷氨酸 c—漆酶/组氨酸

代表氢键的3700～3000cm^{-1}波数间吸收峰发生变化，由高波数向低波数方向发生偏移，由此可知纤维间纤维氢键的结合强度发生了一定的变化，纤维素分子链的羟基通过氢键产生强烈的相互作用，因而天然纤维素的红外谱图在3000～3700cm^{-1}出现氢键的伸缩振动峰。由于氢键表现为分子内氢键和分子间氢键，具有不同的红外吸收波数，纤维素I分子内氢键O(2)H…O(6)、O(3)H…O(5)和分子间氢键O(6)H…O(3′)的特征吸收波数分别在3410～3455cm^{-1}，3340～3375cm^{-1}，3230～3310cm^{-1}。由此对纤维素的红外光谱的氢键区域进行了高斯分峰拟合，计算各子峰面积，统计各种氢键的相对百分含量，该方法可作为分析纤维素不同氢键含量，解释氢键模式的一种手段。通过红外分峰软件对红外谱图中的 3000～3800cm^{-1} 区域采用高斯函数进行分峰拟合，如图 6-16 所示，拟合结果见表 6-6 所示。

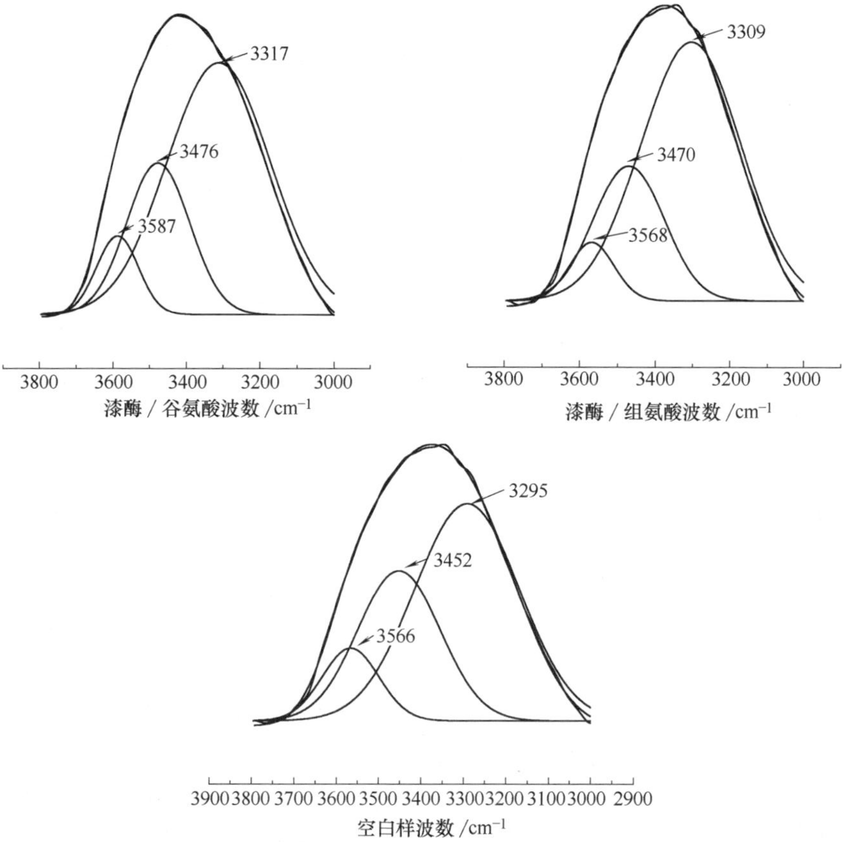

图 6-16　不同改性条件下 FT-IR 分峰拟合谱图

不同改性条件下的不同氢键模式的变化，与空白样相比经漆酶/谷氨酸和漆酶/组氨酸改性后的纤维分子间氢键的含量增加，而分子内氢键含量则减少（表 6-6 和图 6-16）。由此可知在漆酶/组氨酸和漆酶/谷氨酸改性过程中分子间氢键和分子内氢键发生了一定程度的转变。这可能是因为在漆酶/谷氨酸和漆酶/组氨酸在对纤维进行改性的过程中，谷氨酸或者组氨酸进入到纤维无定型区，使纤维分子链之间的距离增大，引起纤维变形，使分子间氢键结合受到破坏而游离出更多的羟基，促进分子内氢键的形成。“氢键理论学说”认为，分子间氢键是决定纤维性能的最主要因素，这也从侧面解释了经过改性后纤维性能增加的原因。

表 6-6　　不同改性条件下不同氢键模式含量的变化

样品	氢键	波数/cm^{-1}	含量/%
空白样	O(2)H…O(6)	3566	10.7
	O(3)H…O(5)	3452	31.6
	O(6)H…O(3′)	3295	57.7
漆酶/谷氨酸	O(2)H…O(6)	3587	8.6
	O(3)H…O(5)	3476	24.9
	O(6)H…O(3′)	3317	66.5

续表

样品	氢键	波数/cm^{-1}	含量/%
漆酶/组氨酸	O(2)H…O(6)	3568	6.8
	O(3)H…O(5)	3470	25.1
	O(6)H…O(3′)	3309	68.0

6.3.1.3 不同改性条件对纤维晶型结构的影响

不同改性条件下废纸纤维 XRD 衍射谱图见图 6-17，对其晶型结构进行研究。由图可知主要特征峰 002（$2\theta=22.5°$）衍射位置基本不变，只是特征衍射峰 101 和 $10\bar{1}$（14.5°、16.5°）的衍射强度发生了变化，具体体现为废纸纤维结晶度和结晶尺寸发生了变化。从图中可以看出，与空白样相比，经漆酶/组氨酸和漆酶谷氨酸改性后的纤维 XRD 衍射谱图上出现了不属于纤维晶体的衍射峰，且漆酶/组氨酸的衍射强度比漆酶/谷氨酸的衍射强度大。这些杂峰的出现可能是因为废纸纤维本身带入杂质也有可能是因为缓冲溶液渗入纤维素分子中。

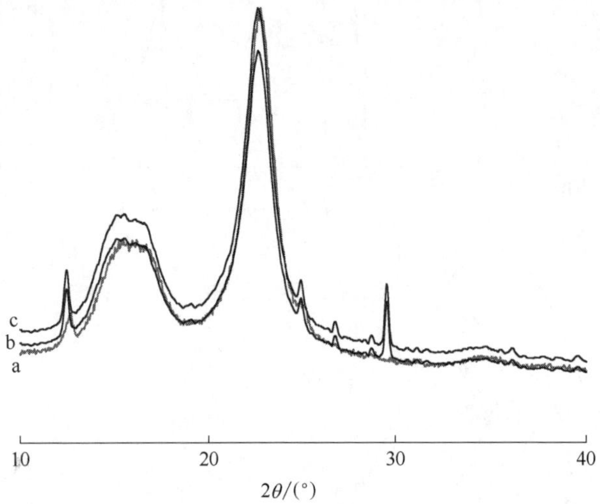

图 6-17　不同改性条件下的纤维 XRD 衍射谱图
a—空白样　b—漆酶/组氨酸　c—漆酶/谷氨酸

通过 Jade 软件对纤维素中的结晶部分、非结晶部分进行了分峰拟合的操作，得到了相应的晶面的尺寸、结晶指数和纤维的微晶横截面积，结果如表 6-7 所示。

表 6-7　不同改性条件下废纸纤维结晶度和晶面尺寸的变化

处理条件	晶面	衍射角 2θ/(°)	晶面尺寸/nm	结晶度/%	横截面积/nm^2
空白样	101	15.23	5.21	74.52	30.53
	$10\bar{1}$	16.77	5.32		
	002	22.70	5.80		
漆酶/组氨酸	101	15.52	5.11	69.53	28.64
	$10\bar{1}$	16.93	5.23		
	002	22.68	5.54		
漆酶/谷氨酸	101	15.32	5.19	71.49	29.92
	$10\bar{1}$	16.25	5.29		
	002	22.58	5.71		

由表 6-7 和图 6-17 可以看出，经改性后纤维的主要晶型不变，但对微晶尺寸产生影响。其中发生了变化的 002 面的晶面的尺寸，尤其是经过漆酶/组氨酸改性后的纤维其 002 晶面尺寸反而相比于空白样变小，而漆酶/谷氨酸改性后纤维 002 晶面尺寸与未改性的纤维

相比变化不大。表 6-7 中可知经漆酶/组氨酸和漆酶/谷氨酸改性后纤维的结晶度和横截面积都变小，这表明改性能迫使纤维的一部分晶体打开转化成非晶体。

6.3.1.4 不同改性条件对纤维素结晶区的影响

不同改性条件下的核磁光谱图见图 6-18，图中 C_6 区域属于主羟基上的 C 其化学位移为 σ60~70ppm,；而 C_2、C_3、C_5 的化学位移为 σ70~81ppm，不属于与糖苷键连接的环碳；C_4 化学位移为 σ81~93ppm；C_1 化学位移为 σ102~108ppm；C_2、C_3、C_5 的峰不能用来研究纤维素结晶结构，因为其峰是重合在一起的，图中结晶区内部和表面的信号分别为 i，s。σ 为碳-13 核磁共振中碳原子化学位移的物理量，单位为 ppm。

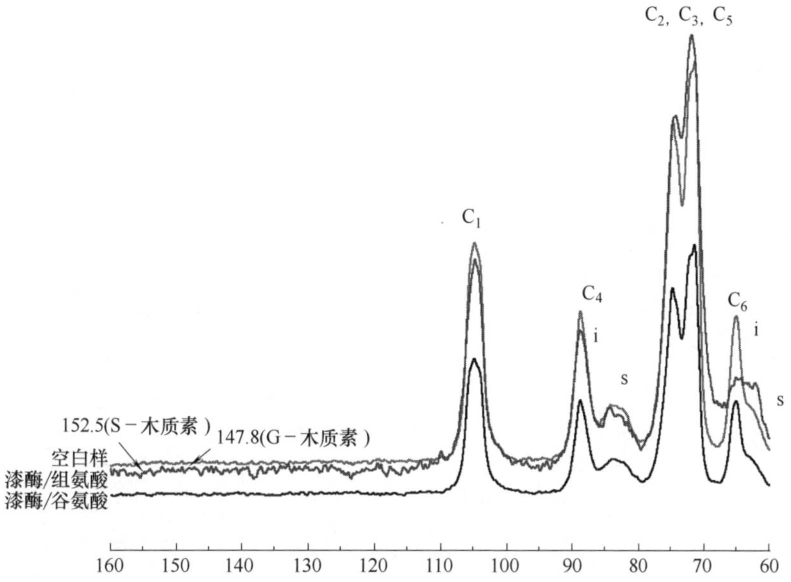

图 6-18 不同改性条件下核磁光谱图

图中 C_4 分成两部分：σ80~86 低场的化学位移，σ86~92 高场的化学位移。从图 6-18 可以看出，与空白样相比，经过改性后的主羟基上 C_6 发生了非常明显变化，其特点是漆酶/谷氨酸和漆酶/组氨酸改性后的纤维在 C_6 上的核磁峰强度增大。从图 6-18 中也可以看到漆酶/组氨酸改性后会出现微弱的木质素结构信号，但是经漆酶/谷氨酸改性后却没有，产生原因如下，样品在处理的过程中受到改性的影响，没有将木质素完全的去除。从图中可以看出经过改性后 C_4 区域发生了变化，说明纤维的结晶区和非结晶区发生了变化，对 C_4 区域进行拟合，结果如表 6-8 所示。

表 6-8 不同改性条件下废纸纤维 CP/MAS^{13}C NMR C-4 区域光谱拟合结果及基原纤尺寸和聚合基原纤尺寸结果

处理条件	空白样	漆酶/组氨酸	漆酶/谷氨酸
纤维素 I_α/%	6.7	5.4	5.8
纤维素 $I_{\alpha+\beta}$/%	4.5	3.8	3.9
纤维素 I_β/%	14.2	12.9	13.8
次晶纤维素/%	21.3	20.2	20.9
无定型区/%	65.1	68.4	66.6
基原纤尺寸/%	3.7	3.4	3.5
聚合基原纤尺寸/%	18.5	17.9	18.1

废纸浆在经过漆酶/谷氨酸和漆酶/组氨酸改性后，基原纤尺寸和聚合基原纤尺寸，相对于空白样而言，均有一定的减少，而纤维素结晶区（I_α、I_β 和 $I_{\alpha+\beta}$）均减小，这表明，漆酶/组氨酸和漆酶/谷氨酸改性在一定程度上使纤维素的晶体打开，向无定型区转化。

6.3.1.5 不同改性条件对纤维形貌的影响

空白样及漆酶/谷氨酸和漆酶/组氨酸改性后 OCC 纤维的表面形态特征图见图 6-19，从图中可以清晰地观察纤维形态的变化。由图 6-19 可知，未经改性的纤维扁平并且伴有局部塌陷的情况，空白样中纤维细胞孔有大部分是关闭的，这表明经过回用后的纤维细胞壁孔发生了不可逆关闭。从形貌图中可看出经漆酶/谷氨酸和漆酶/组氨酸体系改性后纤维与空白样相比，变的圆润而且表面的细小纤维明显，这可以解释为什么浆手抄片的物理性能会增加，这也可以解释改性后纤维润胀性能及物理强度增加的原因。经漆酶/谷氨酸改性后的纤维表面与漆酶/组氨酸改性后的纤维表面相比，纤维在形态上并没有太大的变化，但是经漆酶/组氨酸改性后的纤维细胞孔明显打开的程度会比空白样以及漆酶/谷氨酸改性的大，这表明漆酶/组氨酸改性是有助于孔的打开及抑制孔关闭的。

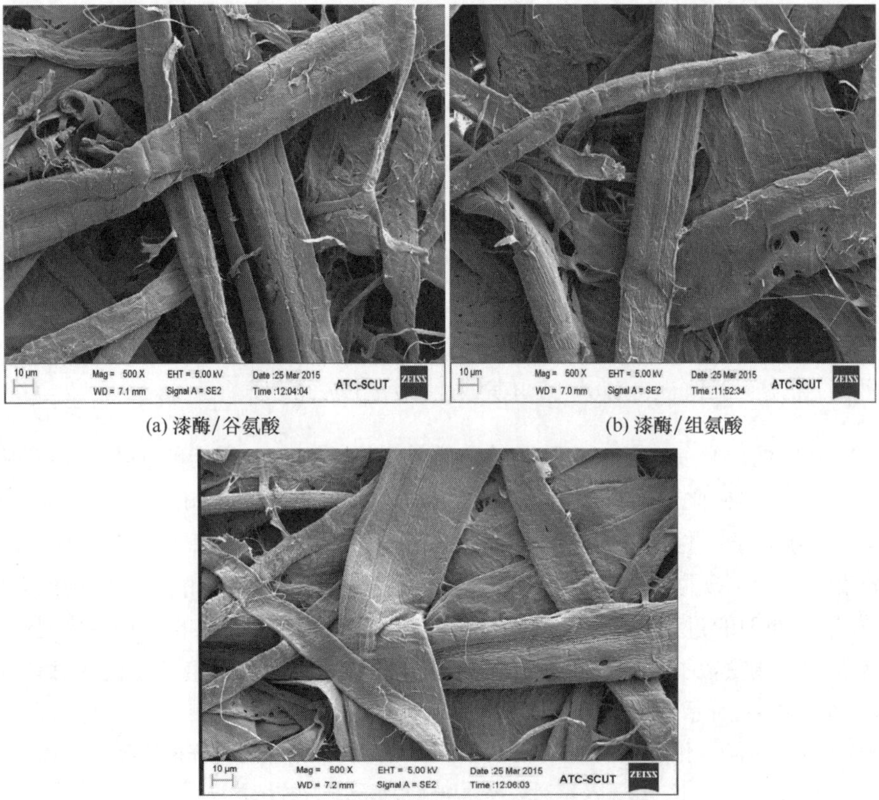

(a) 漆酶/谷氨酸　　(b) 漆酶/组氨酸

(c) 空白样

图 6-19　不同改性条件下 OCC 纤维的 SEM 图

6.3.1.6 不同改性条件对纤维孔结构的影响

用低温氮吸附法测定的不同改性条件下 OCC 纤维孔径的大小分布图见图 6-20，由图可知漆酶/组氨酸和漆酶/谷氨酸改性后的平均孔容分别为 $2.94\times10^{-2}cm^3/g$、$2.75\times10^{-2}cm^3/g$，与空白样 $1.73\times10^{-2}cm^3/g$ 的相比，分别上升了 $1.21\times10^{-2}cm^3/g$、$1.02\times10^{-2}cm^3/g$。从图中可以看出在不同的改性条件下，纤维的空隙结构发生了明显的变化，从而导致了改性后纤维的保水值变大，这有利于水分子进入到纤维中迫使纤维发生润胀，从而在一定程度上提升纤维物理和化学性能。图 6-20 中的结果明显，3.0~50nm 之间是纤维孔径大小主要分布的地方。经过不同的改性处理后纤维孔容的峰值出现在 5~11nm 之间，漆酶/介体改性后在孔径分布在 2~5nm 时，漆酶/组氨酸比漆酶/谷氨酸改性后纤维的孔容要大，在 5~10nm 时纤维的孔径大小分布曲线几乎重合。从图可以看出漆酶/组氨酸和漆酶/谷氨酸在孔径大小分布图上稍微有差异，这样也可以解释为什么漆酶/组氨酸和漆酶/谷氨酸改性后纤维的平均孔容大小相差不大。

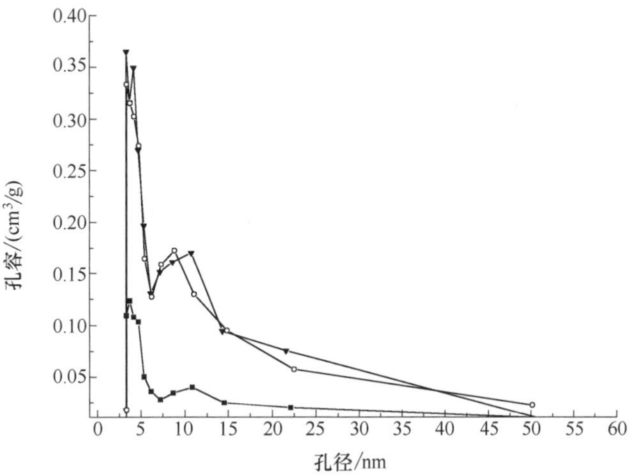

图 6-20　不同改性条件下 OCC 纤维孔径大小分布

—■— 空白样　—▼— 漆酶/组氨酸　—○— 漆酶/谷氨酸

OCC 纤维平均孔径和 BET 比表面积的变化见表 6-9，在经过漆酶/组氨酸和漆酶/谷氨酸改性后，由表可以看出经漆酶/组氨酸和漆酶/谷氨酸改性后纤维的平均孔径比空白样的增大，很明显改性后平均孔径向比空白样增大了。改性后的纤维 BET 比表面积与空白样对比变化非常明显，纤维 BET 比表面积会发生如此大的变化的原因，有如下分析：纤维在改性后，化学成分会发生一定的变化，漆酶具有降解木质素的作用。在缓冲溶液中，纤维的长时间浸泡及在漆酶/介体的作用下对纤维孔的不可逆关闭产生了影响，有可能导致其中的部分孔打开，各种研究表明纤维比表面积的下降可能是孔径由于不可逆关闭所引起的，所以纤维经漆酶/谷氨酸和漆酶/组氨酸改性后 BET 比表积变大。

表 6-9　　不同改性条件下 OCC 纤维的平均孔径和 BET 比表面积变化

处理条件	平均孔径/nm	平均孔容/($cm^3/g\times10^{-2}$)	BET 比表面积/(m^2/g)
空白样	3.74	1.73	50.27
漆酶/谷氨酸	4.26	2.75	169.17
漆酶/组氨酸	4.72	2.94	174.27

6.3.1.7　漆酶/介体体系对木质素模型物的影响

木质素模型物与谷氨酸反应混合液在 0℃ 下放置 12h，使漆酶沉淀，取上清液在 HPLC（Agilent1100，America）上进行测定，利用紫外检测器进行检测，其检测波长设置为 254nm。使用乙腈和 1%的 H_3PO_4 作为流动相，进行梯度淋洗如表 6-10 所示，流速 1mL/min，柱温 35℃。

表 6-10　　HPLC 梯度淋洗参数

时间/min	开始	5	20	21	35	36	45
乙腈 B 含量/%	20	20	75	90	90	20	20
1%H_3PO_4D 含量/%	80	80	25	10	10	80	80

在 LC-MS（maXis impact）分析中，高压液相采用乙腈作为流动相，其他条件如上所

述；质谱仪采用正相离子模式以及双聚焦式质量分析器，电喷雾电压为+3500V，喷雾器压力为30kPa，载气为N_2，流速为4L/min，温度为180℃。

选取阿魏酸、丁香酸分别模拟木质素中愈创木基丙烷结构和紫丁香基结构，因为这两种结构在木质素中含量最高。为了探讨漆酶催化阿魏酸与谷氨酸发生耦合反应的可能性，对反应产物进行HPLC分析，在图6-21和图6-22有无漆酶催化木质素模型物与谷氨酸反应的HPLC谱图中，阿魏酸的保留时间t_R=11.6min，谷氨酸的保留时间t_R=38.0min。在空白样中，仅有阿魏酸和谷氨酸两种谱峰，说明在自然条件下阿魏酸与谷氨酸之间不能发生反应，在漆酶催化条件下，在t_R=4.5min和14.7min处出现新的谱峰，表明至少有两种新物质生成，推测漆酶可催化氧化木质素模型物形成自由基与谷氨酸发生耦合反应，即谷氨酸可连接到木质素模型物上。

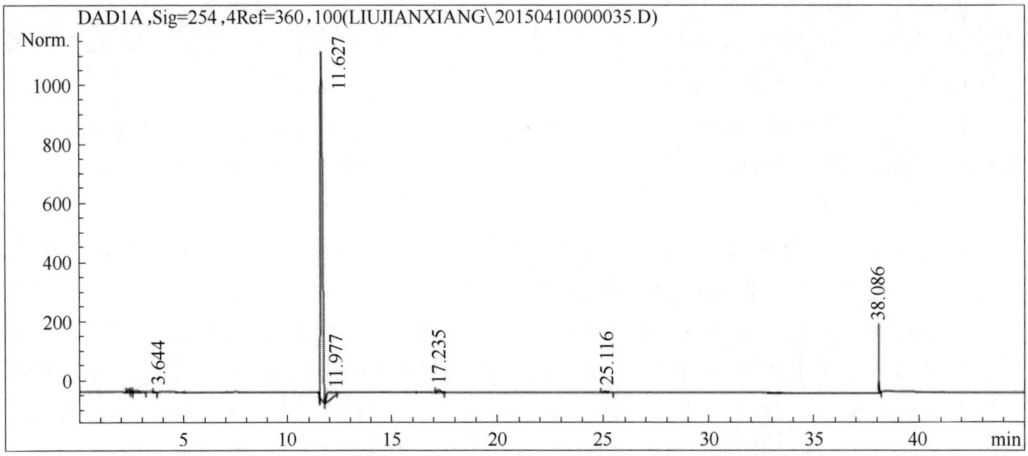

图6-21 无漆酶催化木质素模型物与谷氨酸反应的HPLC谱图

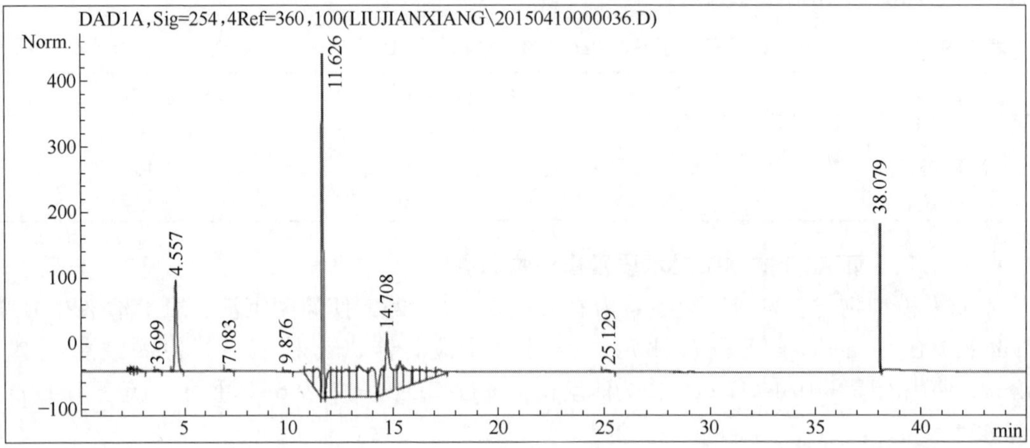

图6-22 漆酶催化木质素模型物与谷氨酸反应的HPLC谱图

为进一步探讨生成物的结构，对反应产物进行质谱分析。阿魏酸（F）和谷氨酸（G）的相对分子质量分别是194.19和147.13。在质荷比（m/z）340.09处有一个质子化离子峰+(实际相对分子质量339.11)，表明一分子的谷氨酸可与一分子的阿魏酸反应，推测可形成二聚体$(F+G)_1$［图6-23（a）］；在m/z 341.10处有一个分子离子峰（M+）及其质子化离子峰+342.11（因与341.10峰很近，所以此峰未标记；实际相对分子质量为341.11），谷氨酸和阿魏酸可按摩尔比1∶1反应形成二聚体（F+G）$_2$［图6-23（b）］；在质荷比（m/z）387.11处有一个质子化离子峰+(实际相对分子质量386.12)，表明漆酶催化木质素模型物可形成自由基，推测其自身可以发生耦联形成二聚体（F+F）$_1$、（F+F）$_2$［图6-23（c）］。因此，漆酶催化木质素模型物可以形成不同的自由基（图6-24），因为其诱导效应，各自由基之间可以相互转化。

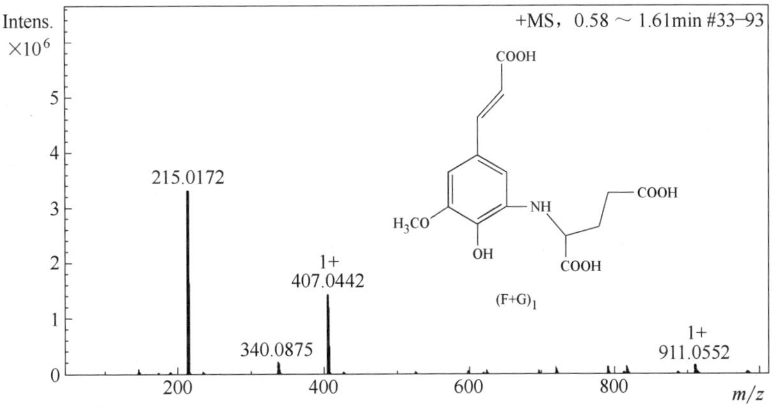

(a)

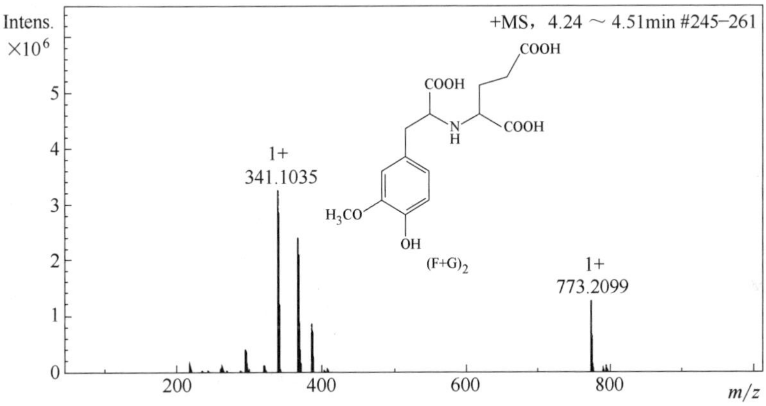

(b)

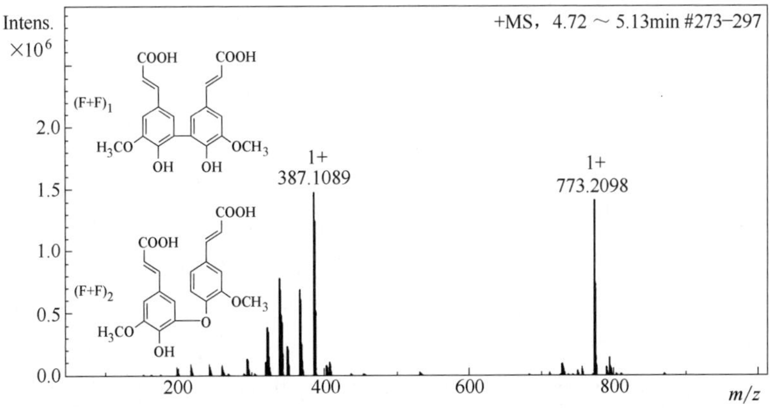

(c)

图6-23 漆酶催化阿魏酸连接谷氨酸的LC-MS谱图及对应的分子结构

分析丁香酸和谷氨酸经漆酶催化后的产物时，在 LC-MS 分析过程中，根据出现的质荷比推导不出对应的耦合产物，因此猜想，因丁香酸 C_5 位置为—OCH_3，在漆酶催化过程中不能形成自由基，所以谷氨酸与其不能反应或自身无法进行耦合。

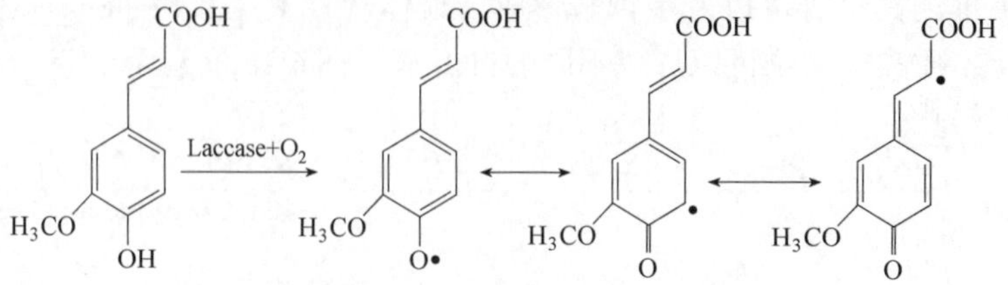

图 6-24　漆酶催化木质素模型物形成自由基示意图

6.3.2　酶用量对纤维强度的影响

6.3.2.1　漆酶用量对改性漆酶/谷氨酸体系处理 OCC 浆纤维强度的影响

条件：L-苯丙氨酸甲酯盐酸盐改性漆酶/谷氨酸体系：谷氨酸用量 2%，pH=6，温度 30℃，时间 3h。二氧化硫脲改性漆酶/谷氨酸体系：谷氨酸用量 2%，pH=6，温度 30℃，时间 3h。漆酶/谷氨酸体系：谷氨酸用量 2%，pH=6，温度 30℃，时间 3h。

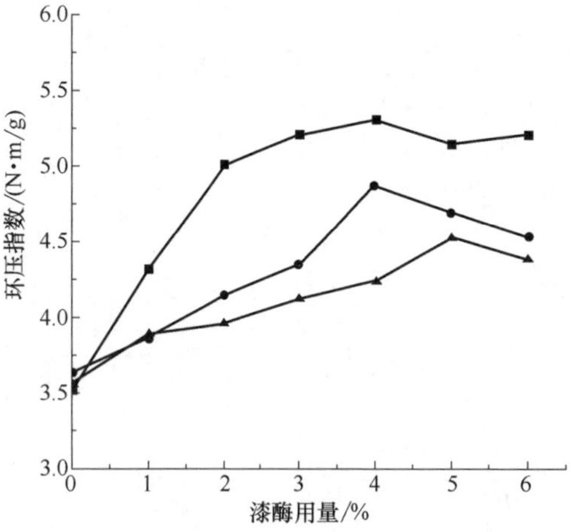

图 6-25　漆酶用量对 OCC 浆环压指数的影响
—■— L-苯丙氨酸甲酯盐酸盐改性漆酶/谷氨酸
—●— 二氧化硫脲改性漆酶/谷氨酸　—▲— 漆酶/谷氨酸

漆酶用量对 OCC 浆环压指数的影响如图 6-25 所示，在不同改性漆酶/谷氨酸处理 OCC 浆的反应体系中，随着漆酶用量增加环压指数均呈先增大后减小的趋势。未添加漆酶时空白样的环压指数为 3.58N·m/g，当谷氨酸用量为 2%时环压指数相差不大，因此单独加入谷氨酸对 OCC 浆纤维性能的改善不明显；对于未改性漆酶/谷氨酸处理的 OCC 浆，当漆酶用量为 5%时，OCC 浆的环压指数达到最大值；对于 L-苯丙氨酸甲酯盐酸盐和二氧化硫脲改性漆酶/谷氨酸处理的 OCC 浆，当改性漆酶用量为 4%时，其环压指数即达到最大。这是因为漆酶经过改性后，活性进一步增强，其催化氧化木质素使大量微细纤维从纤维表面游离出来并与其相邻的微细纤维发生交联，增加了纤维之间的结合力。当三者均处于最佳漆酶用量时，经 L-苯丙氨酸甲酯盐酸盐改性漆酶/谷氨酸处理和二氧化硫脲改性漆酶/谷氨酸处理的 OCC 环压指数比未改性漆酶/谷氨酸分别提高 17.2%和 7.5%。另外，随着漆酶用量增加到一定程度，环压指数均出现下降趋势，这可能是因为过多的漆酶吸附在纤维表面，阻碍纤维之间氢键的形成，从而影响了纸页的物理性能。

不同改性漆酶/谷氨酸体系处理过程中漆酶用量对 OCC 浆抗张指数的影响如图 6-26 所示，其结果显示抗张指数变化与环压指数的变化趋势相一致。对于未改性漆酶/谷氨酸处理的 OCC 浆，当漆酶用量为 5%时，其抗张指数最大，为 16.2N·m/g；对于 L-苯丙氨酸改性漆酶和二氧化硫脲改性漆酶/谷氨酸处理的 OCC 浆，当改性漆酶用量为 4%时，抗张指数即达到最大，分别为 18.7N · m/g 和 17.8N · m/g，比未改性漆酶/谷氨酸处理的 OCC 抗张指数相比分别提高了 15.4%和 9.9%。

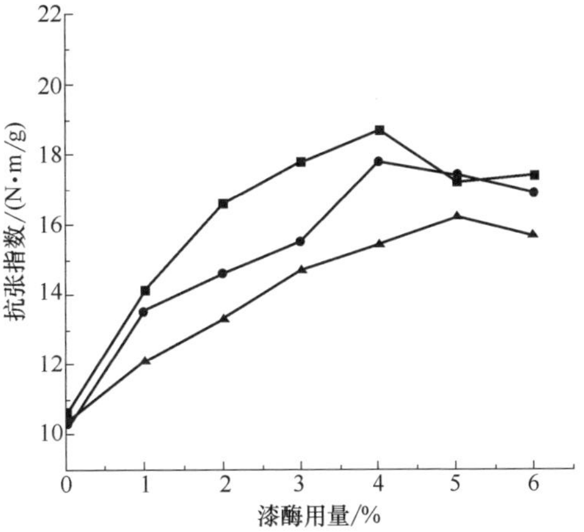

图 6-26　漆酶用量对 OCC 浆抗张指数的影响

—■— L-苯丙氨酸甲酯盐酸盐改性漆酶/谷氨酸
—●— 二氧化硫脲改性漆酶/谷氨酸　—▲— 漆酶/谷氨酸

不同漆酶用量对 OCC 纸张撕裂指数的影响见图 6-27，漆酶/组氨酸反应体系在漆酶用量为 1.0U/g 时，纸张的撕裂指数随着漆酶用量的增加而增加，当超过此用量时，漆酶用量增加撕裂指数反而减小。漆酶/谷氨酸反应体系在漆酶用量超过 1.5U/g 后，撕裂指数也呈现下降的趋势。由此可知漆酶用量并不是越多对纤维的性能提高越好。比较两反应体系撕裂强度的变化规律，可知漆酶/组氨酸和漆酶/谷氨酸反应体系在最佳酶用量时，撕裂指数分别为 16.8mN · m^2/g、17.2mN · m^2/g，空白样为 15.77mN · m^2/g，相比于空白样分别提高了 6.5%、9%。在漆酶/谷氨酸中 OCC 抗张指数比漆酶/组氨酸中高出 2%左右，基本上变化不是很大。通过比较可知，在最佳漆酶用量下，漆酶/谷氨酸比漆酶/组氨酸撕裂指数高 2%、抗张指数低 6.8%，从改善二次纤维性能效果可知漆酶/谷氨酸有代替漆酶/组氨酸的可能。

从图 6-28 可以看出，在漆酶处理 OCC 浆的不同反应体系中，随着漆酶用量的增加，纸张的抗张指数均出现先增加后减小最后趋于平缓的现象。当漆酶/组氨酸反应体系的酶用量为 1.0U/g，而漆酶/谷氨酸反应体系的酶用量为 1.5U/g 时，纸张纤维的抗张指数均达到最大。出现这种现象的可能原因是漆酶吸附在纤维的表面，减少了纤维与纤维之间形成氢键，因而抗张指数有所下降。在最佳酶用量时，漆酶/组氨酸的抗张指数为 15.6N · m/g，相比较空白样 11.58N · m/g 提高了 34%，漆酶/谷氨酸为 14.6N · m/g，相比较空白样提高了 26%。漆酶/组氨酸反应体系抗张指数比漆酶/谷氨酸反应体系的提高 6.8%左右。

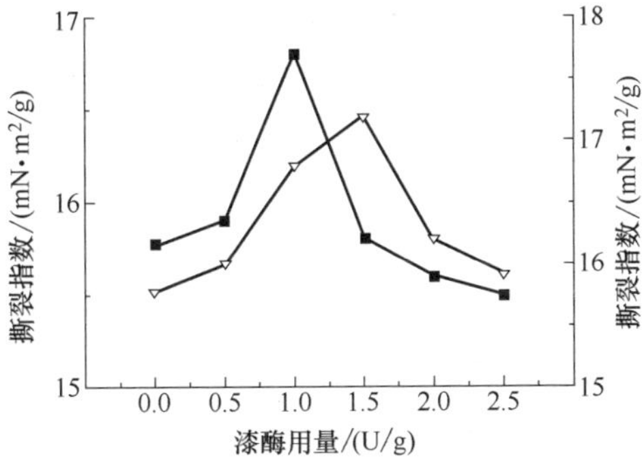

图 6-27　漆酶用量对 OCC 撕裂指数的影响

—■— 漆酶/组氨酸　—▽— 漆酶/谷氨酸

注：左纵坐标对应漆酶/组氨酸；右纵坐标对应漆酶/谷氨酸。

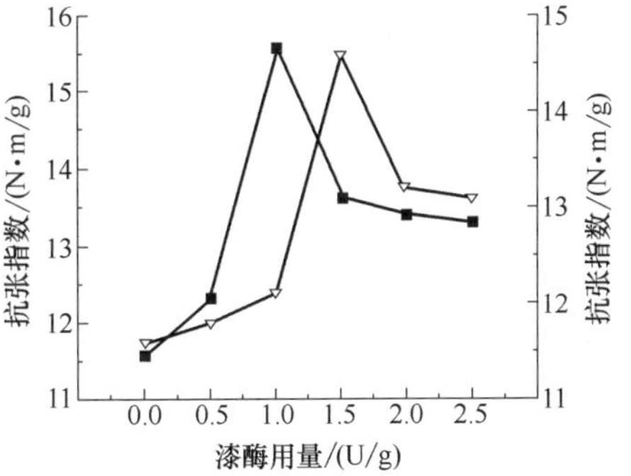

图 6-28　漆酶用量对 OCC 抗张指数的影响

—■— 漆酶/组氨酸　—▽— 漆酶/谷氨酸

注：左右纵坐标对应同图 6-27。

图 6-29 和图 6-30 是漆酶/谷氨酸和漆酶/组氨酸体系中，漆酶用量变化时 OCC 改性后和空白样纤维红外光谱图，从图中可以看出在漆酶用量变化时纤维的谱图中没有新的波峰出

现，这表明改性后纤维分子的结构变化微小，而改性后吸收峰强度存在不同程度的差异则表明改性对原有基团振动强度产生了影响。相对于空白样来说，加入漆酶和介体后的纤维的红外光谱图在结构上没有很大的变化，可能原因是介体的用量很少。

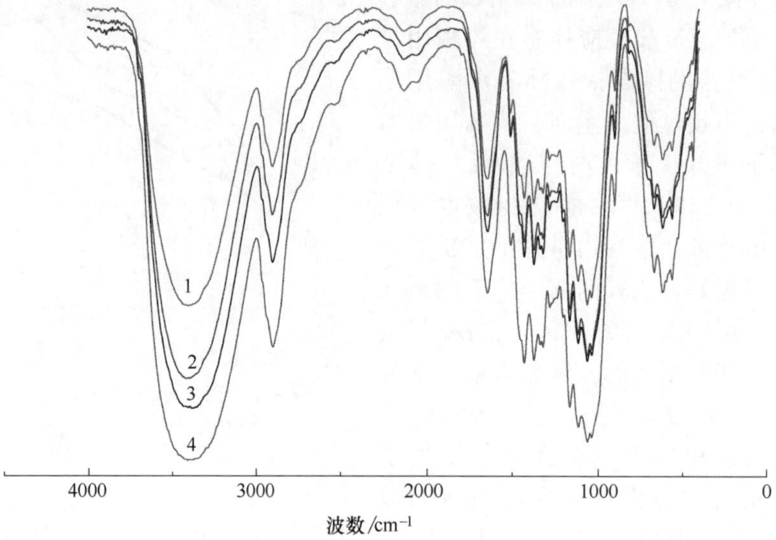

图 6-29　空白样和漆酶/谷氨酸改性后纤维红外光谱图

1—漆酶 1.5U/g　2—漆酶 2.0U/g　3—漆酶 1.0U/g　4—空白样

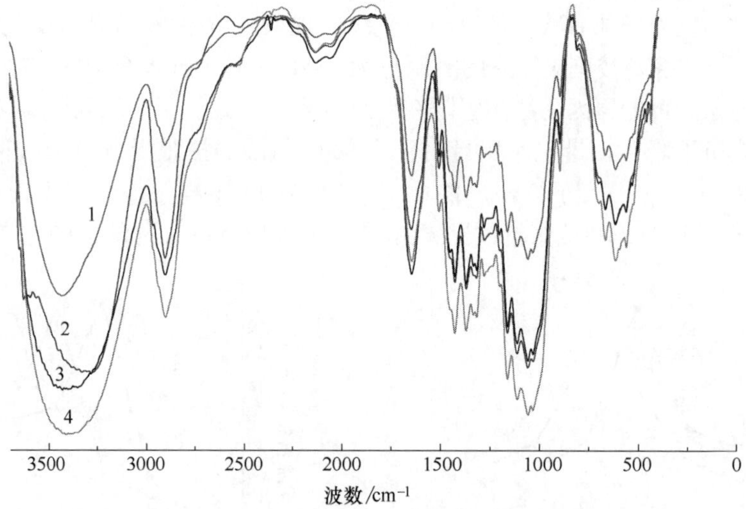

图 6-30　空白样和漆酶/组氨酸改性后纤维红外光谱图

1—漆酶 1U/g　2—漆酶 1.5U/g　3—漆酶 0.5U/g　4—空白样

计算漆酶/谷氨酸和漆酶/组氨酸体系中最佳漆酶用量附近的红外结晶指数结果如表 6-11 所示：

从表 6-11 中可以看出与空白样相比，经过漆酶介体改性后的 OCC 纤维红外结晶指数均下降。其中红外结晶指数是最小时是在漆酶/谷氨酸体系中在漆酶用量为 1.5U/g 的时候，其结晶指数与空白样相比下降了 13.9%，然而当漆酶用量为 2.0U/g 时只下降了 10.1%，漆酶用量为 1.0U/g 时下降 7.7%。由此可以确定漆酶/谷氨酸体系在漆酶用量为 1.5U/g 时是最佳用量，此结果与 OCC 浆物理性能测试的结果一致。漆酶/组氨酸体系中漆酶用量为 1.0U/g 时纤维红外结晶指数最小，比空白样少 14.8%，而漆酶用量为 1.5U/g 时下降了 11.5%，由上可以推出经漆酶/组氨酸改性后，纤维晶体结构发生了变化，可能是介体进入到纤维结晶部分改变了纤维润胀性。

表 6-11　　漆酶用量对纤维红外结晶指数的影响

漆酶/谷氨酸	处理条件(漆酶用量)/(U/g)	红外结晶指数/%	漆酶/组氨酸	处理条件(漆酶用量)/(U/g)	红外结晶指数/%
1	1.5	86.8	1	1.0	84.2
2	2.0	89.1	2	1.5	87.5
3	1.0	91.2	3	0.5	93.8
4	0	98.9	4	0	98.9

6.3.2.2　漆酶用量对改性漆酶/组氨酸体系处理桉木浆纤维物理强度的影响

改性漆酶/组氨酸体系预处理桉木浆纤维反应条件：向 10g 绝干浆中加入不同量的漆酶，1%（绝干浆）的组氨酸。调节浆浓至 5%，并调节 pH 至 7，通氧气 30min，在 30℃下反应一定时间（未改性漆酶/组氨酸体系反应时间 3h，L-苯丙氨酸甲酯盐酸盐改性漆酶/组氨酸体系反应时间 2h，二氧化硫脲改性漆酶/组氨酸体系反应时间 1.5h）。反应完成后洗浆平衡水分后测纤维含水量，低温保存备用。

如图 6-31 所示，无论是未改性漆酶/组氨酸还是改性漆酶/组氨酸体系预处理的纤维，随着漆酶用量的增加，纤维改性后纸张的抗张强度都得到了提高。经未改性漆酶/组氨酸和改性漆酶/组氨酸体系预处理的纤维，纸张的抗张指数虽有波动，但整体呈现先增加后降低的趋势。对于未改性漆酶/组氨酸体系预处理的纤维，当漆酶用量 8U/g（绝干浆）时，纸张的抗张指数最大；对于 L-苯丙氨酸甲酯盐酸盐改性漆酶/组氨酸体系预处理的纤维，当漆酶用量为 6U/g（绝干浆）时，纸张的抗张指数最大；对于二氧化硫脲改性漆酶/组氨酸体系预处理的纤维，当漆酶用量为 8U/g 时，纸张的抗张指数最大。而且由图 6-31（a）看

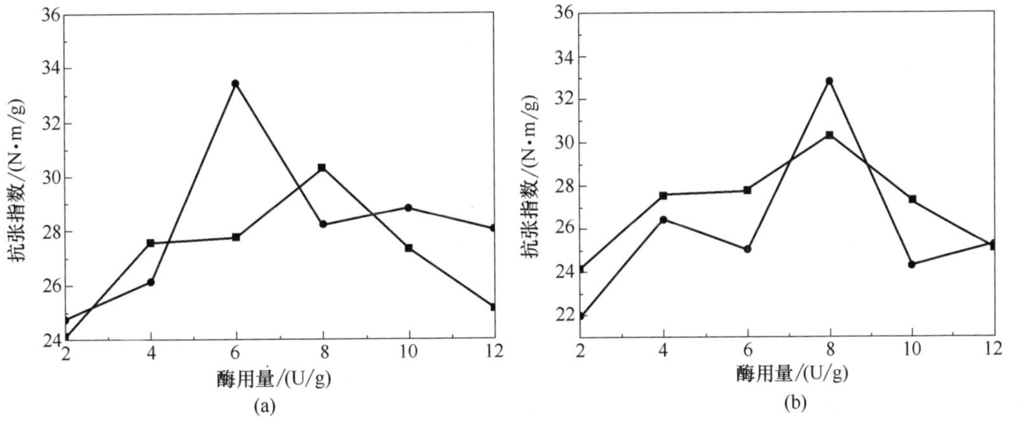

图 6-31　漆酶用量对纸张抗张指数的影响

（a）未改性漆酶/组氨酸和 L-苯丙氨酸甲酯盐酸盐改性漆酶/组氨酸体系预处理纤维

—■— 未改性漆酶/组氨酸　—●— L-苯丙氨酸甲酯盐酸盐改性漆酶/组氨酸

（b）未改性漆酶/组氨酸和二氧化硫脲改性漆酶/组氨酸体系预处理纤维

—■— 未改性漆酶/组氨酸　—●— 二氧化硫脲改性漆酶/组氨酸

出，经L-苯丙氨酸甲酯盐酸盐改性漆酶/组氨酸体系和未改性漆酶/组氨酸体系预处理的纤维，比较两者在最佳漆酶用量下的抗张指数，研究发现，前者比后者的抗张指数提高了10.2%；而由图6-31（b）看出，经二氧化硫脲改性漆酶/组氨酸体系预处理的纤维，其纸张的抗张指数比未改性漆酶/组氨酸体系预处理的纤维提高了8.2%。

漆酶用量对纸张耐破强度的影响如图6-32所示，无论是未改性漆酶/组氨酸还是改性漆酶/组氨酸体系预处理的纤维，随着漆酶用量的增加，纤维改性后纸张的耐破强度都得到了提高。经未改性漆酶/组氨酸和改性漆酶/组氨酸体系预处理的纤维，纸张的耐破指数虽有波动，但整体呈现先增加后降低的趋势。对于以上3种漆酶/组氨酸体系预处理的纤维，当漆酶用量8U/g（绝干浆）时，纸张的耐破指数均达到最大。而且由图6-32（a）看出，经L-苯丙氨酸甲酯盐酸盐改性漆酶/组氨酸体系和未改性漆酶/组氨酸预处理的纤维，比较两者在最佳漆酶用量下的耐破指数，研究发现，前者比后者的耐破指数提高了9.2%；而由图6-32（b）看出，经二氧化硫脲改性漆酶/组氨酸体系预处理的纤维，其纸张的耐破指数比未改性漆酶/组氨酸体系预处理的纤维提高了8.6%。

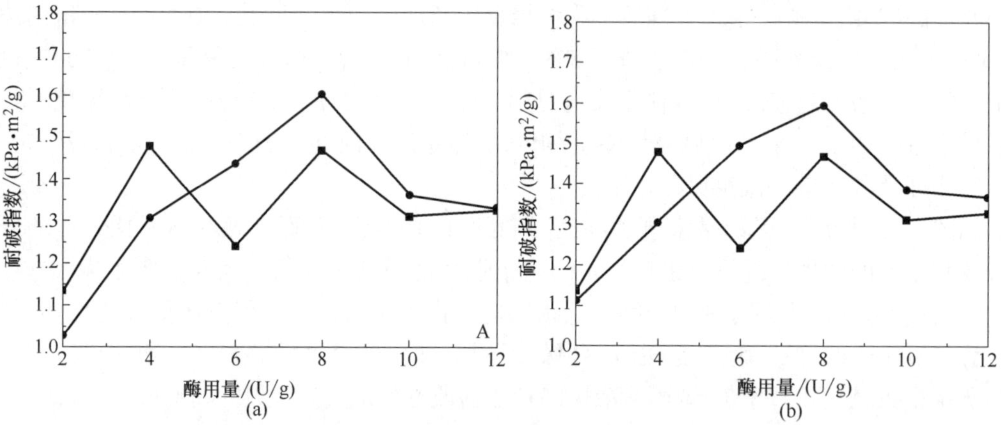

图6-32　漆酶用量对纸张耐破指数的影响

（a）未改性漆酶/组氨酸和L-苯丙氨酸甲酯盐酸盐改性漆酶/组氨酸体系预处理纤维

—■— 未改性漆酶/组氨酸　—●— L-苯丙氨酸甲酯盐酸盐改性漆酶/组氨酸

（b）未改性漆酶/组氨酸和二氧化硫脲改性漆酶/组氨酸体系预处理纤维

—■— 未改性漆酶/组氨酸　—●— 二氧化硫脲改性漆酶/组氨酸

漆酶用量对纸张撕裂强度的影响如图6-33所示，无论是未改性漆酶/组氨酸还是改性漆酶/组氨酸体系预处理的纤维，在一定范围内，随着漆酶用量的增加，纤维改性后纸张的撕裂度都得到了提高。经未改性漆酶/组氨酸和改性漆酶/组氨酸体系预处理的纤维，纸张的撕裂指数虽有波动，但整体呈现先增加后降低的趋势。对于未改性漆酶/组氨酸体系和L-苯丙氨酸甲酯盐酸盐改性漆酶/组氨酸体系预处理的纤维，当漆酶用量8U/g（绝干浆）时，纸张的撕裂指数均达到最大，而二氧化硫脲漆酶/组氨酸预处理的纤维，当漆酶用量6U/g（绝干浆）时，纸张的撕裂指数最大。而且由图6-33（a）看出，经L-苯丙氨酸甲酯盐酸盐改性漆酶/组氨酸体系和未改性漆酶/组氨酸预处理的纤维，比较两者在最佳漆酶用量下的撕裂指数，研究发现，前者比后者的撕裂指数提高了8.8%；而由图6-33（b）看出，经二氧化硫脲改性漆酶/组氨酸体系预处理的纤维，其纸张的撕裂指数比未改性漆酶/组氨酸体系预处理的纤维提高了17.8%。

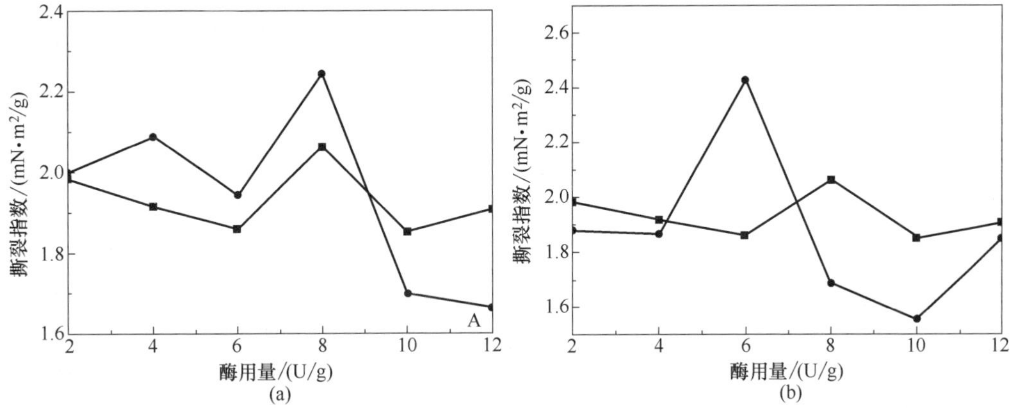

图 6-33　漆酶用量对纸张撕裂指数的影响

（a）未改性漆酶/组氨酸和 L-苯丙氨酸甲酯盐酸盐改性漆酶/组氨酸体系预处理纤维

—■— 未改性漆酶/组氨酸　—●— L-苯丙氨酸甲酯盐酸盐改性漆酶/组氨酸

（b）未改性漆酶/组氨酸和二氧化硫脲改性漆酶/组氨酸体系预处理纤维

—■— 未改性漆酶/组氨酸　—●— 二氧化硫脲改性漆酶/组氨酸

漆酶/组氨酸体系预处理纤维，使得纸张的物理强度出现先增后降的趋势，这是因为随着漆酶用量的增加，经（未改性/改性）漆酶/组氨酸改性的纤维，其中的木质素在漆酶处理下氧化为酚氧自由基，产生小分子物质，与纤维发生交联，酚类物质充当桥梁使纤维之间发生黏结作用，从而提高了纸张的抗张强度。但是继续增加漆酶用量，纸张的抗张强度反而下降，这可能是由于纤维中的木质素已与漆酶充分反应，多加入的漆酶不仅不能使纸张纤维的物理性能提高，从而使纤维的物理强度下降。

经上述分析，我们得出用于预处理纤维的漆酶/组氨酸体系中，未改性漆酶/组氨酸体系最佳漆酶用量为 8U/g（绝干浆），L-苯丙氨酸甲酯盐酸盐改性漆酶/组氨酸体系最佳漆酶用量为 8U/g（绝干浆），二氧化硫脲改性漆酶/组氨酸体系最佳漆酶用量为 8U/g（绝干浆）。

6.3.3　介体用量对纤维强度的影响

6.3.3.1　介体用量对改性漆酶/谷氨酸体系处理 OCC 浆纤维强度的影响

条件：L-苯丙氨酸甲酯盐酸盐改性漆酶/谷氨酸体系：漆酶用量 4%，pH=6，温度 30℃，时间 3h。二氧化硫脲改性漆酶/谷氨酸体系：漆酶用量 4%，pH=6，温度 30℃，时间 3h。漆酶/谷氨酸体系：漆酶用量 5%，pH=6，温度 30℃，时间 3h。

谷氨酸用量对 OCC 浆环压指数的影响如图 6-34 所示，随着谷氨酸用量的增加，OCC 浆环压指数均呈先增大后趋于平缓的趋势。对于未改性漆酶/谷氨酸处理的 OCC 浆，当谷氨酸用量为 1.5%时，其环压指数达到最大为 4.83N · m/g。对于 L-苯丙氨酸甲酯盐酸盐改性漆酶/谷氨酸处理和二氧化硫脲改性漆酶/谷氨酸处理的 OCC 浆，谷氨酸最佳用量分别为 2%和 1.5%，环压指数分别为 5.5N · m/g 和 5.21N · m/g，比未改性漆酶/谷氨酸处理的 OCC 分别提高 13.9%和 7.9%。这是因为漆酶经过改性后表面出现更多活化位点，能催化氧化木质素产生更多的酚氧自由基，促进谷氨酸通过迈克尔加成反应嫁接其上，进一步增加了浆中的羧基含量。另外，当不同改性漆酶/谷氨酸处理 OCC 的反应体系中环压指数分别达到最大

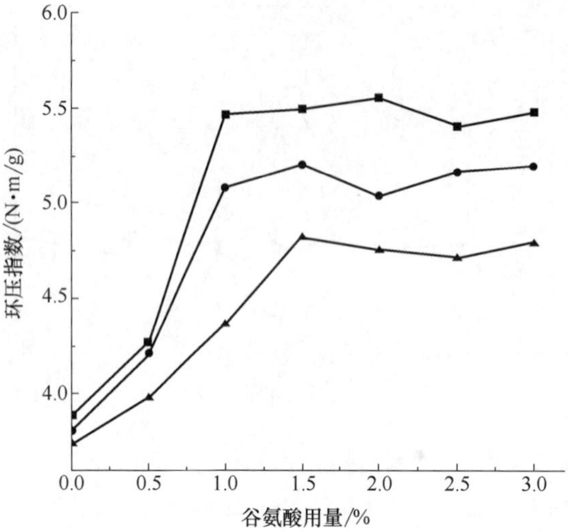

图 6-34 谷氨酸用量对 OCC 浆环压指数的影响
—■— L-苯丙氨酸甲酯盐酸盐改性漆酶/谷氨酸
—●— 二氧化硫脲改性漆酶/谷氨酸 —▲— 漆酶/谷氨酸

值后，谷氨酸用量增加对环压指数的影响便不明显，这是因为谷氨酸迈克尔加成反应已经达到饱和。

不同改性漆酶/谷氨酸处理过程中谷氨酸用量对 OCC 浆抗张指数的影响见图 6-35，可以看出抗张指数的变化与环压指数变化相一致，也是先增大后趋于平缓。对于未改性漆酶/谷氨酸处理的 OCC 浆，谷氨酸最佳用量为 1.5%，抗张指数为 15.9N · m/g；对于 L-苯丙氨酸甲酯盐酸盐改性漆酶/谷氨酸处理和二氧化硫脲改性漆酶/谷氨酸处理的 OCC 浆，其最佳用量分别为 2% 和 1.5%，抗张指数为 19.4N · m/g 和 18.2N · m/g，比最佳谷氨酸用量条件下未改性漆酶/谷氨酸处理的 OCC 的抗张指数分别提高 22% 和 14.5%。

6.3.3.2 介体用量对改性漆酶/组氨酸体系处理桉木浆纤维强度的影响

改性漆酶/组氨酸体系预处理原桉木浆纤维反应条件：向 10g 绝干浆中加入一定量的漆酶（未改性漆酶/组氨酸体系和改性漆酶/组氨酸体系中酶用量均为 8U/g，绝干浆)，不同量的组氨酸。调节浆浓至 5%，并调节 pH 至 7，通氧气 30min，在 30℃ 下反应一定时间（未改性漆酶/组氨酸体系反应时间 3h，L-苯丙氨酸甲酯盐酸盐改性漆酶/组氨酸体系反应时间 2h，二氧化硫脲改性漆酶/组氨酸体系反应时间 1.5h）。反应完成后洗浆平衡水分后测纤维含水量，低温保存备用。

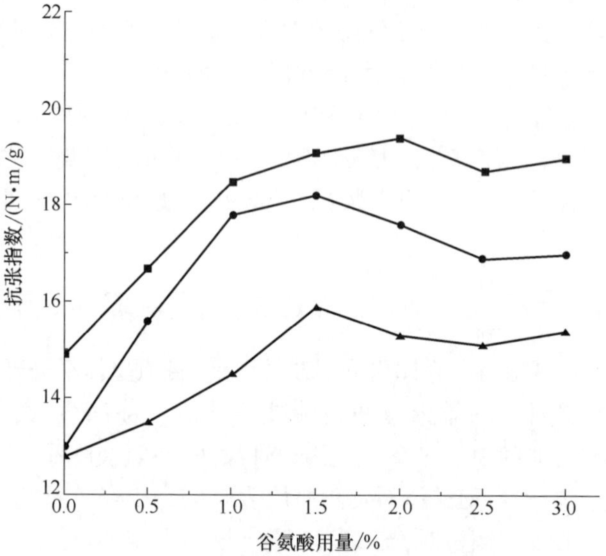

图 6-35 谷氨酸用量对 OCC 浆抗张指数的影响
—■— L-苯丙氨酸甲酯盐酸盐改性漆酶/谷氨酸
—●— 二氧化硫脲改性漆酶/谷氨酸 —▲— 漆酶/谷氨酸

漆酶用量对纸张抗张强度的影响如图 6-36 所示，随着组氨酸用量的增加，未改性漆酶/组氨酸和改性漆酶/组氨酸体系预处理的纤维，纤维改性后纸张的抗张强度都得到了提高。经未改性漆酶/组氨酸和改性漆酶/组氨酸体系预处理的纤维，纸张的抗张指数整体呈现先增加后降低的趋势。对于这 3 种漆酶/组氨酸体系预处理的纤维，当组氨酸用量 0.8%（绝干浆）时，纸张的抗张指数最大。而且由图 6-36（a）看出，经 L-苯丙氨酸甲酯盐酸盐改性漆酶/组氨酸体系和未改性漆酶/组氨酸预处理的纤维，比较两者在最佳组氨酸用量下的抗张指数。研究发现，前者比后者的抗张指数提高了 9.8%；而由图 6-36（b）看出，经二氧化硫脲改性漆酶/组氨酸体系预处理的纤维，其纸张的抗张指数比未改性漆酶/组氨酸体系预处理的纤维提高了 12.0%。

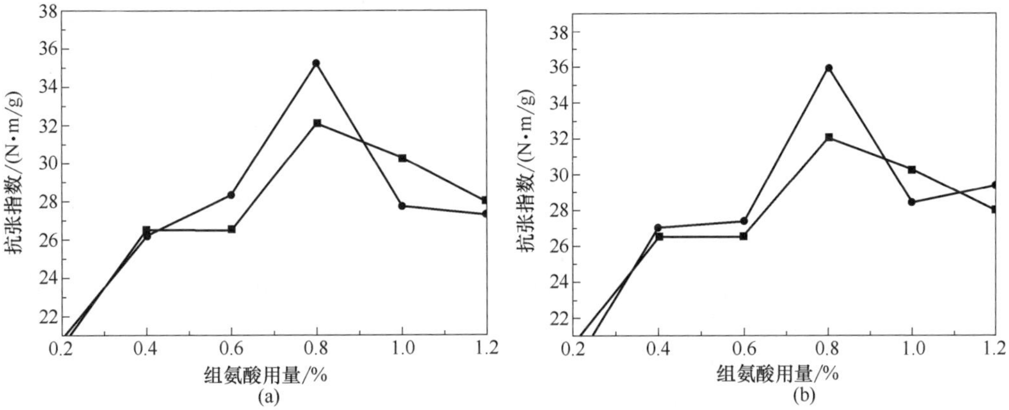

图 6-36 漆酶用量对纸张抗张强度的影响

（a）未改性漆酶/组氨酸和 L-苯丙氨酸甲酯盐酸盐改性漆酶/组氨酸体系预处理纤维

—■— 未改性漆酶/组氨酸 —●— L-苯丙氨酸甲酯盐酸盐改性漆酶/组氨酸

（b）未改性漆酶/组氨酸和二氧化硫脲改性漆酶/组氨酸体系预处理纤维

—■— 未改性漆酶/组氨酸 —●— 二氧化硫脲改性漆酶/组氨酸

漆酶用量对纸张耐破强度的影响如图 6-37 所示，随着组氨酸用量的增加，未改性漆酶/组氨酸和改性漆酶/组氨酸体系预处理的纤维，纤维改性后纸张的耐破强度都得到了提高。经未改性漆酶/组氨酸和改性漆酶/组氨酸体系预处理的纤维，纸张的耐破指数整体呈现先增加后降低的趋势。对于这 3 种漆酶/组氨酸体系预处理的纤维，当组氨酸用量 1.0%（绝干浆）时，纸张的耐破指数最大。而且由图 6-37（a）看出，经 L-苯丙氨酸甲酯盐酸盐改性漆酶/组氨酸体系和未改性漆酶/组氨酸预处理的纤维，比较两者在最佳组氨酸用量下的

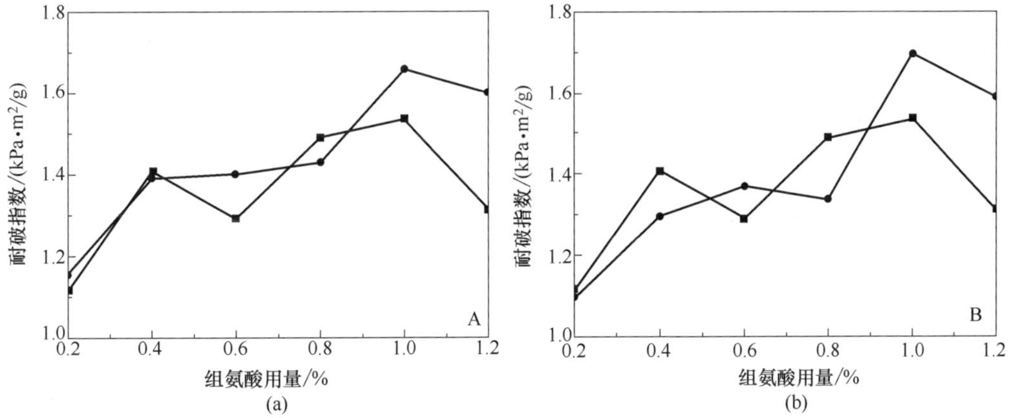

图 6-37 漆酶用量对纸张耐破强度的影响

（a）未改性漆酶/组氨酸和 L-苯丙氨酸甲酯盐酸盐改性漆酶/组氨酸体系预处理纤维

—■— 未改性漆酶/组氨酸 —●— L-苯丙氨酸甲酯盐酸盐改性漆酶/组氨酸

（b）未改性漆酶/组氨酸和二氧化硫脲改性漆酶/组氨酸体系预处理纤维

—■— 未改性漆酶/组氨酸 —●— 二氧化硫脲改性漆酶/组氨酸

耐破指数。研究发现，前者比后者的耐破指数提高了 7.9%；而由图 6-37（b）看出，经二氧化硫脲改性漆酶/组氨酸体系预处理的纤维，纸张其纸张的耐破指数比未改性漆酶/组氨酸体系预处理的纤维提高了 10.3%。

漆酶用量对纸张撕裂强度的影响如图 6-38 所示，随着组氨酸用量的增加，未改性漆酶/组氨酸和改性漆酶/组氨酸体系预处理的纤维，纤维改性后纸张的撕裂强度都得到了提高。经未改性漆酶/组氨酸和改性漆酶/组氨酸体系预处理的纤维，纸张的撕裂指数整体呈现先增加后降低的趋势。对于这 3 种漆酶/组氨酸体系预处理的纤维，当组氨酸用量 1.0%（绝干浆）时，纸张的撕裂指数最大。而且由图 6-38（a）看出，经 L-苯丙氨酸甲酯盐酸盐改性漆酶/组氨酸体系和未改性漆酶/组氨酸预处理的纤维，比较两者在最佳组氨酸用量下的撕裂指数。研究发现，前者比后者的撕裂指数提高了 8.8%；而由图 6-38（b）看出，经二氧化硫脲改性漆酶/组氨酸体系预处理的纤维，纸张其纸张的撕裂指数比未改性漆酶/组氨酸体系预处理的纤维提高了 9.9%。

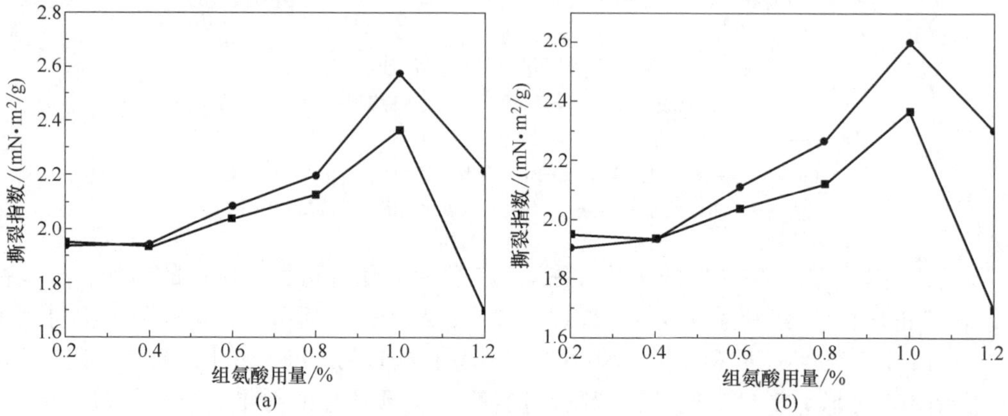

图 6-38　漆酶用量对纸张撕裂强度的影响

（a）未改性漆酶/组氨酸和 L-苯丙氨酸甲酯盐酸盐改性漆酶/组氨酸体系预处理纤维

—■— 未改性漆酶/组氨酸　—●— L-苯丙氨酸甲酯盐酸盐改性漆酶/组氨酸

（b）未改性漆酶/组氨酸和二氧化硫脲改性漆酶/组氨酸体系预处理纤维

—■— 未改性漆酶/组氨酸　—●— 二氧化硫脲改性漆酶/组氨酸

漆酶/组氨酸体系预处理纤维，使得纸张的物理强度出现先增后降的趋势，这是因为随着组氨酸的加入，经（未改性/改性）漆酶/组氨酸改性的纤维，漆酶在组氨酸的协同作用下将纤维中的木质素氧化为酚氧自由基，使木质素产生小分子物质，与纤维发生交联，其中的酚类物质担负起桥梁的作用，使纤维之间发生黏结作用，从而提高了纸张的物理强度。但是继续增加组氨酸含量，纸张的物理强度反而下降，这可能是由于组氨酸的加入增加纤维中细小组分的含量，从而使纤维的物理强度下降。

经上述分析，我们得出用于预处理纤维的漆酶/组氨酸体系中，未改性漆酶/组氨酸体系最佳组氨酸用量为 1%（绝干浆），L-苯丙氨酸甲酯盐酸盐改性漆酶/组氨酸体系最佳组氨酸用量为 1%（绝干浆），二氧化硫脲改性漆酶/组氨酸体系最佳组氨酸用量为 1%（绝干浆）。

6.3.4　介体种类对纤维强度的影响

随着介体用量的增加，撕裂指数呈现先增大后减小的趋势。从图 6-39 中可以看出，当漆酶/组氨酸反应体系组氨酸用量为 1%时，而漆酶/谷氨酸反应体系的谷氨酸用量为 2%时，纸张纤维的撕裂指数均达到最大。在最佳介体用量时漆酶/组氨酸和漆酶/谷氨酸的撕裂指数分别为 12.5mN · m^2/g，17.55mN · m^2/g，相比于各自空白样分别提高 21%和 20%在组氨酸用量 1%，谷氨酸用量 2%时，漆酶/谷氨反应体系 OCC 撕裂指数比漆酶/组氨酸高出 40%左右。

不同介体用量对 OCC 浆抗张强度的影响见图 6-40，组氨酸的最佳用量为 1%，谷氨酸的最佳用量为 2%。随着组氨酸的用量的增加，OCC 的抗张指数先增加后下降。抗张指数并没有随着介体用量的增加而不断地增加，而是在一定的用量之后开始下降。两反应体系在最佳介体用量时，漆酶/组氨酸和漆酶/谷氨酸反应体系的抗张指数分别为 17.2N · m/g、17.8N · m/g，空白样为 11.58N · m/g，相比于空白样分别提高了 4.8%、5.3%，漆酶/谷氨酸比漆酶/组氨酸提高了 3.4%左右。

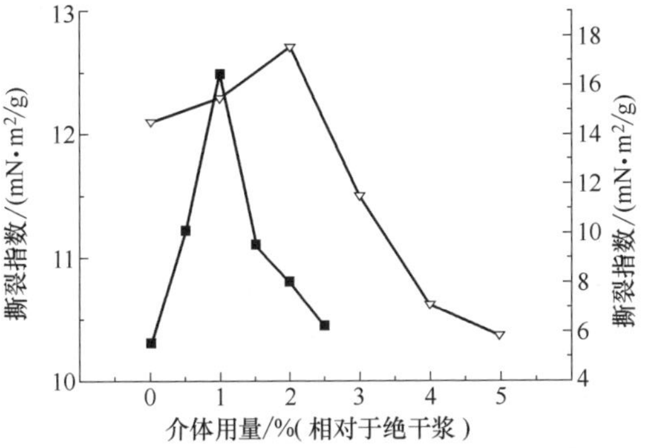

图 6-39 介体用量对 OCC 浆撕裂指数影响

—■— 漆酶/组氨酸 —▽— 漆酶/谷氨酸

注：左纵坐标对应漆酶/组氨酸；右纵坐标对应漆酶/谷氨酸。

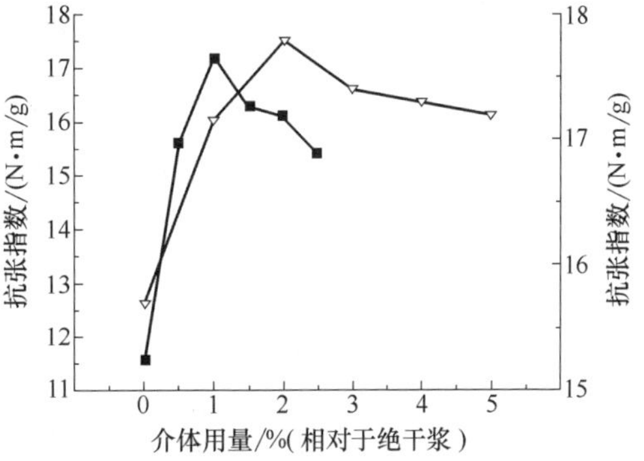

图 6-40 介体用量对 OCC 浆抗张指数影响

—■— 漆酶/组氨酸 —▽— 漆酶/谷氨酸

注：同图 6-39。

漆酶/介体体系中介体用量变化的红外光谱图见图 6-41 和图 6-42，由图可以看出改性

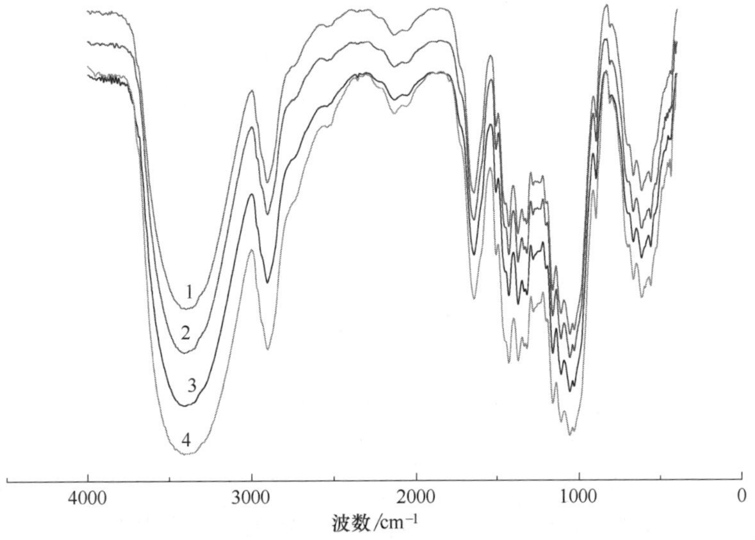

图 6-41 空白样和漆酶/谷氨酸改性后纤维红外光谱图

1—谷氨酸 2.0% 2—谷氨酸 3.0% 3—谷氨酸 1.0% 4—空白样

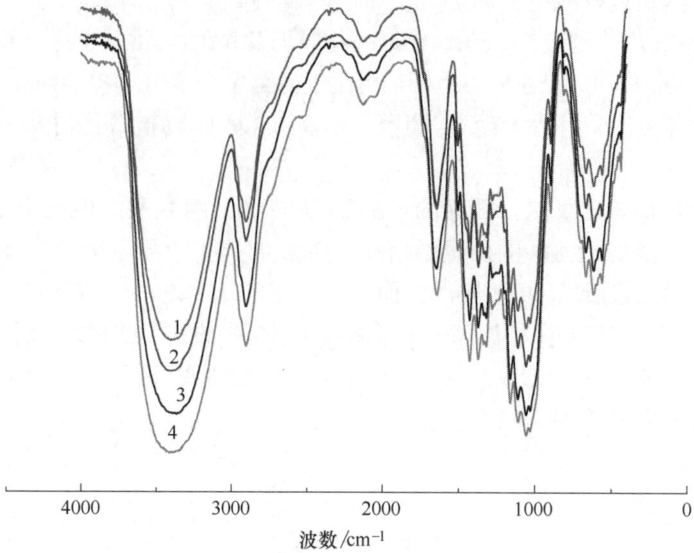

图 6-42　空白样和漆酶/组氨酸改性后纤维红外光谱图

1—组氨酸 1.0%　2—谷氨酸 1.5%　3—谷氨酸 0.5%　4—空白样

后吸收峰的强度存在着差异，与空白样相比改性后的纤维在峰普中并没有很明显，这其中可能的原因是在没有通入氧气的条件下，反应时间不够介体不能充分的附着在纤维上然后进入纤维分子中，只是附着在纤维表面，在抄纸的过程中随着水流失。

介体用量对纤维红外结晶指数的影响如表 6-12 所示，经漆酶介体改性后，纤维的红外结晶均下降，由此可以看出改性可以在一定程度上缓解纤维性能衰变。纤维的红外结晶指数最小时，是在漆酶/谷氨酸体系中当谷氨酸的用量为 2.0%的时候，与空白样相比，下降了 12.1%，而当谷氨酸用量为 3.0%和 1.0%的时候，分别下降了 10.7%和 3.3%。在漆酶/组氨酸体系中，当组氨酸的用量分别为 1%、1.5%和 0.5%时，与空白样相比，纤维的红外结晶指数分别下降了 13.4%、11.5 和 4%。

表 6-12　介体用量对纤维红外结晶指数的影响

漆酶/谷氨酸	谷氨酸用量/%	红外结晶指数/%	漆酶/组氨酸	组氨酸用量/%	红外结晶指数/%
1	2.0	88.2	1	1	87.1
2	3.0	89.3	2	1.5	88.6
3	1.0	95.6	3	0.5	94.8
4	0	98.9	4	0	98.9

6.3.5　体系 pH 对纤维强度的影响

6.3.5.1　pH 对改性漆酶/谷氨酸体系处理 OCC 浆纤维强度的影响

条件：L-苯丙氨酸甲酯盐酸盐改性漆酶/谷氨酸体系：漆酶用量 4%，谷氨酸用量 2%，温度 30℃，时间 3h。二氧化硫脲改性漆酶/谷氨酸体系：漆酶用量 4%，谷氨酸用量 1.5%，温度 30℃，时间 3h。漆酶/谷氨酸体系：漆酶用量 5%，谷氨酸用量 1.5%，温度 30℃，时间 3h。

体系 pH 对 OCC 浆环压指数的影响见图 6-43，在不同改性漆酶/谷氨酸处理 OCC 浆的反应体系中，随着 pH 从 3 增大到 7 时，OCC 浆环压指数呈先增大后趋于稳定的趋势。当 pH 为 5 时，未漆酶/谷氨酸处理的 OCC 浆环压性能达到最佳，为 4.84N·m/g。对于 L-苯丙氨酸甲酯盐酸盐改性漆酶/谷氨酸处理和二氧化硫脲改性漆酶/谷氨酸处理的 OCC 浆，当 pH 为 7 时达到最大值，分别为 5.6N·m/g 和 5.29N·m/g，这在中性 pH 下就可达到较高的物理性能，对其产业化应用非常有利。另外当 pH 达到 8 时，抗张指数均呈下降趋势，这可能是因为强碱会使漆酶失活从而丧失作用。

不同改性漆酶/谷氨酸体系处理过程中 pH 对 OCC 浆抗张指数的影响见图 6-44，其变化趋势与环压指数相一致。当 pH 为 5 时，未漆酶/谷氨酸处理的 OCC 浆抗张指数达到最佳，为 16.9N·m/g。当 pH 为 7 时，L-苯丙氨酸甲酯盐酸盐改性漆酶/谷氨酸处理和二氧化硫脲改性漆酶/谷氨酸处理的 OCC 浆的抗张指数达到最佳，分别为 19.8N·m/g 和 18.7N·m/g，与未改性漆酶/谷氨酸处理的 OCC 抗张指数相比分别提高了 17.2%和 10.7%。

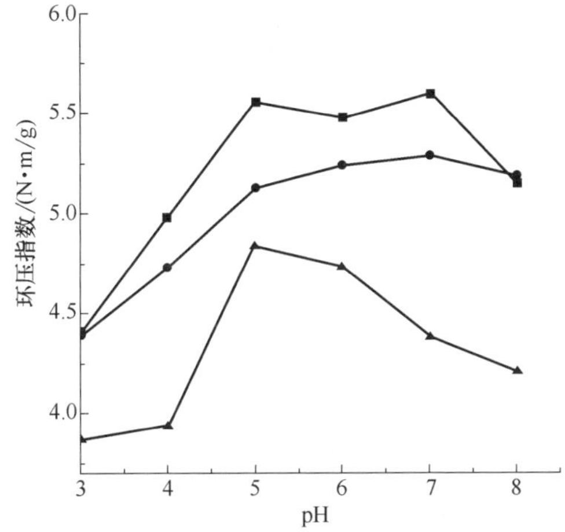

图 6-43 体系 pH 对 OCC 浆环压指数的影响

—■— L-苯丙氨酸甲酯盐酸盐改性漆酶/谷氨酸
—●— 二氧化硫脲改性漆酶/谷氨酸 —▲— 漆酶/谷氨酸

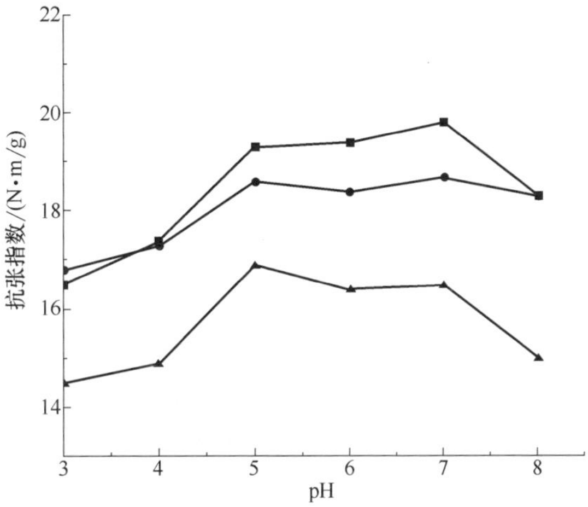

图 6-44 体系 pH 对 OCC 浆抗张指数的影响

—■— L-苯丙氨酸甲酯盐酸盐改性漆酶/谷氨酸
—●— 二氧化硫脲改性漆酶/谷氨酸 —▲— 漆酶/谷氨酸

6.3.5.2 pH 对改性漆酶/组氨酸体系处理桉木浆成纸强度的影响

改性漆酶/组氨酸体系预处理桉木浆纤维反应条件：向 10g 绝干浆中加入一定量的漆酶（未改性漆酶/组氨酸体系和改性漆酶/组氨酸体系中酶用量均为 8U/g，绝干浆），加入一定量的组氨酸（未改性漆酶/组氨酸体系和改性漆酶/组氨酸体系中酶用量均为 1%，绝干浆）。调节浆浓至 5%，并调节 pH，通氧气 30min，在 30℃下反应一定时间（未改性漆酶/组氨酸体系反应时间 3h，L-苯丙氨酸甲酯盐酸盐改性漆酶/组氨酸体系反应时间 2h，二氧化硫脲改性漆酶/组氨酸体系反应时间 1.5h）。反应完成后洗浆平衡水分后测纤维含水量，低温保存备用。

pH 对改性漆酶/组氨酸体系处理桉木浆纸张抗张强度的影响见图 6-45，无论是未改性漆酶/组氨酸还是改性漆酶/组氨酸体系预处理的纤维，随着体系 pH 的增加，纸张的抗张指数整体呈现先增加后降低的趋势。由图 6-45（a）看出，对于未改性漆酶/组氨酸体系预处理的纤维，当体系 pH 为 7 时，纸张的抗张指数最大；对于 L-苯丙氨酸甲酯盐酸盐改性漆酶/组氨酸体系预处理的纤维，当体系 pH 为 7 时，纸张的抗张指数也达到最大。同时比较两者在最佳体系 pH 下的抗张指数发现，前者比后者的抗张指数提高了 29.4%；而由图 6-45

(b) 得知，对于二氧化硫脲改性漆酶/组氨酸体系预处理的纤维，当体系 pH 为 6 时，纸张的抗张指数最大。经二氧化硫脲改性漆酶/组氨酸体系预处理的纤维，其纸张的抗张强度比未改性漆酶/组氨酸体系预处理的纤维提高了 10. 3%。

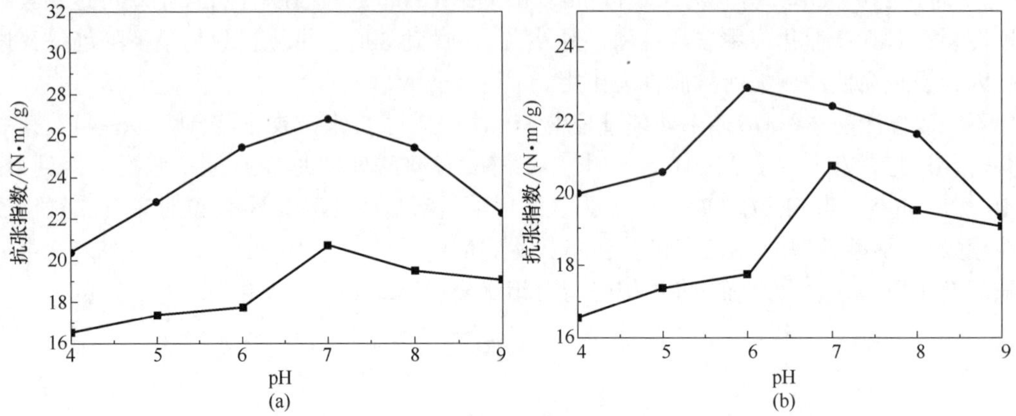

图 6-45　pH 对纸张抗张强度的影响

(a) 未改性漆酶/组氨酸和 L-苯丙氨酸甲酯盐酸盐改性漆酶/组氨酸体系预处理纤维

—■— 未改性漆酶/组氨酸　—●— L-苯丙氨酸甲酯盐酸盐改性漆酶/组氨酸

(b) 未改性漆酶/组氨酸和二氧化硫脲改性漆酶/组氨酸体系预处理纤维

—■— 未改性漆酶/组氨酸　—●— 二氧化硫脲改性漆酶/组氨酸

pH 对纸张耐破强度的影响见图 6-46，可以看出，无论是未改性漆酶/组氨酸还是改性漆酶/组氨酸体系预处理的纤维，随着体系 pH 的增加，纸张的耐破指数整体呈现先增加后降低的趋势。由图 6-46 (a) 和图 6-46 (b) 看出，对于未改性漆酶/组氨酸体系、L-苯丙氨酸甲酯盐酸盐改性漆酶/组氨酸体系及二氧化硫脲改性漆酶/组氨酸体系预处理的纤维，当体系 pH 为 7 时，纸张的耐破指数均达到最大值。同时在最佳体系 pH 下将两种改性漆酶/组氨酸体系分别与未改性漆酶/组氨酸体系进行比较发现，经 L-苯丙氨酸甲酯盐酸盐改性漆

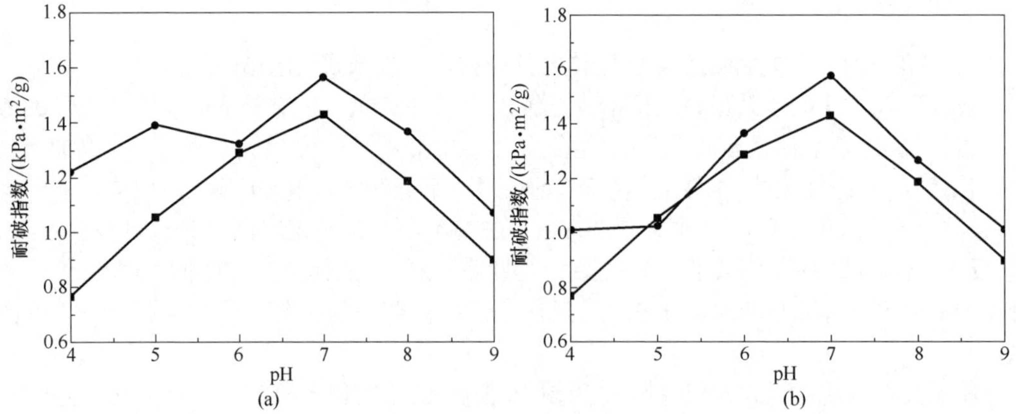

图 6-46　pH 对纸张耐破强度的影响

(a) 未改性漆酶/组氨酸和 L-苯丙氨酸甲酯盐酸盐改性漆酶/组氨酸体系预处理纤维

—■— 未改性漆酶/组氨酸　—●— L-苯丙氨酸甲酯盐酸盐改性漆酶/组氨酸

(b) 未改性漆酶/组氨酸和二氧化硫脲改性漆酶/组氨酸体系预处理纤维

—■— 未改性漆酶/组氨酸　—●— 二氧化硫脲改性漆酶/组氨酸

酶/组氨酸体系预处理的纤维，其纸张的耐破强度比未改性漆酶/组氨酸体系预处理的纤维提高了 9.3%；经二氧化硫脲改性漆酶/组氨酸体系预处理的纤维，其纸张的耐破强度比未改性漆酶/组氨酸体系预处理的纤维提高了 10.4%。

随着体系 pH 的增加，未改性漆酶/组氨酸和改性漆酶/组氨酸体系预处理的纤维，纸张的撕裂指数整体呈现先增加后降低的趋势，如图 6-47 所示。由图 6-47（a）看出，对于未改性漆酶/组氨酸体系预处理的纤维，当体系 pH 为 7 时，纸张的撕裂指数最大；对于 L-苯丙氨酸甲酯盐酸盐改性漆酶/组氨酸体系预处理的纤维，当体系 pH 为 8 时，纸张的撕裂指数也达到最大值。同时比较两者在最佳体系 pH 下的撕裂指数发现，前者比后者的撕裂指数提高了 19.2%；而由图 6-47（b）得知，对于二氧化硫脲改性漆酶/组氨酸体系预处理的纤维，当体系 pH 为 6 时，纸张的撕裂指数最大。经二氧化硫脲改性漆酶/组氨酸体系预处理的纤维，其纸张的撕裂强度比未改性漆酶/组氨酸体系预处理的纤维提高了 15.0%。

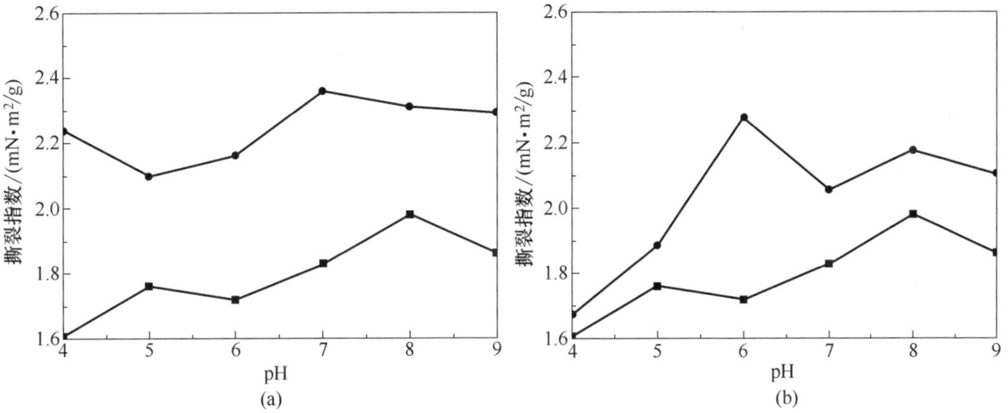

图 6-47 pH 对纸张撕裂强度的影响

（a）未改性漆酶/组氨酸和 L-苯丙氨酸甲酯盐酸盐改性漆酶/组氨酸体系预处理纤维

—■— 未改性漆酶/组氨酸 —●— L-苯丙氨酸甲酯盐酸盐改性漆酶/组氨酸

（b）未改性漆酶/组氨酸和二氧化硫脲改性漆酶/组氨酸体系预处理纤维

—■— 未改性漆酶/组氨酸 —●— 二氧化硫脲改性漆酶/组氨酸

调节漆酶/组氨酸体系预处理纤维的 pH，随着 pH 的增加，纸张的物理强度出现先增后降的趋势，这是因为漆酶的活性和稳定性易受环境中 pH 的影响，在酸性或者碱性的条件下，漆酶失活或者部分失活。漆酶在弱酸弱碱或者中性环境下才能保持其酶活，发挥其催化氧化的作用。

经上述分析，未改性漆酶/组氨酸体系最佳 pH 为 7，L-苯丙氨酸甲酯盐酸盐改性漆酶/组氨酸体系最佳 pH 为 7，二氧化硫脲改性漆酶/组氨酸体系最佳组氨酸用量为最佳 pH 为 6。

6.3.6 反应时间对纤维强度的影响

6.3.6.1 反应时间对改性漆酶/谷氨酸体系处理 OCC 浆纤维强度的影响

条件：L-苯丙氨酸甲酯盐酸盐改性漆酶/谷氨酸体系：漆酶用量 4%，谷氨酸用量 2%，pH 为 7，温度 30℃。二氧化硫脲改性漆酶/谷氨酸体系：漆酶用量 4%，谷氨酸用量 1.5%，pH 为 7，温度 40℃。漆酶/谷氨酸体系：漆酶用量 5%，谷氨酸用量 1.5%，pH 为 5，温度 40℃。

反应时间是影响OCC浆物理性能的一个不可忽视的因素，反应时间不足，则漆酶催化氧化还原反应不完全；若反应时间过长，会造成效率低下和能源的浪费。从图6-48可知，对于两种改性漆酶/谷氨酸体系和未改性漆酶/谷氨酸体系处理的OCC浆，当反应时间从1h达到3h时，环压指数不断增大，之后随着时间增加，环压指数变化不明显，这说明反应已经进行完全。当反应时间为3h时，L-苯丙氨酸甲酯盐酸盐改性漆酶/谷氨酸处理OCC的环压指数为5.67N·m/g，与未改性漆酶/谷氨酸体系相比提高16%；二氧化硫脲改性漆酶/谷氨酸处理OCC的环压指数为5.45N·m/g，与未改性漆酶/谷氨酸体系相比提高11.5%。

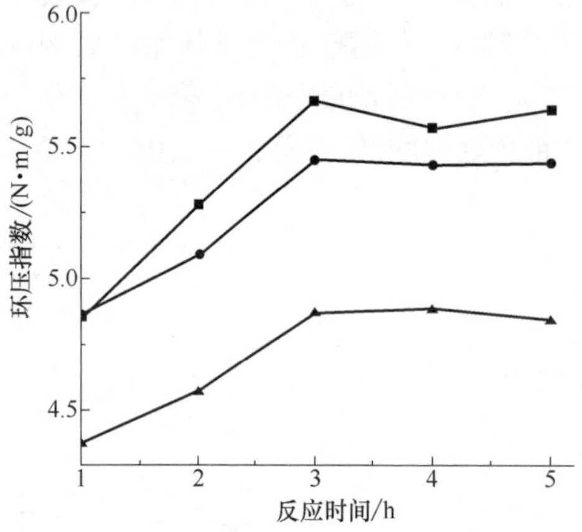

图6-48　反应时间对OCC浆环压指数的影响

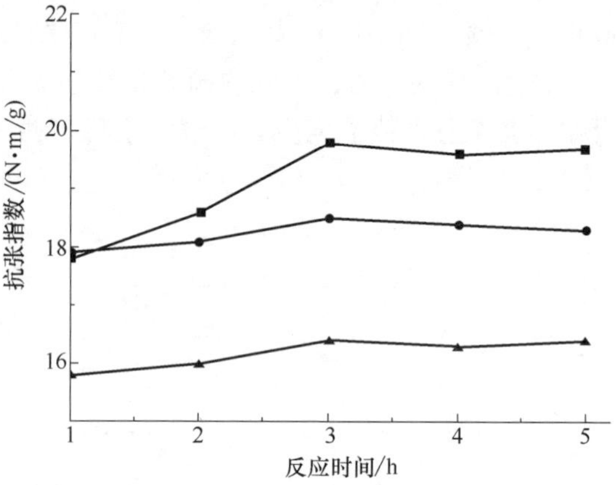

图6-49　反应时间对OCC浆抗张指数的影响

—■— L-苯丙氨酸甲酯盐酸盐改性漆酶/谷氨酸
—●— 二氧化硫脲改性漆酶/谷氨酸　—▲— 漆酶/谷氨酸

不同改性漆酶/谷氨酸体系处理下反应时间对OCC浆抗张强度的影响见图6-49，可以看出抗张指数的变化趋势与环压指数一致，均出现先增大后维持稳定的趋势。当反应时间为3h时，抗张指数均达到最大。未改性漆酶/谷氨酸处理的OCC浆抗张指数为16.4N·m/g。L-苯丙氨酸改性漆酶/谷氨酸和二氧化硫脲改性漆酶/谷氨酸处理的OCC浆抗张指数分别为19.8N·m/g和18.5N·m/g，比未改性漆酶/谷氨酸处理的OCC抗张指数相比分别提高了20.7%和12.8%。

6.3.6.2　反应时间对改性漆酶/组氨酸体系处理桉木浆纤维强度的影响

改性漆酶/组氨酸体系预处理桉木浆纤维的反应条件：向10g绝干浆中加入10U/g（绝干浆）漆酶，1%（绝干浆）的组氨酸。调节浆浓至5%，并调节pH至7，通氧气30min，在30℃下反应不同的时间。反应完成后洗浆平衡水分后测纤维含水量，低温保存备用。

无论是未改性漆酶/组氨酸还是改性漆酶/组氨酸体系预处理的纤维，在一定反应时间内，纤维改性后纸张的抗张强度都得到了不同程度的提高。由图6-50可以看出，随着反应时间的增加，经未改性漆酶/组氨酸和改性漆酶/组氨酸体系预处理的纤维，纸张的抗张指数整体呈现先增加后降低的趋势。对于未改性漆酶/组氨酸体系预处理的纤维，当反应时间为2.5h时，纸张的抗张指数最大；对于L-苯丙氨酸甲酯盐酸盐改性漆酶/组氨酸体系预处理的纤维，当反应时间为2h时，纸张的抗张指数最大；对于二氧化硫脲改性漆酶/组氨酸体系预处理的纤维，当反应时间为1.5h时，纸张的抗张指数最大。而且由图6-50（a）看出，经L-苯丙氨酸甲酯盐酸盐改性漆酶/组氨酸体系预处理的纤维，其纸张的抗张强度明显高于未改性漆酶/组氨酸体系预处理的纤维。比较两者在最佳反应时间下的抗张指数我们发现，前者比后者的抗张指数提高了8.5%；而由图6-50（b）看出，经二氧化硫脲改性漆酶/组氨酸体系预处理的纤维，其纸张的抗张强度比未改性漆酶/组氨酸体系预处理的纤维提高了13.9%。

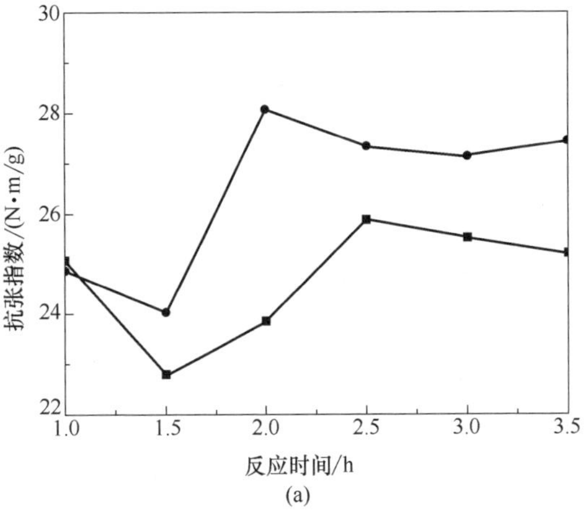

图6-50 反应时间对纸张抗张强度的影响

（a）未改性漆酶/组氨酸和L-苯丙氨酸甲酯盐酸盐改性漆酶/组氨酸体系预处理纤维

—■— 未改性漆酶/组氨酸 —●— L-苯丙氨酸甲酯盐酸盐改性漆酶/组氨酸

（b）未改性漆酶/组氨酸和二氧化硫脲改性漆酶/组氨酸体系预处理纤维

—■— 未改性漆酶/组氨酸 —●— 二氧化硫脲改性漆酶/组氨酸

经漆酶/组氨酸体系预处理的纤维，在一定反应时间内，纤维改性后纸张的耐破度都得到了不同程度的提高。由图6-51可以看出，随着反应时间的延长，经未改性漆酶/组氨酸和改性漆酶/组氨酸体系预处理的纤维，纸张的耐破指数整体呈现先增加后降低的趋势。对

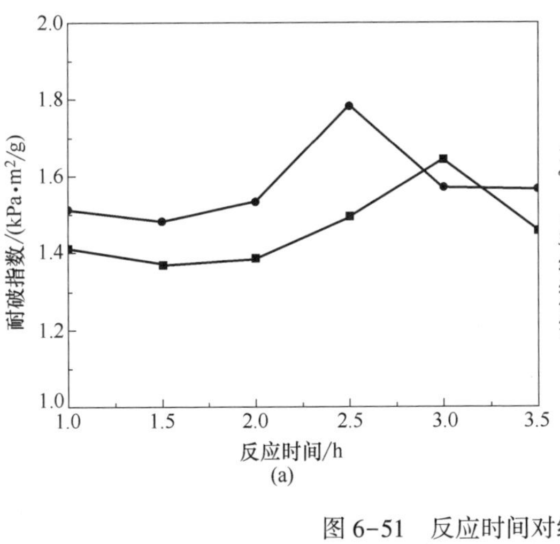

图6-51 反应时间对纸张耐破度的影响

（a）未改性漆酶/组氨酸和L-苯丙氨酸甲酯盐酸盐改性漆酶/组氨酸体系预处理纤维

—■— 未改性漆酶/组氨酸 —●— L-苯丙氨酸甲酯盐酸盐改性漆酶/组氨酸

（b）未改性漆酶/组氨酸和二氧化硫脲改性漆酶/组氨酸体系预处理纤维

—■— 未改性漆酶/组氨酸 —●— 二氧化硫脲改性漆酶/组氨酸

于未改性漆酶/组氨酸体系预处理的纤维，当反应时间为3h时，纸张的耐破指数最大；对于L-苯丙氨酸甲酯盐酸盐改性漆酶/组氨酸体系预处理的纤维，当反应时间为2.5h时，纸张的耐破指数最大；对于二氧化硫脲改性漆酶/组氨酸体系预处理的纤维，当反应时间为1.5h时，纸张的耐破指数最大。而且由图6-51（a）所示，经L-苯丙氨酸甲酯盐酸盐改性漆酶/组氨酸体系预处理的纤维，其纸张的耐破度明显高于未改性漆酶/组氨酸体系预处理的纤维。比较两者在最佳反应时间下的耐破指数我们发现，前者比后者的抗张指数提高了8.6%；而由图6-51（b）所示，经二氧化硫脲改性漆酶/组氨酸体系预处理的纤维，其纸张的耐破强度比未改性漆酶/组氨酸体系预处理的纤维提高了8.3%。

经漆酶/组氨酸体系预处理的纤维，在一定反应时间内，纤维改性后纸张的撕裂度都得到了不同程度的提高。如图6-52可以看出，随着反应时间的延长，经未改性漆酶/组氨酸和改性漆酶/组氨酸体系预处理的纤维，纸张的撕裂指数整体呈现先增加后降低的趋势。对于未改性漆酶/组氨酸体系预处理的纤维，当反应时间为3h时，纸张的撕裂指数最大；对于L-苯丙氨酸甲酯盐酸盐改性漆酶/组氨酸体系预处理的纤维，当反应时间为2h时，纸张的撕裂指数最大；对于二氧化硫脲改性漆酶/组氨酸体系预处理的纤维，当反应时间为2.5h时，纸张的撕裂指数最大。而且如图6-52（a）所示，经L-苯丙氨酸甲酯盐酸盐改性漆酶/组氨酸体系预处理的纤维，其纸张的撕裂度明显高于未改性漆酶/组氨酸体系预处理的纤维。比较两者在最佳反应时间下的撕裂指数我们发现，前者比后者的抗张指数提高了18.7%；而如图6-52（b）所示，经二氧化硫脲改性漆酶/组氨酸体系预处理的纤维，其纸张的撕裂强度比未改性漆酶/组氨酸体系预处理的纤维提高了5.1%。

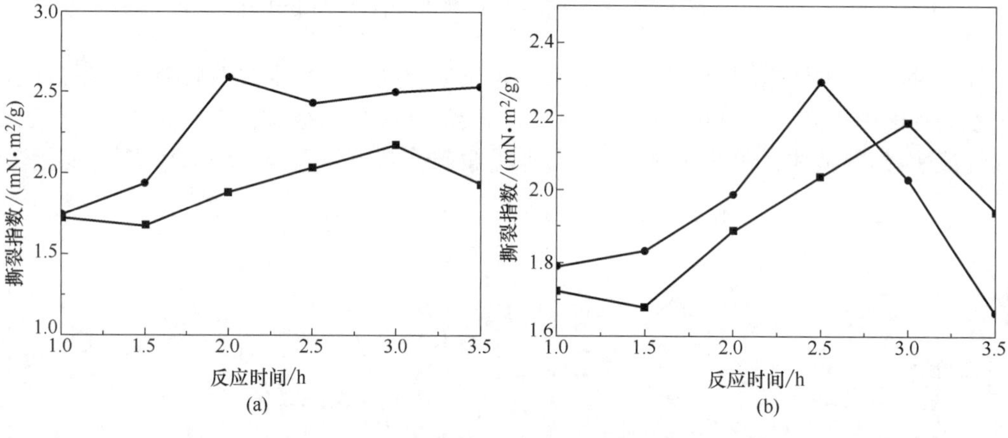

图6-52 反应时间对纸张撕裂强度的影响

（a）未改性漆酶/组氨酸和L-苯丙氨酸甲酯盐酸盐改性漆酶/组氨酸体系预处理纤维

—■— 未改性漆酶/组氨酸 —●— L-苯丙氨酸甲酯盐酸盐改性漆酶/组氨酸

（b）未改性漆酶/组氨酸和二氧化硫脲改性漆酶/组氨酸体系预处理纤维

—■— 未改性漆酶/组氨酸 —●— 二氧化硫脲改性漆酶/组氨酸

漆酶/组氨酸体系预处理纤维，使得纸张的物理强度出现先增后降的趋势，这是因为随着反应时间的进行，经（未改性/改性）漆酶/组氨酸改性的纤维，其中的木质素在漆酶处理下氧化为酚氧自由基，产生小分子物质，与纤维发生交联，酚类物质充当桥梁使纤维之间发生黏结作用，从而提高了纸张的物理强度。但是继续增加反应时间，纸张的物理强度反而下降，这可能是由于反应时间过长会增加纤维中细小组分的含量，从而使纤维的物理强度下降。改性漆酶/组氨酸体系预处理的纤维，纸张的物理强度高于未改性漆酶/组氨酸体系预处理的纤维这可能是漆酶接枝上L-苯丙氨酸甲酯盐酸盐和二氧化硫脲更易于漆酶与底物发生作用，从而提高纸张物理性能。

6.3.7　反应温度对纤维强度的影响

条件：L-苯丙氨酸甲酯盐酸盐改性漆酶/谷氨酸体系：漆酶用量4%，谷氨酸用量2%，pH为7，时间3h。二氧化硫脲改性漆酶/谷氨酸体系：漆酶用量4%，谷氨酸用量1.5%，pH为7，时间3h。漆酶/谷氨酸体系：漆酶用量5%，谷氨酸用量1.5%，pH为5，时间3h。

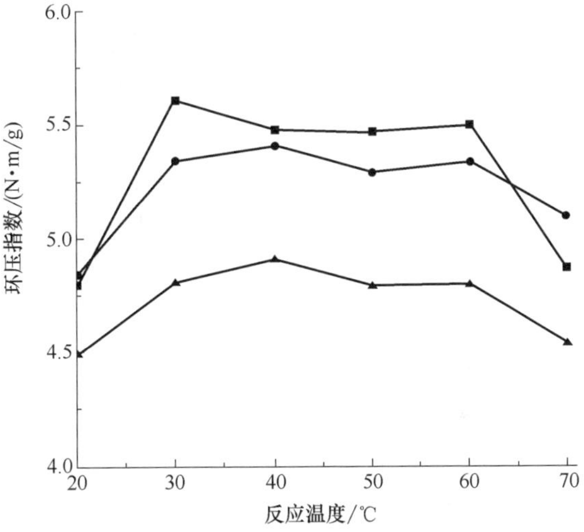

图6-53　反应温度对OCC浆环压指数的影响

—■— L-苯丙氨酸甲酯盐酸盐改性漆酶/谷氨酸

—●— 二氧化硫脲改性漆酶/谷氨酸　—▲— 漆酶/谷氨酸

温度对生物酶反应至关重要，反应温度太低会使反应时间延迟或者反应不完全；高温则可能使生物酶失活或者引发其他副反应。从图6-53可以看出，对于未改性漆酶/谷氨酸处理的OCC浆，当温度为40℃时环压指数最高为4.91N·m/g，之后随着温度升高呈下降趋势。经改性漆酶/谷氨酸处理的OCC浆环压指数在20~30℃呈上升趋势，30~60℃之间变化不明显，这说明漆酶经过小分子改性后稳定性得到提高。对于L-苯丙氨酸甲酯盐酸盐改性漆酶/谷氨酸处理的OCC浆，在30℃环压指数最大，为5.61N·m/g，比未改性漆酶/谷氨酸处理的OCC环压指数提高了14.3%；对于二氧化硫脲改性漆酶/谷氨酸处理的OCC浆，在40℃环压指数最大，为5.41N·m/g，比未改性漆酶/谷氨酸处理的OCC环压指数提高了10.2%。

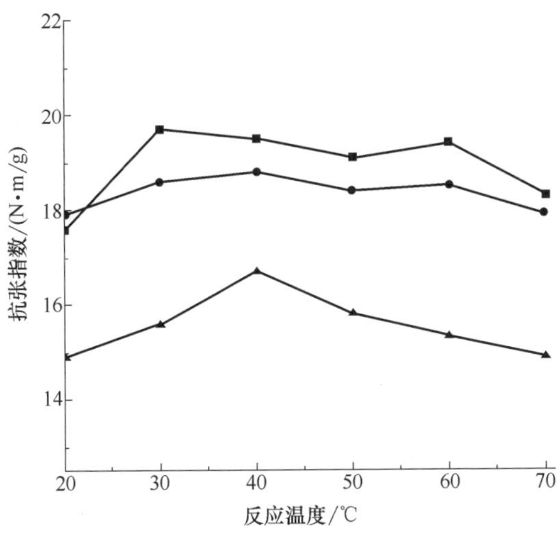

图6-54　反应温度对OCC浆抗张指数的影响

—■— L-苯丙氨酸甲酯盐酸盐改性漆酶/谷氨酸

—●— 二氧化硫脲改性漆酶/谷氨酸　—▲— 漆酶/谷氨酸

不同改性漆酶/谷氨酸体系处理过程中反应温度对OCC浆抗张强度的影响见图6-54。对于未改性漆酶/谷氨酸体系处理的OCC浆，当温度为40℃时达到最大值，为16.7N·m/g；对于L-苯丙氨酸甲酯盐酸盐改性漆酶/谷氨酸处理和二氧化硫脲改性漆酶/谷氨酸处理的OCC浆，其最佳反应温度分别为30℃和40℃，抗张指数为19.7N·m/g和18.8N·m/g，比最佳反应温度下未改性漆酶/谷氨酸处理的OCC的抗张指数分别高出18%和12.6%。

6.3.8 改性漆酶荧光光谱分析

两种改性漆酶和未改性漆酶在 280nm 激发波长下的荧光光谱见图 6-55。从图中可以看出，在相同条件下，L-苯丙氨酸甲酯盐酸盐改性漆酶、二氧化硫脲改性漆酶和未改性漆酶都具有一定的荧光性，但未改性漆酶的最大荧光强度低于改性漆酶的最大荧光强度。这可能是因为酶蛋白经小分子改性后结构发生改变，使更多产生荧光的氨基酸暴露在酶蛋白结构的外部。另外从图可以看出，L-苯丙氨酸甲酯盐酸盐改性漆酶的荧光性大于二氧化硫脲改性漆酶的荧光性，这说明 L-苯丙氨酸甲酯盐酸盐对酶蛋白分子结构影响较大。

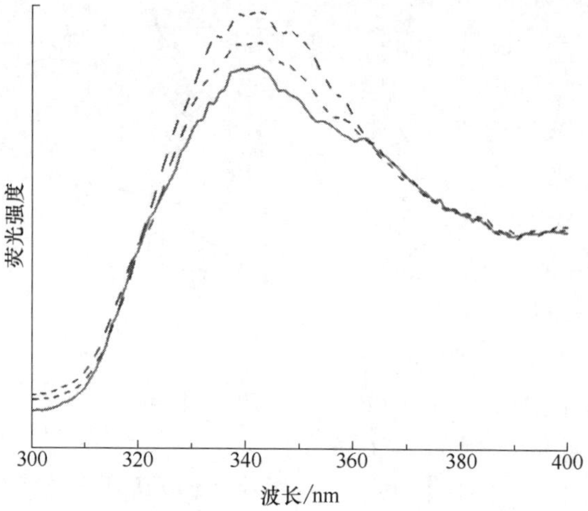

图 6-55 改性漆酶和未改性漆酶荧光光谱图

--- L-苯丙氨酸甲酯盐酸盐改性漆酶 ------ 二氧化硫脲改性漆酶 —— 未改性漆酶

6.4 漆酶与不同酶协同的废纸纤维改性

漆酶与其他酶的协同改性纤维是一种前景广阔的研究方向。这种方法结合了不同酶的特性，可以在提高纤维物理性能的同时，赋予其新的功能。漆酶通过氧化反应促进木质素和酚类物质的交联，而其他酶（如纤维素酶、木质素酶等）可以进一步降解和改性纤维素和半纤维素。这种协同作用可以有效改善纤维的结构和性能。例如，研究表明，通过漆酶与纤维素酶联用可以增强纤维的机械性能和抗菌性能。漆酶在改性过程中增强了纤维与纤维之间的结合力，而纤维素酶则能改善纤维的亲水性和吸湿性。

在协同改性过程中，需优化反应条件，如温度、pH 和酶浓度等，以确保不同酶的活性和稳定性。通过合理设计反应工艺，可以实现最佳的改性效果。

漆酶和其他酶的结合改性方法相较于传统的化学改性更为环保，减少了有害化学物质的使用，符合可持续发展的要求。

6.4.1 漆酶与果胶酶协同改性废纸纤维

6.4.1.1 纤维特征峰分子结构分析

利用红外光谱对纤维进行特征峰的测定，吸收峰相对强度的表征以 1429cm^{-1} 处的特征峰强度为基准，此特征峰是木质素苯环骨架和碳水化合物—CH_2 的吸收特征峰，受外界因素影响较小，其峰值较稳定。图 6-56 是经过不同处理条件的纸浆的红外光谱图，从图中可以看出，空白样、果胶酶处理样、漆酶/谷氨酸处理样、果胶酶协同漆酶/谷氨酸体系处理样的纸浆红外光谱图特征峰的位置无太大差异，但是特征峰的强度有所变化，说明酶处理没有引起纤维分子结构变化。

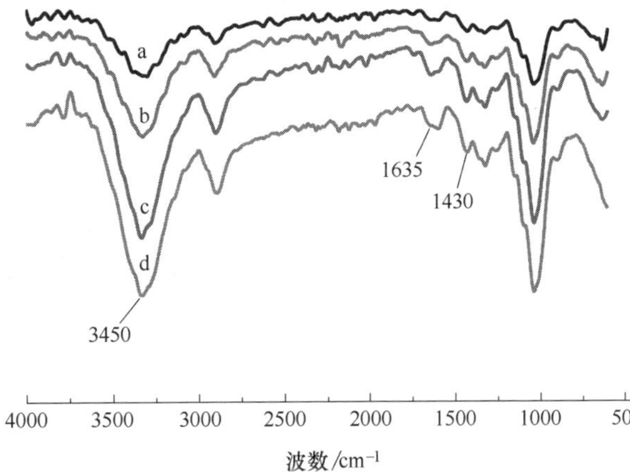

图 6-56 不同处理条件下 OCC 纤维的红外光谱图
a—Control b—Pectinase c—Lac/Glu d—P-Lac/Glu

表 6-13 中列举了主要吸收峰的归属和相对强度，与未处理 OCC 浆料相比，经过果胶酶、漆酶/谷氨酸以及果胶酶协同漆酶/谷氨酸体系处理后的 OCC 浆料在 3349～3406cm^{-1} 处特征峰相对强度有不同程度的增加，此处吸收峰表征纤维的羟基，这可能是由于果胶酶协同漆酶/谷氨酸体系处理 OCC 浆料之后，纤维表面的抽出物和木质素被部分去除，增加了碳水化合物的相对含量，进而产生更多的羟基，增强了纤维间的结合力，这也可以解释经果胶酶协同漆酶/谷氨酸体系处理后的纸浆有更好的物理性质。经过果胶酶、漆酶/谷氨酸以及果胶酶协同漆酶/谷氨酸体系处理后的 1635～1644cm^{-1} 处的特征峰相对强度有不同程度的提高，此处吸收峰表征羧酸和羰基的强度，这可能是因为这是由于木质素侧链 α 位上的一个氢氧根被氧化成羰基，从而使羰基的数量增多；并且谷氨酸通过迈克尔加成反应可以增加纤维中的羧基含量。经过果胶酶、漆酶/谷氨酸以及果胶酶协同漆酶/谷氨酸体系处理后的 1509～1511cm^{-1} 处的特征峰相对强度有不同程度的降低，此处特征峰代表苯环，说明果胶酶协同漆酶/谷氨酸体系可以与木质素发生降解反应。经过果胶酶、漆酶/谷氨酸以及果胶酶协同漆酶/谷氨酸体系处理后的纸浆在 1373～1375cm^{-1} 处的吸收峰强度有不同程度的增加，此处是木质素苯环上羟基 O—H 和纤维素/半纤维素上 C—H 的弯曲振动，表明果胶酶协同漆酶/谷氨酸体系可以降解木质素，从而提高碳水化合物的相对含量。

表 6-13 不同处理条件下 FT-IR 光谱中峰的吸收强度

波数/cm^{-1}	吸收峰归属说明		相对强度			
	木素	纤维素/半纤维素	Control	Pectinase	Lac/Glu	P-Lac/Glu
3349～3406	羟基—OH、芳羟基的 O—H 伸缩振动	氢键缔合的 O—H 伸缩振动	2.60	2.79	2.87	2.94
1635～1644	羧基—COOH，羰基 C ═O 和共轭 C ═O 伸展振动	结合水 H—O—H 弯曲振动	0.80	0.82	0.85	0.88
1509～1511	苯环骨架振动	—	0.85	0.83	0.81	0.80
1429～1430	苯环骨架振动	CH_2 变形振动	1	1	1	1
1373～1375	芳羟基 O—H 变形振动	聚糖或脂肪族 C—H 弯曲振动	0.94	0.98	1.05	1.07

6.4.1.2 酶处理对氢键类型和含量的影响

氢键是纤维间重要的连接键，氢键的形成有利于纤维间的结合和纸张性能的提升。$3400cm^{-1}$ 处为纤维羟基（—OH）的伸缩振动峰，利用 Peakfit 软件对 OCC 红外光谱 3000~$3800cm^{-1}$ 范围内的峰进行分峰拟合，O(2)H…O(6)、O(3)H…O(5) 和 O(6)H…O(3′) 分别位于 3410~$3455cm^{-1}$、3340~$3375cm^{-1}$ 和 3230~$3310cm^{-1}$，其中 O(6)H…O(3′) 代表纤维素分子间形成的氢键，O(2)H…O(6) 和 O(3)H…O(5) 代表纤维素分子内形成的氢键，根据每个子峰的面积大小，可以得到各种氢键的占比情况。图 6-57 表示不同酶处理条件下 OCC 浆料红外光谱分峰拟合图谱，表 6-14 表示不同酶处理条件下 OCC 浆料纤维氢键模式相对含量的变化。

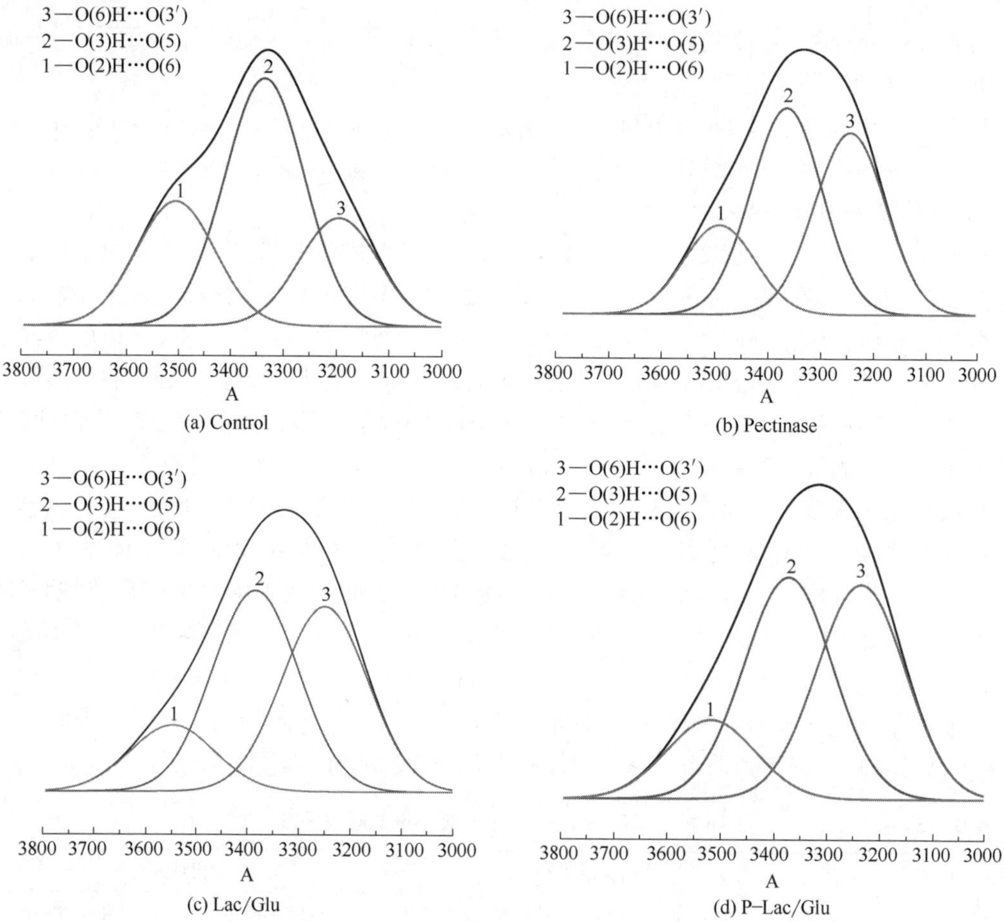

图 6-57　不同酶处理条件下 OCC 浆料的红外光谱分峰拟合图谱

经过酶处理后的浆料，表示分子间氢键的 O(6)H…O(3′) 键含量的比未经处理的浆料高，相比于对对照组，经果胶酶处理的浆料 O(6)H…O(3′) 含量增加了 15.67%，漆酶/谷氨酸处理的浆料 O(6)H…O(3′) 含量增加了 18.46%，果胶酶和漆酶/谷氨酸协同处理的浆料 O(6)H…O(3′) 含量增加了 19.17%。表示分子内氢键的 O(2)H…O(6) 和 O(3)H…O(5) 经果胶酶和漆酶/谷氨酸处理后，呈现降低的趋势，说明生物酶处理有利于分子间氢键的形成。发生这一现象的原因可能是果胶酶去除纤维表面的抽出物，漆酶/谷氨酸处理可以去除纤维中的木质素，使碳水化合物更好地暴露出来，纤维的结构变得疏松，更易分丝帚化，细小纤维的增加增大了纤维间的结合程度，有利于分子间氢键的形成。果胶酶协同漆酶/谷氨酸的作用效果最佳，说明果胶酶对纤维表面抽出物的去除有利于漆酶/谷氨酸对纤维进一步的反应。分子间氢键对纤维间结合起主要作用，分子间氢键含量的增加使纤维结合得更紧密，导致纤维强度的增强，从而增加了成纸的物理强度。

表 6-14　　不同酶处理条件下 OCC 浆料纤维氢键模式相对含量的变化

纸浆样品	氢键模式	波数/cm^{-1}	含量/%
Control	O(2)H…O(6)	3505	25.94
	O(3)H…O(5)	3336	51.60
	O(6)H…O(3′)	3196	22.45
Pectinase	O(2)H…O(6)	3492	18.62
	O(3)H…O(5)	3365	43.26
	O(6)H…O(3′)	3245	38.12
Lac/Glu	O(2)H…O(6)	3546	14.68
	O(3)H…O(5)	3384	44.41
	O(6)H…O(3′)	3249	40.91
P-Lac/Glu	O(2)H…O(6)	3517	15.36
	O(3)H…O(5)	3372	43.02
	O(6)H…O(3′)	3236	41.62

6.4.1.3 酶处理对纤维晶体结构的影响

纤维的结晶结构可以分为结晶区和无定形区，结晶区的分子排列规整，可以呈现清晰的X-射线图，而无定形区的分子链排列与结晶区截然不同，但是结晶区和无定形区在一定条件下可以发生转变。结晶区所占的比例称为聚合物的结晶度，结晶度的大小影响着纤维的可及度和反应性，从而影响纤维的物理强度性能。在废纸回用的过程中，废纸纤维因为经历反复的干燥和再润胀过程，纤维素的部分游离羟基会形成氢键结合，致使无定形区向结晶区过渡，同时较小的结晶区域也可以形成较大的结晶区，即共结晶现象，结晶度上升会导致纤维的可及度和反应性降低，反应性能变差，从而影响纤维的物理强度性能。

经过不同酶处理的 OCC 浆料的 X-射线衍射光谱图见图 6-58。由图表可知，经过 XRD 检测，没有发现新的衍射峰位，表明酶处理没有使纤维的晶体结构发生变化，但是可以看到特征峰的强度有所区别，具体表现为结晶度的不同。

从表 6-15 中可以看出，果胶酶处理增加了纤维的结晶度，这是因为果胶酶处理后的纤维抽出物发生降解，无定形物质溶出，导致纤维结晶度的上升。漆酶/谷氨酸处理后纤维结晶度下降，这与之前的研究结果一致，漆酶对木质素的氧化作用以及谷氨酸引入的羧基可以提高纤维的润胀能力，促使纤维解结晶，从而降低纤维的结晶度。当果胶酶和漆酶/谷氨酸联合处理纤维后，其结晶度最低，相比于对照组下降 4.52%，这说明了果胶酶与漆酶/谷氨酸之间存在着协同效应，并能对结晶区造成损伤。更多的结晶区转化为无定形区可以提高纤维的可及度，纤维的可及度是指反应试剂到达纤维素羟基的难易程度，可以影响纤维的反应性能，纤维的可及度提高，试剂更容易与纤维发生反应，纤维的润胀性能也提高，纤维变得柔软，纤维间交织力增加，宏观上表现为物理强度的提高和保水值的上升。

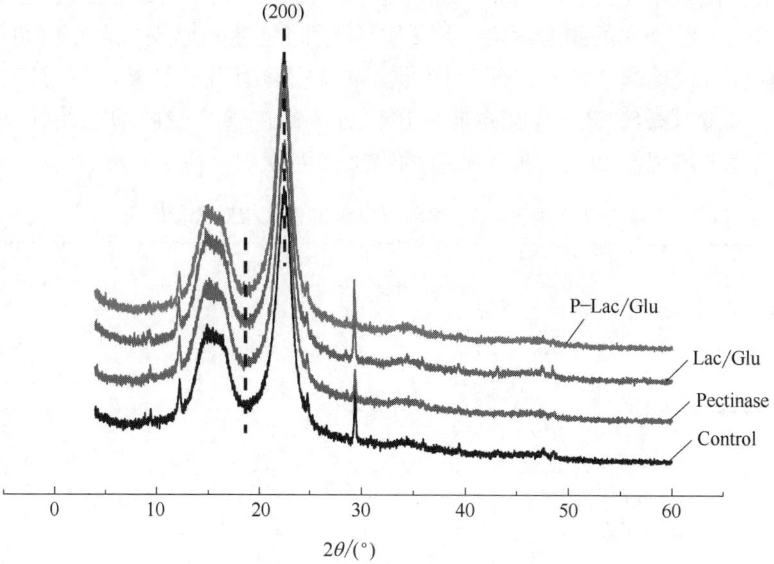

图 6-58　OCC 浆料 X-射线衍射光谱

表 6-15　　OCC 纤维素晶体结构分析

纤维样品	Control	Pectinase	Lac/Glu	P-Lac/Glu
结晶指数 CrI/%	75.89	76.35	73.41	72.46

6.4.1.4　酶处理对纤维质量的影响

纤维的品质决定了纤维成纸的各项性能，可以从纤维的长度、宽度、粗度和细小纤维含量等来对纤维的品质进行考量。表 6-16 是不同酶处理对纤维质量的影响。

表 6-16　　OCC 浆纤维性能分析

纸浆样品	纤维长度/mm	纤维宽度/μm	纤维粗度/(mg/m)	细小纤维含量/%
Control	0.994	21.1	0.0939	26.2
Pectinase	1.021	20.9	0.0954	24.7
Lac/Glu	1.039	20.7	0.0967	24.3
P-Lac/Glu	1.058	20.9	0.0983	23.6

经过果胶酶、漆酶/谷氨酸、果胶酶协同漆酶谷氨酸处理后，OCC 纤维宽度变化不明显，说明酶处理是较温和的处理方式，不会使纤维发生明显的断裂。经果胶酶协同漆酶/谷氨酸体系处理后的 OCC 纤维粗度有所增加，可能是由于果胶酶处理后纤维表面的抽出物和木质素含量减少，同时谷氨酸的加入增加了纤维的羧基含量，从而提高纤维的润胀能力，有更多的水分进入纤维内部，从而引起纤维粗度的增加，纤维粗度对纤维的柔软性、结合能力以及成纸的物理强度有一定的影响，这也说明了经果胶酶协同漆酶/谷氨酸体系处理后的 OCC 浆料成纸物理性质提高的原因。

果胶酶协同漆酶/谷氨酸体系处理后 OCC 纤维长度增加而细小纤维含量降低，可能是因为协同处理可以降解细小纤维，从而引起纤维平均长度的增加。纤维长度是纤维重要的形态特征，长纤维相比于短纤维拥有更多的结合位点，因此长纤维相对含量的增加有利于纤维间交织力的提升，而且长纤维自身的纤维强度更好，因此纤维长度的增加有利于提高成纸的强度。

6.4.1.5 酶处理对纤维形貌的影响

用SEM观察OCC纤维的形貌，与对照组相比，经过果胶酶处理、漆酶/谷氨酸处理以及果胶酶协同漆酶/谷氨酸处理的纤维表面发生了明显的变化。由图6-59（a）和图6-59（b）可以看出，经过酶处理前的纤维表面光滑，纤维间连接较少，几乎看不到纤维表面出现细丝和孔隙。由图6-59（c）、图6-59（d）、图6-59（e）、图6-59（f）、图6-59（g）、图6-59（h）可以看出经过酶处理后的纤维和纤维之间连接更多，纤维的分丝帚化程度明显，纤维表面出现剥落和孔隙等现象，这些形貌的出现可以增强纤维内外物质的传输，这些形貌的改变有利于改善纤维成纸强度。以前的研究中也显示纤维经过酶处理后会发生类似的形貌变化，酶处理后形貌的改变可以归因于酶处理使木质素和抽出物溶出，破坏纤维细胞壁的胞间层，导致纤维表面出现孔隙。

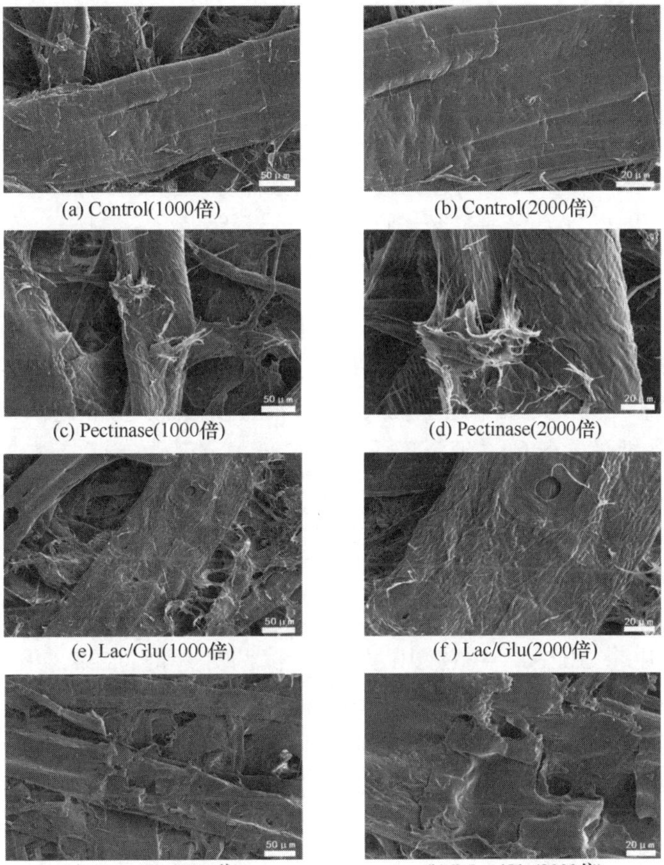

(a) Control(1000倍)　(b) Control(2000倍)

(c) Pectinase(1000倍)　(d) Pectinase(2000倍)

(e) Lac/Glu(1000倍)　(f) Lac/Glu(2000倍)

(g) P-Lac/Glu(1000倍)　(h) P-Lac/Glu(2000倍)

图6-59　OCC纤维表面形貌图

对于改性处理旧瓦楞纸箱（OCC）纸浆，有学者选用酚类物质作为介体：如没食子酸、紫丁香醇和阿魏酸。对其实验后的浆料进行环境扫描电镜结果显示，未经处理的空白试样其纤维表面呈现柔滑、不紧密和疏松多孔的状态；然而纤维表面粗糙不平并且有清晰可见的规则排列的微细纤维等特点，是只使用漆酶处理后的OCC纸浆；当漆酶和介体同时处理OCC纸浆时可发现，纤维表面会光滑、平整，并且纤维有沉积物生成。

6.4.1.6 优化酶体系处理 OCC 浆工艺条件的单因素实验

（1）果胶酶用量对纸张强度性能的影响

条件：漆酶用量 9U/g，谷氨酸用量 1%，漆酶处理时间 2h，果胶酶处理时间 1h，pH=7.0，反应温度 35℃，浆浓 2%。图 6-60 显示了 OCC 浆料在 0U/g、3U/g、6U/g、9U/g、12U/g、15U/g（相对于绝干浆）的果胶酶用量时，成纸的强度性能变化。

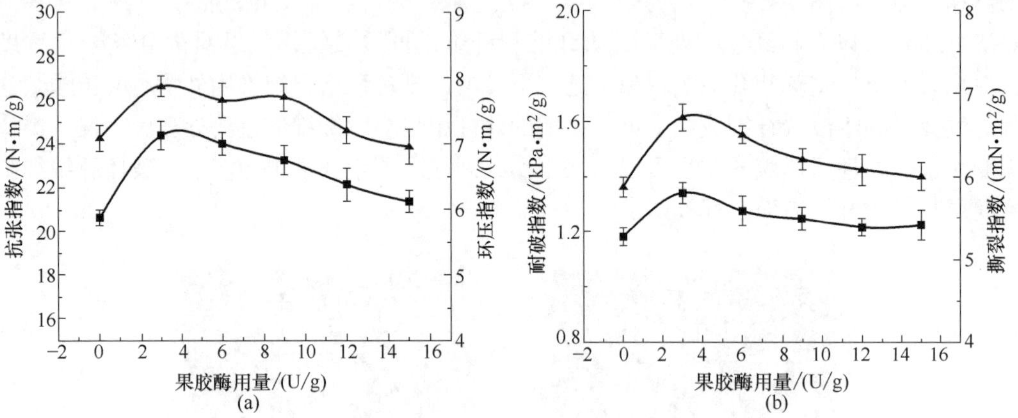

图 6-60 果胶酶用量对 OCC 浆料成纸强度的影响

（a）—▲— 抗张指数 —■— 环压指数

（b）—▲— 耐破指数 —■— 撕裂指数

果胶酶用量对成纸强度的影响较大，因为果胶酶可以去除部分纤维表面的抽出物，使纤维中碳水化合物和木质素的相对含量增加，果胶酶协同漆酶/谷氨酸处理纤维可以使漆酶更好地催化氧化木质素，减少纤维中的木质素含量，促进纤维分丝帚化，促进纤维间的结合。在用量为 3U/g 时，纸张的各项物理强度均达到最佳值，其中抗张指数 26.625N · m/g、环压指数 7.125N · m/g、耐破指数 1.6125kPa · m^2/g、撕裂指数 5.8mN · m^2/g。当果胶酶用量超过 3U/g 时，纸张的物理强度随果胶酶添加量的增大而减小。综合成本和成纸强度考虑，选择果胶酶用量为 3U/g。

（2）漆酶用量对纸张强度性能的影响

条件：果胶酶用量 3U/g，谷氨酸用量 1%，漆酶处理时间 2h，果胶酶处理时间 1h，pH=7.0，反应温度 35℃，浆浓 2%。图 6-61 显示了 OCC 浆料在 0U/g、3U/g、6U/g、9U/g、12U/g、15U/g（相对于绝干浆）的漆酶用量时，成纸的强度性能变化。

漆酶对 OCC 浆料的强度有明显提升，随着漆酶添加量不断增加，纸张物理强度逐渐上升，因为漆酶可以促使木质素降解，使纤维表面粗糙程度加剧，分丝帚化程度增加，细小纤维含量增加，从而使纤维间的交织程度加强，纤维成纸强度增加。漆酶用量在 0~12U/g 时，成纸强度随着漆酶用量增加而增强，漆酶添加量为 12U/g 时，纸张的成纸强度达到最佳值，其中抗张指数 29.625N · m/g、环压指数 7.375N · m/g、耐破指数 1.7375kPa · m^2/g、撕裂指数 5.9875mN · m^2/g，继续增加漆酶用量对纤维强度提升有不利影响，故选择最佳漆酶用量为 12U/g。

（3）谷氨酸添加量对纸张强度性能的影响

条件：果胶酶用量 3U/g，漆酶用量 12U/g，漆酶处理时间 2h，果胶酶处理时间 1h，pH=7.0，反应温度 35℃，浆浓 2%。图 6-62 显示了 OCC 浆料在 0%、0.5%、1%、1.5%、

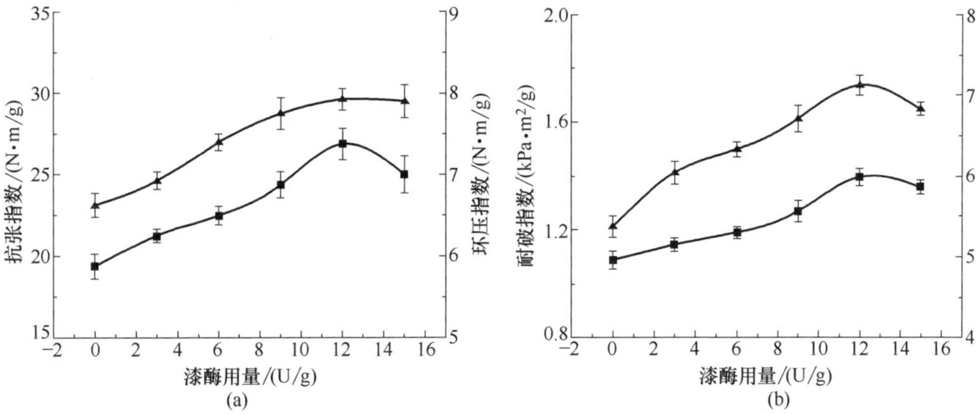

图 6-61　漆酶用量对 OCC 浆料成纸强度的影响

（a）—▲— 抗张指数　—■— 环压指数

（b）—▲— 耐破指数　—■— 撕裂指数

2%、2.5%（相对于绝干浆）的谷氨酸用量时，成纸的强度性能变化。

当谷氨酸用量在 0~1%时，随着谷氨酸用量的增加，纸张强度增加，由图 6-62 可以看出谷氨酸用量对果胶酶协同漆酶/谷氨酸体系提升纤维强度有较大影响。因为谷氨酸可以通过迈克尔加成反应嫁接到漆酶氧化后的木质素上，从而增加纸浆中的羧基含量，羧基含量的增加可以改变纤维的电荷，影响纤维的物理性能，还可以促使废纸纤维润胀性能恢复，纤维柔韧性增强，从而提高纤维的强度。当谷氨酸用量超过 1%时，再增加谷氨酸用量对纤维强度的提升没有明显帮助，因此谷氨酸最佳用量为 1%。

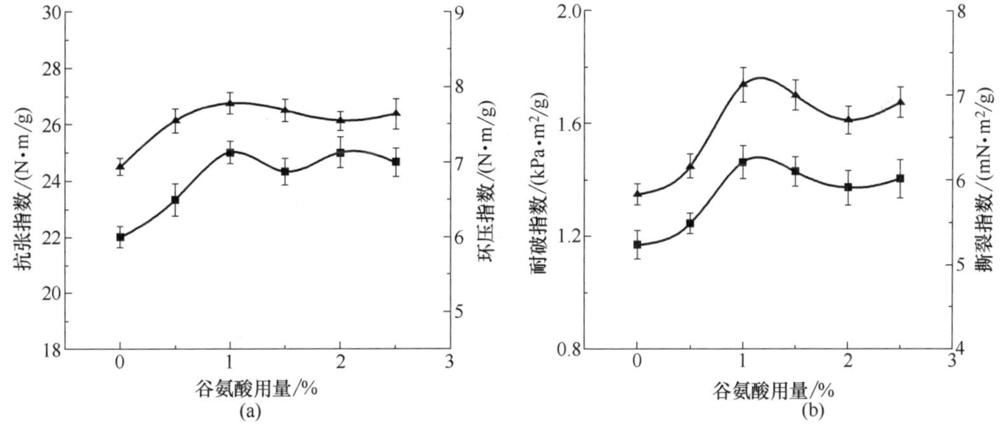

图 6-62　谷氨酸添加量对 OCC 浆料成纸强度的影响

（a）—▲— 抗张指数　—■— 环压指数

（b）—▲— 耐破指数　—■— 撕裂指数

（4）果胶酶处理时间对纸张强度性能的影响

条件：果胶酶用量 3U/g，漆酶用量 12U/g，谷氨酸用量 1%，漆酶处理时间 2h，pH = 7.0，反应温度 35℃，浆浓 2%。图 6-63 显示了 OCC 浆料在 0.5h、1h、1.5h、2h、2.5h、3h 的果胶酶处理时间时，成纸的强度性能变化。

酶作用时间是影响酶促反应的重要条件，时间太短会导致反应不充分，不能发挥酶的最

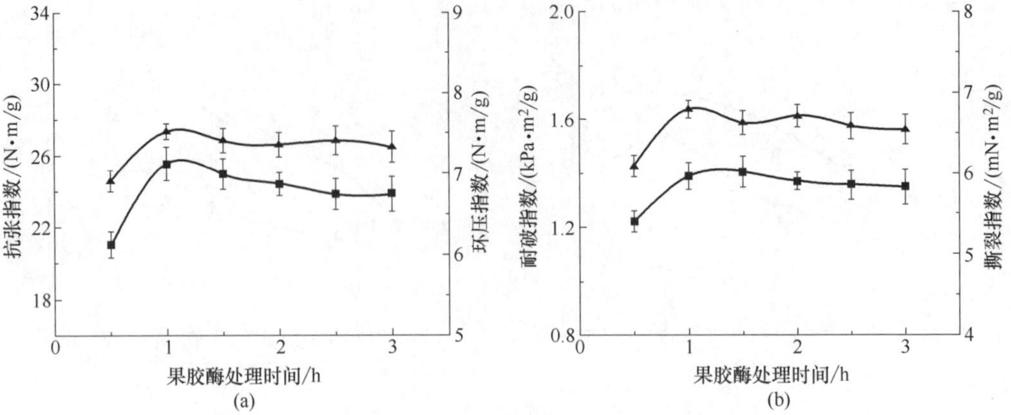

图 6-63　果胶酶处理时间对 OCC 浆料成纸强度的影响

（a）—▲— 抗张指数　—■— 环压指数

（b）—▲— 耐破指数　—■— 撕裂指数

佳作用，时间太长则会导致能耗的增加。由图 6-63 可以看出，随着果胶酶处理时间的延长，纸张物理强度有明显提升，当果胶酶处理时间为 1h 时，各项指标达到最佳，再延长反应时间，物理性能不再提升。因此选择果胶酶最佳处理时间为 1h。

（5）漆酶处理时间对纸张强度性能的影响

条件：果胶酶用量 3U/g，漆酶用量 12U/g，谷氨酸用量 1%，果胶酶处理时间 1h，pH=7.0，反应温度 35℃，浆浓 2%。图 6-64 显示了 OCC 浆料在 0.5h、1h、1.5h、2h、2.5h、3h 的漆酶处理时间时，成纸的强度性能变化。

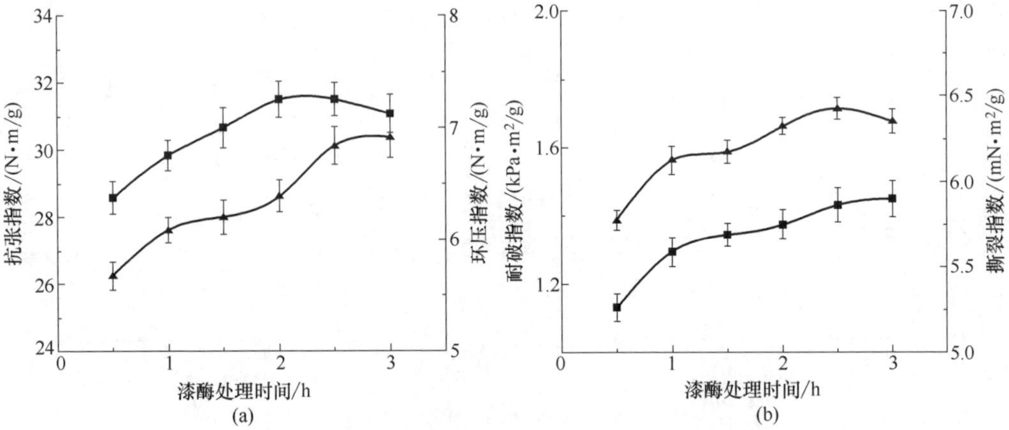

图 6-64　漆酶处理时间对 OCC 浆料成纸强度的影响

（a）—▲— 抗张指数　—■— 环压指数

（b）—▲— 耐破指数　—■— 撕裂指数

当漆酶反应时间为 0.5~2.5h 时，各项指标不断增大，其中环压指数和耐破指数达到最佳，分别为 7.25N·m/g、1.7125kPa·m^2/g。再延长反应时间，纸张强度趋于稳定，无明显提升，个别指标出现下降趋势，说明反应已经趋于完全，为了节约能耗，提高效率，选择漆酶最佳处理时间 2.5h。

（6）pH 对纸张强度性能的影响

条件：果胶酶用量 3U/g，漆酶用量 12U/g，谷氨酸用量 1%，果胶酶处理时间 1h，漆酶处理时间 2.5h，反应温度 35℃，浆浓 2%。图 6-65 显示了 OCC 浆料在 pH 分别为 4、5、6、7、8、9 时成纸的强度性能变化。

pH 是影响生物酶活性的重要因素，不同酶体系的适用 pH 范围不同，超过酶体系的适用 pH 范围，过酸或过碱都可能抑制酶活性，从而降低反应效果。由图 6-65 可以看出，酶体系在中性条件下对纸张的作用效果最好，随着 pH 从 4 增大到 6，各项物理强度增加，当 pH 等于 6 时，纸张物理强度达到最大，当 pH 大于 8 时，纸张各项物理强度出现明显下降，可能是由于漆酶和果胶酶在强碱条件下失活导致，因此选择体系最佳 pH 为 6。

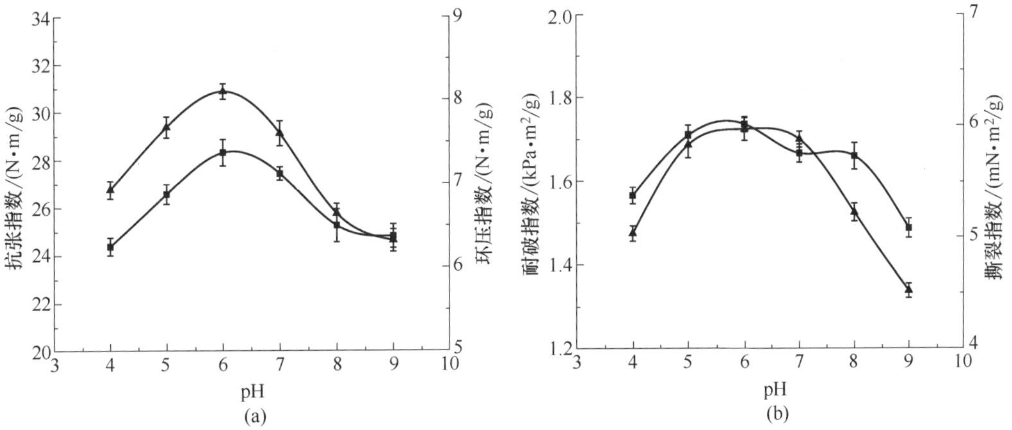

图 6-65 pH 对 OCC 浆料成纸强度的影响

（a）—▲— 抗张指数 —■— 环压指数

（b）—▲— 耐破指数 —■— 撕裂指数

（7）反应温度对纸张强度性能的影响

条件：果胶酶用量 3U/g，漆酶用量 12U/g，谷氨酸用量 1%，果胶酶处理时间 1h，漆酶处理时间 2.5h，pH=6.0，浆浓 2%。图 6-66 显示了 OCC 浆料在 25℃、35℃、45℃、55℃、

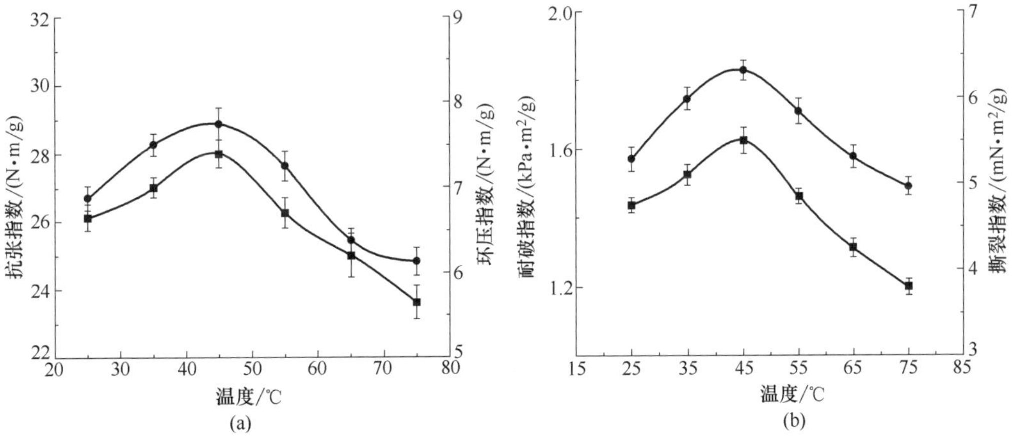

图 6-66 反应温度对 OCC 浆料成纸强度的影响

（a）—■— 抗张指数 —●— 环压指数

（b）—■— 耐破指数 —●— 撕裂指数

65℃、75℃的反应温度时，成纸强度性能的变化。

反应温度是影响酶活性的重要因素，温度过低会抑制酶活性，导致酶体系无法完全与底物反应，温度过高可能会破坏酶分子结构，导致酶失活。由图6-66可知，在25~45℃范围内，随着温度升高，纸张物理性能逐渐上升，当反应温度为45℃时，强度性能达到最佳，再升高温度，纸张强度性能明显下降，这是因为漆酶和果胶酶在高温下活性受到抑制。因此，果胶酶协同漆酶/谷氨酸体系的最适反应温度为45℃。

6.4.1.7 响应曲面法对工艺条件的优化

基于单因素试验的结果，采取响应曲面法对果胶酶协同漆酶/谷氨酸处理OCC的工艺条件进一步优化。利用Design Expert软件中的Box-Behnken模型，以果胶酶用量（A，2~4U/g）、漆酶用量（B，11~13U/g）、果胶酶处理时间（C，50~70min）、漆酶处理量时间（D，140~160min）为影响因子，抗张强度（Y，kN/m）为响应值，设计试验方案，试验因素水平和编码见表6-17，试验方案和结果如表6-18所示。

（1）试验方案设计

表6-17　　试验因素水平和编码

因素	编码	水平		
		-1	0	1
果胶酶用量/(U/g)	A	2	3	4
漆酶用量/(U/g)	B	11	12	13
果胶酶处理时间/min	C	50	60	70
漆酶处理时间/min	D	140	150	160

表6-18　　试验方案和结果

序号	A[果胶酶用量/(U/g)]	B[漆酶用量/(U/g)]	C(果胶酶处理时间/min)	D(漆酶处理时间/min)	Y[抗张强度/(kN/m)]
1	2	11	60	150	1.9
2	4	11	60	150	2.14
3	2	13	60	150	2.09
4	4	13	60	150	2.4
5	3	12	50	140	2.19
6	3	12	70	140	2.35
7	3	12	50	160	2.38
8	3	12	70	160	2.39
9	2	12	60	140	2.17
10	4	12	60	140	2.27
11	2	12	60	160	2.24
12	4	12	60	160	2.43
13	3	11	50	150	2.06
14	3	13	50	150	2.15
15	3	11	70	150	2.09
16	3	13	70	150	2.28
17	2	12	50	150	2.11
18	4	12	50	150	2.22
19	2	12	70	150	1.93

续表

序号	A[果胶酶用量/(U/g)]	B[漆酶用量/(U/g)]	C(果胶酶处理时间/min)	D(漆酶处理时间/min)	Y[抗张强度/(kN/m)]
20	4	12	70	150	2.38
21	3	11	60	140	2.08
22	3	13	60	140	2.35
23	3	11	60	160	2.31
24	3	13	60	160	2.44
25	3	12	60	150	2.46
26	3	12	60	150	2.43
27	3	12	60	150	2.41
28	3	12	60	150	2.36
29	3	12	60	150	2.5

（2）试验结果分析

在45℃、pH=6.0、谷氨酸含量添加量1%（相对于绝干浆料）的条件下进行试验，由此得到果胶酶用量、漆酶酸用量、果胶酶处理时间、漆酶处理时间和抗张强度构成的29组实验数据表，试验结果用于多元回归拟合。抗张强度的二次多项式回归模式，见式（6-1）。

$$\text{抗张强度}=2.43+0.1167A+0.0942B+0.0258C+0.0650D+0.0175AB+0.0850AC+0.0225AD+0.0250BC-0.0350BD-0.0375CD-0.1539A^2-0.1527B^2-0.1227C^2+0.0111D^2 \tag{6-1}$$

式中 A——果胶酶用量

B——漆酶用量

C——果胶酶处理时间

D——漆酶处理时间

对回归模型的方差分析见表6-19。由表6-19知，模型 F 值（效应项和误差项之比）是19.87，F 的数值越大，说明该方法越有效。模型的 P 值<0.0001，表示模型的回归性好；且模型的相关系数的平方 $R^2=0.9521$，调整确定系数的平方 $R^2_{Adj}=0.9042$，表示模型拟合程度好，能够解释90%以上的响应值；失拟项 P 为0.6086>0.05，无显著性差异，结果表明，该模型的拟合度良好。因此，利用该模型可以研究果胶酶协同漆酶/谷氨酸体系对OCC成纸强度的影响。由表6-19所示的方差分析结果可知，果胶酶用量、漆酶用量、漆酶处理时间对抗张强度作用效果显著，3个因素作用效果先后顺序为：果胶酶用量>漆酶用量>漆酶处理时间，果胶酶用量和果胶酶处理时间有明显交互作用。

表6-19　回归模型方差分析表

来源	平方和	自由度	均方	F值	P值	显著性
回归模型	0.7021	14	0.0502	19.87	<0.0001	显著
A[果胶酶用量/(U/g)]	0.1633	1	0.1633	64.71	<0.0001	显著
B[漆酶用量/(U/g)]	0.1064	1	0.1064	42.16	<0.0001	显著
C(果胶酶处理时间/min)	0.0080	1	0.0080	3.17	0.0966	不显著
D(漆酶处理时间/min)	0.0507	1	0.0507	20.09	0.0005	显著
AB	0.0012	1	0.0012	0.4853	0.4976	不显著
AC	0.0289	1	0.0289	11.45	0.0045	显著
AD	0.0020	1	0.0020	0.8022	0.3856	不显著

续表

来源	平方和	自由度	均方	*F* 值	*P* 值	显著性
BC	0. 0025	1	0. 0025	0. 9904	0. 3365	不显著
BD	0. 0049	1	0. 0049	1. 94	0. 1853	不显著
CD	0. 0056	1	0. 0056	2. 23	0. 1577	不显著
A^2	0. 1537	1	0. 1537	60. 88	<0. 0001	显著
B^2	0. 1512	1	0. 1512	59. 89	<0. 0001	显著
C^2	0. 0976	1	0. 0976	38. 67	<0. 0001	显著
D^2	0. 0008	1	0. 0008	0. 3157	0. 5831	不显著
残差	0. 0353	14	0. 0025	—	—	—
失拟项	0. 0243	10	0. 0024	0. 8758	0. 6086	不显著
纯误差	0. 0111	4	0. 0028	—	—	—
总离差	0. 7375	28	—	—	—	—
相关系数 $R^2=0.9521$，调整确定系数 $R^2_{\mathrm{Adj}}=0.9042$						

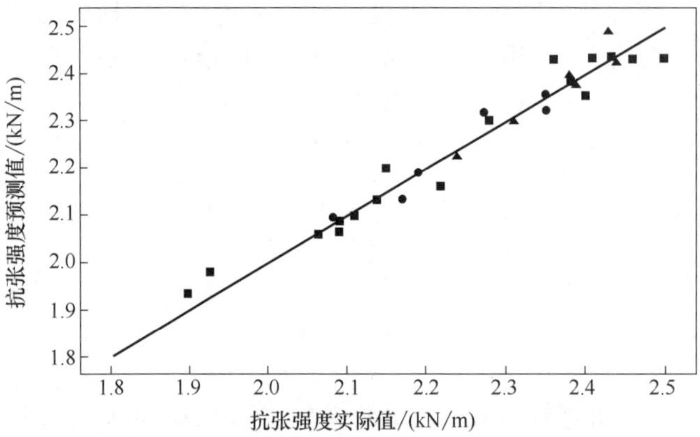

图 6-67　纸张抗张强度的预测值与试验实际值对比

■—漆酶用量　●—果胶酶用量　▲—漆酶处理时间

由多项式回归方法得到的纸张抗张强度与试验得出的纸张抗张强度的相关性见图 6-67。从图 6-67 中可以看出，实际值和预测值大部分分布在直线 $y=x$ 上，说明该模型的预测性能良好，进一步说明了该模型的有效性。以上分析表明该模型可以较准确地说明各个变量和抗张强度之间的关系，同时可以对果胶酶预处理 OCC 预处理的最佳条件进行较为精准地预测。

（3）漆酶和果胶酶用量对抗张强度的影响

漆酶与果胶酶用量对纸张抗张强度影响的响应曲面图见图 6-68。当果胶酶用量不变时，漆酶用量增加，成纸的抗张强度先不断增强，然后逐渐减小。原因是漆酶去除了部分木质素，促进了微细纤维的暴露，增大了纤维间的结合力，使得纸张的抗张强度增大，同时加入谷氨酸使纤维的羧基含量增加，纤维因此变得更柔软，具有更好的润胀性能。当漆酶用量增加到 12. 235U/g 时，随着漆酶用量继续增加，纸张抗张强度不再增加，谷氨酸通过迈克尔加成反应将羧基嫁接在纤维上，当谷氨酸用量不变时，羧基含量不变，继续增大漆酶用量对纸张强度的提升并未有明显的作用，故漆酶最佳用量为 12. 235U/g。在漆酶用量不变时，伴随着果胶酶用量增加，成纸抗张强度也出现先增

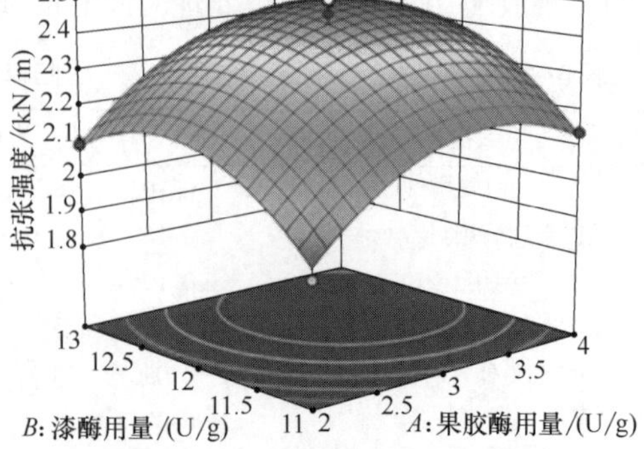

图 6-68　漆酶用量与果胶酶用量对纸张抗张强度影响的响应曲面图

后减的趋势。果胶酶可以去除部分纤维表面的抽出物和木质素，使纤维内部的碳水化合物和木质素暴露出来，从而可以使漆酶更好地氧化木质素，使细小纤维更好地暴露出来，促进纤维间的结合，表现为抗张强度增加。当果胶酶用量增加到 3. 508U/g 时，抗张强度呈现降低的趋势，过量的果胶酶加入会使纤维内的多糖物质溶出，从而损伤纤维，造成纤维强度降低，表现为抗张强度降低，由此得到 3. 508U/g 是最适果胶酶用量。

(4) 酶处理时间与酶用量对抗张强度的影响

果胶酶处理时间与漆酶用量、果胶酶用量对纸张抗张强度影响的响应曲面图见图 6-69。在一定范围内延长果胶酶对 OCC 浆料的处理时间，有利于增强纸张的抗张强度。当反应时间较短时，果胶酶对 OCC 的修饰作用不明显，当反应时间达到 61. 521min 后，随着反应时间的延长，纸张抗张强度不会继续增加，甚至表现出下降趋势，果胶酶处理时间过长可能会损伤纤维，从而降低纸张抗张强度。

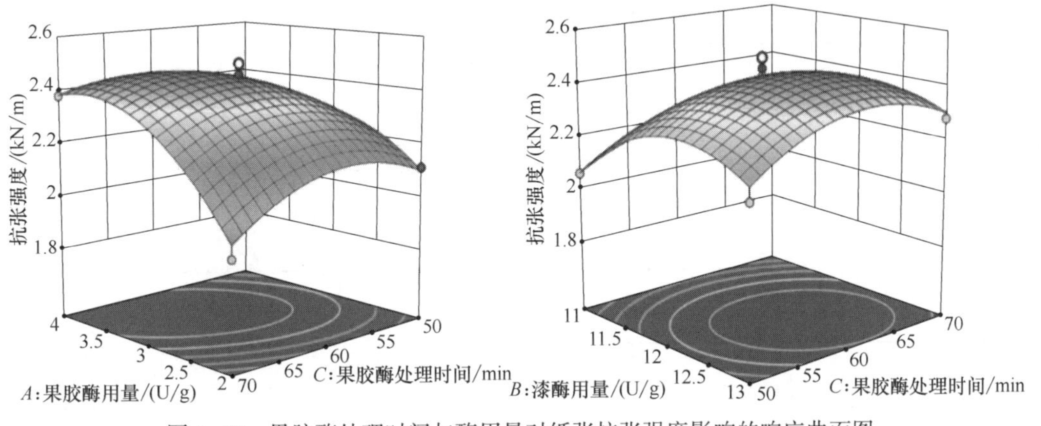

图 6-69　果胶酶处理时间与酶用量对纸张抗张强度影响的响应曲面图

漆酶处理时间与酶用量对纸张抗张强度影响的响应曲面图见图 6-70。由图 6-70 可以看出，漆酶处理时间对纸张抗张强度的影响不太明显，因为响应曲面分析选取的漆酶处理时间是在单因素实验的基础上选取的，因此漆酶处理时间已经处于最优值范围内，取模型预测值 160min 为漆酶最佳处理时间，由此得到 61. 521min 是最适果胶酶处理时间、160min 是最适漆酶处理时间。

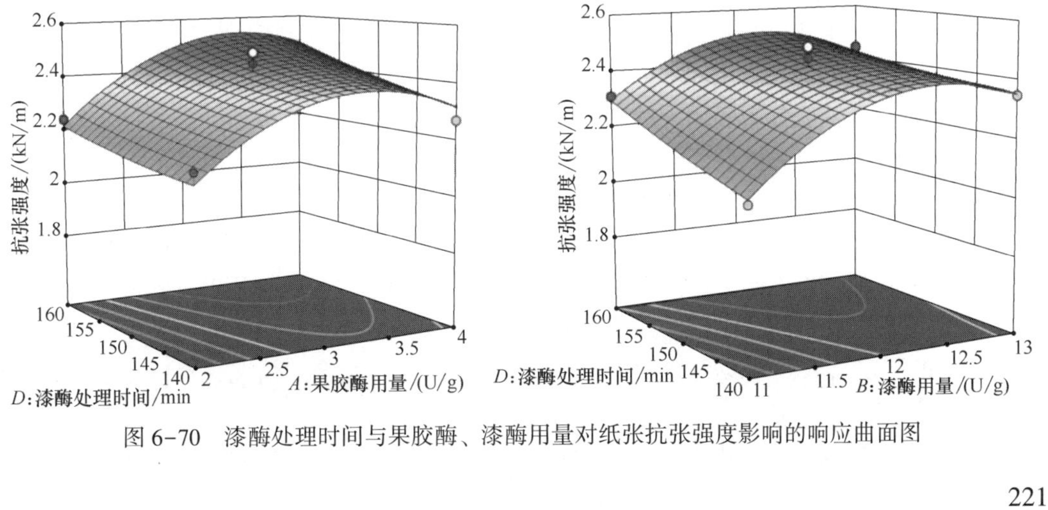

图 6-70　漆酶处理时间与果胶酶、漆酶用量对纸张抗张强度影响的响应曲面图

(5) 最优处理条件

通过 Design Expert 软件及实验数据分析得出果胶酶协同漆酶/谷氨酸处理 OCC 的最优工艺条件为：果胶酶用量 3.508U/g、漆酶用量 12.235U/g、果胶酶处理时间 61.521min，漆酶处理时间 160min，结合实际操作考虑，最优组采用果胶酶用量 3.5U/g，漆酶用量 12.2U/g，果胶酶处理时间 62min，漆酶处理时间 160min；在最优条件下对 OCC 分别进行果胶酶和漆酶/谷氨酸协同处理（P-Lac/Glu，果胶酶用量 3.5U/g，漆酶用量 12.2U/g，果胶酶处理时间 62min，漆酶处理时间 160min，谷氨酸用量 1%，pH 为 6，温度 45℃），单独果胶酶处理（Pectinase，果胶酶用量 3.5U/g，不添加漆酶和谷氨酸，其他反应条件与最优组相同），单独漆酶/谷氨酸处理（Lac/Glu，漆酶用量 12.2U/g，不添加果胶酶，其他反应条件与最优组相同），对照组（Control，不加任何试剂，其他处理条件和最优组相同）。表 6-20 和表 6-21 显示了经过酶处理后的纸张与对照组纸张的物理强度对比。

表 6-20　　不同酶处理下纸张性能对比（一）

纸样	抗张指数		耐破指数	
	数值/(N·m/g)	增量/%	数值/(kPa·m^2/g)	增量/%
Control	22.75	—	1.11	—
Pectinase	24.63	8.26	1.18	6.31
Lac/Glu	25.38	11.56	1.33	19.82
P-Lac/Glu	28.38	24.75	1.49	34.23

表 6-21　　不同酶处理下纸张性能对比（二）

纸样	撕裂指数		环压指数	
	数值/(mN·m^2/g)	增量/%	数值/(N·m/g)	增量/%
Control	4.86	—	5.63	—
Pectinase	5.18	6.58	6.00	6.57
Lac/Glu	5.59	15.02	6.38	13.32
P-Lac/Glu	6.10	25.51	7.38	31.08

由表 6-20 和表 6-21 可知，与对照组相比，生物酶处理后的 OCC 成纸强度得到了不同程度的提升，尤其在最优处理条件下，果胶酶协同漆酶/谷氨酸体系处理后成纸的抗张指数、耐破指数、撕裂指数、环压指数分别较空白样提高 24.75%、34.23%、25.51%、31.08%，效果明显好于两者单独处理样，这表明果胶酶与漆酶/谷氨酸具有协同效应。果胶酶能使纤维中的抽出物脱除，起到软化纤维的作用，从而使漆酶进入纤维中，对木质素进一步氧化，削弱了木质素与其他成分的连接，提高纤维的分丝帚化程度，因此改善了废纸浆的成纸物理强度。

6.4.1.8　酶处理对纤维保水值的影响

纤维保水值（WRV）可以用来评价纤维的润胀性能，由于回用过程中的重复润胀-干燥过程，纤维的孔隙会发生不可逆的关闭，细胞壁会发生塌陷，导致回用时通过孔进入纤维内部的水分子减少，纤维的亲水性和柔软度降低，纤维间交织能力会下降，强度性能会下降。通过 WRV 的测定结果，可以反映出纤维的润胀性和纤维间结合的情况，对纤维强度及成纸强度有重要影响。

OCC 纤维在不同的酶作用下 WRV 的变化见图 6-71。相比于对照组的 WRV，经单独果胶酶处理、单独漆酶/谷氨酸体系处理、果胶酶协同漆酶/谷氨酸体系处理的OCC纤维WRV分别提高了2.57%、10.54%和14.89%。纤维保水值的变化可归因于果胶酶能将纤维表层的物质去除，使水分更容易渗入到纤维中，从而使其保水值发生改变；漆酶可以氧化降解纤维表面的木质素，使纤维的吸水润胀能力加强，同时谷氨酸可以通过迈克尔加成反应连接到木质素上，通过增加羧基含量来提高进一步提高纤维的润胀性能。果胶酶和漆酶/谷氨酸的协同处理样保水值增加最多，说明果胶酶和漆酶有协同作用，果胶酶对纤维表面物质的去除有利于漆酶对木质素的进一步氧化。纤维润胀能力增强可以使纤维变得柔软，有利于纤维间氢键的形成，增强纤维间的结合力，从而提升纸张的物理性能，这也可以解释经果胶酶协同漆酶/谷氨酸体系处理后的OCC纤维成纸强度提高的原因。

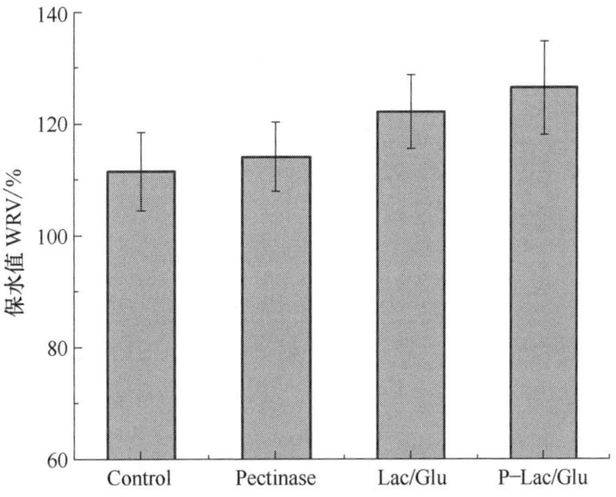

图6-71　酶处理对纤维WRV的影响

6.4.2　果胶酶协同漆酶/谷氨酸改性纤维

在上一节的基础上，通过对OCC纤维进行多次循环回用，然后用果胶酶协同漆酶/谷氨酸处理OCC纤维，并对纤维成纸物理强度、纤维形态、结晶结构、保水值、纤维表面形貌特征等重要指标的变化进行分析，探究了果胶酶协同漆酶/谷氨酸体系对多次回用的OCC纤维品质的提升作用。

6.4.2.1　酶处理对纤维保水值的影响

未经过酶处理的纤维（对照组）、经过果胶酶、果胶酶协同漆酶/谷氨酸处理的OCC纤维在回用过程中保水值的变化见图6-72，结果表明，未经酶处理和经过果胶酶、果胶酶协同漆酶/谷氨酸的纤维保水值均呈下降趋势，前三次回用中保水值的下降幅度较大。纤维保水值反映纤维与水的结合能力，即纤维的润胀性能，润胀性能越好，纤维的可及度和反应性越好，纤维-纤维间结合力好。经过回用后纤维的保水值降低，说明纤维的润胀性能变差，从而导致纤维-纤维间的结合力变差。

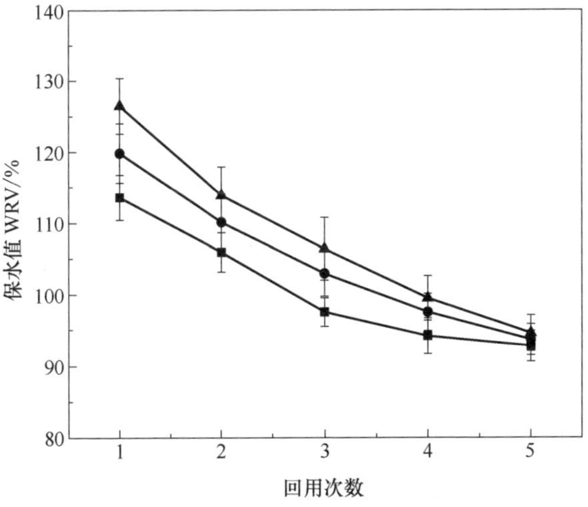

图6-72　回用过程中纤维WRV的变化

相比于对照组，经过果胶酶、果胶酶协同漆酶/谷氨酸处理后的OCC纤维保水值增加，因为酶处理可以使纤维中的羧基含量增加，纤维变得柔软，从图中可以看出酶处理对前三次回用的纤维性能有较好的改善作用，第三次回用的 OCC 纤维经果胶酶处理、协同处理后保水值分别可以增加 5.39%和 8.82%。经过 5 次回用后，未经酶处理的 OCC 纤维和经过果胶酶、果胶酶协同漆酶/谷氨酸处理的纤维保水值差别不大，可能是因为多次回用的纤维受损严重，酶处理对其性能提升程度有限。

6.4.2.2 酶处理对纤维质量的影响

对照组、经过果胶酶、果胶酶协同漆酶/谷氨酸处理的 OCC 纤维的长度、宽度和粗度的变化见表 6-22。随着回用次数的增加，无论是对照组，还是经过果胶酶、果胶酶协同漆酶/谷氨酸处理的 OCC 纤维，纤维的粗度、长度都呈现下降的趋势。经过 5 次回用后，OCC 原浆纤维长度减少 11.83%，纤维在回用过程中会发生断裂，从而影响纤维长度，纤维长度会直接影响纤维的强度性能，也会通过影响纤维间的交织力来影响纤维的成纸性能；OCC 原浆纤维粗度减少 24.84%，减少的原因一方面是由于纤维在回用过程中发生断裂，另一方面可能是因为纤维润胀性能的降低，从而影响了纤维粗度。纤维的柔韧性、纤维-纤维间结合力以及成纸的表面强度与粗度有着密不可分的联系，回用过程中纤维粗度的降低会导致纤维性能和成纸性能变差。

表 6-22 酶处理对回用纤维质量的影响

回用次数	纸浆样品	长度/mm	宽度/μm	粗度/(mg/m)
1	Control	1.014	20.9	0.0946
	Pectinase	1.037	21.0	0.0962
	P-Lac/Glu	1.066	21.2	0.0986
2	Control	0.981	21.0	0.0857
	Pectinase	0.996	20.8	0.0869
	P-Lac/Glu	1.025	21.1	0.0891
3	Control	0.949	20.8	0.0796
	Pectinase	0.962	20.7	0.0804
	P-Lac/Glu	0.981	20.9	0.0821
4	Control	0.916	20.3	0.0756
	Pectinase	0.922	20.5	0.0761
	P-Lac/Glu	0.930	20.4	0.0773
5	Control	0.894	20.3	0.0711
	Pectinase	0.897	20.5	0.0713
	P-Lac/Glu	0.901	20.6	0.0720

从表中可以看出，经过果胶酶、果胶酶协同漆酶/谷氨酸处理后的纤维长度、宽度和粗度都有所提升，酶处理对前 3 次回用的 OCC 纤维质量改善较明显，说明酶处理可以有效减少纤维回用过程中的断裂，同时可以改善纤维的润胀性能，这与前面保水值的变化一致。但是对于第 5 次回用的 OCC 纤维，酶处理后的纤维长度和粗度与 OCC 原浆纤维差别不大。

6.4.2.3 酶处理对成纸强度的影响

在 5 次回用过程中经过不同酶处理的 OCC 纤维成纸抗张指数的变化见图 6-73，从图中可以看出，对照组和经过果胶酶、果胶酶协同漆酶/谷氨酸的纤维成纸抗张强度均不断降低，其中前 3 次的下降幅度较明显。抗张强度与纤维强度、纤维-纤维间的交织力的大小以及纤维的水分有关，抗张强度的变化与前面保水值和纤维长度的变化一致，纤维长度降低导致纤维自身强度降低，保水值下降导致纤维润胀性能变差，从而对成纸的抗张强度产生影响。

在前3次回用过程中，果胶酶及果胶酶协同漆酶/谷氨酸对纤维成纸抗张强度的提升较明显，第三次回用的OCC纤维经果胶酶处理后成纸抗张指数提高14.00%，经果胶酶协同漆酶/谷氨酸处理后成纸抗张指数提高26.40%，第五次回用的OCC纤维成纸抗张指数为10.15N·m/g，经过果胶酶和果胶酶协同漆酶/谷氨酸处理后成纸的抗张指数分别为10.18N·m/g和10.35N·m/g，提升效果不明显，可能是因为多次回用的纤维性能太差，果胶酶协同漆酶/谷氨酸对其强度的提升有限。

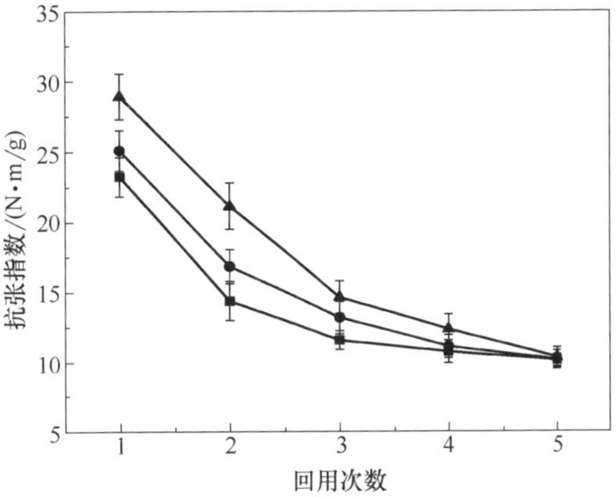

图6-73 回用次数对成纸抗张指数的影响

—■— Control —●— Pectinase —▲— P-Lac/Glu

在5次回用过程中经过不同酶处理的OCC纤维成纸耐破指数的变化见图6-74，可以看出，对照组和经过果胶酶、果胶酶协同漆酶/谷氨酸处理的OCC纤维成纸的耐破强度均降低。纸张的耐破性能与纤维的长度和纤维间的结合能力有关，随着回用过程中纤维长度的降低和保水值性能的降低，回用纸浆成纸的耐破性能变差。与对照组相比，经过果胶酶、果胶酶协同漆酶/谷氨酸处理后的OCC纤维成纸耐破指数增加，提升效果在前3次比较明显，第三次回用的OCC纤维经过果胶酶、果胶酶协同漆酶/谷氨酸处理后，成纸耐破强度相比于未处理的纤维分别提高7.85%和14.08%。对回用5次的纤维，果胶酶和果胶酶协同漆酶/谷氨酸体系对其成纸耐破强度的提升不明显。

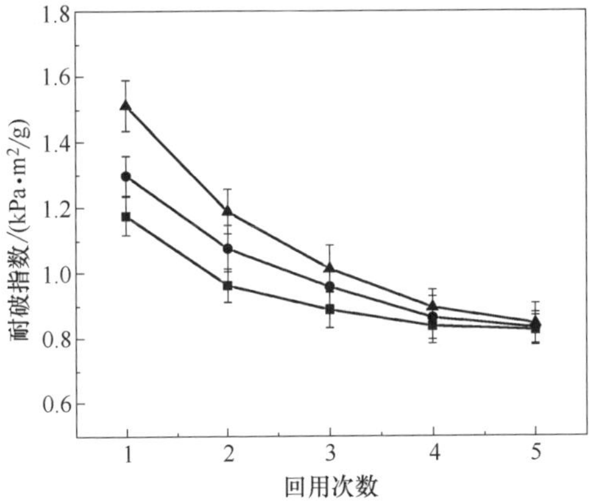

图6-74 回用次数对成纸耐破指数的影响

—■— Control —●— Pectinase —▲— P-Lac/Glu

在5次回用过程中经过不同酶处理的OCC纤维成纸撕裂指数的变化见图6-75，从图中可以观察到，对照组和经过果胶酶、果胶酶协同漆酶/谷氨酸处理的OCC纤维成纸的撕裂强度均降低。与未经过酶处理的OCC纤维相比，经过果胶酶、果胶酶协同漆酶/谷氨酸处理后纸浆成纸撕裂指数有所提升，前三次回用中酶处理对撕裂指数的提升优势较明显，第三次回用的OCC纤维经过果胶酶、果胶酶协同漆酶/谷氨酸处理后，成纸撕裂强度相比于未处理的纤维分别提高3.95%和11.12%，纸张的撕裂强度的变化与纤维自身的强度和纤维间交织有关，由于酶处理可以改善纤维断裂的情况，有利于减少纤维长度的降低，提高纤维自身强度；同时酶处理可以提高纤维的润胀性能，使纤维变得柔软，纤维间交织程度加强，从而对成纸的撕裂指数产生影响。对回用5次的纤维，果胶酶和果胶酶协同漆酶/谷氨酸体系对其成纸撕裂强度的提升不明显。

环压强度是瓦楞纸板的主要性能参数之一，环压指数反映了纸张的抗压性能。环压强度的大小受纸张的紧度和挺度的影响，纸张的紧度与纤维间的交织能力有密切关系，纸张的挺度与纤维的自身的挺度和结合力有关。从图6-76可以看出，随着回用次数的增加，对照组和经过果胶酶、果胶酶协同漆酶/谷氨酸处理的OCC纤维成纸的环压强度均降低，因为在回

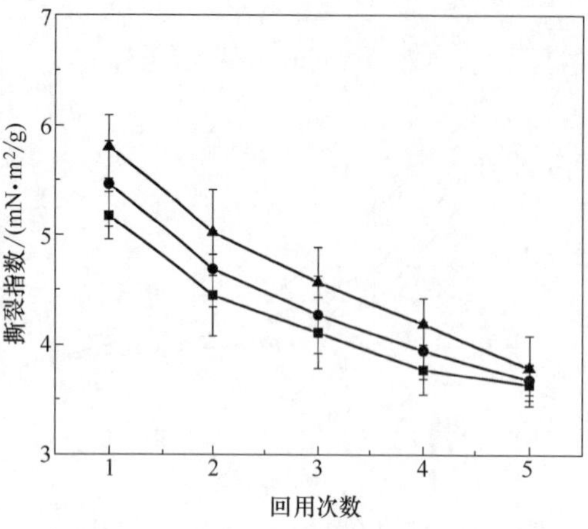

图 6-75　回用次数对成纸撕裂指数的影响

—■— Control　—●— Pectinase　—▲— P-Lac/Glu

用过程中纤维间的交织力减弱，同时纤维细胞壁会发生塌陷，纤维的挺度下降，这些因素都会导致成纸环压强度的下降，前 3 次回用纸浆的成纸环压强度的降低幅度明显。与对照组相比，经过果胶酶、果胶酶协同漆酶/谷氨酸处理后的纤维环压强度有所提升，酶对前 3 次回用的 OCC 纤维成纸环压强度提升效果明显，相比于未经酶处理的浆料，第三次回用的 OCC 纤维经果胶酶、果胶酶协同漆酶/谷氨酸处理后其成纸环压强度提高 8.64% 和 29.06%。对经过 5 次回用的纤维，果胶酶、果胶酶协同漆酶/谷氨酸对其环压强度的改善作用有限。

综上所述，在回用过程中，纸张的物理性能会不断下降，在前 3 次回用中下降较明显，经过 3 次回用后，纤维性能逐渐趋于稳定，下降幅度平缓。果胶酶、果胶酶协同漆酶/谷氨酸处理 OCC 纤维可以提升 OCC 浆成纸的强度，尤其果胶酶协同漆酶/谷氨酸体系对 OCC 浆成纸物理性能提升明显。对前 3 次回用的纤维，酶处理的优势突出，纤维在经过 5 次回用后由于其本身质量下降较多，酶处理对纤维性能的提升有限。

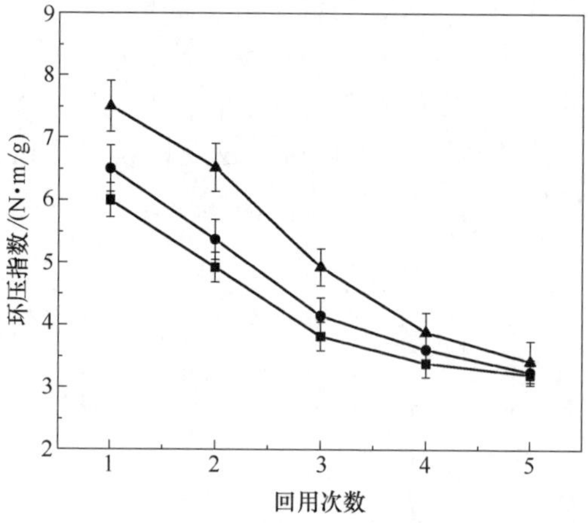

图 6-76　回用次数对成纸环压指数的影响

—■— Control　—●— Pectinase　—▲— P-Lac/Glu

6.4.2.4　酶处理对纤维超分子结构的影响

不同处理条件下回用纤维的 XRD 衍射谱图分别见图 6-77、图 6-78 和图 6-79，从图 6-77 可以看出不同回用次数的纤维特征峰的位置（大约为 18°和 22.5°）没有变化，XRD 谱图中也没有新的特征峰位出现，但是随着

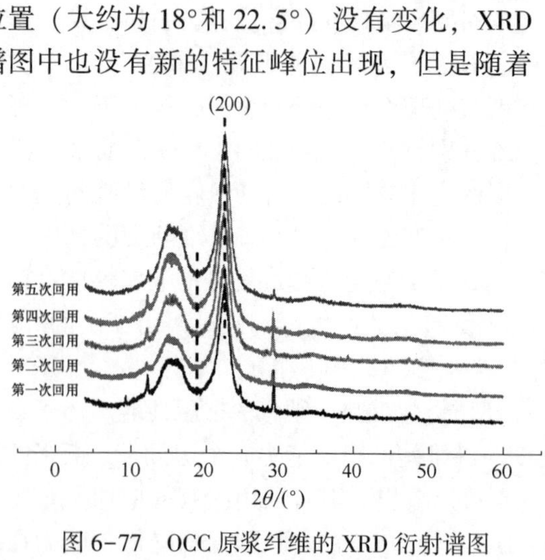

图 6-77　OCC 原浆纤维的 XRD 衍射谱图

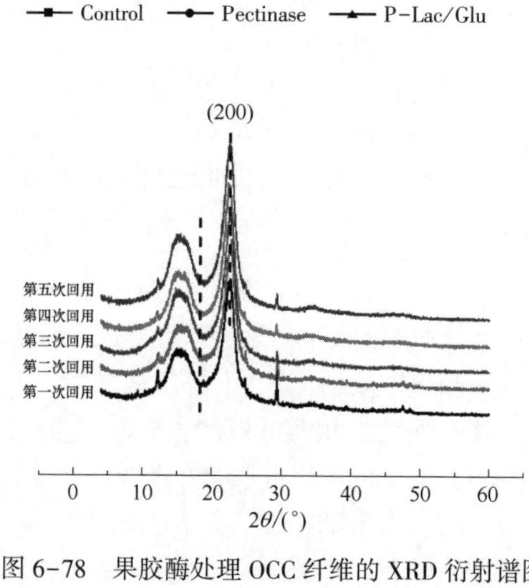

图 6-78　果胶酶处理 OCC 纤维的 XRD 衍射谱图

回用次数增加，纤维特征峰的相对强度改变，说明循环回用会对纤维的结晶程度产生影响。图 6-78 和图 6-79 可以看出酶处理并不会破坏回用纤维的结构，但是会改变纤维特征峰的强度，表现为结晶度的变化，随着回用次数的增加，酶处理对纤维特征峰的影响有所改变。

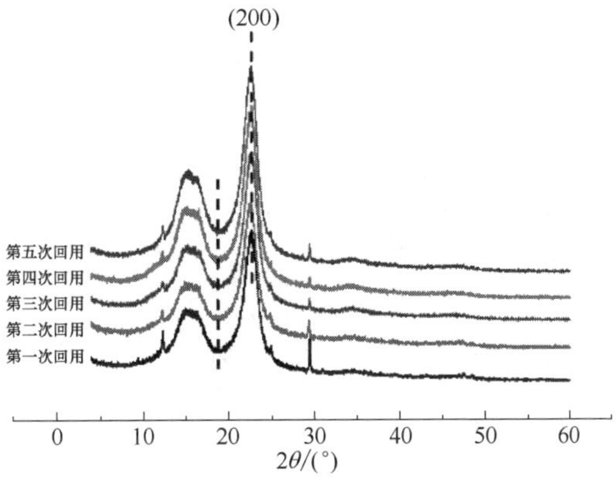

图 6-79　果胶酶协同漆酶/谷氨酸处理 OCC 纤维的 XRD 衍射谱图

不同处理条件下回用纤维的结晶度变化见表 6-23，可以看出，随着回用次数的增加，未经酶处理的纤维、果胶酶处理后的纤维和果胶酶协同漆酶/谷氨酸处理后的纤维结晶度都增加，说明纤维多次回用会使纤维素内的结晶区面积增加，会导致纤维素的可及度和反应性降低，影响纤维氢键的结合，同时纤维润胀性能下降，纤维间不易交织，从而降低纤维的强度和纤维成纸的强度。相比于未经酶处理的纤维，果胶酶协同漆酶/谷氨酸处理后的纤维结晶度降低，说明果胶酶协同漆酶/谷氨酸体系可以破坏纤维的结晶区，抑制部分共结晶现象的出现，使纤维的无定形区增加，从而增加纤维的可及度和反应性能，增强纤维自身的强度，有利于纤维间的结合，也有利于后续试剂与纤维的反应。果胶酶处理后的纤维结晶度略高于未处理样，这是由于果胶酶处理会去除纤维中的抽出物，无定形物质溶出，结晶区的相对含量增加。

表 6-23　　循环回用对纤维结晶度的影响

回用次数	纸浆样品	结晶指数 CrI/%
1	Control	75.19
	Pectinase	75.61
	P-Lac/Glu	72.30
2	Control	77.81
	Pectinase	78.02
	P-Lac/Glu	75.69
3	Control	79.46
	Pectinase	79.64
	P-Lac/Glu	77.85
4	Control	80.45
	Pectinase	80.59
	P-Lac/Glu	78.70
5	Control	81.07
	Pectinase	81.16
	P-Lac/Glu	79.94

6.4.2.5　酶处理对纤维形貌的影响

未经酶处理的纤维、经果胶酶处理的纤维、经果胶酶协同漆酶/谷氨酸处理的纤维在不同回用次数下的 SEM 图分别见图 6-80、图 6-81、图 6-82。从图 6-80 可以看出，未经酶处理的纤维表面没有几乎没有分丝帚化，纤维间没有太多交织的部分，第二次回用的纤维表面褶皱加深，从图 6-80（c）、图 6-80（d）、图 6-80（e）可以看到随着回用次数的增加，纤维表面出现裂缝，纤维变得扁平、塌陷，这与以前的研究结果一致。纤维表面的这些变化会导致纤维性能的下降，宏观上表现为保水值的下降和强度性能的下降，这也从纤维表面的角度解释了前面保水值和强度性能下降的原因。

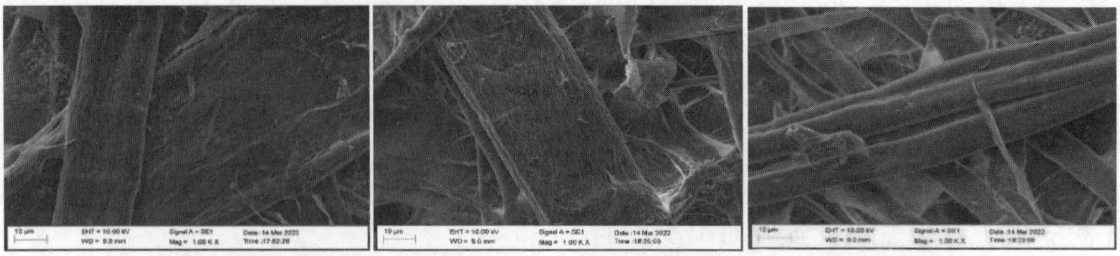

(a) 第一次回用　　(b) 第二次回用　　(c) 第三次回用

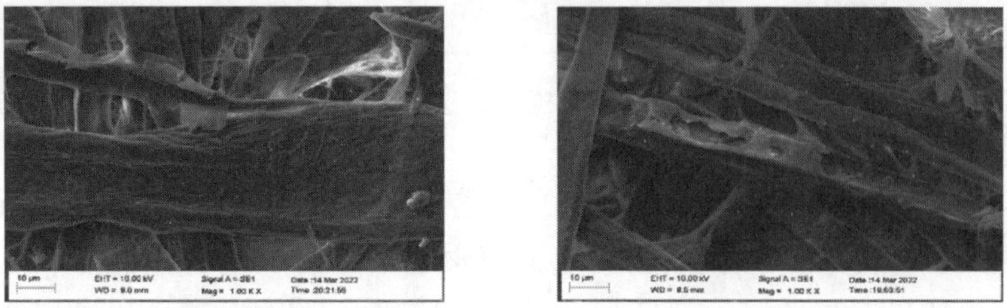

(d) 第四次回用　　(e) 第五次回用

图 6-80　未经酶处理的纤维 SEM 图

经果胶酶处理后的纤维分丝帚化明显，纤维间的交织更加紧密，如图 6-81 所示这是因为果胶酶对纤维表面抽出物的去除，使纤维结构暴露得更明显，有利于纤维-纤维间的交织。从图 6-81（d）可以看出，随着回用次数的增加，果胶酶处理后的纤维表面也出现褶皱加深的情况，从图 6-81（e）可以看出第五次回用时纤维卷曲现象严重，这表明酶处理对于多次回用的纤维优势不明显。

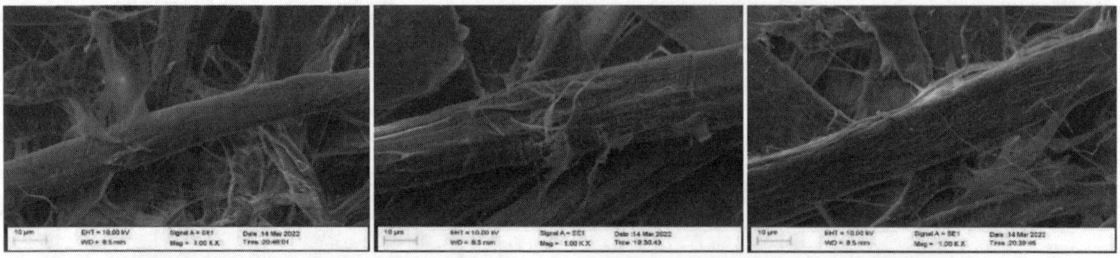

(a) 第一次回用　　(b) 第二次回用　　(c) 第三次回用

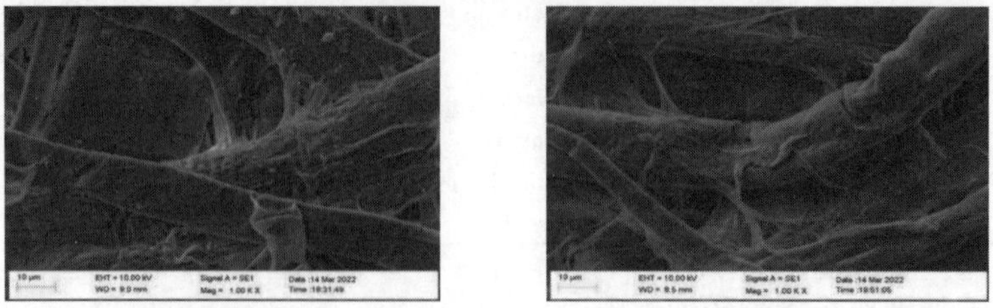

(d) 第四次回用　　(e) 第五次回用

图 6-81　经果胶酶处理的纤维 SEM 图

果胶酶协同漆酶/谷氨酸对纤维的作用使纤维表面分丝帚化明显，如图 6-82 所示，因为漆酶对木质素的脱除作用，纤维细胞壁产生孔隙，纸浆因为回用导致孔径变小甚至不可逆关闭的情况得到改善。孔隙的出现可以改善纤维与物质的交换能力，从而改善纤维的润胀能力。从图6-82（a）和图6-82（b）可以看出酶处理后的纤维更加饱满，这也证明酶处理可以改善纤维扁平、塌陷的情况，谷氨酸的加入增加了纤维中的羧基含量，增强了纤维的润胀能力。

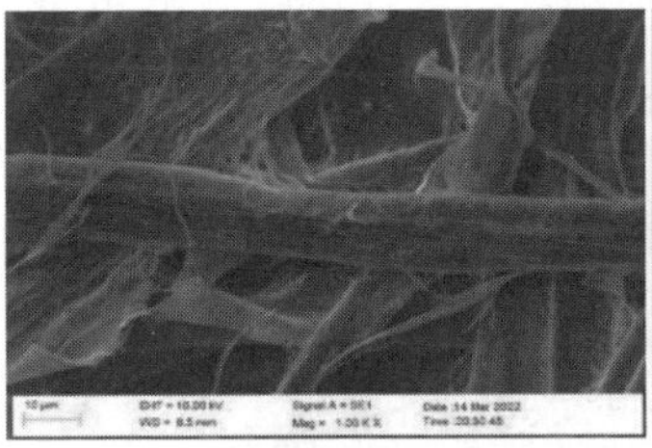
(a) 第一次回用

(b) 第二次回用

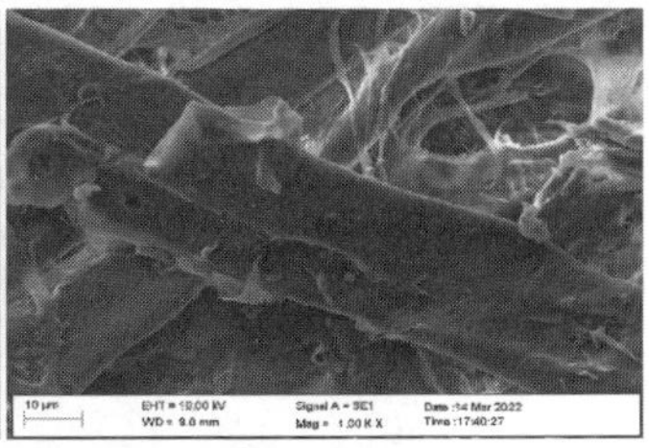
(c) 第三次回用

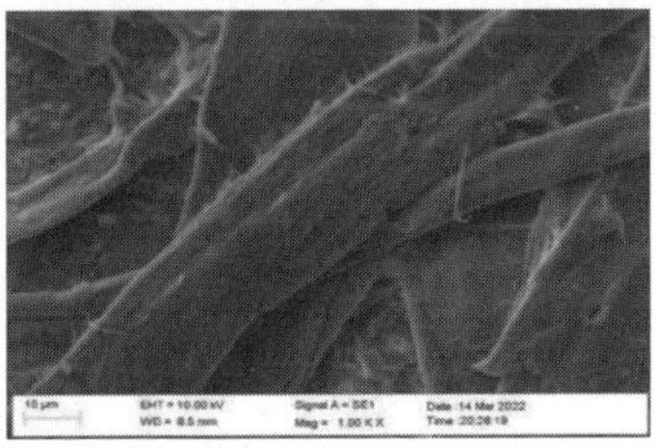
(d) 第四次回用

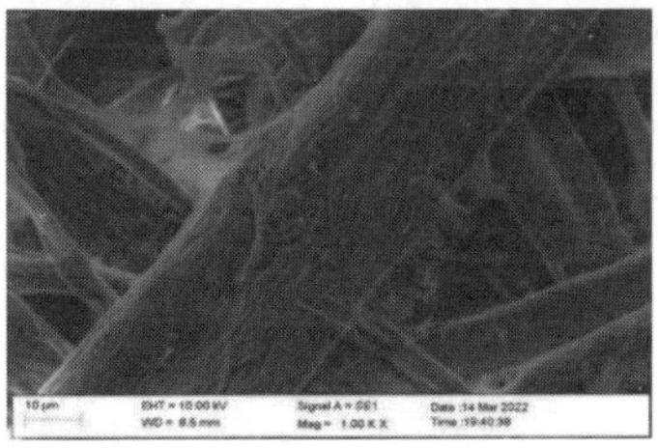
(e) 第五次回用

图 6-82　经果胶酶协同漆酶/谷氨酸处理的纤维 SEM 图

综上所述，纤维的回用使纤维表面出现褶皱、裂缝等现象，纤维变得扁平，吸水润胀性能降低，果胶酶协同漆酶/谷氨酸体系使纤维润胀能力提升，纤维变得饱满，表面也更加光滑。果胶酶协同漆酶/谷氨酸体系对 OCC 纤维的处理还让纤维表面出现更多孔隙，分丝帚化和纤维交织现象也更加明显，这些都有利于纤维与其他物质的反应，有利于纤维间结合力的增强，从而改善纤维性能和成纸性能。

6.4.3　漆酶与木聚糖酶协同改性废纸纤维

6.4.3.1　酶处理对纤维质量的影响

纤维的长度、宽度、粗度和细小纤维含量是衡量纤维质量的重要参数。其宏观上直接影响手抄纸的性能。不同处理条件下的纤维质量见表 6-24。

表 6-24　　不同处理条件下 ONP 浆纤维性能分析

纸浆	纤维长度/mm	纤维宽度/μm	纤维粗度/(mg/m)	细小纤维含量/%
control	0.738	14.43	0.145	26.52
MLac/Glu	0.732	14.37	0.148	27.67
Xylanase	0.734	14.41	0.150	27.06
X-MLac/Glu	0.722	14.38	0.157	27.91
QP	0.721	14.34	0.140	28.13
MLac/Glu QP	0.720	14.30	0.144	29.41
Xylanase QP	0.728	14.32	0.142	29.14
X-MLac/Glu	0.726	14.27	0.151	29.31

生物酶处理不会导致 ONP 脱墨浆纤维长度和纤维宽度显著减少，这意味着生物酶预处

理作用较为温和，在预处理过程中不会发生纤维断裂。木聚糖酶协同改性漆酶/谷氨酸体系（X-MLac/Glu）预处理后，纤维粗度和细小纤维含量增加，这可能是因为在木聚糖酶的协同作用下，改性漆酶催化氧化产生的自由醌结构与氨基酸发生迈克尔加成反应，提升了纤维的吸水润胀性，纤维质量增加，宽度和粗度变大。

经过氧化氢漂白后纸浆的纤维长度和粗度略有降低，而细小纤维的含量则有所增加，这是因为过氧化氢漂白对纤维有一定的损伤。有研究指出，纤维长度是影响纤维成纸抗张指数和撕裂指数等物理强度性能的重要因素，而适量的细小纤维可以增加纤维之间的黏合性能。木聚糖酶协同改性漆酶预处理后的ONP漂白浆纤维质量优于未预处理、木聚糖酶预处理和改性的漆酶/谷氨酸预处理的ONP漂白浆，并且手抄片的强度性能变化也清楚地证明了这一结果。

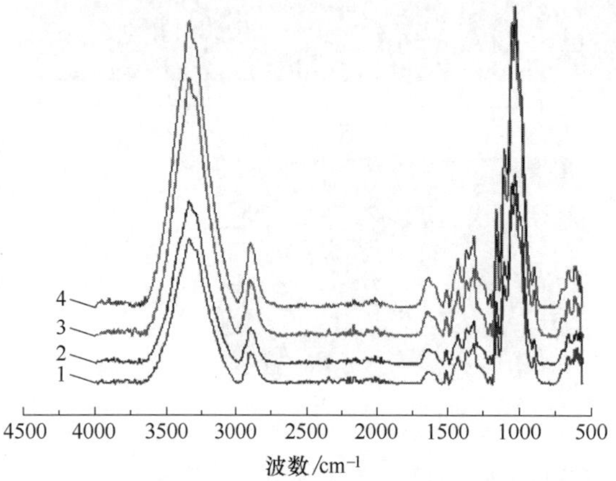

图 6-83　酶预处理 ONP 未漂浆红外光谱

1—Control　2—Xylanase　3—MLac/Glu　4—X-XLac/Glu

6.4.3.2　酶处理对纤维分子结构的影响

经酶处理后的ONP未漂浆纸浆的ATR-IR光谱如图6-83所示。表6-25列出了谱带的分配情况及其预处理后相对强度的变化。从图6-83可以看出，不同酶体系预处理后的ONP未漂纸浆的红外吸收光谱与对照纸浆在结构上相似，但是相对强度不同。

表 6-25　　酶预处理后 ATR-IR 光谱中峰的归属和相对吸收强度

波数/cm^{-1}	峰归属	相对吸收强度，A_i/A_{1429}			
		Con	X	MLac/Glu	X-MLac/Glu
3331~3333	羟基—OH、芳羟基的 O—H 伸缩振动，氢键缔合的 O—H 伸缩振动	5.28	5.39	5.62	5.98
1635~1644	羧基—COOH，羰基 C ═O 和共轭 C ═O 伸展振动	0.46	0.51	0.55	0.62
1509~1511	苯环骨架振动	0.50	0.47	0.41	0.38
1429~1430	苯环骨架振动	1.00	1.00	1.00	1.00
1366~1368	纤维素和半纤维素中 C—H 伸缩振动峰	1.21	1.18	1.24	1.19
895~896	半纤维素异头碳(C_1)振动峰	1.01	0.84	0.99	0.85

注：相对强度计算为谱带的吸收强度与在 1429cm^{-1} 处的谱带吸收强度之比。

与对照纸浆相比，经木聚糖酶协同漆酶/谷氨酸体系预处理的纸浆此处相对强度增加，如表6-25所示。这可能是由于在酶预处理后，纸浆中的木质素及纸浆表面抽提物被降解去除，从而产生了更多的羟基，这也解释了经过木聚糖酶协同漆酶/谷氨酸体系预处理的具有更好的强度性能。1635~1644cm^{-1}处的谱带是羧酸，羰基和共轭羰基拉伸振动的峰，与对照纸浆相比，预处理后的纸浆峰强度有不同程度的提高，这可能是因为木质素侧链Cα上的羟基被氧化，导致羰基含量增加，并且谷氨酸成功向纤维中引入部分羧基。1509~1511cm^{-1}处的谱带为苯环骨架的拉伸振动峰，与对照纸浆相比，酶预处理纸浆的在此处的相对强度均被观察到减弱，这也证明了改性漆酶/谷氨酸和木聚糖酶协同漆酶/谷氨酸处理具有一定的降解木质素的能力，在木聚糖酶的协同作用下，改性漆酶/谷氨酸体系具有更好的去木质素效果。

1366~1368cm^{-1} 是纤维素和半纤维素 C—H 伸缩振动峰，895~896cm^{-1} 是半纤维素异头碳（C_1）振动峰，木聚糖酶预处理浆和木聚糖酶协同漆酶/谷氨酸预处理浆吸收峰强度降低，这可能是因为纤维中的木聚糖和 LCC（木质素碳水化合物）的降解。

6.4.3.3 酶处理对纤维结晶度的影响

纤维素的晶体结构是决定纤维素性能的重要因素。结晶度对纤维的强度和化学性质以及热力学性质具有非常重要的影响。废纸纤维回用过程中由于压榨和干燥等工段，纤维中部分小的结晶区域会融合为一个大的结晶区域，这会影响废纸纤维的回用性能，也就是常说的纤维共结晶现象。

图 6-84 和表 6-26 显示了不同酶预处理后 ONP 纸浆的 XRD 图谱和纤维的结晶度变化。从图 6-84 可以看出，酶处理后没有产生新的衍射峰，这证明了酶处理没有改变纤维素晶体结构的类型。与未处理的纸浆相比，木聚糖酶预处理后纤维的结晶度略有增加，这是由于木聚糖酶对纤维中木聚糖的水解和对纤维中 LCC 结构的破坏使小部分木质素溶出，而这些部分为无定形结构。改性漆酶/谷氨酸预处理后，纤维结晶度降低了 1.7%，这是因为改性漆酶/谷氨酸处理可以氧化纸浆中酚型氧化物为酚氧自由基，且酚氧自由基可以与氨基酸上的氨基发生迈克尔加成反应将谷氨酸嫁接到纤维上，增加了纤维羧基含量，促使纤维素解结晶，从而降低纤维结晶度。同时，也有研究表明漆酶处理可以使纤维中的结晶纤维素相对比例降低，无定形纤维素相对比例提高，而对纤维中的结晶纤维素相对比例变化影响不大。木聚糖酶协同改性漆酶/谷氨酸预处理后的纤维拥有最小结晶度为 73.44%，与未处理的纸浆相比降低了 3.82%，表明该体系对纤维结晶区域有一定的破坏作用，同时结晶度的降低有利于后续的漂白液的渗透，从而提高过氧化氢漂白效率。

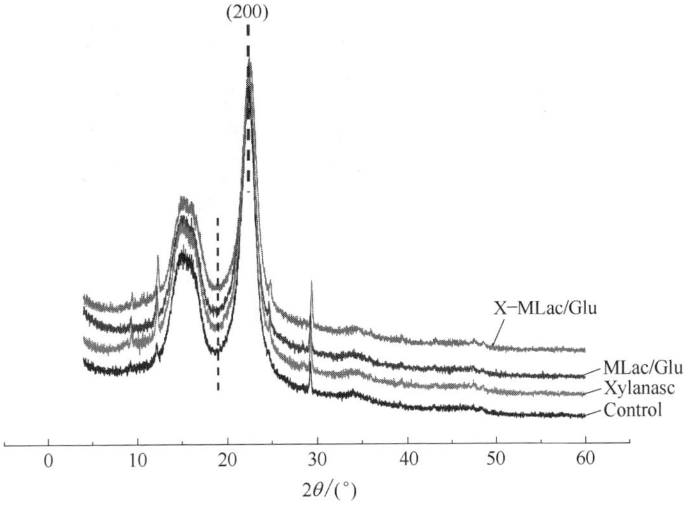

图 6-84 酶预处理条件下 ONP 未漂浆 X-射线衍射光谱

表 6-26 ONP 浆纤维素晶体结构分析

浆料	Con	MLac/Glu	Xylanase	X-MLac/Glu
α/%	76.36	75.05	76.78	73.44

6.4.3.4 酶处理纤维羧基含量及保水值的影响

通过顶空气相色谱法测定羧酸含量，用标准 HCl 溶液和 $NaHCO_3$ 的反应进行校正测试。

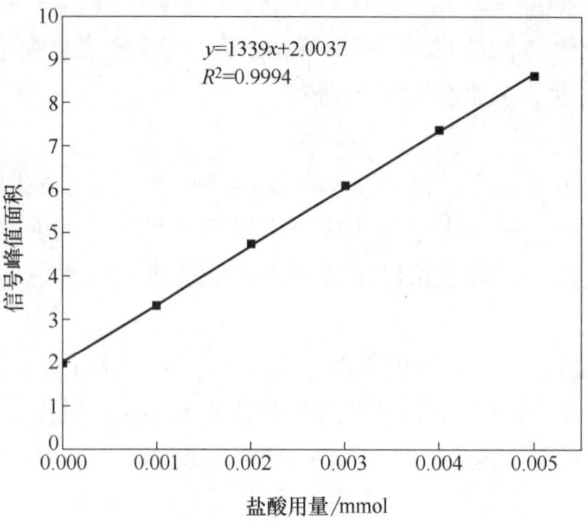

图 6-85 校正曲线

测得的校正因子 $f=1339^{-1}$，$A_{air}=2.0037$（图 6-85）。

纸浆纤维表面的羧基对于造纸过程及纸制品的性质有较大的影响，增加羧基含量可以提高纤维的溶胀能力，柔韧性和负电荷，并进一步增强纤维的黏结能力，从而改善纸张性能。Chen 研究表明，Lac-HBT 处理的纸浆中羧基含量的增加导致纤维之间的溶胀能力和黏结性增加。有研究发现，纤维的漆酶/氨基酸处理导致纤维中羧基含量的增加，从而增强了所得纸张的强度性能。

ONP 未漂浆的羧基含量和保水值变化见图 6-86。可以看出羧基含量与保水值基本呈相同的变化趋势，唯一不同的是，木聚糖酶处理后的漂白纸浆羧基含量并未明显增加，保水值却有所提高，这是因为木聚糖酶去除了纤维表面的提取物及木聚糖，改善了纤维的润胀能力。纤维保水值的提升一方面归因于改性漆酶/谷氨酸体系预处理引入的羧基，另一方面酶处理有助于纤维的分丝帚化及原纤化，从而增加纤维的比表面积，提升纤维间的联结能力。与对照浆相比，木聚糖酶协同改性漆酶/谷氨酸体系预处理纸浆羧基含量和保水值分别提高了 28.57% 和 33.04%。总而言之，协同酶处理对纤维的润胀性能有积极作用，纤维质量分析和所得手抄片的物理强度性能变化也可以很好地证明这一结果。

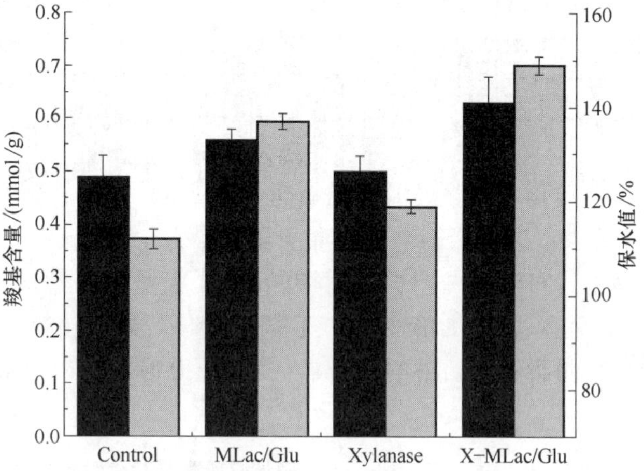

图 6-86 ONP 未漂浆羧基含量和保水值变化

6.4.3.5 酶处理对纤维孔径的影响

植物纤维是一种多孔材料，制浆过程中，木质素和半纤维素溶解时也会形成一些孔隙和裂缝。纤维的干燥和压榨等过程将导致纤维细胞壁孔不可逆关闭进而影响废纸纤维再润涨的能力，废纸浆成纸的强度降低。BJH 平均孔径和 BET 比表面积是评价多孔材料孔结构的两个最常用参数，纤维孔结构的变化将影响纤维的弹性模量和纤维吸收化学添加剂的能力。

多次重复使用后，ONP 未漂白纸浆的 BET 比表面积仅为 2.74m^2/g。在酶处理之后，纤维的 BET 比表面积和平均 BJH 孔径增加，结果表明，木聚糖酶协同漆酶/谷氨酸预处理纸浆的 BET 比表面积和 BJH 平均孔径分别达到 3.58m^2/g 和 4.28nm 的最大值，分别比对照浆提高 30.31% 和 16.62%。ONP 未漂浆纤维平均孔径和比表面积见表 6-27。

表 6-27 ONP 未漂浆纤维平均孔径和比表面积

浆料	BET 比表面积/(m^2/g)	BJH 平均孔径/nm
Control	2.75	3.67
MLac/Glu	3.28	3.92
Xylanase	3.07	3.73
X-MLac/Glu	3.58	4.28

木聚糖是植物纤维中半纤维素的主要成分。在制浆过程中，木聚糖部分溶解、变性并重新沉积在纤维表面。木聚糖酶可以去除部分再沉积的木聚糖，增加纸浆基质的孔隙率，释放截留的可溶性木质素，同时改性漆酶进一步脱除纸浆中的非纤维素成分促进了水分子进入纤维内部，使纤维内部结构疏松，从而促进 BJH 平均孔径和 BET 比表面积的提高。平均孔径和比表面积的增大可促进 ONP 纸浆漂白时漂白液的渗透，从而提高手抄片白度，这与手抄片的光学性能变化趋势一致。

6.4.3.6 酶处理对纤维表面形貌的影响

扫描电子显微镜照片显示，由于木聚糖的水解和木质素的去除，木聚糖酶和改性漆酶处理过的纸浆的纤维表面发生了明显的变化。

如图 6-87（a）所示，未经处理的纸浆表面光滑且规整，纤维间连接较少。改性漆酶/

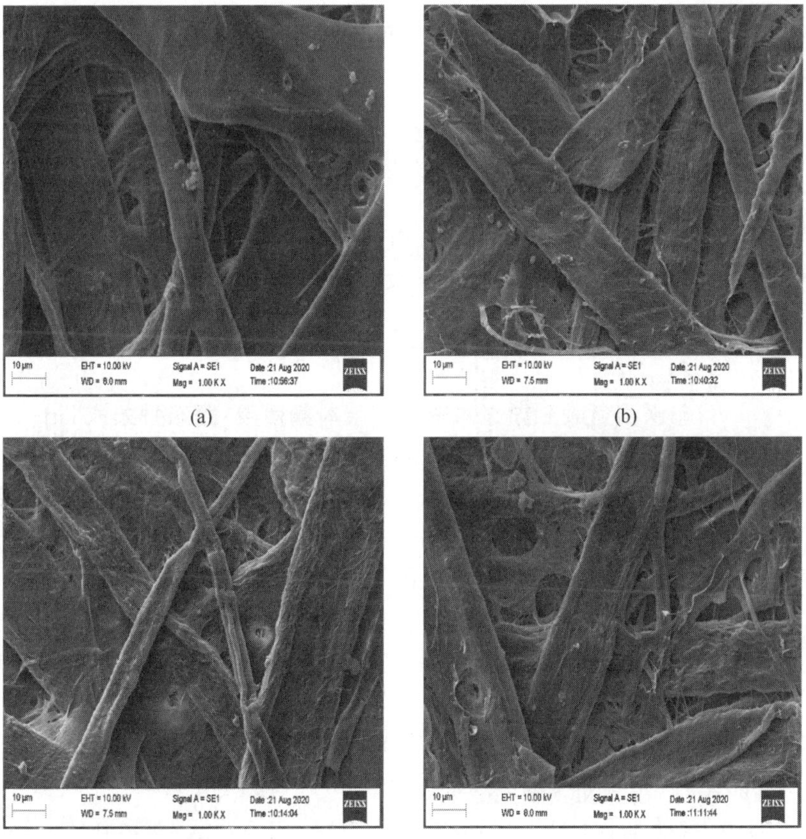

图 6-87 酶处理后 ONP 未漂浆纤维表面形貌图

（a）未预处理 （b）改性漆酶/谷氨酸预处理 （c）木聚糖酶预处理 （d）木聚糖酶协同改性漆酶预处理

谷氨酸、木聚糖酶和复合酶处理的纸浆分别显示在图 6-87（b）、图 6-87（c）和图 6-87（d）。木聚糖酶预处理后，由于表面提取物及木聚糖等成分的脱除，纤维表面变得粗糙，纤维间连接更加紧密。改性漆酶/谷氨酸处理后，由于部分木质素的脱除，更多的微细纤维出现在纤维表面，纤维出现细丝，纤维间接触更多，这有利于纤维间氢键的形成，很多研究也显示了酶处理后纤维表面发生类似变化。复合酶处理过的纸浆中观察到了纤维表面形态的更多的变化，如裂缝，剥落，细丝和剥离等，废纸浆纤维中的这些裂纹和孔隙可能促进了较大的木质素大分子通过纤维细胞壁扩散。这些纤维微观形貌的改变一方面有利于改善纤维物理强度性能，另一方面可以促进漂白液的渗透，提升纤维的可漂性。

6.5 酶改性废纸纤维的作用机制

6.5.1 酶改性对纤维结构的影响

纤维改性和未改性纤维在回用过程中的红外光谱图如图 6-88 和图 6-89 所示，从图中可以看出，在纤维回用过程中，经过漆酶/谷氨酸改性后，吸收峰强度出现了不同程度的差异表明纤维回用对原有基团振动强度产生了影响。其中在图 6-88 中可以看到在 1630cm^{-1} 和 3450cm^{-1} 处有吸收峰的出现，峰谱归属于 NH_2 由此推断经改性后有氨基基团进入到纤维中。对于随着回用次数的增加氨基的峰越来越弱的解释原因如下：

① 纤维经过多次的回用后只有部分的谷氨酸吸附在纤维表面，经过浸泡、疏解后谷氨酸对纤维的吸附力减弱。

② 进入到纤维的分子中的部分谷氨酸经过纤维的干燥等工艺条件可能发生了谷氨酸从纤维脱落的现象。

图 6-89 是没有改性的纤维红外光谱图，由图中显示可知纤维的基本结构特征基本没有发生改变，仅仅是不同的特征峰位置发生了一定程度的偏移，而且吸收峰的强度出现了一定

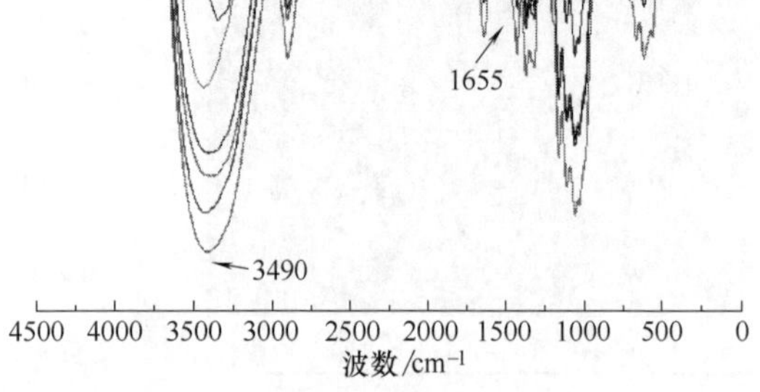

图 6-88　改性纤维回用红外光谱图

a—未回用　b—第一次回用　c—第二次回用

d—第三次回用　e—第四次回用　f—第五次回用

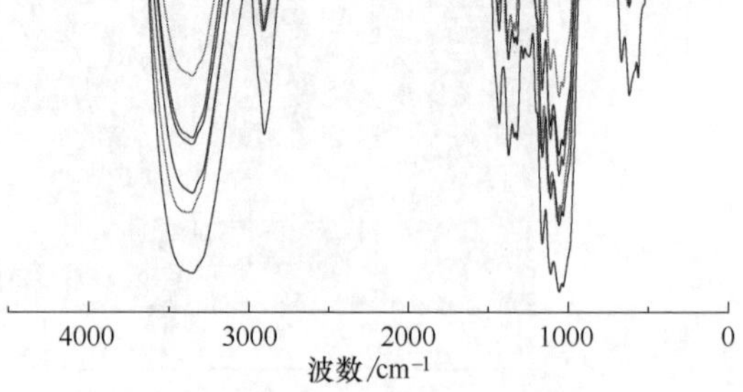

图 6-89　未改性纤维回用红外光谱图

a—未回用　b—第一次回用　c—第二次回用

d—第三次回用　e—第四次回用　f—第五次回用

程度的差异。例如在 3332～3337cm^{-1} 处的峰是由 O—H 产生的氢键振动，由此可以看出随着回用次数的增加，其吸收峰强度略有降低。

6.5.2 酶改性对纤维氢键的影响

6.5.2.1 酶改性对纤维氢键的影响

漆酶/谷氨酸体系改性 OCC 纤维的 XRD 衍射谱图如图 6-90 所示，从图中可以看出，002 主要特征峰（$2\theta=22.5°$）衍射位置基本没有变，它表示纤维素 I 型微晶，纤维素的结晶结构的改变会影响此峰的衍射强弱。10$\bar{1}$ 和 101 特征衍射峰的衍射强度发生了变化，因此会引起纤维结晶度和结晶尺寸的变化。另外，漆酶/谷氨酸处理后的 OCC 纤维 XRD 谱图中，在大约 $2\theta=30°$位置出现了新的衍射峰，原因可能是经漆酶/谷氨酸体系改性后，OCC 纤维结构会发生变化，导致出现了不属于纤维晶体的衍射峰。

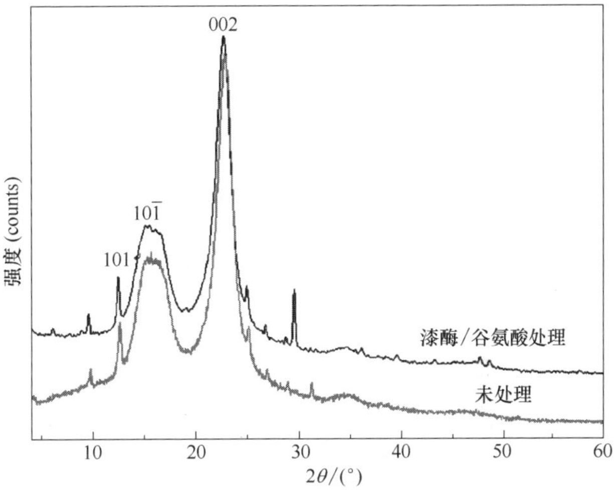

图 6-90 漆酶/谷氨酸体系改性 OCC 纤维的 XRD 衍射谱图

注：Counts 表示计数，探测器所收集的光子数量计数越高，说明在该衍射角处衍射的 X 射线越强。

纤维素大分子的聚集状态是一种无定形区和结晶区交错结合的体系，结晶区与无定形区没有明显的界限，因此计算纤维素的结晶度尤为重要。X 射线衍射曲线可以准确地区分结晶和非结晶部分，采用 MDI Jade5.0 软件对 X 射线衍射曲线进行分峰计算纤维素的结晶度，对纤维素中的结晶重叠峰和非结晶峰进行分峰拟合操作，可以得到纤维的晶面尺寸、微晶横截面积和结晶度。

通过 MDI Jade5.0 软件对 OCC 纤维的 XRD 进行分峰拟合，得到相应的结晶指数、晶面尺寸和微晶横截面积如表 6-28 所示。从表中可以得到，经漆酶/谷氨酸体系改性后的 OCC 纤维晶面尺寸与未处理的相比都相应的变小，10$\bar{1}$、101、102 晶面尺寸分别下降 0.4%、0.6%、1.6%，表明漆酶/谷氨酸体系改性后的纤维润胀性能提升，水分子更容易进入纤维内部，纤维的柔软性得到提高。另外，纤维结晶度和微晶面积也相对变小，经漆酶/谷氨酸体系改性后结晶度由原来的 74.52%下降到 71.49%，微晶横截面积由原来的 30.53nm^2 下降到 29.92nm^2，说明漆酶的催化氧化作用在一定程度上可以缓解纤维的角质化。

表 6-28 漆酶催化对 OCC 纤维晶态结构的影响

处理方式	晶面	衍射角 $2\theta/°$	晶面尺寸/nm	结晶度/%	微晶横截面积/nm^2
未处理	101	15.23	5.21	74.52	30.53
	10$\bar{1}$	16.77	5.32		
	002	22.70	5.80		
漆酶/谷氨酸处理	101	15.32	5.19	71.49	29.92
	10$\bar{1}$	16.25	5.29		
	002	22.58	5.71		

图6-91是漆酶/谷氨酸体系改性OCC纤维的红外光谱对比图，表6-29是红外光谱中各基团相应的结构归属。从图6-91中可以观察出，经漆酶/谷氨酸体系改性后波数$3349cm^{-1}$的吸收峰（分子内羟基—OH的伸缩振动）的位置和透射比基本一样，说明分子内氢键强度无明显变化；经漆酶/谷氨酸体系改性后波数$2902cm^{-1}$的吸收峰（分子间羟基—OH的伸缩振动）和波数$1640cm^{-1}$的吸收峰（共轭羰基和羧基C═O的伸缩振动）的强度增强，说明分子间的氢键结合强度增强，同时漆酶催化可提升纤维中的羧基含量。从图6-91中也可以看出，波数为$1714cm^{-1}$处吸收峰强度明显增强，说明OCC纤维中C═N连接键增多，间接表明谷氨酸可通过C═N键连接到纤维中，增加纸浆中的羧基含量。

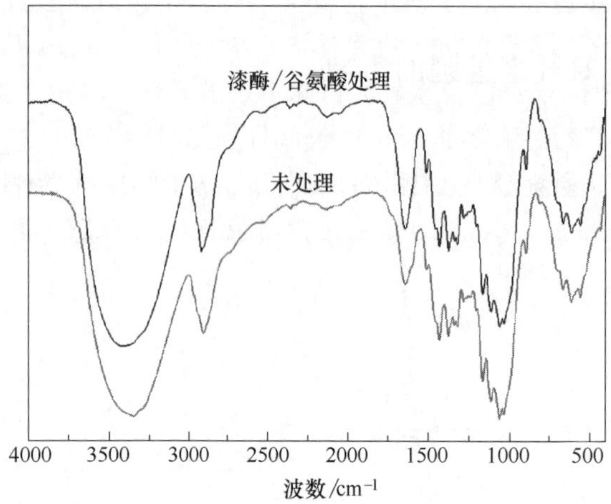

图6-91 漆酶/谷氨酸体系改性OCC纤维的红外光谱图

表6-29 红外光谱吸收及其相应的结构归属

波数/cm^{-1}	振动的基团结构
3349	分子内羟基—OH的伸缩振动
2902	—CH、—CH_2和分子间羟基—OH的伸缩振动
1640	共轭羰基、羧基C═O的伸缩振动
1432	芳环骨架振动、—OCH_3面内的变形振动
1372	—CH_3内C—H的和酚羟基弯曲变形振动

纤维素分子链的羟基可通过氢键产生强烈的相互作用，在纤维素的红外光谱图中3000~$3650cm^{-1}$范围是氢键的伸缩振动峰区域，由于氢键表现为分子内氢键和分子间氢键，因此两者具有不同的红外吸收波数。纤维素I分子内氢键O(2)H···O(6)、O(3)H···O(5)和分子间氢键O(6)H···O(3′)的特征吸收波数分别在3410~$3455cm^{-1}$、3340~$3375cm^{-1}$、3230~$3310cm^{-1}$，由此对纤维素的红外氢键区域进行高斯分峰拟合，计算各子峰面积，统计各种氢键的相对百分含量，此方法可作为分析纤维素不同氢键含量，解释氢键模式的一种手段。PeakFit4.0软件进行高斯分峰拟合，在拟合过程中先将透过率改成吸光度［$Y=-\log(Y)$］，将曲线进行平滑处理后选择区域（3000~3800）和基线后进行拟合，直达到最大值。纤维素I型的氢键区域拟合可以分为3种峰，但是实际软件操作中可能会遇到出现多重分峰情况，此时要结合XRD或者NMR的测定结果判断纤维素的晶型是否发生了改变并删除多余的峰。

利用PeakFit4.0软件对纤维素的红外光图谱进行高斯分峰拟合，计算各种氢键的相对百分含量见图6-92和图6-93。纤维素存在结晶区和非结晶区的两相结构，结晶区的氢键又分为分子间氢键和分子内氢键，两者具有不同的红外吸收波数。分子内氢键O(2)H···O(6)、O(3)H···O(5)和分子间氢键O(6)H···O(3′)的特征吸收波数分别在3410~$3455cm^{-1}$、3340~$3375cm^{-1}$、3230~$3310cm^{-1}$区域内。

通过拟合后计算的各种氢键的相对百分含量如表6-30所示，经漆酶/谷氨酸体系处理后，分子内氢键含量下降，O(2)H···O(6)、O(3)H···O(5)分别降低19.6%、21.2%；分

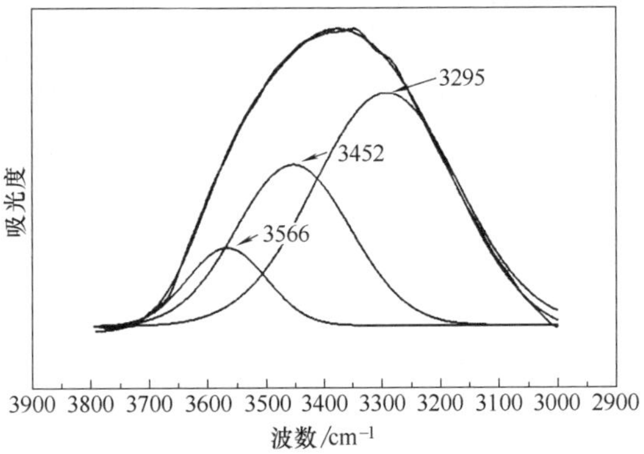

图 6-92 未处理 OCC 纤维 FT-IR 高斯分峰拟合谱图

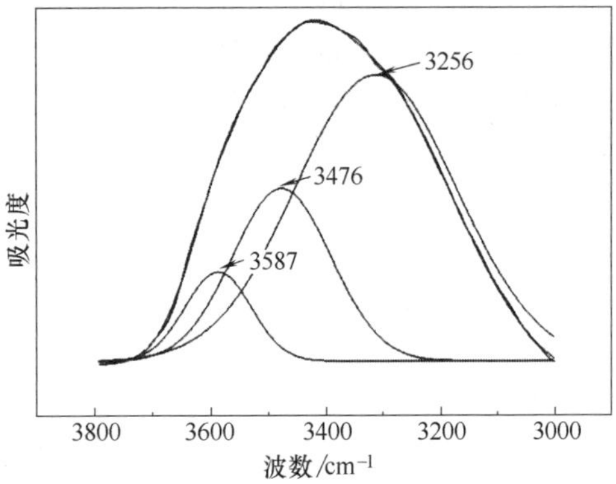

图 6-93 漆酶/谷氨酸处理 OCC 纤维 FT-IR 高斯分峰拟合谱图

子间氢键含量上升，O(6)H…O(3′) 含量上升 15.2%，说明漆酶/谷氨酸改性有利于纤维分子间氢键结合。

表 6-30 漆酶/谷氨酸改性过程中不同氢键的含量

处理方式	氢键	波数/cm^{-1}	含量/%
未处理	O(2)H…O(6)	3566	10.7
	O(3)H…O(5)	3452	31.6
	O(6)H…O(3′)	3295	57.7
漆酶/谷氨酸处理	O(2)H…O(6)	3587	8.6
	O(3)H…O(5)	3476	24.9
	O(6)H…O(3′)	3317	66.5

6.5.2.2 酶改性对回用过程中纤维氢键的影响

目前很多研究表明，分子间氢键含量与纤维性能密切相关，因此研究回用过程中纤维氢键模式的变化，可以从微观角度解释纤维回用过程中性能衰变的原因。纤维素氢键表现为分子内氢键和分子间氢键，纤维素 I 分子内氢键 O(2)H…O(6)、O(3)H…O(5) 和分子间氢键 O(6)H…O(3′) 的特征吸收波数分别在 3410~3455cm^{-1}，3340~3375cm^{-1}，3230~3310cm^{-1}。利用红外分峰软件对 3000~3800cm^{-1} 区域进行高斯分峰拟合，计算各子峰面积，统计各种氢键模式的相对百分含量。

回用过程中桉木原浆的氢键区域红外分峰拟合谱图见图 6-94，回用过程中桉木原浆氢键区域的拟合结果见表 6-31。从表 6-31 可以看出，桉木浆纤维素分子间氢键占主导地位，分子内氢键起辅助作用。经过 5 次回用后，纤维氢键模式发生了转变，分子内氢键 O(2)H…O(6) 含量从 10.52%提高到 12.15%，分子内氢键 O(3)H…O(5) 含量从 27.07%上升到 34.02%，分子间氢键 O(6)H…O(3′) 含量从 62.41%下降到 53.83%。这可能是因为回用包括压榨和干燥等过程，改变了纤维细胞壁的结构，使得纤维细胞壁压溃，改变了纤维素分子链的稳定性，造成了分子间氢键含量降低。

经漆酶/谷氨酸体系处理后的桉木浆在回用过程中的氢键区域分峰拟合谱图见图 6-95，拟合之后的氢键模式变化见表 6-32。随着回用次数的增加，分子间氢键的相对含量逐渐下降，分子内氢键的含量逐渐上升。经历 5 次回用后，桉木原浆纤维素分子间氢键 O(6)H…O

(3′) 含量为53.83%，漆酶/谷氨酸处理后的桉木浆纤维素分子间氢键O(6)H⋯O(3′) 含量为54.89%，这说明经多次回用之后漆酶/谷氨酸体系提升纤维性能的优势减弱，这也与回用过程中物理性能的变化相一致。

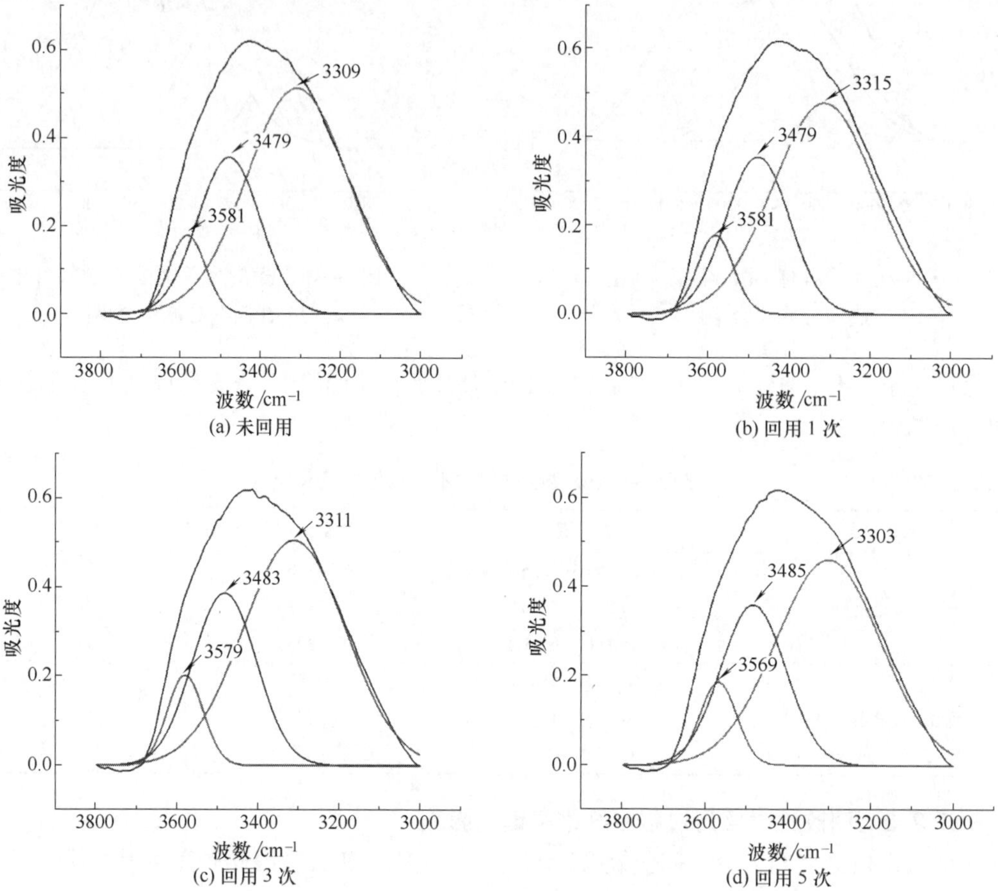

图6-94 桉木原浆回用FT-IR分峰拟合谱图

表6-31 回用过程中桉木原浆氢键区域拟合结果

回用次数	氢键模式	波数/cm^{-1}	含量/%
0	O(2)H⋯O(6)	3581	10.52
	O(3)H⋯O(5)	3479	27.07
	O(6)H⋯O(3′)	3309	62.41
1	O(2)H⋯O(6)	3581	11.0
	O(3)H⋯O(5)	3479	29.03
	O(6)H⋯O(3′)	3315	59.95
3	O(2)H⋯O(6)	3579	10.87
	O(3)H⋯O(5)	3483	34.20
	O(6)H⋯O(3′)	3311	54.93
5	O(2)H⋯O(6)	3569	12.15
	O(3)H⋯O(5)	3485	34.02
	O(6)H⋯O(3′)	3303	53.83

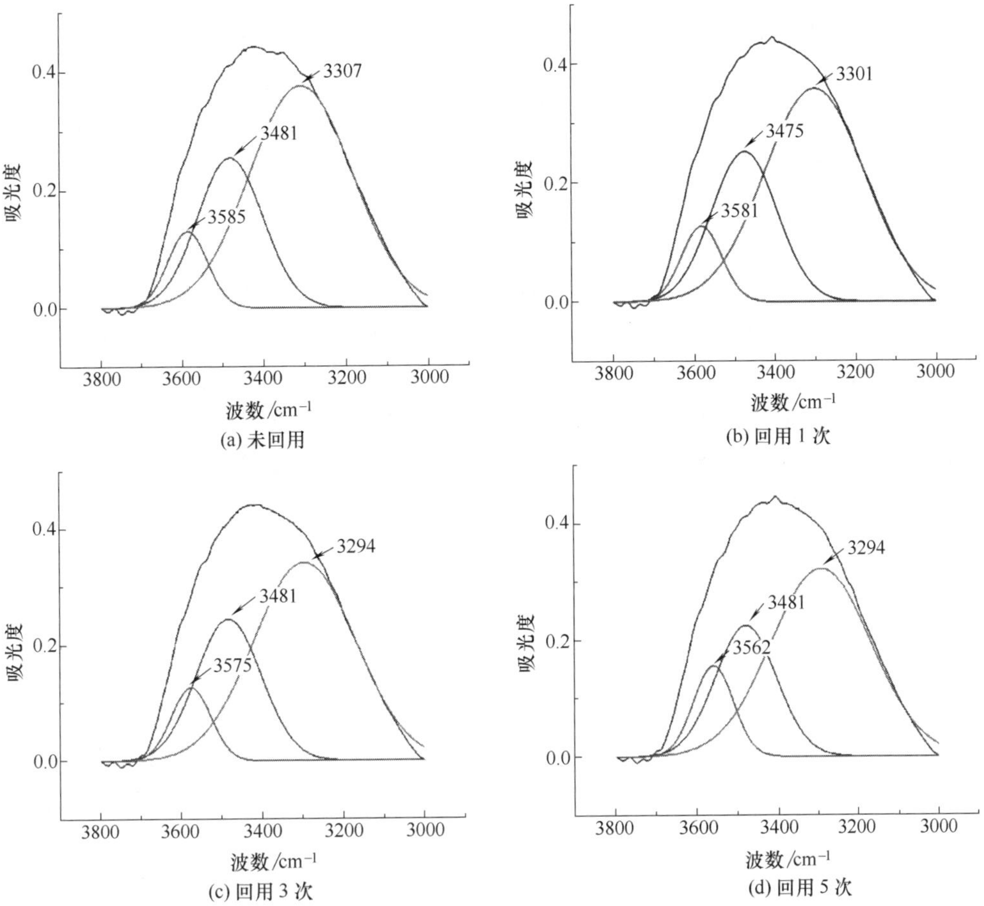

图 6-95　漆酶/谷氨酸体系处理纤维回用过程中 FT-IR 分峰拟合谱图

表 6-32　　　　漆酶/谷氨酸体系处理纤维回用过程中氢键区域的拟合结果

回用次数	氢键模式	波数/cm^{-1}	含量/%
	O(2)H…O(6)	3585	10.30
0	O(3)H…O(5)	3481	25.56
	O(6)H…O(3′)	3307	64.14
	O(2)H…O(6)	3581	8.14
1	O(3)H…O(5)	3475	30.41
	O(6)H…O(3′)	3301	61.44
	O(2)H…O(6)	3575	10.17
3	O(3)H…O(5)	3481	32.79
	O(6)H…O(3′)	3294	57.04
	O(2)H…O(6)	3562	12.84
5	O(3)H…O(5)	3481	32.27
	O(6)H…O(3′)	3294	54.89

经改性漆酶/谷氨酸体系处理后的桉木浆在回用过程中的氢键区域分峰拟合谱图分别见图 6-96 和图 6-97，表 6-33 和表 6-34 是拟合之后氢键模式的变化。经过改性漆酶/谷

氨酸处理后，分子间氢键 O(6)H…O(3′) 含量相对于未改性漆酶/谷氨酸显著提高。经过 L-苯丙氨酸甲酯盐酸盐改性漆酶处理后分子间氢键 O(6)H…O(3′) 含量与未改性漆酶/谷氨酸相比提高了 5.8%；二氧化硫脲改性漆酶/谷氨酸体系处理后分子间氢键 O(6)H…O(3′) 含量与未改性漆酶/谷氨酸相比提高了 7.6%。这可能是因为经改性漆酶/谷氨酸处理后，纤维表面游离出更多的微细纤维，微细纤维之间相互交联，促进了分子间氢键的生成。

经过三次回用时，L-苯丙氨酸甲酯盐酸盐改性漆酶/谷氨酸和二氧化硫脲改性漆酶/谷氨酸处理的纤维分子间氢键 O(6)H…O(3′) 含量分别为 59.14%和 62.76%，未改性漆酶/谷氨酸处理的纤维分子间氢键含量为 57.04%，这说明漆酶经过改性后用于延缓纤维性能衰变相对于未改性漆酶处理纤维更具有优势。经过 5 次回用后，L-苯丙氨酸甲酯盐酸盐改性漆酶/谷氨酸和二氧化硫脲改性漆酶/谷氨酸处理的纤维分子间氢键 O(6)H…O(3′) 含量分别为 54.52%和 54.96%，未改性漆酶/谷氨酸处理的纤维分子间氢键为 54.89%，与桉木原浆经 5 次回用后分子间氢键 O(6)H…O(3′) 含量 53.83%差别不大，说明经过漆酶/谷氨酸体系处理改善纤维性能的作用已经不明显，这也与其回用过程中物理性能的变化相一致。

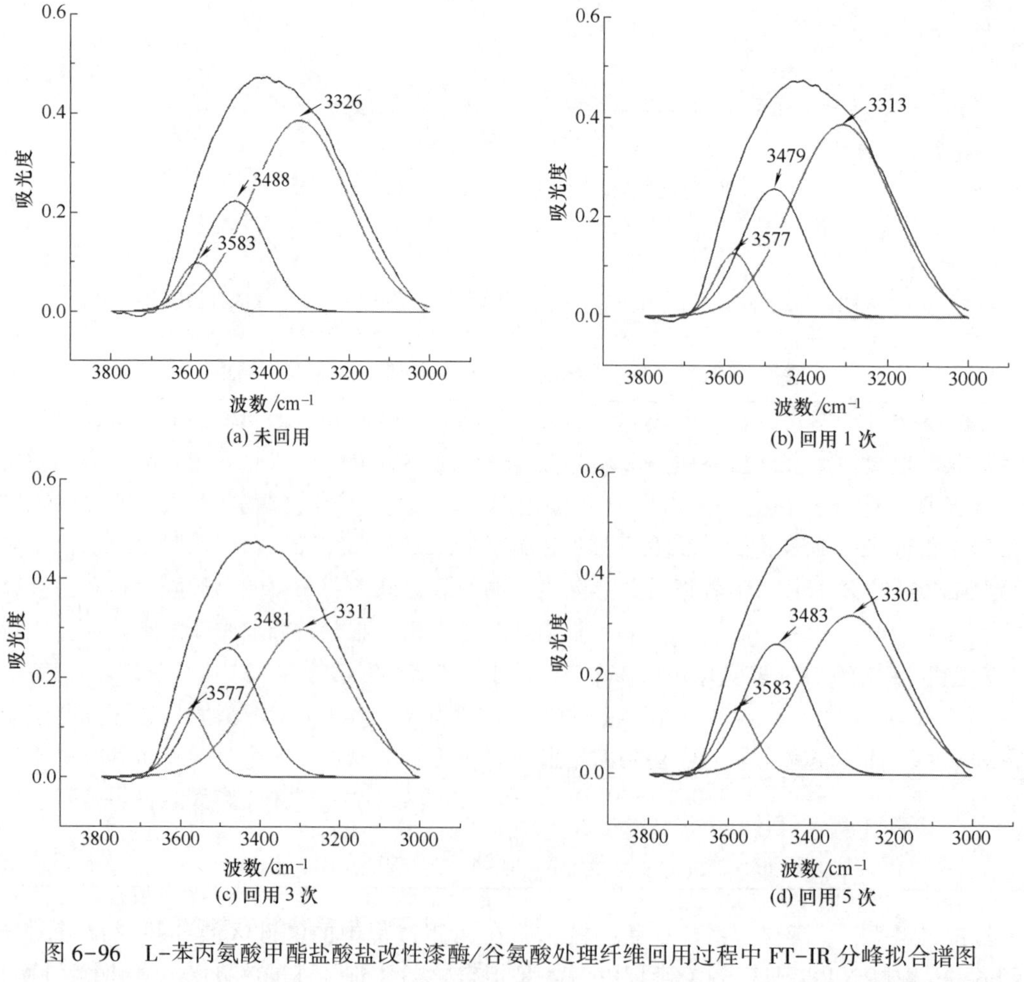

图 6-96　L-苯丙氨酸甲酯盐酸盐改性漆酶/谷氨酸处理纤维回用过程中 FT-IR 分峰拟合谱图

表 6-33 L-苯丙氨酸甲酯盐酸盐改性漆酶/谷氨酸处理纤维回用过程中氢键区域拟合结果

回用次数	氢键模式	波数/cm^{-1}	含量/%
0	O(2)H···O(6)	3583	6.83
	O(3)H···O(5)	3488	25.33
	O(6)H···O(3′)	3326	67.84
1	O(2)H···O(6)	3577	8.13
	O(3)H···O(5)	3479	27.60
	O(6)H···O(3′)	3313	64.27
3	O(2)H···O(6)	3577	9.41
	O(3)H···O(5)	3481	31.44
	O(6)H···O(3′)	3311	59.14
5	O(2)H···O(6)	3583	10.78
	O(3)H···O(5)	3483	34.70
	O(6)H···O(3′)	3301	54.52

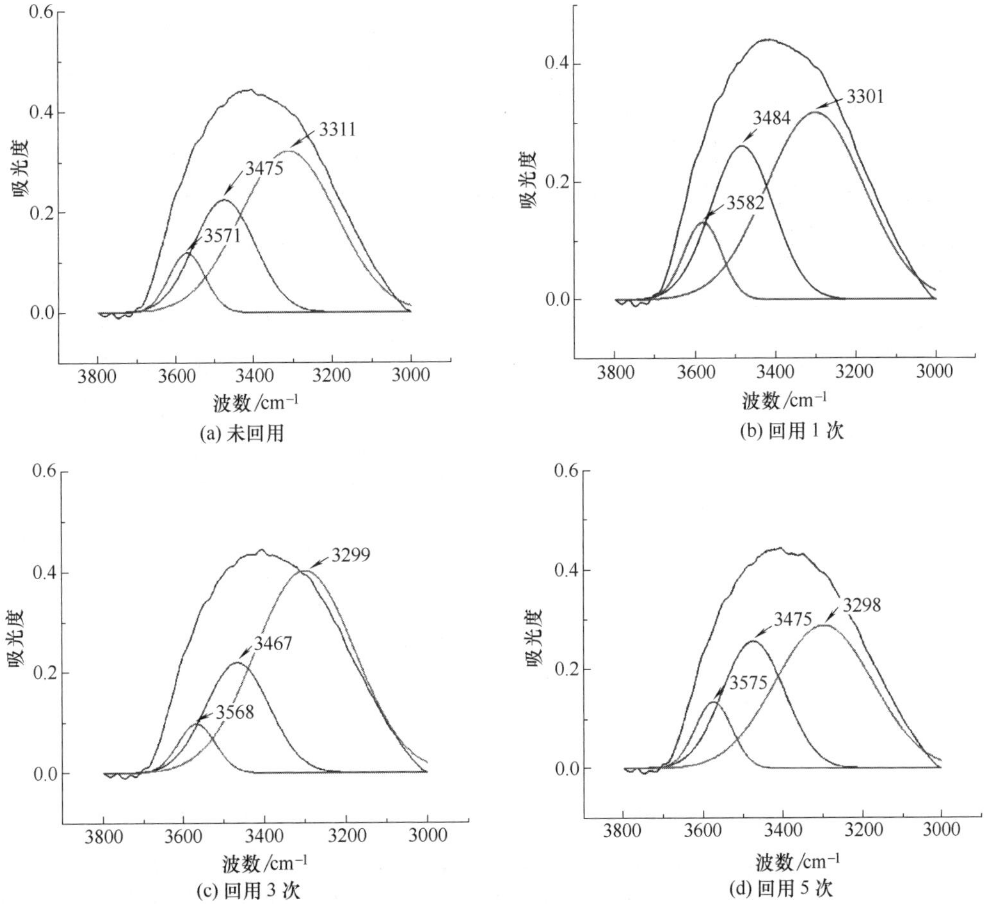

(a) 未回用 (b) 回用 1 次 (c) 回用 3 次 (d) 回用 5 次

图 6-97 二氧化硫脲改性漆酶/谷氨酸体系处理纤维回用过程中 FT-IR 分峰拟合谱图

表 6-34 二氧化硫脲改性漆酶/谷氨酸体系处理纤维回用过程中氢键区域的拟合结果

回用次数	氢键模式	波数/cm^{-1}	含量/%
0	O(2)H…O(6)	3571	6.52
	O(3)H…O(5)	3475	24.45
	O(6)H…O(3′)	3311	69.03
1	O(2)H…O(6)	3582	7.57
	O(3)H…O(5)	3484	27.21
	O(6)H…O(3′)	3301	65.22
3	O(2)H…O(6)	3568	8.93
	O(3)H…O(5)	3467	28.31
	O(6)H…O(3′)	3299	62.76
5	O(2)H…O(6)	3575	11.27
	O(3)H…O(5)	3475	33.77
	O(6)H…O(3′)	3298	54.96

6.5.3 酶改性对纤维保水值的影响

漆酶/谷氨酸改性和未改性纤维回用过程中纤维保水值和红外结晶指数的变化见图 6-98，可以看出随着回用次数的增加，纤维的保水值呈下降趋势，而纤维的红外结晶指数呈上升趋势。这表明回用过程中纤维结晶度增加，进而影响到水分子不能更好地进入到纤维无定型区域对纤维进行润胀，从而回用过程中纤维的保水值减小。

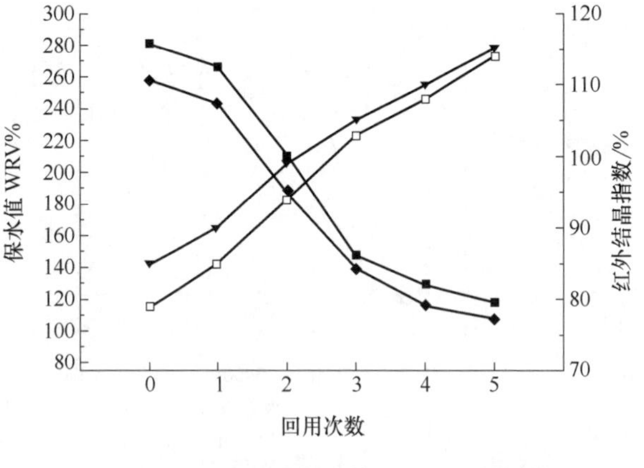

图 6-98 回用过程中纤维保水值和红外结晶指数的变化

—■— 改性纤维保水值 —◆— 未改性纤维保水值

—▼— 未改性纤维红外结晶指数 —□— 改性纤维红外结晶指数

从图中可以看出在纤维第三次回用时，纤维的保水值下降程度最大，改性纤维保水值下降了 47%，而未改性纤维保水值下降了 45%，由此可以推论，一般的纤维回用超过 3 次后纤维的各项性能发生的退化很严重。经过漆酶/谷氨酸改性后的纤维在第三次回用时，其保水值和红外结晶指数已相差不大，在第四次回用时保水值和红外结晶指数已很接近，这表明在第三次回用时漆酶/谷氨酸改性对纤维性能的优势减弱，这与物理性能、红外分峰拟合结果相一致。

6.5.4 酶改性对纤维质量的影响

经过改性后纤维的重均长度增加，即使在每次的回用过程中改性纤维的重均长度也比未改性的纤维重均长度略微大，在未回用时漆酶/谷氨酸改性后浆料的重均长度比未改性浆高出了 0.06mm，提高了 8%。随着回用次数的增加改性后的纤维和未改性纤维的长度逐渐下降，在每次的回用过程中改性纤维的重均长度比未改性的不高出 3%，其中在第五次回用时两者的重均长度基本一样。由此可以看出漆酶/谷氨酸使纤维重均长度的增加是有限的，并且随着回用次数的增加，改性后的纤维重均长度与未改性的渐渐趋于一致（表 6-35）。

表 6-35　回用过程中纤维长度变化

回用次数	未改性纤维长度/mm			改性纤维长度/mm		
	$L(n)$	$L(l)$	$L(w)$	$L(n)$	$L(l)$	$L(w)$
0	0.59	0.75	0.84	0.53	0.81	0.88
1	0.52	0.73	0.84	0.52	0.75	0.85
2	0.51	0.73	0.78	0.53	0.74	0.79
3	0.45	0.69	0.79	0.52	0.72	0.78
4	0.37	0.67	0.77	0.51	0.69	0.76
5	0.36	0.61	0.70	0.45	0.60	0.70

注：$L(n)$ = 数均长度　$L(l)$ = 重均长度　$L(w)$ = 二重重均长度。

表 6-36 反映了细小纤维含量的变化，从表中展示了回用过程中改性比未改性纤维的重均细小纤维的含量低，产生这种现象的原因可能是因为细小纤维通过吸附漆酶，使漆酶对细小纤维进行了降解，从而导致细小纤维组分的减少，整体纤维的平均长度提高。随着回用次数的增加，改性和未改性纤维的细小纤维含量是增加的，可能原因是经过疏解、干燥等工艺条件纤维发生断裂或者已经分丝的纤维从主体脱落，造成了细小纤维含量的增加。

表 6-36　回用过程中细小纤维含量的变化

回用次数	细小纤维含量未改性		细小纤维含量改性后	
	P/%	W/%	P/%	W/%
0	13.05	2.21	13.08	2.20
1	13.13	3.56	13.22	3.63
2	13.69	4.23	13.22	3.65
3	13.83	4.57	13.51	4.03
4	14.79	5.12	14.66	5.01
5	14.86	5.22	14.79	5.12

注：P = 细小纤维占总纤维数量的百分比　W = 细小纤维占总纤维重量的百分比。

图 6-99 到图 6-102 是改性纤维回用过程中的宽度分布图，图 6-103 到图 6-106 是未改性纤维回用过程中的宽度分布。由图中可以看出随着回用次数的增加，宽度分布在 32~100μm 和 16~32μm 范围内的纤维比重有较大的下降，但是经过漆酶/谷氨酸改性后的纤维的宽度分布在 32~100μm 和 16~32μm 范围内下降的比例比未改性的小。在未回用前，在 32~100μm 范围内的比例有较高的提升，漆酶/谷氨酸改性后纤维的宽度变化较大，从未改性的 25.2%提升到改性后的 30.7%，在每次回用时改性后中长纤维所含的比例也比未改性

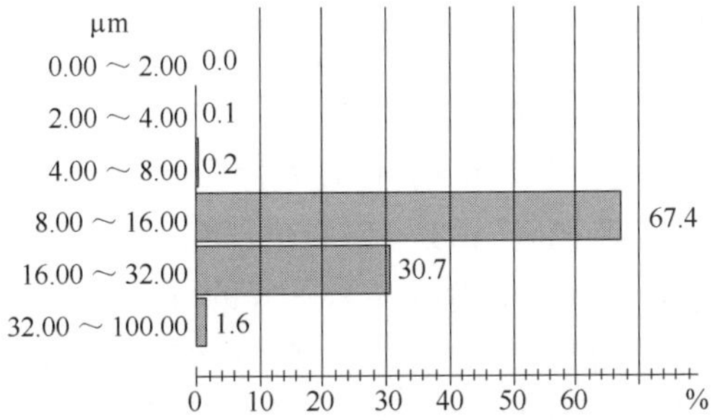

图 6-99　改性纤维未回用宽度分布

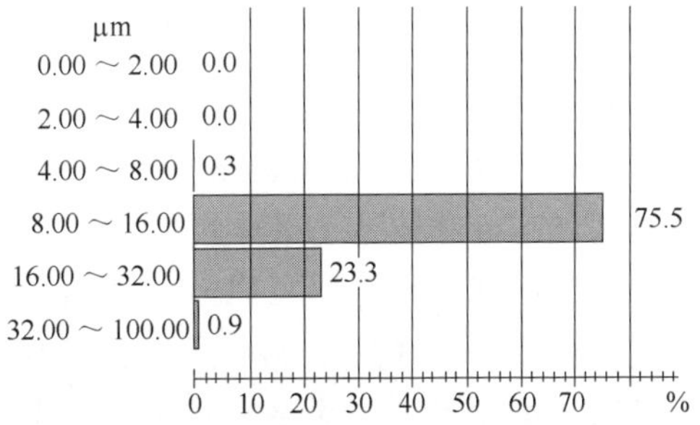

图 6-100　改性纤维第一次回用宽度分布

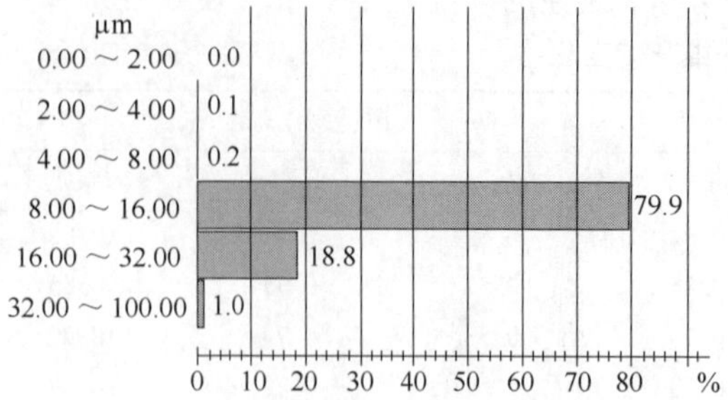

图 6-101　改性纤维第二次回用宽度分布

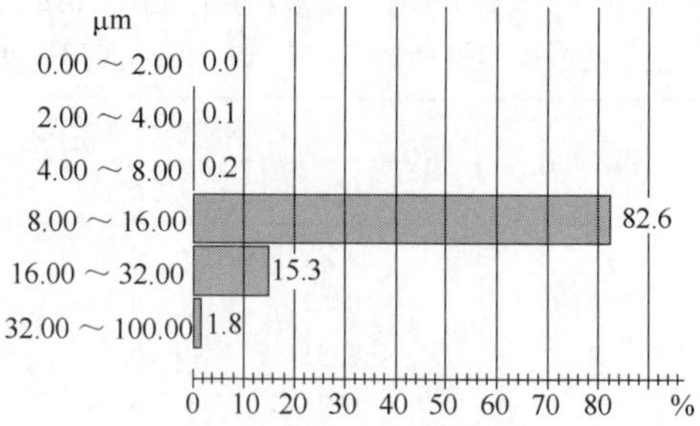

图 6-102　改性纤维第三次回用宽度分布

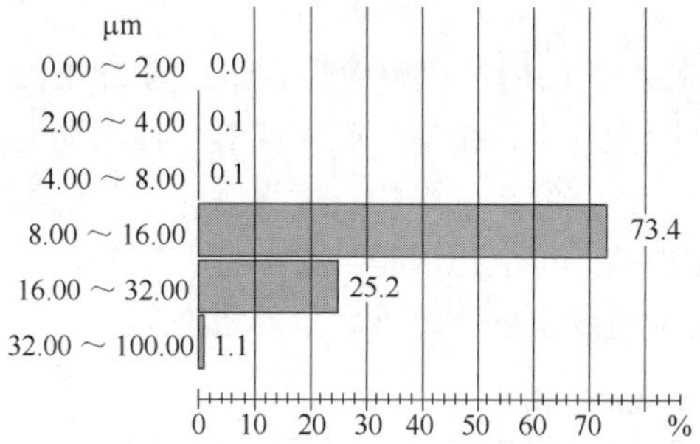

图 6-103　未改性纤维未回用宽度分布

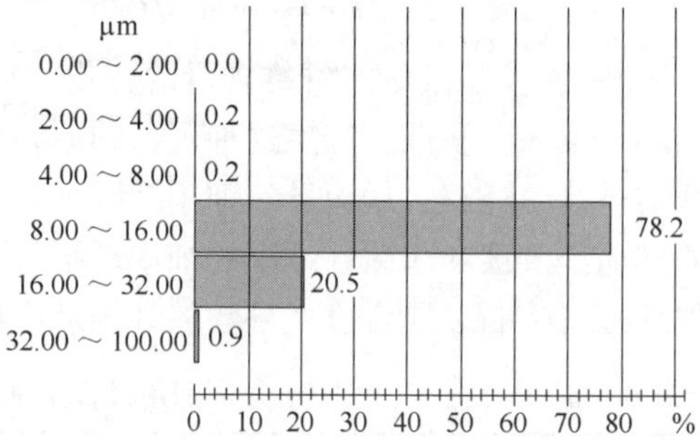

图 6-104　未改性纤维第一次回用宽度分布

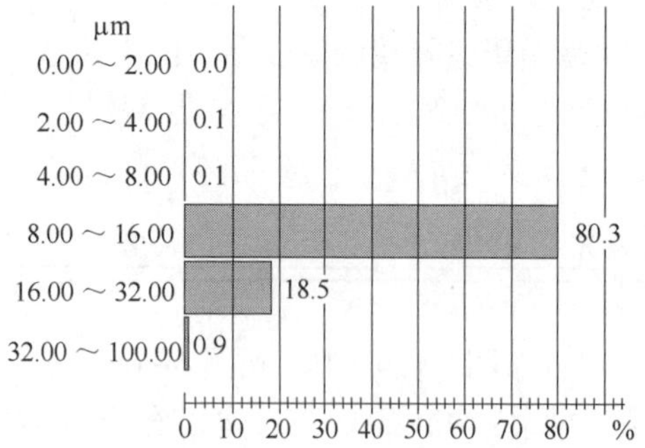

图 6-105　未改性纤维第二次回用宽度分布

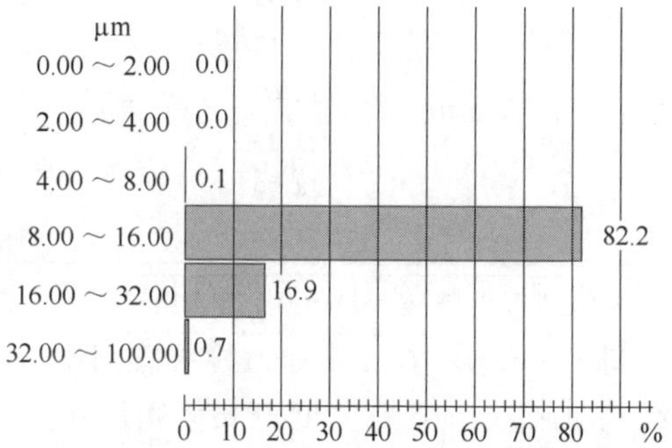

图 6-106　未改性纤维第三次宽度分布

的高。由此可见纤维在经过漆酶/谷氨酸改性后，有利于纤维润胀性能的提升，缓解纤维的衰变。

6.5.5　酶改性对纤维晶面尺寸的影响

改性纤维和未改性纤维在不同回用次数下的 XRD 衍射谱图分别见图 6-107 和图 6-108，可知主要特征峰 002（$2\theta=22.5°$）衍射位置基本不变，但是衍射强度发生了变化，由此体现为纤维结晶度和结晶尺寸发生了变化。由图 6-107 和图 6-108 可以看出，在回用过程中，改性后的纤维和未改性纤维 XRD 衍射谱图上没有出现新的衍射峰，只是峰的强度发生了变化，这说明回用过程并没有对纤维的结构产生破坏作用。

通过 Jade 软件对纤维素中的结晶和非结晶峰进行了分峰拟合操作，得到了相应的晶面的尺寸、结晶指数和纤维的微晶横截面积，结果如表 6-37 和表 6-38 所示。

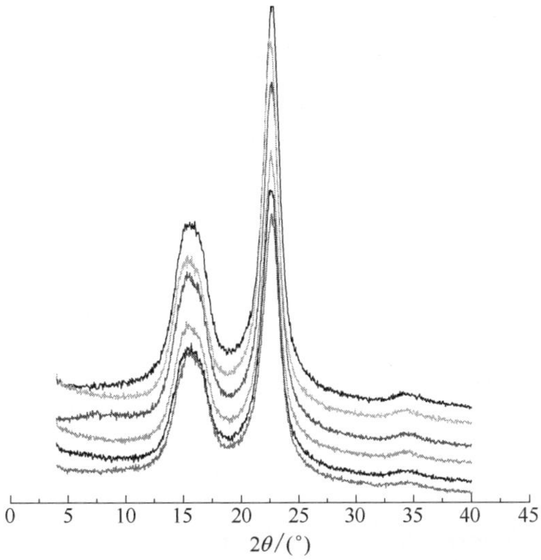

图 6-107 改性纤维不同回用次数下的 XRD 衍射谱图

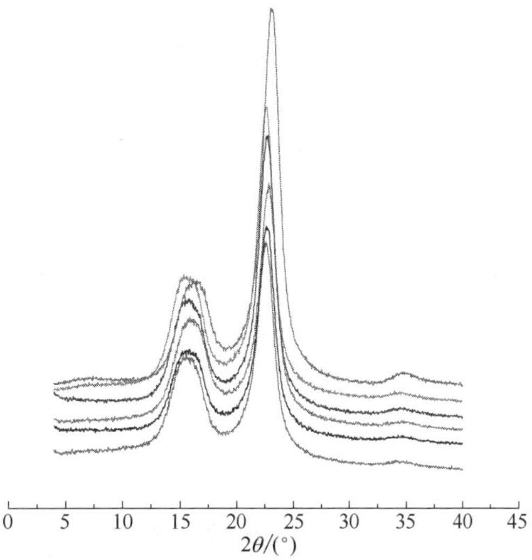

图 6-108 未改性纤维不同回用次数下的 XRD 衍射谱图

改性纤维和未改性纤维在不同回用次数下对晶粒情况的影响分别见表 6-37 和表 6-38，从表中可以看出回用后改性和未改性纤维的主要晶型都没有发生改变，但是微晶尺寸却发生了一些变化。在回用过程中随着回用次数的增加，纤维的结晶度增加，晶体的横截面积也增加，这表明在回用的过程中，纤维的无定型部分向结晶区转化。在每次的回用过程中，对比纤维的结晶度，改性纤维比未改性纤维小，其结果为改性纤维的结晶度基本比未改性纤维的结晶度小 5%左右，这表明漆酶/谷氨酸改性能在一定程度上抑制纤维的衰变。用 jade 拟合的两组数据结果对比表明，漆酶/谷氨酸改性对纤维的微晶结构有一定的影响，改变了晶体结构的横截面积以及结晶度，与红外结晶指数在变化趋势上是一致的。

表 6-37　改性纤维不同回用次数下结晶度和晶面尺寸的变化

回用次数	晶面	衍射角 2θ/(°)	晶面尺寸/nm	结晶指数/%	横截面积/nm^2
0	101	14.33	4.01	66	20.57
	$10\bar{1}$	16.79	4.17		
	002	22.31	5.03		
1	101	13.98	4.12	71	23.24
	$10\bar{1}$	16.99	4.96		
	002	23.01	5.21		
2	101	14.28	4.23	73	27.67
	$10\bar{1}$	16.72	5.01		
	002	23.11	5.99		
3	101	13.66	4.31	75	32.69
	$10\bar{1}$	16.35	5.14		
	002	22.76	6.92		
4	101	14.69	4.43	77	34.80
	$10\bar{1}$	16.71	5.21		
	002	23.02	7.22		
5	101	14.42	4.51	81	36.57
	$10\bar{1}$	16.83	5.31		
	002	23.39	7.45		

表 6-38　　未改性纤维不同回用次数下结晶度和晶面尺寸的变化

回用次数	晶面	衍射角 2θ/(°)	晶面尺寸/nm	结晶指数/%	横截面积/nm²
	101	14.35	4.03		
0	$10\bar{1}$	16.77	4.27	71	22.46
	002	22.33	5.21		
	101	13.46	4.22		
1	$10\bar{1}$	16.87	4.76	75	25.43
	002	23.12	5.21		
	101	14.57	4.23		
2	$10\bar{1}$	16.81	4.81	77	29.67
	002	23.23	5.39		
	101	13.66	4.31		
3	$10\bar{1}$	16.35	5.24	79	33.92
	002	22.76	6.03		
	101	14.96	4.43		
4	$10\bar{1}$	16.83	5.21	82	35.06
	002	23.21	7.22		
	101	14.62	4.61		
5	$10\bar{1}$	16.83	5.42	83	37.22
	002	23.55	7.58		

6.5.6 酶改性对纤维羧基含量的影响

6.5.6.1 顶空气相色谱测定羧基含量

在室温条件下用 0.1mol/L 的盐酸处理纸浆 1h，并采用磁力搅拌器适当搅动，其目的在于使纤维中的羧酸盐全部转化为羧酸形式。用去离子水彻底洗涤纸浆，直至滤液的 pH 达到去离子水的 pH 水平。称取 0.07g 绝干浆于顶空瓶中，加入反应剂（0.0025mol/L $NaHCO_3$+0.10mol/L NaCl）4.0mL 并立即将顶空瓶置于自动顶空取样器中待测，用顶空气相色谱检测瓶中的 CO_2 生成量。顶空气相色谱主要检测条件如下：平衡温度 60℃，平衡时间 20min，色谱柱温度 45℃，检测时间 4min。计算方法见式（6-2）：

$$\text{羧基含量(mmol/g)} = \frac{f}{m}(A_T - A_{air}) \tag{6-2}$$

式中　f——校正系数，通过校正试验得到

m——试样绝干浆质量，g

A_T——顶空气相色谱测得的二氧化碳信号峰面积

A_{air}——顶空瓶内二氧化碳所贡献的信号峰面积

校正实验按照文献中的方法进行，测得校正系数 $f = 1337^{-1}$，$A_{air} = 1.6$。

6.5.6.2 改性漆酶/谷氨酸体系处理对羧基含量的影响

纤维羧基含量的增加有利于提高纤维的润胀能力，局域化表面润胀的增加允许更紧密的分子接触和相互扩散，使得纤维的柔韧性和结合面积得到增强，从而提高纤维的成纸性能。图 6-109 为改性漆酶/谷氨酸体系对 OCC 浆羧基含量的影响。OCC 浆经漆酶协同谷氨酸处理后与空白样相比提高 7.6%；经过 L-苯丙氨酸甲酯盐酸盐改性漆酶/谷氨酸处理后与空白

样相比提高了 26.9%，经过二氧化硫脲改性漆酶/谷氨酸处理后与空白样相比提高了 17.2%，效果更加明显。这主要是由于漆酶经过 L-苯丙氨酸甲酯盐酸盐和二氧化硫脲改性后表面出现更多的活化位点，催化氧化木素产生更多苯氧自由基，之后谷氨酸通过迈克尔加成反应嫁接到木质素上，增加了浆中的羧基含量。

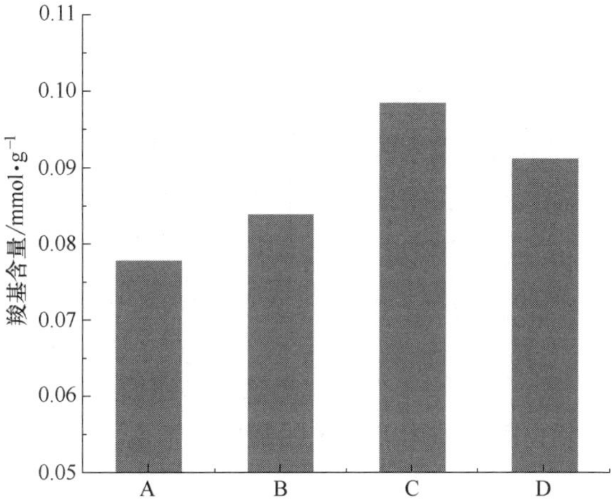

图 6-109 改性漆酶/谷氨酸体系对 OCC 浆羧基含量的影响

A—OCC 原浆 B—漆酶/谷氨酸处理 C—L-苯丙氨酸甲酯盐酸盐改性漆酶/谷氨酸处理 D—二氧化硫脲改性漆酶/谷氨酸处理

利用漆酶催化连接谷氨酸的方法向纸浆中引进羧基基团，羧基能增加纤维的润胀性、柔软性以及负电性，进一步增强纤维的成键能力。从图 6-110 中可以看出，单独加入谷氨酸基本不会影响纸浆中的羧基含量，说明在现有反应条件下，谷氨酸不能与纤维原料中的组分反应；漆酶处理 OCC 纸浆时可提高纸浆中的羧基含量，同空白样相比羧基含量提高了 14.1%，原因是漆酶可催化氧化木质素侧链末端羟基转变为羧基；漆酶协同谷氨酸处理纸浆时，可显著提高纸浆中羧基含量，同空白样相比羧基含量提高了 42.9%，原因是漆酶可氧化纸浆中的酚型化合物如木质素为苯氧自由基，氨基酸上的氨基可与苯氧自由基发生迈克尔加成反应将谷氨酸连接其上，谷氨酸带来的大量羧基使纸浆中的羧基含量大幅度提高。

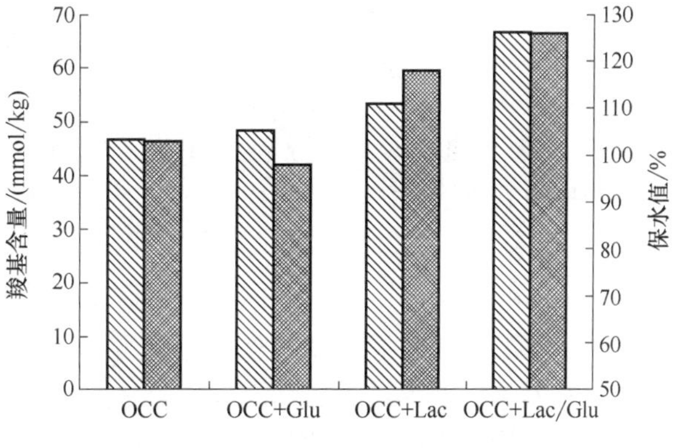

图 6-110 漆酶/谷氨酸体系对纸浆羧基含量和保水值的影响

▧ 羧基含量 ▩ 保水值

从图 6-110 漆酶催化对纤维保水值的影响中可以看出，漆酶催化有助于提升纤维的保水值，对经漆酶、漆酶/谷氨酸体系处理后的纤维保水值进行测定，与空白样相比纤维保水值分别提升了 14.6%和 22.3%，同时，纤维保水值的增加也佐证纸浆羧基含量增加。

纸浆的纤维电荷对纸张性能起着重要的作用，影响纤维悬浮液的特性。纤维负电荷主要来源于纤维结构中的酸性基团如羧基、磺酸基、酚羟基等，在造纸系统条件下，这些基团的

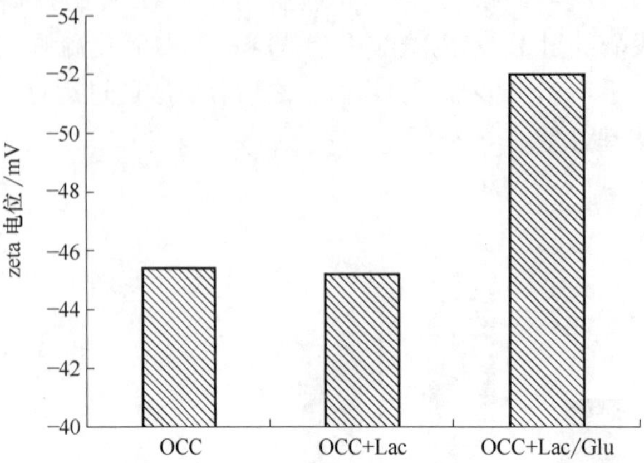

图 6-111　漆酶/谷氨酸体系对纸浆 zeta 电位的影响

离子化能力会有所不同，通常羧基和磺酸基对纤维电荷有重要贡献。纤维表面的酸性基团可增加纤维间的结合力，同时影响造纸过程中如脱水、压榨与化学添加剂的反应。在图 6-111 漆酶/谷氨酸体系对纸浆 zeta 电位的影响中，漆酶/谷氨酸体系处理纤维可增加纤维表面的 zeta 电位，主要原因是谷氨酸引起纤维中羧基含量的增加改变了纤维的表面电荷分布。

6.5.7　酶改性对纤维表面元素的影响

碳水化合物、木质素和提出物是植物纤维中三种主要的物质，其中碳水化合物主要由纤维素和半纤维素构成。X-射线光电子能谱（X-ray photoelectron spectroscopy，XPS）可以对纸浆中的 C 和 O 元素进行分析，从而反映出纤维表面的化学组成，对物质表面进行定性、定量的分析，被广泛应用于材料科学、化学等学科中。有研究表明 C1s 在 XPS 图谱上有 4 种不同的结合能。通常 C1s 的结合能是 285eV，可以将其分 C_1、C_2、C_3 和 C_4 4 个峰，结合能分别是 285eV、286.5eV、288.3eV、289.5eV，不同峰的峰面积比值即碳原子相对含量的比例。

① C_1 来自纤维表面的木质素和抽出物，表示仅与碳和氢连接的碳（C—H、—C—C）；

② C_2 来自纤维素的碳以及木质素中与羟基或醚键连接的碳，表示由 sigma 键连接到一个氧原子上的碳（—C—O）；

③ C_3 主要来自木质素的醛基和酮基以及氧化后的纤维素产物，表示和两个非羰基的氧或一个羰基的氧相连的碳原子（O—C—O 或 C ═O）；

④ C_4 代表同时与羰基氧和非羰基氧相连的碳原子（O—C ═O）。许多文献已经证实，单一的 C—C 和 C—H 化学键不存在于纤维素分子中，因此 C_1 反映纤维原料中非碳水化合物的含量，即木质素和抽出物的含量，C_2 和 C_3 反映碳水化合物的含量，C_4 的含量小，在 XPS 中一般很难检测到。在纤维组分中，纤维素和半纤维素含 O 原子多，抽出物和木质素含 C 原子多，因此 XPS 中 O 原子的比例代表碳水化合物的相对含量，O/C 值可以表示木质素和抽出物的比例，数值越高表示木质素和抽出物的含量越少。

图 6-112 是 OCC 纤维在不同处理条件下 XPS 谱图，从图中可以看到图中明显出现 O1s 和 C1s 的特征峰，但是相比于标准的 O1s 结合能 532eV 和 C1s 结合能 285eV，图中的特征峰结合能有所偏移。

OCC 纤维在不同处理条件下的 O 含量和 C 含量以及氧碳比（O/C）的数值见表 6-39。可以看出，与对照组相比，经过酶处理后的 OCC 纤维表面的 O 元素相对含量增加，C 元素相对含量降低，O/C 值增加，果胶酶、漆酶/谷氨酸和果胶酶协同漆酶/谷氨酸处理后的 OCC 浆料 O/C 数值分别增加 17.80%，18.16%，27.99%。其中果胶酶协同漆酶/谷氨酸体系处理效果最佳，相比于对照组，O 元素相对含量增加 17.14%，C 元素相对含量下降 8.47%。由 O/C 数值的变化可知，经酶处理后，OCC 纤维中木质素及抽出物的相对含量有

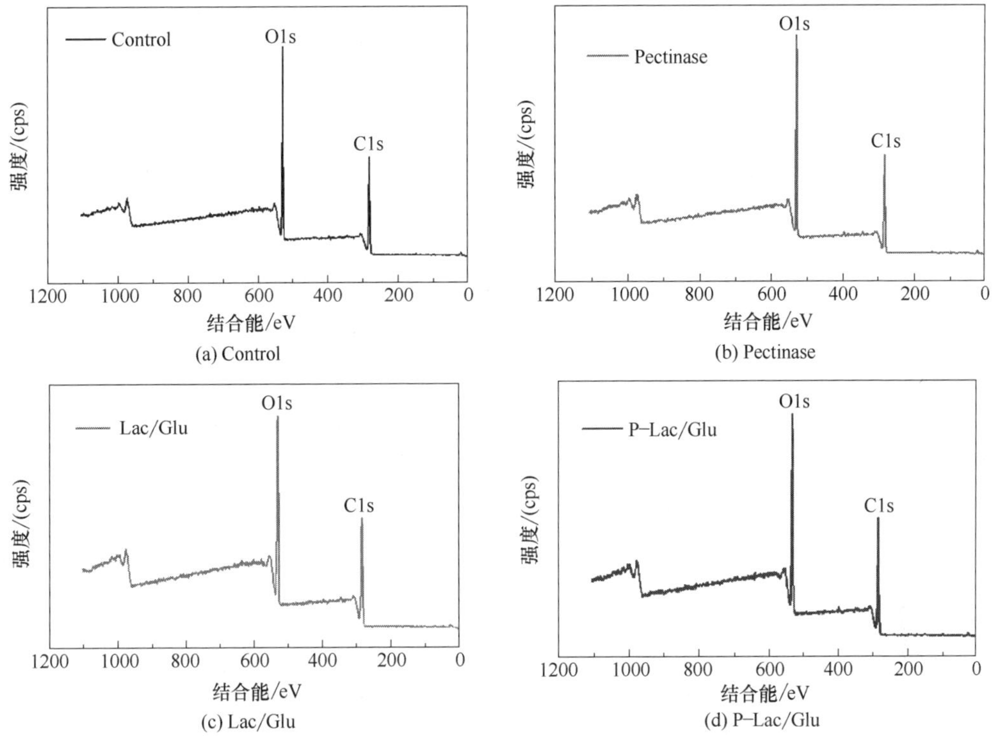

(a) Control (b) Pectinase (c) Lac/Glu (d) P-Lac/Glu

图 6-112 OCC 纤维 XPS 宽扫描谱图

所下降，而碳水化合物成分则有所上升。果胶酶能有效地去除纤维表面的抽出物，有利于漆酶对木质素的进一步氧化，碳水化合物中大部分都含有亲水基团，而随着碳水化合物的增多，其亲水性基团也会增多，从而促进纤维间的氢键生成，从而进一步说明了经酶处理后 OCC 的成纸物理性能得到了明显改善。

表 6-39 OCC 纤维 XPS 数据分析

处理样品	O 含量/%	C 含量/%	(O/C)/%
Control	33.09	66.91	49.45
Pectinase	36.81	63.19	58.25
Lac/Glu	36.88	63.12	58.43
P-Lac/Glu	38.76	61.24	63.29

OCC 纤维的 C1s 在不同生物酶作用下的分峰曲线图见图 6-113，表 6-40 是不同碳原子的分布情况。结合表 6-40、图 6-113 可知，与未处理的 OCC 浆料相比，处理后的 OCC 浆料纤维表面 C_1 含量有不同程度的降低，C_2 和 C_3 含量有不同程度的增加。果胶酶处理后的纤维表面 C_1 含量下降 14.02%，C_2 含量增加 5.30%，C_3 含量增加 3.22%；漆酶/谷氨酸处理后的纤维表面 C_1 含量下降 9.57%，C_2 含量增加 9.13%，C_3 含量增加 6.16%；果胶酶协同漆酶/谷氨酸处理后的纤维表面 C_1 含量减少 26.23%，C_2 含量增加 14.97%，C_3 含量增加 11.23%。研究表明，碳价比可以反映纤维素、木质素、抽出物相对含量的变化，因此可以从各数值变化进一步证实果胶酶协同漆酶/谷氨酸体系能有效去除纤维表面木质素和抽出物，同时增加碳水化合物的相对含量，各成分的变化表示更多的亲水性基团暴露在纤维的表面，

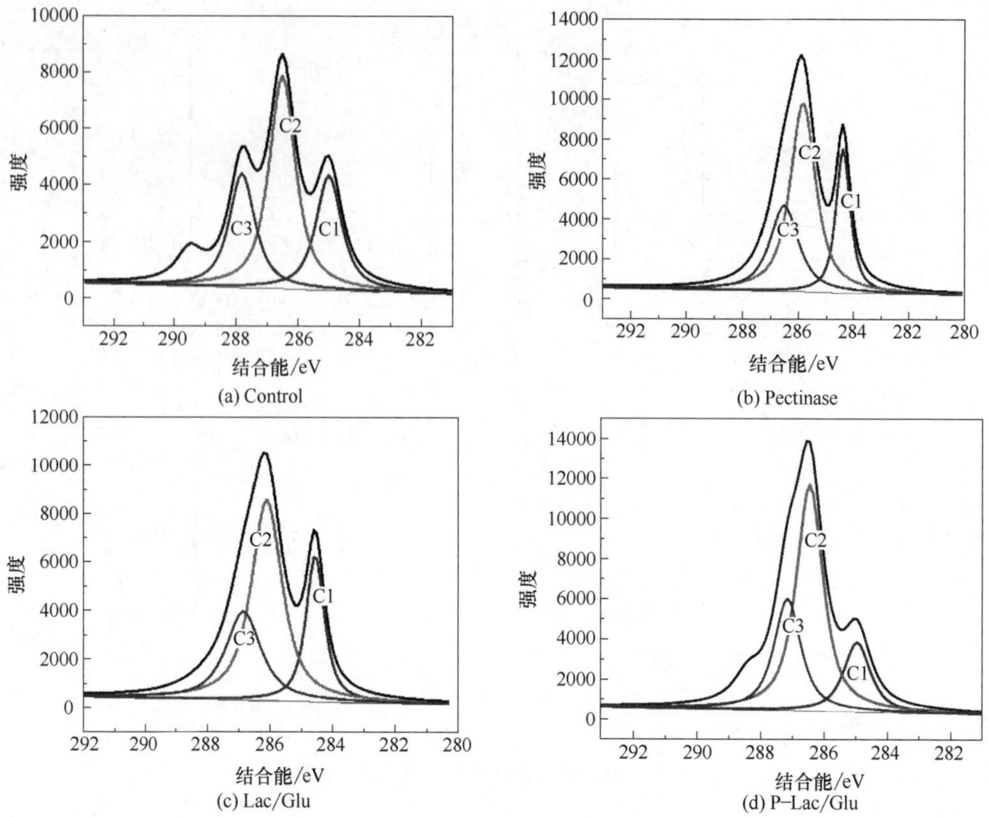

图 6-113　不同处理条件下纤维的 C1s 峰分峰谱图

从而提高纤维的吸水润胀性能，有利于纤维的分丝帚化和纤维间的交织力形成，这也解释了经果胶酶协同漆酶/谷氨酸体系处理后 OCC 浆料成纸强度提升的原因。

表 6-40　　OCC 的 C1s 峰分峰面积

试样	峰面积/%		
	C_1	C_2	C_3
Control	25.39	47.76	24.84
Pectinase	21.83	50.29	25.64
Lac/Glu	22.96	52.12	26.37
P-Lac/Glu	18.73	54.91	27.63

6.5.8　酶改性对纤维中木质素、抽出物的影响

6.5.8.1　酶改性对纤维中木质素的影响

许多理论研究认为漆酶和纤维的反应是和纤维中的木质素反应，这一理论也得到了大多数人的认可，这与木质素的结构有关，木质素是由三种不同的单元结构（愈创木基型、对羟苯基型、紫丁香基型）通过碳碳单键或醚键结合而成。通过提取黑液中的木质素，然后在实验条件下木质素、漆酶/木质素、漆酶/谷氨酸/木质素反应后，利用拉曼光谱及液相质谱联用仪测来定木质素结构以及物质相对分子质量的变化。

（1）木质素在不同反应条件下的拉曼光谱分析

图 6-114 是木质素在不同反应条件下的拉曼光谱图，由图可以看出当溶液中只有木质素时，拉曼光谱中并没有出现特别明显的振动峰，这表明在木质素通入氧气的情况下并没有多少木质素溶解到缓冲溶液中，因为本次反应的缓冲溶液是呈弱酸性的，在酸性情况下木质素溶解的很少。当溶液中加入漆酶和木质素后，由图中可以看出，拉曼光谱中有很多新的峰出现，并且峰强度比只加入木质素的强。当在溶液中加入漆酶、谷氨酸和木质素时拉曼光谱图衍射峰明显。

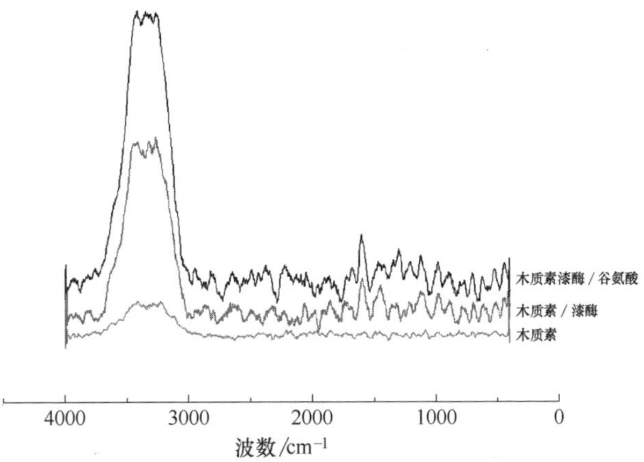

图 6-114　木质素不同反应条件下的拉曼光谱图

可以看出，在溶液中加入漆酶或漆酶和谷氨酸时，峰谱中在 1630cm^{-1} 处有峰出现，这表明木质素在溶液中有溶解的部分，并且在 C ═C 键的伸缩振动，这说明有可能是木质素中苯环结构被破坏形成共轭的碳碳双键，符合对实验机理的部分猜想。在拉曼谱图中在 3060cm^{-1} 处峰变化的最明显，并且此处的波峰分成了两部分，根据拉曼的波峰归属可知，苯环侧链的醚键振动，由此猜测在木质素中首先和漆酶作用的可能是芳基醚键。对比加入漆酶、木质素和漆酶、木质素、谷氨酸的拉曼光谱图发现并没有强烈的氨基峰普出现，没证明谷氨酸分子是否已经进入到木质素结构中，发生此现象的原因可能有：a. 受到液体的影响，氨基峰被掩盖；b. 谷氨酸在反应的过程中被氧化，没有嫁接到木质素中；c. 谷氨酸没有和木质素反应。拉曼光谱吸收峰及其相应的结构归属见表 6-41。

表 6-41　　　　拉曼光谱吸收峰及其相应的结构归属

波数/cm^{-1}	结构归属
3000-2800	木质素甲氧基及纤维素 CH 及 CH_2 的 CH 振动
1630	松柏醛/芥子醛与苯环共轭的 C ═C 键的伸缩振动
1600	木质素结构中苯环对称伸缩振动
1454	木质素甲氧基变形振动
1420,1380	S 型木素特征振动
1268	G 型木素甲氧基振动
378	β-D 糖苷键
1330	芳基基团
3060	芳基醚键

从蒸煮黑液中提取的木质素的拉曼光谱图见图 6-115，在 378cm^{-1} 处有 β-D 糖苷键的振动，这表明此木质素中掺杂着纤维素。这是由于木质素、纤维素、半纤维素交织在一起在去除的过程中不能完全将其去除。在 1420cm^{-1} 处的峰代表了 S 型木质素的振动，因此推论在此木质素中紫丁香基的含量较多。

不同反应条件下液体的颜色变化见图 6-116，可以看出，当只有木质素时，溶液颜色最

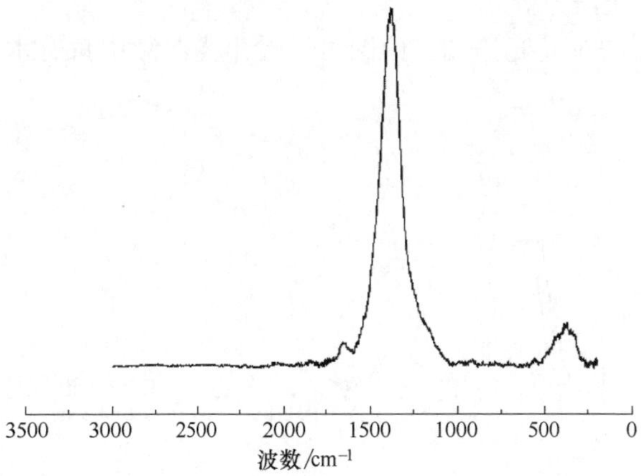

图 6-115　从黑液中提取的木质素拉曼光谱图

浅，而漆酶/谷氨酸/木质素反应后溶液的颜色最深。反应后可以从图中看出，在加入了漆酶/谷氨酸/木质素的液体中瓶底部沉淀含量是最少的，由此推论可能的原因是在漆酶或漆酶/谷氨酸的作用下，木质素结构发生变化，部分溶于液体中，所以反应后的溶液底部沉淀含量减少。

（2）木质素在不同反应条件下的质谱分析

谷氨酸、柠檬酸、磷酸氢二钠的相对分子质量分别为 147、192.14、119.9。图 6-117、图 6-118、图 6-119 为不同反应条件下的质谱图，从图 6-118 中可以看出在质荷比（*m/z*）229、741.01、933.042 等处有质子化离化峰，经计算和推理发现该物质属于杂峰或者是从漆酶和木质素中溶解出来的物质，因为经过相对分子质量的推算后发现，没有符合当前质荷比。图 6-119 是漆酶/木质素/谷氨酸反应后的质谱图，从图中可以看出在质荷比（*m/z*）477.36 处有一个质子化离化峰，同时在质荷比（*m/z*）627.53 处也有一个质子化峰，因此推理在反应过程中谷氨酸嫁接到木质素中，木质素的结构发生变化。结果表明，谷氨酸分子能够嫁接到木质素中去，并且起到润胀纤维提高纤维羧基含量的作用，但本次实验中的质谱不能够证明木质素在与谷氨酸反应的过程中是发生的自由基反应。

图 6-116　在不同条件下反应后溶液的颜色

注：从左到右依次为：木质素；木质素/漆酶/谷氨酸；木质素/漆酶。

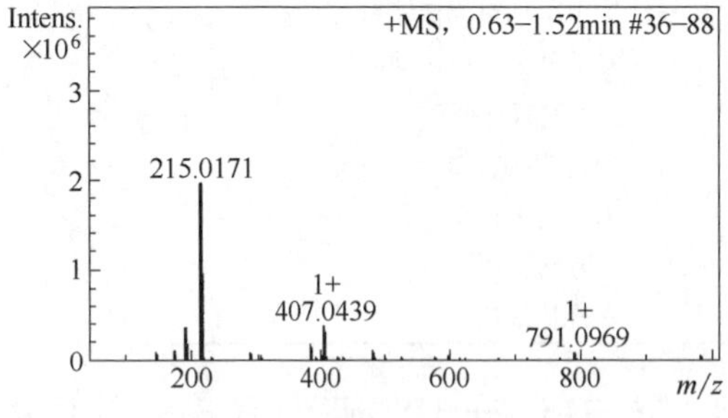

图 6-117　木质素反应后质谱图

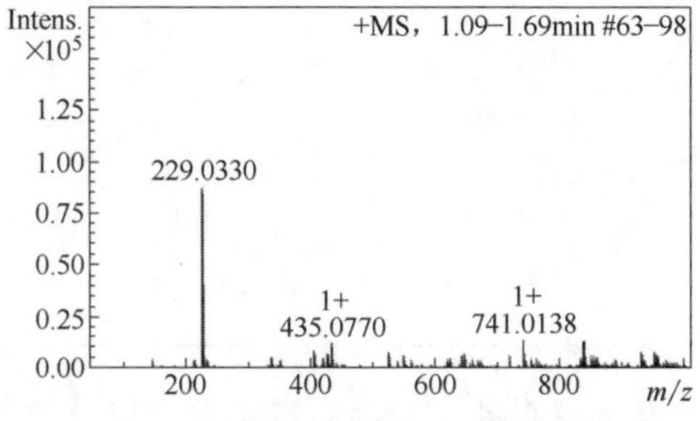

图 6-118　漆酶/木质素反应后质谱图

6.5.8.2　酶改性对纤维中抽出物的影响

果胶酶处理前后废纸浆苯醇抽出物的含量对比见表 6-42，可以看到，经过果胶酶处理后废纸浆中的苯醇抽出物明显减少，说明果胶酶可以去除废纸浆中的抽出物，抽出物的存在

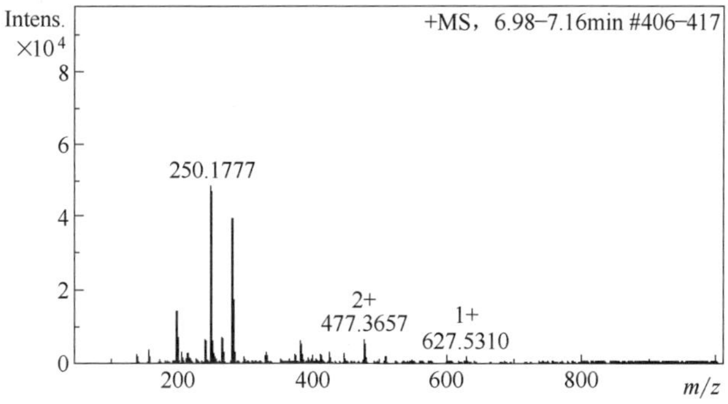

图 6–119　漆酶/木质素/谷氨酸反应后质谱图

会影响纤维的性能，不利于废纸的回用，抽出物减少，有利于纤维结构的暴露和纤维润胀性能的提升，宏观上表现为成纸强度的上升。

表 6–42　果胶酶处理前后废纸浆苯醇抽出物含量对比

纸浆样品	苯醇抽出物/%	去除率/%
Control	1.08	—
Pectinase	0.36	66.67

6.5.9　酶改性对纤维孔径结构的影响

Gregg 按照孔径大小将多孔材料的孔径分为三类：微孔（半径<2nm）、中孔（2nm<半径<50nm）和大孔（半径>50nm）。从图 6–120 可以看出，纤维经漆酶/谷氨酸处理后孔壁发生突破，形成很多微孔。其原因可能是漆酶协同谷氨酸降解木质素，木质素溶出使纤维表面产生很多孔隙；当 L–苯丙氨酸甲酯盐酸盐改性漆酶/谷氨酸和二氧化硫脲改性漆酶/谷氨酸体系处理纤维时，中孔含量激增，微孔含量却呈下降趋势。根据孔的演变情况推断，导致这种现象的原因在于中孔结构形成先是以微孔生成为主，之后微孔相互连通，微孔结构瓦解，孔径发生扩大导致中孔结构的生成。表 6–43 为两种改性漆酶/谷氨酸处理后 OCC 浆纤维平均孔径和 BET 比表面积的变化。平均孔径和 BET 比表面积是用来评价多孔材料孔隙结构最常用的两个参数，纤维细胞壁的孔径大小会影响纤维的弹性模量和纤维吸附化学添加剂

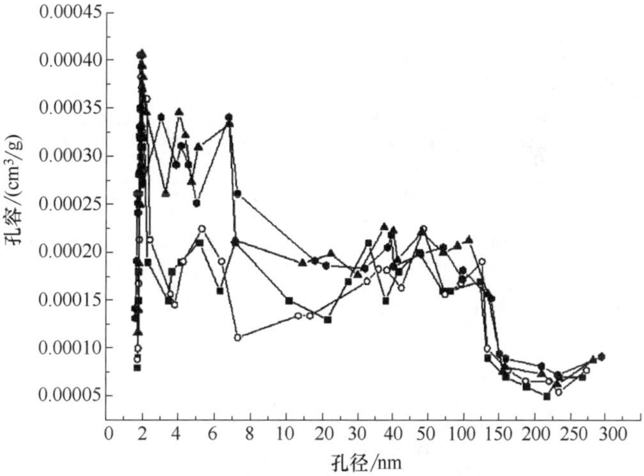

图 6–120　改性漆酶/谷氨酸体系对 OCC 浆纤维孔径大小及分布的影响

—■— OCC 原浆　—○— 漆酶/谷氨酸处理
—●— L–苯丙氨酸甲酯盐酸盐改性漆酶/谷氨酸处理
—▲— 二氧化硫脲改性漆酶/谷氨酸处理

的能力。漆酶/谷氨酸处理后，纤维平均孔径和 BET 比表面积相对于 OCC 原浆分别增加 11.2%和 17.3%；经 L-苯丙氨酸甲酯盐酸盐改性漆酶/谷氨酸处理后，平均孔径和 BET 比表面积分别增加 26.9%和 45.4%，经二氧化硫脲改性漆酶/谷氨酸体系处理后，平均孔径和 BET 比表面积分别增加 12.4%和 40.5%，这说明微孔转化为中孔一定程度上促进了平均孔径和 BET 比表面积的提高。

表 6-43　改性漆酶/谷氨酸体系处理后 OCC 浆纤维平均孔径和 BET 比表面积的变化

浆料	平均孔径/nm	BET 比表面积/(m^2/g)
OCC 原浆	4.12	4.91
漆酶/谷氨酸	4.58	5.76
L-苯丙氨酸甲酯盐酸盐改性漆酶/谷氨酸	5.23	7.14
二氧化硫脲改性漆酶/谷氨酸	4.63	6.90

6.5.10　酶改性对纤维形貌的影响

随着回用次数的增加，纤维变得扁平、挺硬，更有一些纤维出现卷曲和分丝的现象。图 6-121 和图 6-122 是未改性纤维和改性纤维回用后的 SEM 图，图 6-121（a）和图 6-122（a）相比，图 6-122（a）中的纤维更圆润饱满，而图 6-121（a）中的纤维更坍塌，有更多的片状纤维出现，这表明漆酶/谷氨酸改性对纤维的润胀及结合起到了一定的提升作用。在第一次和第二次的回用中，图 6-121（b）（c）明显比图 6-122（b）（c）的纤维光滑，而且纤维表面孔关闭的现象没那么严重。在后面的几次回用图片中可以看出，纤维都发生了不同程度的碳化，纤维扁平失去润胀能力，表面分丝、卷曲化现象严重。

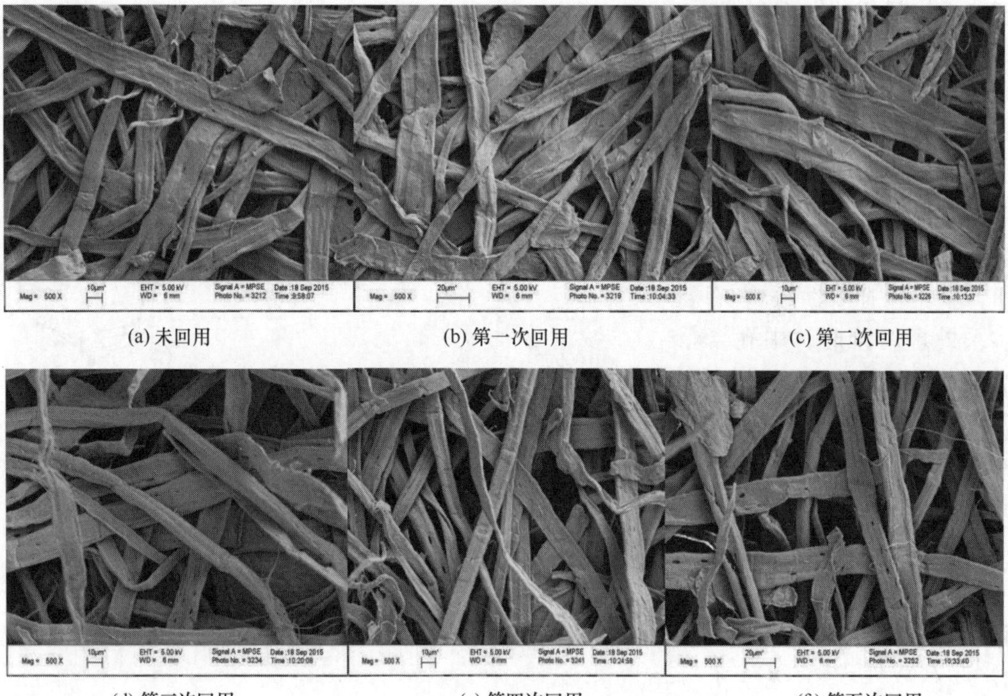

(a) 未回用　(b) 第一次回用　(c) 第二次回用

(d) 第三次回用　(e) 第四次回用　(f) 第五次回用

图 6-121　未改性纤维的 SEM 图

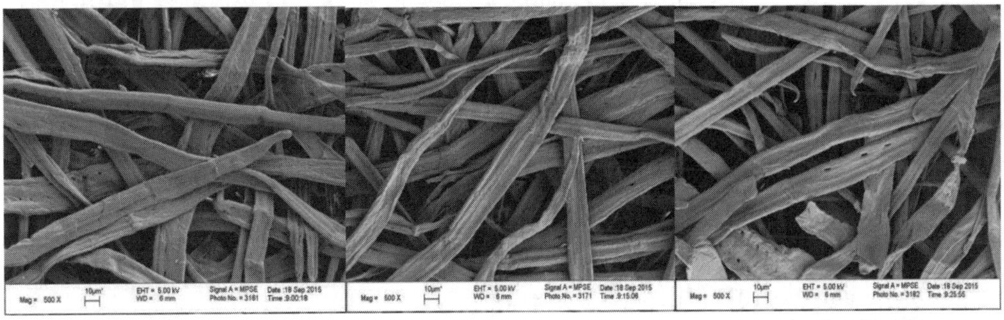

(a) 未回用　　(b) 第一次回用　　(c) 第二次回用

(d) 第三次回用　　(e) 第四次回用　　(f) 第五次回用

图 6-122　改性纤维 SEM 图

6.6　小　　结

① 纤维素酶复合天冬氨酸处理对办公废纸纤维物理性能的影响的最优工艺条件为纤维素酶用量 14.74U/g，天冬氨酸用量 2.19%（基于绝干浆），反应温度 49.00℃，反应时间 56.00min；与未经处理的空白样相比，在纤维素酶复合天冬氨酸最优处理条件下成纸抗张指数提高 16.05%，耐破指数提高 14.39%；纤维素酶复合天冬氨酸处理混合办公废纸比纤维素酶和天冬氨酸单独处理时对再生纸强度性能提升的幅度要高，这表明纤维素酶与天冬氨酸具有协同效应，可以更好地改善混合办公废纸的回用性能；纤维素酶与不同种类的氨基酸介体协同处理混合办公废纸都可以有效改善再生纸抗张强度、耐破强度及撕裂强度，且天冬氨酸、谷氨酸、组氨酸及甘氨酸的最佳用量分别为 2%，3%，3%和 2%（基于绝干浆量）。

② 在最优反应条件下，纤维素酶复合天冬氨酸处理后的混合办公废纸浆的抗张指数、耐破指数、撕裂指数分别提升了 24.9%，16.56%和 8.7%；纤维素酶/谷氨酸体系处理后的混合办公废纸浆的抗张指数、耐破指数、撕裂指数分别提升了 22.8%，12.1%和 6.9%；纤维素酶/组氨酸体系处理后的混合办公废纸浆的抗张指数、耐破指数、撕裂指数分别提升了 13.3%，10.19%和 5.4%；纤维素酶/甘氨酸体系处理后的混合办公废纸浆的抗张指数、耐破指数、撕裂指数分别提升了 5.8%，7%和 1.9%；氨基酸介体的加入可以在活化的纤维表面可以引入较多羧基促进纤维的润胀性能，增强纤维之间结合力从而提升成纸强度性能。纤维素酶复合天冬氨酸处理后纸浆中羧基含量提升了 13.56%，纤维素酶/谷氨酸体系处理后纸浆中羧基含量提升了 9.89%，纤维素酶/组氨酸体系处理后纸浆中羧基含量提升了 4.31%，纤维素酶复合天冬氨酸处理后纸浆中羧基含量提升了 2.23%。

③ 果胶酶、漆酶/谷氨酸和果胶酶协同漆酶/谷氨酸对 OCC 纤维的处理并未破坏改变纤维的晶型，果胶酶协同漆酶/谷氨酸处理后的纤维结晶度比未经酶处理的纤维降低 4.52%。果胶酶协同漆酶/谷氨酸体系处理 OCC 可以氧化纤维中的木质素，谷氨酸的加入增加了纤维的羧基含量，提高纤维的润胀能力，从而破坏纤维的结晶区，增加纤维的可及度和反应性；纤维质量和纤维形貌分析结果表明，经果胶酶协同漆酶/谷氨酸处理后的纤维长度和粗度增加，同时，果胶酶协同漆酶/谷氨酸体系处理后的纤维表面分丝帚化、孔隙结构更加明显，纤维间的连接增加，说明果胶酶协同漆酶/谷氨酸体系处理可以减少长纤维的断裂，同时有利于纤维润胀性能的提升和纤维间交织力的增加。

④ 经木聚糖酶协同改性漆酶/谷氨酸体系处理后的 ONP 浆纤维长度略有下降，纤维粗度和细小纤维含量提升，说明酶体系预处理过程中纤维未发生断裂。预处理后经过氧化氢漂白的 ONP 浆纤维长度下降，木聚糖酶协同改性漆酶/谷氨酸体系预处理后的漂白浆纤维长度和粗度高于未预处理仅过氧化氢漂白浆，说明该体系有助于延缓废纸纤维回用过程中纤维质量的衰变。

⑤ 纤维的保水值随着纤维回用次数的增加而降低，前 3 次回用中下降幅度较明显，第四次和第五次回用的保水值下降趋势变平缓。经过果胶酶和果胶酶协同漆酶/谷氨酸处理的纤维保水值比未经酶处理的纤维保水值高。说明果胶酶协同漆酶/谷氨酸处理可以改善纤维的润胀性能，但是多次回用的纤维受损严重，酶处理对其性能提升程度有限。

⑥ 改性纤维和未改性纤维经过多次回用后，纤维都变得扁平、挺硬，更有一些纤维出现卷曲和分丝的现象。但在前 3 次的改性回用中，改性纤维表面比未改性的塌陷程度小，并且纤维的孔比较明显；改性漆酶/谷氨酸体系对 OCC 浆纤维具有双重作用，其催化氧化木质素产生的酚氧自由基不仅可以相互之间发生非酶催化反应促进木质素的降解，还可以与谷氨酸发生迈克尔加成反应提高纤维中的羧基含量，两者共同作用使纤维性能得到提升。经漆酶/谷氨酸体系处理后羧基含量与 OCC 原浆相比提高了 7.6%；L-苯丙氨酸甲酯盐酸盐改性漆酶和二氧化硫脲改性漆酶能促进谷氨酸嫁接到更多的酚氧自由基上，进一步提高纤维中的羧基含量，与 OCC 原浆分别相比提高了 26.9%和 17.2%；羧基可以促进纤维润胀，使 OCC 浆纤维粗度增加，纤维趋向于平直，其卷曲指数和扭结指数呈下降趋势。

参 考 文 献

[1] 刘建祥. 漆酶改性抑制植物纤维造纸性能衰变的机理研究 [D]. 广州：华南理工大学，2017.

[2] 孔凡娇. 改性漆酶/谷氨酸体系提升废纸纤维造纸性能的研究 [D]. 广州：华南理工大学，2018.

[3] Riva S. Laccases：blue enzymes for green chemistry [J]. Trends in Biotechnology，2006，24 (5)：219-226.

[4] 彭涛，林鹿，毕延莉，等. 漆树漆酶改性马尾松化学机械浆纤维表面性能分析 [J]. 纸和造纸，2008，27 (6)：73-77.

[5] 王飞，石淑兰，裴继诚，等. 漆酶和漆酶/介体体系对 AOCC 浆的改性和纤维表面变化 [J]. 天津科技大学学报，2006，21 (2)：19-22.

[6] Liu N，Shi S L，Yang G，et al. Fiber modification of kraft pulp with laccase in presence of methyl syringate [J]. Enzyme & Microbial Technology，2009，44 (2)：89-95.

[7] 刘建祥，万金泉，马邕文，等. 漆酶/谷氨酸体系对旧瓦楞纸箱纤维结构和性能的影响 [J]. 林产化学与工业，2017，37 (3)：67-72.

[8] 张鑫璐，裴继诚，张方东，等. 漆酶和 APMP 废液中酚类物质共同改善 OCC 纸浆纤维性能的研究 [J]. 中国造纸学报，2011，26 (2)：16-20.

[9] Witayakran S，Ragauskas AJ. Modification of high-lignin softwood kraft pulp with laccase and amino acids [J]. Enzyme

Microb Tech. 2009, 44 (3): 176-181.

[10] Chen Y, Wan J, Ma Y, et al. Modification of properties of old newspaper pulp with biological method [J]. Bioresource Technology, 2010, 101 (18): 7041-7045.

[11] 刘建祥, 万金泉, 马邕文, 等. 漆酶催化提高纸浆中—COOH 含量机理研究 [J]. 造纸科学与技术, 2016, 35 (01): 63-66.

[12] 吴淑芳, 尤纪雪, 叶汉玲, 等. 漆酶/木聚糖酶体系预处理促进马尾松硫酸盐浆漂白的研究 [J]. 中国造纸, 2010, 29 (6): 10-13.

[13] 吕国福. 阳离子淀粉与阳离子聚丙烯酰胺协同作用对纸品质的影响 [J]. 造纸化学品, 2006, (5): 56-60.

[14] 孔凡娇, 万金泉, 马邕文, 等. 改性漆酶协同谷氨酸改善二次纤维微观结构及性能的研究 [J]. 中国造纸, 2017, 36 (4): 1-6.

[15] 崔红艳, 刘玉, 杨桂花. 纸浆纤维表面特性与表面化学成分的研究方法和研究进展 [J]. 造纸化学品, 2011, 23 (01): 3-10.

[16] Fardim P., Gustafsson J., Schoultz S. V., et al. Extractives on fiber surfaces investigated by XPS, ToF-SIMS and AFM [J]. Colloids & Surfaces A Physicochemical & Engineering Aspects, 2005, 255 (1-3): 91-103.

[17] Johanna G., Ciovica L., Peltonen J.. The ultrastruct of spruce kraft pulps studied by atomic force microscopy (AFM) and X-ray photoelectron spectroscopy (XPS) [J]. Polymer, 2003, 44 (3): 661-670.

[18] 彭新文. 马尾松 TMP 纤维 LMS 改性及其表面化学和形貌表征的研究 [D]. 咸阳: 陕西科技大学, 2009.

[19] Jin Z, Zhao G. Porosity evolution of liquefied wood-based activated carbon fiber. Part Ⅱ: Water steam activation at 850-950 C [J]. Bioresources, 2014, 9 (4): 6831-6840.

[20] 靳蓉, 张飞龙. 漆酶的结构与催化反应机理 [J]. 中国生漆. 2012, 31 (4): 6-16.

[21] 袁波, 严惠民. 利用红外光谱和窗口因子分析研究加热导致的牛血清白蛋白的二级结构变化 [J]. 高等学校化学学报. 2007, 28 (12): 2255-2258.

[22] Xiao H R, Xie Y S, Liu Q L, et al. The studies of FT-IR and CD spectroscopy on catechol oxidase I from tobacco, Spectrochim [J]. Acta Part A. 2005, 61: 2840-2848.

[23] Liu Y, Xie M X, Kang J, et al. Studies on the interaction of total saponins of panax notoginseng and human serum albumin by Fourier transform infrared spectroscopy [J]. Spectrochim, Acta Part A. 2003, 59: 2747-2758.

[24] 陈习意, 林海, 王东, 等. 傅里叶变换光谱技术中的"折叠假线"研究 [J]. 化学物理学报. 2000, 13 (2): 129-134.

[25] 任丽, 孔繁敖. OH 自由基与 CO 反应的研究 [J]. 化学物理学报. 2002, 18 (6): 486-489.

[26] Eckel R, Huo H, Huo H, et al. Characteristic infrared spectroscopic patterns in the protein bands of human breast cancer tissue [J]. Vibrational Spectroscopy. 2001, 27 (1-2): 165-173.

[27] 刘刚, 邢达, 王海珉, 等. 胆结石中蛋白质的傅里叶变换红外光谱和表面增强拉曼光谱研究 [J]. 光学学报. 2002, 22 (4): 441-446.

[28] 谢孟峡, 刘媛. 红外光谱酰胺Ⅲ带用于蛋白质二级结构的测定研究 [J]. 高等学校化学学报. 2003, 24 (2): 226-231.

[29] 曹栋, 史苏佳, 张永刚, 等. 酰胺Ⅰ带和酰胺Ⅲ带测定花生磷脂酶 D 的 α-螺旋和 β-折叠含量 [J]. 化学通报. 2008, 71 (11): 877-880.

[30] 张猛, 杨频. 核磁共振研究蛋白二级结构的方法 [J]. 化学通报. 2000, (12): 26-33.

[31] Mehmet Karabacak, Leena Sinha, Onkar Prasad, et al. An experimental and theoretical investigation of Acenaphthene-5-boronic acid: Conformational study, NBO and NLO analysis, molecular structure and FT-IR, FT-Raman, NMR and UV spectra [J]. Spectrochimica Acta Part A: Molecular and Biomolecular Spectroscopy. 2013, 115: 735-766.

[32] V. A. Iconomidou, D. G. Chryssikos, V. Gionis, M. A. Pavlidis, et al. Secondary Structure of Chorion Proteins of the Teleostean Fish Dentex dentexby ATR FT-IR and FT-Raman Spectroscopy [J]. Journal of Structural Biology. 2000, 132: 112-122.

[33] Marco van de Weert,, 1Parvez I. Haris, Wim E. Hennink, et al. Fourier Transform Infrared Spectrometric Analysis of Protein Conformation: Effect of Sampling Method and Stress Factors [J]. Analytical Biochemistry. 2001, 297: 160-169.

[34] S. Bakkialakshmi, B. Shanthi, T. Bhuvanapriya. Study of fluorescence quenching of Barley α-amylase [J]. Spectrochimica Acta Part A: Molecular and Biomolecular Spectroscopy. 2012: 12-17.

附录　本书所涉及的主要检测与分析方法

1. 酶活力的测定

(1) 木聚糖酶

采用DNS（3,5-二硝基水杨酸）法测定木聚糖酶酶活，DNS法测定木聚糖酶活性是一种常用的生物化学方法。该方法基于木聚糖酶将木聚糖降解为还原性寡糖和单糖，这些还原性糖在沸水浴条件下能够与DNS试剂发生显色反应，反应液的颜色深度与酶解产生的还原糖量成正比，进而可以反映出木聚糖酶的活性。

将木聚糖溶液和木聚糖酶溶液在适当温度下（如37℃）平衡。将酶液与木聚糖溶液混合，进行酶解反应。反应结束后，加入DNS试剂进行显色反应，并测定反应液的吸光度。

配制一系列不同浓度的木糖标准溶液。使用DNS试剂进行显色反应，并测定各标准溶液的吸光度（OD值）。以木糖浓度为Y轴，吸光度OD值为X轴，绘制标准曲线。

要注意的是DNS试剂具有一定的腐蚀性和刺激性，应小心操作。

(2) 纤维素酶活力

纤维素酶活力的大小可以通过单位时间内、单位体积中葡萄糖底物的减少量或产物的增加量来表示。

① 配制葡萄糖标准溶液（1mg/mL）：先将无水葡萄糖在105℃恒温干燥箱内干燥至恒重，量取100mg葡萄糖放于100mL的烧杯中，用蒸馏水定容至100mL的容量瓶中，4℃冷藏备用。

② 配制DNS显色溶液：在260mL 2mol/L的NaOH溶液中加入6.3g DNS进行溶解，与配置好的500mL酒石酸钾钠（称取$C_4H_6O_6KNa \cdot 4H_2O$约244g）热溶液混合，再加入5g无水亚硫酸钠和5g结晶酚进行搅拌，彻底冷却后，用去离子水将其定容在1000mL容量瓶中定容至1000mL，然后在棕色瓶中避光保存3d后使用。

③ 配制纤维素酶溶液（5mg/mL）：准确量取500mg纤维素酶粉末，用少量去离子水在100mL烧杯中将其溶解，然后转移至100mL容量瓶中定容至100mL，4℃冷藏备用。

在上述溶液配制完成后首先要进行的就是葡萄糖标准曲线的绘制，具体实验方案为：将①中配制好的1mg/mL的葡萄糖溶液分别取0、0.2、0.4、0.6、0.8、1.0、1.2、1.4mL转入对应的带有刻度（20mL）的1~8号8支试管中，然后向1~8号试管中加入2.0、1.8、1.6、1.4、1.2、1.0、0.8、0.6mL的蒸馏水，再向每支试管中各加入1.5mLDNS溶液，混合均与后放入沸水浴中5min，取出后马上放入冰水中冷却，然后用蒸馏水定容至20mL。用分光光度计对1号管溶液调零点，在540nm下测其他管溶液的吸光度，绘制标准曲线。

纤维素酶活具体测定方法为：先量取0.5mL纤维素酶溶液和1.5mL柠檬酸钠缓冲溶液（0.5mol/L pH 4.5）混合后放入试管中，将1.5mL DNS溶液添加到试管（1号）中以钝化纤维素酶作为空白样，将4支试管放入50℃水浴锅中预热5min，然后向每支试管中加入一条滤纸条（50mg 1cm×6cm）并在50℃反应1h，时间结束后，取出试管并在2、3、4号试管内加入1.5mLDNS溶液终止反应，最后用分光光度计测定540nm处的吸光度。在特定pH条件下，纤维素酶每分钟水解底物产生1μmol还原糖所需要的酶用量定义为一个酶活单位，用 U/g 表示。纤维素酶活力（U/g）计算公式如下式：

$$纤维素酶活力/(U/g)=\frac{m_1\times V_1\times 5.56}{m_2\times V_2\times t} \quad (附录-1)$$

式中 m_1——葡萄糖的质量，mg

m_2——样品的质量，g，

V_1——溶液总体积，mL

V_2——反应液中酶的体积，mL

5.56——1mg 葡萄糖的微摩尔量，μmol

t——反应时间，min

（3）漆酶

通过 2，2′-叠氮基双（3-乙基苯并噻唑啉-6-磺酸）（ABTS）的氧化来确定漆酶活性。取 1.5mL 的 0.50mmol/L ABTS 溶液和 1.50mL 的 0.10mol/L 乙酸钠缓冲溶液（pH=4.8）充分混合并预热至 30℃，在 INESA 752N UV/Vis 分光光度计（λ=420nm，$\varepsilon 420=3.6\times10^4$mol/Lcm^{-1}）中调零（$\varepsilon$420 为物质波长为 420nm 的光下的摩尔吸收系数）。在 1.5mL 的 0.50mmol/L ABTS 溶液和 1.50mL 的 0.10mol/L 乙酸钠缓冲溶液（pH=4.8）中加入待测酶液，记录其吸光度的变化，然后每 30s 记录一次，持续 3min，将吸光度值代入式（附录-2）计算酶活性，测得的漆酶活性为 1650U/L，被二氧化硫脲改性的漆酶活性为 2360U/L。

$$漆酶活力(Lac)=\frac{OD_{420}}{36}\times\left(1+\frac{X}{1000}\right)\times\frac{10^6}{X}\ (U/L) \quad (附录-2)$$

式中 OD_{420}——反应液在 420nm 波长处的吸光度

2. 纤维抽出物的多功能光电子能谱分析

采用 Kratos 公司型号为 Kratos Axis Ulra DLD 的多功能 X-射线光电子能谱仪（X-ray Photoelectron Spectroscopy/ESCA）分析纤维抽出物。

XPS 作为一种现代分析方法，可以分析除 H 和 He 以外的所有元素，对所有元素的灵敏度具有相同的数量级。送样要求保持样品原始表面洁净，勿用手或脏污的器皿直接接触样品；样品为固体样品，无磁性，无挥发性、放气性弱；块状样品请自行取样到小于 10mm×10mm×4mm（长×宽×高），放气性样品请将样品尽量取小；送样至少 50mg；溶液样品，请用玻片、硅片、钛片等成膜，然后取样成要求尺寸。

数据处理：一般采用外来污染碳的 C1s 作为基准峰来进行校准。以测量值和参考值（284.8eV）之差作为荷电校正值（Δ）来矫正谱中其他元素的结合能。

（1）求取荷电校正值

C 单质的标准峰位（一般采用 284.8eV）-实际测得的 C 单质峰位=荷电校正值 Δ。

（2）采用荷电校正值对其他谱图进行校正

将要分析元素的 XPS 图谱的结合能加上 Δ，即得到校正后的峰位（整个过程中 XPS 谱图强度不变）。

将校正后的峰位和强度作图得到的就是校正后的 XPS 谱图。

3. 纤维形貌的扫描电子显微镜分析

扫描电子显微镜 SEM 是一种分析纤维形貌的常用有效技术手段。在低放大倍数下可以观察整个纤维的形貌，也能够在高放大倍数下观察单根纤维的表面形貌。

选取适当的位置剪裁抄造好的纸张，利用双面导电胶带将裁剪合适尺寸的纸样粘贴到样品台，并进行喷金处理。在10kV加速电压下将样品放大观察，采用使用EVO18（德国）钨灯丝扫描电镜或超高分辨率场发射扫描电镜观察纤维微观表面结构。

4. 纤维形貌的原子力显微镜分析

原子力显微镜AFM利用一根针尖曲率半径只有10~20nm的微小探针在样品表面逐点逐行扫描，通过探测扫描过程探针在垂直方向上的位移获得材料表面三维形貌的信息。通常AFM可以提供形貌图和相图两种图像，形貌图反映物体表面不同的形貌、结构及粗糙状况，而相图则反映物体表面不同的化学组成、黏附力及弹性等。

首先称取约5g纸浆，加入500mL水，在疏解器中把纤维疏解，然后再稀释10倍，配成浓度约为0.1%的悬浮液；用滴管吸取少量纤维悬浮液，滴在载玻片，自然干燥。用滴管吸取少量乳液，滴在载玻片，自然或低温（不超过60℃）干燥。

要注意的是：

① 纤维悬浮液浓度要低，好的试样应能清晰地看见单根纤维，纤维重叠较少；

② 测试架要轻拿轻放，防止损坏探针或使探针歪斜；

③ 找好要扫描的纤维后，移动载玻片，使纤维和红光重合；

④ 下针后，要检查左右前后是否相平并做相应调节，若不平会造成SUM值、垂直和水平无法调节至所需的值；

⑤ 扫描可直接得到等高图、相图及振幅图。扫描时可选择不同的扫描范围，一般从大到小，默认扫描范围一般为1μm，注意选择自己需要的扫描范围。其他图形如立体图、截面分析图、粗糙度分析图等可在以后的图形处理中得出。

5. 细胞壁孔的低温氮吸附分析法

低温氮吸附法的基本原理是在低温条件下（通常在液氮温度，即-196℃左右），通过氮气的吸附量来计算样品的比表面积和孔隙大小分布。

采用孔径分布测定仪ASAP2010M（USA，Micromeritics）对纤维孔结构进行分析。实验过程中为了保护纤维孔结构，样品测试前进行冷冻干燥以去除纤维内的自由水，用高纯N_2作为吸附质，被测样品装在样品分析管中，于77K的液氮冷阱环境下用静态容量法对高纯N_2进行吸附脱附测定。根据不同相对压力下N_2吸附量的不同，可以得到吸附脱附等温线，再进一步根据Brunauer-Emmett-Teller（BET）方程、BJH模型、H-K模型、T-Plot等作图和计算，求出多孔材料的BET比表面积、大中孔和微孔大小、微孔比表面积、微孔孔容、总孔容、平均孔径等表面结构参数。

（1）BET方程

BET公式为：

$$\frac{p}{V_d(p_0-p)}=\frac{1}{V_m C}+\frac{C-1}{V_m C}p/p_0 \quad (附录-3)$$

式中 V_d——吸附量

V_m——单分子层的饱和吸附量

p/p_0——N_2的分压比

C——第一层吸附热与聚凝热有关常数

p_0——饱和蒸气压

p/p_0一般选择相对压力在0.05~0.35范围内，仪器可以测得V_d值，根据式将$p/V_d(p_0-p)$对p/p_0作图，得一直线，此直线斜率$a=\frac{C-1}{V_m C}$，截距$b=\frac{1}{V_m C}$，从而可换算出：$V_m=1/(a+b)$。

最后根据 N_2 分子截面积 0.162nm^2 及阿伏伽德罗常数 6.02×10^{23}，可有推出样品的比表面积（m^2/g）= $4.36V_m/m$。

（2）Horvath-Kawazoe 模型

Horvath-Kawazoe 方程是表征多孔材料微孔结构的常用方法之一。其表达式为：

$$RT\ln(p/p_0)=k\frac{N_aA_a+N_sA_s}{\sigma^4(L-d)}\left[\frac{\sigma^4}{3(L-d/2)^3}-\frac{\sigma^{10}}{9(L-d/2)^9}-\frac{\sigma^4}{3(d/2)^3}+\frac{\sigma^{10}}{9(d/2)^9}\right] \quad (附录-4)$$

式中　R——气体普适常数

T——热力学温度

p——和平衡压力

p_0——饱和压力

k——阿伏伽德罗常数（6.023×10^{23}）

σ——气体与固体原子在相互作用能为 0 的距离

d——等于 d_a+d_s，d_a 为吸附质原子直径，nm，d_s 为吸附剂原子直径，nm

L——微孔尺寸，nm

N_s——单位面积样品的原子数

N_a——单层气体单位面积的原子数

A_a、A_s——Kirkwood-Moller 系数，其中：

$$A_s=\frac{6MC^2\alpha_s\alpha_a}{\alpha_s/X_s+\alpha_a/X_a} \quad (附录-5)$$

$$A_a=\frac{3MC^2\alpha_aX_s}{2} \quad (附录-6)$$

MC^2 为电子能，α 和 X 分别代表极化率和磁化率。

（3）BJH 模型

假定样品的孔为圆柱形，孔半径 r_m 可用 Kelvin 方程表示：

$$r_m=\frac{-2\gamma V_m}{RT\ln p/p_0} \quad (附录-7)$$

式中　γ——液氮的表面张力

V_m——摩尔体积

由于采用氮作吸附质，在液氮温度下达到吸附平衡，$T=77.4$K，$V_m=34.65$cm^3/mol，$\gamma=8.85\times10^{-5}$N/cm，$R=8.315$J/(K·mol)，则 $r_m=-4.14/\lg(p/p_0)$（单位：nm）。但这样求出的只是孔心尺寸，实际上在发生毛细凝聚前，孔壁上已经覆盖了吸附膜，因此实际孔半径应为 $r_p=r_m+d$，d 为吸附膜厚度，此处 $d=3.54\times0.3330$。

在此基础上，根据 BJH 理论便可以求出样品 1.7~300nm 中孔，其计算公式为：

$$\Delta V_i=R_i(\Delta v_i-\Delta d_i\sum_{j=1}^{i-1}C_i\,\Delta\sigma_j) \quad (附录-8)$$

其中
$$R_i=\left(\frac{\bar{r}_i}{\bar{r}_i-\bar{d}_i}\right)^2,\quad C_i=\frac{\bar{r}_i-\bar{d}_i}{\bar{r}_i}$$

式中　ΔV_i——孔半径 r_i-1 到 r_i 之间的孔的体积

Δv_i——孔半径 r_i-1 到 r_i 之间的吸（脱）附量

$\Delta\sigma_j$——孔半径 r_{j-1} 到 r_j 之间的孔的比表面积，$\Delta\sigma_j=2\Delta V_j\sqrt{r_j}$

R_i——孔半径，nm

Δd_i——吸附膜厚度，nm

6. 电导滴定法测定羧基含量

称取 1.5g 绝干浆，在 300mL 的 0.1mol/L 盐酸中浸泡 1h，并用电磁搅拌器搅拌。再用不含二氧化碳的去离子水洗涤至电导率稳定，用布氏漏斗抽滤后，把浆分散于 250mL 的 0.001mol/LNaCl 溶液中，加入 1.5mL 的 0.1mol/L 盐酸进行酸化，用玻璃纸密封，插入氮气通气管和电导率仪电极。在氮气环境和电磁搅拌下用 0.05mol/LNaOH 标准溶液进行滴定（50μL 移液枪），并记下每次滴定的电导率。滴定终点的确定是滴定终点的电导率与滴定开始的电导率相同或相近。计算公式为：

$$\text{羧基含量(mmol/kg)}=\frac{(V_2-V_1)\cdot c}{m}\times 1000 \tag{附录-9}$$

式中 V_1——第一等当点 NaOH 溶液体积，mL

V_2——第二等当点 NaOH 溶液体积，mL

c——NaOH 溶液浓度，mol/L

m——试样绝干重，g

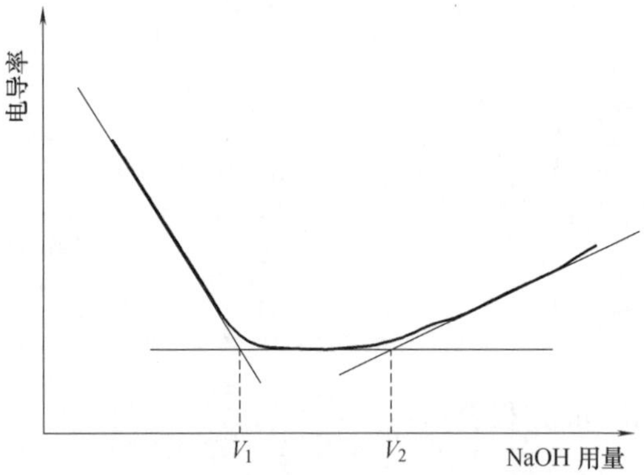

图附录-1 切线及等当点选取示意图

V_1—第一等当点 V_2—第二等当点

如图附录-1 所示，计算时，以电导率为纵坐标，以消耗的氢氧化钠溶液毫升数为横坐标作图，对滴定曲线做切线和水平切线，切线第一个交点即为氢氧根离子开始中和与羧基结合的氢离子的点（第一等当点），切线第二个交点即为纸浆悬浮液中与羧基结合的氢离子全部被中和完毕的点（第二等当点）。

7. 顶空气相色谱技术分析羧基含量

采用 Agilent 5975 型顶空气相色谱仪（Headspace Gas Chromatography，HS-GC）对 OCC 纤维的羧基含量进行测定。

在室温下在纸浆中加入 0.1mol/L HCl 并搅拌 1h，然后用去离子水反复洗涤纸浆，直到滤液的 pH 达到去离子水 pH 为止。顶空瓶内放入 0.05g 纸浆和 4.0mL 反应试剂（0.0025mol/L $NaHCO_3$ 和 0.10mol/L NaCl），并使用 HSGC 检测瓶中产生的 CO_2 量。HSGC 的检测条件如下：平衡温度 60℃，平衡时间 20min，柱温 45℃，检测时间 4min。

通过标准 HCl 溶液和 $NaHCO_3$ 的反应进行校正测试。将反应试剂（0.0025mol/L $NaHCO_3$ 和 0.10mol/L NaCl）4.0mL 放入 6 个顶空样品瓶中，并向顶空样品瓶中吸取 0 至 50μL 0.10mol/L HCl。摇匀并立即放入 HSGC 测定并记录结果。假设 HCl 与 $NaHCO_3$ 完全反应，根据上式，盐酸的摩尔添加量与通过 HSGC 测得的 CO_2 信号的峰面积具有以下关系：

$$n=f(A_T-A_{air}) \tag{附录-10}$$

式中 n——所加入的 HCl 的物质的量

f——校正系数，通过校正实验测得

A_T——HSGC 测得的二氧化碳信号的峰面积

A_{air}——顶空瓶中二氧化碳信号的峰面积

8. 纤维氢键的傅里叶红外光谱分析

本书所用傅里叶红外光谱仪（FTIR）为美国 Nicolet 公司的 NEXUS 670 或德国 Bruker 公司的 Vector 33。

试样制备：充分干燥，固含量达 90%以上；粉末态；自备光谱级 KBr 及干燥器皿 3 个左右。每个样品送样量约 200mg。

测试方法及步骤：取 3.5~4.0mg 固体粉末和 350mg KBr 放于玛瑙研钵中研磨，研磨均匀是测试的关键。然后在 60℃下烘干后，倒入压片模中，得到全透明的压片，在 Vector 33 型红外光谱仪上测出样品的红外光谱。

（1）红外结晶指数计算

$$N.O'KI=\frac{I_{1372}}{I_{2900}}\times 100\% \quad (附录-11)$$

式中　I_{1372}——1372cm^{-1} 谱带强度，此谱带属于—CH 弯曲振动

I_{2900}——2900cm^{-1} 谱带强度，此谱带属于—CH 和—CH_2 弯曲振动

（2）基团分析

① 谱线形状相同，打浆过程中没有新的基团的形成。

② 3400cm^{-1} 分子内羟基 O—H 伸缩振动，2900cm^{-1} 分子间羟基 O—H 伸缩振动。分子间氢键与溶液的浓度和溶剂的性质有关，它的伸缩振动谱带位置、强度和形状的改变，均较分子间氢键为小。分子内氢键使谱带向低频方向移动，吸收强度增大，谱带变宽。从而可知：随着打浆度的增加，纤维表面氢键结合能力增强。

（3）采用 peakfit 软件对纤维素氢键区域的红外分峰拟合

纤维素分子链的羟基通过氢键产生强烈的相互作用，因而天然纤维素的红外谱图在 3000~3650cm^{-1} 出现氢键的伸缩振动峰，由于氢键表现为分子内氢键和分子间氢键，具有不同的红外吸收波数，纤维素 I 分子内氢键 O(2)H……O(6)、O(3)H……O(5) 和分子间氢键 O(6)H……O(3′) 的特征吸收波数分别在 3410~3455cm^{-1}，3340~3375cm^{-1}，3230~3310cm^{-1}，由此对纤维素的红外氢键区域进行高斯分峰拟合，计算各子峰面积，统计各种氢键的相对百分含量，该方法可作为分析纤维素不同氢键含量，解释氢键模式的一种手段。

要注意的是：

① 纤维素 I 型的氢键区域拟合可以分为 3 种峰，但是实际软件操作中可能会遇到出现多重分峰情况，如何删除多余的峰需要结合 XRD 或者 NMR 的测定结果判断纤维素的晶型是否发生了改变，同时根据 peakfit 软件的使用删掉一部分峰进行取舍，有一定的主观影响，尽量按照操作原则减小误差。

② 在分峰范围的选择上，本书选择的 Xi 和 Xf 值为 3000~3800cm^{-1}，在选择基线的同时存在一定的舍去误差，另有文献选择的分峰范围在 2500~4000cm^{-1}，关于 peakfit 的操作说明中也有关于拟合区域的选择的说明，如要拟合的谱峰两边均留出一定的水平距离，并让谱峰尽量居中。

9. 纤维结晶结构的 X-射线衍射分析

X-射线衍射（X-ray Diffraction，XRD）是分析纤维微晶尺寸和结晶度的很好的方法。

X-射线衍射法分析纤维结晶度和微晶尺寸，若是纸张，直接用纸样检测即可。其他样品，真空干燥后直接送样。每个样品送样量约为 200mg。送样之前，要选取好管压，管流及

二倍衍射角范围。如测量纤维素结晶度时，选取管压 40kV，管流 30mA，扫描范围在二倍衍射角 $2\theta=4°\sim40°$范围内变动。

取测试结果为二倍衍射角对应衍射强度的数据。如表附录-1 所示。

表附录-1　　二倍衍射角对应的衍射强度

二倍衍射角/(°)	衍射强度/(°)	二倍衍射角/(°)	衍射强度/(°)
4.00	386	4.12	464
4.02	390	4.14	450
4.04	393	4.16	479
4.06	421	4.18	486
4.08	357	…	
4.10	429	40.00	429

将以上数据导入 Origin 软件后，得到图附录-2 如下。

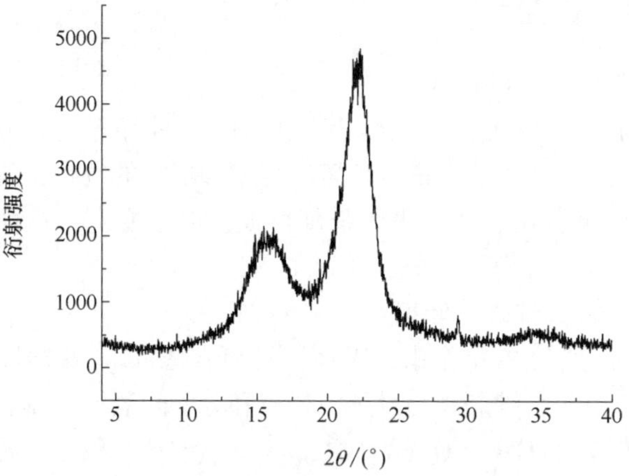

图附录-2　纸页的 XRD 图

用曲线拟合分峰法来确定纤维素的结晶度和微晶尺寸。

$$\text{结晶度 } \alpha=\frac{I_{002}}{I_{002}+I_{am}}\times100\% \tag{附录-12}$$

$$\text{相对结晶指数 RCI}=\frac{I_{002}-I_{am}}{I_{002}}\times100\% \tag{附录-13}$$

式中　I_{002}——$2\theta\approx22.5°$ 002 面峰的强度，代表结晶区的衍射强度

I_{am}——基线以上 002 峰与 101 峰间 $2\theta\approx18°$时的峰强度，代表纤维无定形区的衍射强度

在不考虑晶体点阵畸变的影响条件下，无应力微晶尺寸可以由谢乐公式计算：

$$L_{002}=\frac{K\lambda}{\beta_{\theta}\cos\theta} \tag{附录-14}$$

式中　L_{002}——纤维素 002 面的微晶尺寸，nm

λ——所用单色 X 射线波长，nm

β——002 面衍射峰的半高宽，rad

θ——布拉格角，rad

K——与晶粒形状及 L_{002}、β 定义有关，一般 K 取 0.9

10. 纤维结构的固体核磁共振 CP/MAS 13C-NMR 技术

用于 CP/MAS 13C NMR 测试的样品在室温、酸性条件下（用冰醋酸调节），用亚氯酸钠（$NaClO_2$，1.5g/g 绝干浆）脱木质素（方法同测定综纤维素方法的脱木质素部分，参见 GB/T 2677.10—1995）。然后，用 0.1mol/L 氢氧化钠浸泡一昼夜后，将样品用去离子水洗

至 pH 为 4~5。此过程重复两次之后，样品用 2.5mol/L 盐酸水解 8h，以便除去样品的无定型部分。最后，再用去离子水将样品洗涤至 pH 为 4~5 后，自然风干，使得纤维样品的固含量为 40%~60%。

对所得数据利用洛仑兹（Lorentzian）和高斯（Gaussian）函数对 CP/MAS^{13}C-NMR 的 C_4-碳进行光谱拟合。拟合结果得到：C_4 原子的总信号强度 I(TOT)、可及基原纤表面的信号强度 I(AS) 和不可及基原纤表面的信号强度 I(IAS)。将 I(AS)（计算基原纤聚集尺寸）和 I(AS)+I(IAS)（计算基原纤尺寸）都用 q 表示，计算公式如下：

当 $q=I(\mathrm{AS})/I(\mathrm{TOT})$，用来计算基原纤聚集尺寸；

当 $q=[I(\mathrm{AS})+I(\mathrm{IAS})]/I(\mathrm{TOT})$，用来计算基原纤尺寸；

此时，假设基原纤和基原纤聚集束具有近似方形的截面，根据经验方程：

$$q=(4n-4)/n^2 \tag{附录-15}$$

其中，n 为沿基原纤或基原纤聚集束一边上的葡萄糖数。

通过计算宽面（0.61nm，单斜相 110 与三斜晶系 010）与窄面（0.54nm，单斜相 110 与三斜晶系 100）中纤维素链的间距的平均值得到转换系数，即纤维素链上一个葡萄糖的尺寸为 0.57nm，所以 $d=0.57\times n$，这里的 d 就是相应的基原纤或基原纤聚集束的尺寸。